U0108072

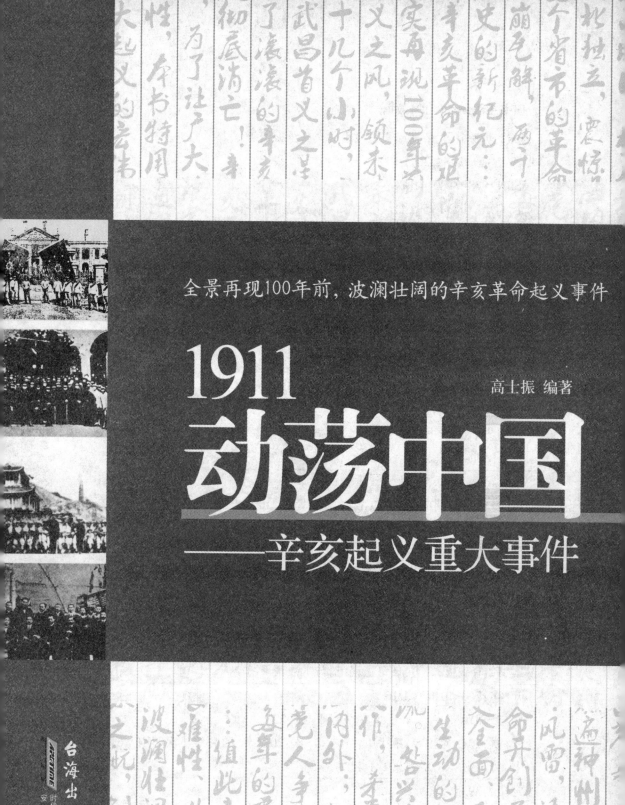

全景再现100年前，波澜壮阔的辛亥革命起义事件

1911
动荡中国
——辛亥起义重大事件

高士振 编著

台海出版社
时代出版传媒股份有限公司
安徽文艺出版社

图书在版编目(CIP)数据

1911 动荡中国:辛亥起义重大事件 / 高士振编著.
--北京:台海出版社,2011.10
ISBN 978-7-80141-887-6

Ⅰ.①1... Ⅱ.①高... Ⅲ.①辛亥革命-历史事件
Ⅳ.①K257.905

中国版本图书馆CIP数据核字(2011)第200308号

1911 动荡中国:辛亥起义重大事件

编　　著:高士振

责任编辑:王　艳

装帧设计:天下书装　　　　版式设计:通联图文

责任校对:罗　金　　　　　责任印制:蔡　旭

出版发行:台海出版社

地　址:北京市景山东街20号，邮政编码:100009

电　话:010-64041652(发行,邮购)

传　真:010-84045799(总编室)

网　址:www.taimeng.org.cn/thcbs/defauit.htm

E-mail:th-cbs@163.com

经　销:全国各地新华书店

印　刷:北京高岭印刷有限公司

本书如有破损、缺页、装订错误,请与本社联系调换

开　本:760×1040　1/16

字　数:310千字　　　　　　印　张:22

版　次:2011年10月第1版　　印　次:2011年10月第1次印刷

书　号:ISBN 978-7-80141-887-6

定　价:39.80元

前　言

　　1911 年 10 月 10 日晚 7 时许,在黄鹤楼下,在滚滚东逝水的长江江畔,湖北新兵工程八营革命党人正目(相当班长)熊秉坤,在群龙无首的危急情况下,率先打响了惊天动地的第一枪。顿时,武昌城内,枪声大作,杀声震天;硝烟滚滚,战旗猎猎。不过十几个小时,武昌光复、武汉易帜、湖北独立,震惊海内外。数十日,辛亥武昌首义之星火燃遍神州大地,二十多个省市的革命党人争先响应,揭竿起义,汇成了滚滚的辛亥革命风雷,使统治了 267 年的清王朝土崩瓦解,使两千多年的君主专制制度彻底消亡,翻开了中华民族历史的新纪元,开辟了中国民主革命的广阔道路。

　　在隆重纪念辛亥革命 100 周年之际,为了让广大读者更全面更深入地了解辛亥革命的艰难性、曲折性和传奇性,我们特用通俗生动的纪实笔法,撰著了这本《1911 动荡中国——辛亥起义重大事件》新作,再现 100 年前辛亥年间,全国 28 个省市,波澜壮阔的辛亥革命大起义的洪流,让我们这些孙中山革命事业的继承者进一步铭记这段可歌可泣的历史,从中汲取有益的经验与教训,从而团结全国人民继承和发扬革命先烈们的光荣传统,进一步增强民族自尊心、自信心和凝聚力,为实现国家的统一和中华民族的伟大复兴而努力奋斗。

目 录 CONTENTS

辛亥革命武昌首义纪实

　　辛亥革命,从武昌开始,数十日间,风靡全国,乍看似属奇迹,其实完全可以理解:武昌居长江中游,时京汉铁路已通,这种形势固为兵家所必争,而影响也特别大。其次,"洋务派"的张之洞在湖北开办了许多工厂、学堂,又派人留学和训练新军,其主观愿望不过为了统治阶级的利益,客观上却为革命提供了有利条件。

辛亥革命前的武昌城

革命思想　　秘密传播

　　第一次中日战争以后,中国的殖民地程度更深刻化了,清政府成了效忠帝国主义、扼杀民族生机的典型统治。伟大的民主主义革命者孙中山先生知道不能存任何希望在清统治者身上,就开始了他的革命活动。孙中山先生被公认为革命领袖。1905 年 8 月 20 日在日本东京成立了反对清政府的联合组织——中国同盟会,孙中山先生被推为总理,提出了"驱除鞑虏,恢复中华,建立民国,平均地权"的革命纲领。这个纲领成为所有反清团体的指导思想。

湖北留学生事先加盟者即达 54 人之多。同盟会成立以后，在日本的鄂籍会员达百人以上，这些人对革命种子的撒播起了很大的作用。

另外，中国封建王朝一贯笼络读书人的科举制度停止了，许多小资产阶级出身的知识分子，不能出国留学，便在新军中找出路；所以新军中的士兵有秀才也有洋学生，为功名而入营的不少，为革命而当兵的更多。有些人在军队中待七八年，其目的就是为了在军队中建立革命阵地。

新军士兵普遍参加革命，是辛亥革命的一个特点。武昌首义的许多领导人物，便是新军中的士兵。湖北新军士兵还把革命思想带到了各省，因而推动了许多地方的革命运动。

革命的知识分子和革命的新军士兵，为了工作上的需要，逐渐形成革命团体。首先是吕大森、曹亚伯、张难先等人所组成的"科学补习所"；同时梁钟汉兄弟又成立"群学社"和"明新公学"，不久他们就并在一起，共图发展，但为官

1905 年春夏，孙中山到欧洲，在中国留学生中宣传革命，组织革命团体，受到湖北留欧学生的竭诚拥护，宣誓加入革命组织的湖北留学生达五十余人。同年秋，中国同盟会在日本正式成立，他们是第一批会员。图为孙中山与在比利时的湖北留学生魏宸组、胡秉柯、史青、朱和中合影

方所忌，被迫解散。1906 年，"科学补习所"的同志刘静庵利用"圣公会"的书报阅览室，作为革命机关，经常主讲时事。因为阅览室的名称叫"日知会"，后来就成为革命团体的名称了。东京同盟会派人到武昌进行活动，完全依赖这个关系。1906 年 11 月间萍浏醴会党起事，涉及"日知会"，刘静庵、张难先、梁钟汉等 9 人被捕，老同志们管它叫做"岗午之狱"。"日知会"本身失败了，它却为革命开辟了广阔的道路。直接领导辛亥武昌首义的是继"日知会"之后的"共进会"和"文学社"。

"共进会"于 1907 年在日本东京成立，其发起人均系"同盟会"会员，他们不赞成整天在《民报》上打笔墨官司，他们要从事更实际的革命斗争。所谓共进，就是

联合一切排满团体,共同革命,共求进步。他们的宗旨和"同盟会"一样:只是把"平均地权"改为"平均人权",所以要"平均人权"。1908 年"共进会"派孙武回湖北发展会务。1910 年"共进会"重要分子刘公也回到武昌,主持革命工作。先后在武昌、汉口设立秘密机关。有的是私人住宅形式,有的以酒楼旅馆为掩护。

"共进会"的工作对象,不限于某一阶层。"共进会"可以利用"同盟会"在国内所设立的分支机构,"同盟会"的重要领导人物如黄兴、宋教仁、谭人凤等,均直接予以支持。

"文学社"于1911 年1 月30 日在武昌黄鹤楼开成立会,它是由"军队同盟会"、"群治学社"、"振武学社"递嬗而来。"文学社"由蒋翊武、王宪章任正副社长,詹大悲为文书部长,刘复基为评议部长,蒋、刘均在四十一标当兵,詹大悲则在汉口办报。"文学社"的发展对象纯为新军士兵,机关设在武昌小朝街。6 月1 日又成立阳夏支部。

共进会第三任总理刘公,字仲文,湖北襄阳人。1902年留学日本。后加入中国同盟会,参与发起成立"共进会"。武昌起义后,任湖北军政府总监察

黄鹤楼。1911 年初,"振武学社"改名为"文学社",以"推翻清朝专制,拥护孙文的革命主张"为宗旨。组织发展迅速,数月后,社员近三千人。1 月30 日(农历春节),"文学社"在这里召开成立大会

　　至此,原有的革命团体都汇合到"共进会"和"文学社"来了。

　　"共进会"、"文学社"同以排满为宗旨,而"同盟会"和"共进会"又以联合其他革命团体相号召。随着客观形势的发展,自必走向合作之途。加之"文学社"的领导人物原系同盟会员,也有文学社社员同时又是共进会会员的,这就奠定了合作的基础。1911年5月到9月,先经少数同志交换意见,继由双方代表杨玉如、杨时杰、李作栋、刘复基、王宪章等举行了几次联席会议,最后获得圆满结果,统一了革命阵营。

共商大计　铁血起义

　　1911年4月27日晚,心情十分沉重的孙中山先生,独自一人坐在美国芝加哥德皇饭店的房间里。他睁大双眼,把刊有广州黄花岗起义失败的特快电讯的报纸一口气看了十几遭。不幸的消息如霹雳轰顶。"怎么又败了!"随着一声悲愤的自叹,他倒在床上,沉浸在痛苦的回忆之中了。的确,自1905年在日本东京成立同盟会以来,在短短的6年里,他费了九牛二虎之力,先后领导了10次反清起义,但都因种种原因失败了。他恨自己人少、枪少、资金少,更为那些在反清起义中流血牺牲的革命党人而痛心入骨地自咎着。

　　反清大计绝不能就此停止,自己奋斗了几十年的革命目的一定要实现。他擦干了追思死难者的眼泪,翻身下床,立即伏案起草了一份特急电,密令胡汉民、黄兴将反清起义的中心移到地处中原的武汉。他在电文中反复叮嘱:此次一定要周密行事,待时机成熟后方能起义,切勿轻举发难。胡汉民与黄兴接到特急密令后,即派特使赴湖北,会见了老同盟会会员蒋翊武、刘公、孙武等人,传达了孙先生的密令。急于实现孙先生反清大计的蒋翊武、刘公、孙武等人连夜召开了紧急会议,筹划反清起义方案。

　　广州黄花岗起义虽然失败,但引起了清廷的高度警惕。皇帝密旨,对全国军界加强特别控制,对枪支弹药严加管理。更不利的是,孙先生将反清起义中心移到武汉的密令,使清廷有所察觉。湖广总督府根据朝廷密旨,严密监视军中一切动向及所有社团的一切活动,使湖北革命党人的反清活动受到了极大的限制,特别是军界,更是难以开展活动。面对不利形势,有的党人主张各社团分散活动,有的则主张将反清起义从军界转到商界或学界进行。

熊秉坤当时虽处于下层,但他对孙中山先生的反清大计忠贞不渝,他曾几次向身居高层的革命党人力主:"湖北党人要实现孙先生的反清大计,必须要联合,必须要首先在军界起事,否则将一事无成。"在 7 月的湖北革命各团体代表的秘密会上,面对众说纷纭的局面,熊秉坤拍案而起,大声疾呼:"孙先生为早日实现反清大计已苦苦地奔走了几十年,如今他把希望寄托在湖北革命党人身上,我们绝不能畏首畏尾,要知难而进,只要各革命团体大联合,只要坚持军中首先发难,只要我们有铁的坚强和不怕流血牺牲的铁血精神,就能早日实现孙先生的反清大计。"熊秉坤的发言如炸雷贯耳,震惊四座,折服全体。蒋翊武、王宪章、孙武等首领当即采纳,决定首先从军界发难,并成立了湖北革命各团体联合最高领导机构,统一指挥,筹办举事。与会者一致公推蒋翊武为湖北起义军总指挥,王宪章为副总指挥,孙武为参谋长,蔡济民、张廷辅、彭楚藩等为军事筹备员,总指挥部设在武昌小朝街 85 号,由蒋翊武坐镇办公,又推选居正、杨玉如为特使,急赴上海迎接黄兴、宋教仁、谭人凤来鄂主持起义大计。

蒋翊武,字伯夔,湖南澧县人,"文学社"社长。早年肄业于常德师范学堂和上海中国公学。参与创办《竞业旬报》,宣传革命。1909 年投身湖北新军第二十一混成协当兵,参加"振武学社"、"文学社"。武昌起义前被推为临时总指挥,起义后一度代理湖北革命军战时总司令官

工程八营　首先发难

正当湖北革命党人秘密而又紧张地筹备在军中起义时,天有不测之风云,9 月 24 日,南湖炮兵队二营中队为同伍钱行,因长官干涉,引起动武,继而少数党人乘机发难,拖出大炮,点火发弹,惊动了湖广总督府立即下令禁止士兵出营,并调来兵舰,进行炮轰,实行镇压,形势十分严重。总指挥部马上召集紧急会议,商议对策,熊秉坤代表工程营出席,到会代表有各方头面人物及各标、营的代表共 60 余人,会议分析了时局,最后决定起义定为中秋节这一天。

为了按计划行事,大会决定一边急电黄兴、宋教仁、居正、杨玉如诸同志赶往武汉,一边通过了蒋翊武为起义军临时总指挥、孙武为参谋长、蔡济民为参谋部长、熊

位于武昌城内紫阳湖东岸的陆军第八镇工程营旧址。1911 年 10 月 10 日晚 7 时许，革命士兵抱着"死里求生"的决心，勇敢地打响第一枪，武昌起义首先从这里开始

秉坤主持军械及起义时部队的作战计划等。谁知，9 月 25 日，因内部出现奸细告密，湖广总督瑞澂，接到清廷皇上密电："孙中山、黄兴遣党徒于武汉三镇，定于 10 月 6 日（阴历 8 月 15 日）起事，由三十标等步兵响应，占领三镇，现令先期严密缉拿，以遏乱萌。"瑞澂急令提督兼第八镇统制张彪，督率各标各营清朝官长，查收士兵子弹，逮捕一切可疑人员。瑞澂的这一行动，打乱了革命党人原定中秋节举事的计划，因形势所迫，总指挥部临时改为 10 月 9 日（阴历 8 月 18 日）夜 12 时起事。为保证起义成功，革命党人打破了敌人的种种封锁，自己动手制造枪弹和炸药。

不幸的是 10 月 9 日上午，孙武等人在汉口俄租界宝善里总机关处楼上赶制炸弹时，不慎引起爆炸，孙炸伤即送医院。但此事被巡捕房发现，将所有炸药、文告、袖章、名册等全部搜走，移交总督府。总督府如临大敌，当即封江，闭门搜捕，各营不准请假外出，实行 24 小时紧急戒严，出动大批清兵，按名册在三镇捉拿革命党人。各处机关均遭破环，不少革命党人被捕，刘公、王宪章等首要人物暂避。当天下午 5 时，蒋翊武由岳州赶回武昌，面对如此严峻形势，为了减少流血，特以总指挥的名义发布命令，决定当夜 12 时紧急举事。命令发出，蒋翊武、彭楚藩、刘复基等人登楼守候，忽见牟鸿勋奔告，未等他报告完毕，清军已破门而入，彭楚藩等 20 余人被捕，蒋翊武在混乱之中逃脱，避走京山县。此夜总督府命令各营及军警学堂闭门，禁止出入，蒋翊武所发的命令，多未传到，故此夜 12 时未有发动。

10 月 10 日凌晨，被捕的彭楚藩、刘复基、杨洪胜三志士英勇就义于总督府东辕门内。熊秉坤得知后，怒火万丈，决心在黄兴等人未到，孙武、刘公、王宪章、蒋翊武等首领伤的伤、走的走的群龙无首之际，力挽狂澜，扭转危急态势。回营后，乘清廷总督府的官长不在，他灵机一动，借吃早饭，召集各队代表，谎称："今早奉总机关命令，责我工程营首先发难，其原因即军械库在我营辖区，如各标响应，亦必到军械库领取子弹，方可发难，我营不先动手，别营不敢举动。"此言过后除徐兆斌赞成外，其余都颇有顾虑。熊秉坤厉声道："吾辈平时接受革命，为的是发扬铁血精神，实现孙先生的反清大计，为何事至今日，怕死徒然。吾辈名册昨已搜去，按名捕拿，将及吾辈，与其坐而待其捕杀，不如奋起一击，反也死，不反也死，死中求生，未必不能一举而成功！"众代表闻此言，认为言之有理，决定当日下午 3 时晚操时发难。熊秉坤即派人通知楚望台军械库左队代表罗炳顺、马荣等人，命令他们按时响应。

工程营发难的组织者和领导者熊秉坤

没有子弹怎能举事？由于总督府的封锁及搜查，各处都无法搞到子弹。除前一天杨洪胜送来两盒子弹外，一时还无法可想。正当无计可施时，熊秉坤突然想到不久前听革命党人吕功超所言，家兄家藏有两盒子弹，熊马上找吕做工作，动员吕叫家兄将子弹献出来。但子弹还是太少了，他又密令于郁文、章盛恺冒死从排长那里偷来了两盒。到手的子弹一共 6 盒 150 发，这就是熊秉坤准备首先发难的全部家当。他将得到的子弹分发给最可靠的代表，又令于郁文偷来了两块腰牌，交一块给李择乾佩带，自己佩带一块，便借机出营通知二十九标蔡济民、三十标王文锦按时响应。

不料，总督府突然取消晚操，熊秉坤当即决定将举事时间推至当晚 7 时，鸣枪为号，并急告二十九与三十标各代表。熊秉坤抓紧一切时间，在营内四处巡视。当他路过操场时，遇见罗子清，罗问他："起事是否有孙党领导？"熊说："当然有，孙中山先生是革命党的创始人，公认的同盟会盟主，只要是革命党就都是他的党，湖北名称虽不一，但实现孙先生的宗旨则无二心。"罗又问有多少人？能否成功？熊说："革命党人多的很，湖北的军、商、学界都有。"这时，头道名已点过，为了做到万无一失，熊秉坤准备再看看动静后，即按计划起事。但当他行至一排三棚时，突闻二排有枪声，熊秉坤知道情况有变，即取出枪直奔楼上。只见当日值班官、平时反对革命党人最起劲的三排排长陶启胜迎面跑来，熊秉坤当即举枪射击，正中陶的小腹。情况突变，再不能等待了，就在这千钧一发之际，熊秉坤对空连发三枪，正式发出了推翻清廷的发难信号，拉开了辛亥武昌起义的序幕。

顿时，枪声大作，顽固的总督府代营长阮荣发、右队队官黄坤荣、司务长张文涛等企图镇压，但均被起义者击毙击溃。熊秉坤指挥起义者撬开军械库房，因总督府早有提防，子弹已转移别处，仅得军刀12把。再至管带、军需房间，捣开铁锁，也不见枪支与子弹，只见"龙洋"官票数百，他恐怕有人抢钱，造成混乱，特命放火焚之。此时，熊秉坤一边急吹口哨，一边高呼："弟兄们！赶快到操场集合出发，抢攻楚望台。"他命令杨金龙与自己在前带队，金兆龙在后压队，带着40来人跑步冲出了营门，直扑楚望台军械库。一路上不少响应者入伍，起义队伍不断壮大。到达军械库时，因有马荣、罗炳顺等人率部接应，熊秉坤指挥人马顺利地占领了战略要地。随后，他马上开库发弹，武装起义队伍，使起义者如猛虎添翼。

楚望台军械库。工程营起义士兵首先占领这里，各标营革命士兵纷起响应，前往集中。起义军在这里获得大量武器装备，继续攻打湖广总督府

虎口拔牙　火攻督府

熊秉坤凭着他的大智大勇，终使起事计划得到了初步的实现。下一步就是如何站稳楚望台，并把楚望台变成战时司令部，及时发布命令，通报敌情，整治队伍，完成进攻湖广总督府，彻底摧毁清廷在湖广的核心堡垒的关键一役。熊秉坤深知，举事不易，站住脚跟更难。为了防止清军反扑，即派徐兆斌、凌振邦带人分兵把守，

警戒各要地；另外还增派两个侦探班，由汪长林、汤启发带队围绕楚望台巡逻，一方面搜索总督府顽固的大小官长，清除隐患，一方面接收各方来楚望台的起义部队。

9时30分，他以工程八营起义军总代表兼大队长的名义，发布了10条命令，阐明起义是实现孙中山先生反清大计的宗旨、严明军纪、明确下步作战目标、呼吁各方响应等等，使各部纷纷响应，各路代表率队直奔楚望台，起义部队成倍壮大。熊秉坤一面清点人马，编列队伍；一面命金兆龙出中和门去南湖接炮队进城；并派各得力干将处理战时军事要务，为攻占总督府调兵遣将，拟定部署，做好一切战前准备。

面对群情激昂的起义部队，胆大心细的熊秉坤为了保证攻占总督府的战役一举成功，他断然采取了功成身退之策，退居副手。他把在搜索时发现的右队队官吴兆麟请到楚望台，请各代表推吴为临时总指挥，自己甘居参谋长之位，辅吴进攻总督府。好多代表不理解他这一作法，经熊秉坤申明大义，代表们及吴本人才同意了他的主张，他将自己的一切指挥权与作战部署都交与了吴。吴按照熊的方案立即发兵进攻总督府：第一路由排长伍正林率领两排兵力，从正街攻打总督府正门；第二路由排长邝名功率领两排兵力，从后街攻打总督府后门；并命令马荣、周占奎、徐兆斌、张伟等各带人马消灭总督府宪兵队、迎接南湖炮队进城、把守各路口。

湖广总督瑞澂惊闻工程营兵变，急用电话调来大将张彪、李襄邻等人，命令他们组织兵马扑灭起义军。张彪与李襄邻急忙用电话命令衙门外各路兵马围歼起义军，只因起义军早在各路口把守，经一番混战，绝大多数清军被击退。张彪与李襄邻见增援无望，便组织衙门内的家兵家将，分别从正门及后门反扑起义军。清军仗着人多势众，加之总督衙门墙高城厚等优势进行猛烈反攻，起义军的两路人马虽几经奋力拼杀，终因伤亡过半，都败下阵来。张彪与李襄邻乘势用电话指挥衙门外的各路清军进行反击，想形成夹攻之势，一举吃掉起义军。战不多时，已有两路清军突破了把守路口的起义军。张彪与李襄邻大喜，正准备大开城门，进行内外夹击之战时，熊秉坤为使反清起义不至夭折，阵前请战，挑选了40名精兵强将，组

湖北新军第八镇统制官张彪。他曾率督府卫队进行顽抗。后率残部逃往汉口刘家庙，伺机反扑

成敢死队,接替第一路人马继续攻打总督府正门,并郑重地吩嘱吴兆麟:将原一路和二路剩余兵力合为一处,到后门堵住敌人;加强各路口的把守兵力,一定要把已突进的清军反击回去;再加派兵力速将南湖炮队接进城内,火速占领中和门和蛇山制高点,对准总督府进行炮击。全体起义军一定要以铁血精神驱逐清军,务必要在拂晓攻克总督府,否则我们必将被围歼,反清起义将功亏一篑,愧对孙中山先生的重托。说毕,他身先士卒,率领敢死队消失在硝烟弥漫的战火之中。本有畏难情绪的吴兆麟听了熊秉坤一番肺腑之言,为之一振,按熊的吩嘱重新发号施令,严明军纪,使激战又进入了相持状态。

1911 年 10 月 11 日凌晨,清朝在两湖地区的统治中枢——湖广总督府被起义军攻占,总督瑞澂越墙逃跑,这是被起义军炮火摧毁的督府残址

起义能否成功,关键就在能否迅速拔掉总督府这颗钉子。"明知山有虎,偏向虎山行",此刻的熊秉坤非常明白历史付于自己的千斤重任。他认真总结了前两路进攻总督府的失败教训,首先割断了敌人的电话线,使敌人变成了聋子。然后采取了"曲形进攻法",快速接近总督府。他右手紧握步枪,腰间别着炸弹,带着全体敢死队员,低头猫腰,借着沿途大街小巷的楼台屋角的有利地形,时左时右,忽隐忽现地曲形前进着。不一会,熊秉坤带着敢死队比较顺利地冲到了总督府对面的马路边,他命令全体队员趴下身子隐蔽,自己借着呼啸的弹火,看见在城头上督战的张彪指挥机关枪胡乱地扫射着。

原来,张彪打退第一路起义军进攻后,准备亲率大队人马夹攻起义军,因熊秉坤割断了电话线,使他不明情况,不敢妄动。突然,他借着火光,发现对面马路边不时有黑影晃动，他断定是起义军再次进行偷袭的小分队。恨不得一口吃掉起义军的张彪，不管三七二十一，指挥机关枪无目标地瞎打一气。时间一分一分地飞逝着，熊秉坤一边仔细地观察着敌人的火力及周围的地形，一边紧咬牙关，思索着进攻方案。

不一会，他果断命令赵道兴带领3人，带着煤油、破布及火柴，绕至总督府的西门房，实施火攻；命令纪鸿钧带领3人，绕至总督府的东门房，实施火攻；自己带着剩下队员，集中火力向正门进行佯攻掩护。"跟我冲呀！"随着熊秉坤的一声令下，"冲呀！杀呀！"30多名敢死队员，如猛虎下山一齐怒吼着，黑洞洞的枪管里射出了愤怒的火舌，直捣总督府城头守军。张彪误认为是大批起义军实施总反攻，他急调城头所有兵力进行反击。银蛇飞舞，杀声阵阵，两路火攻小组乘势越过了马路，摸到了总督府的城墙脚下。为了虚张声势，熊秉坤命令几名队员轮流丢着炸弹，一团团烈焰腾空而起，一束束浓烟席地翻滚。熊秉坤的佯攻果然吸引住了敌人的全部火力，赵道兴小组借机已冲到了总督府的西门房，点燃了浇透煤油的破布，从窗户中扔到了门房内，不多时乌烟伴着火焰冲上夜空。张彪一见，方知上了当，他马上亲率两排兵力，直扑西门房。正在火上浇油、不断扩大战果的赵道兴等3人与众敌遭遇，经过一阵枪战，终因寡不敌众而壮烈牺牲。火被扑灭了，西门房的火攻失败了，熊秉坤心急如焚。

为了保证东门房火攻成功，他把佯攻变成了真攻，"轰轰轰！"随着几声巨响，熊秉坤踏着浓烟，率领众队员一齐冲过马路，直逼总督府头道衙门。阴险的张彪指挥人马出西门房上马路，绕到敢死队的后面，想配合城头上的清军将敢死队团团围住，然后活活擒拿。面对强敌，熊秉坤毫无惧色，反而大声鼓舞众队员道："为实现孙中山先生的反清大计，我们要以铁血精神，死里求生，一反到底。"他下令队伍分成两排，背靠背地对付前后敌人火力。"狭路相逢勇者胜"，早把生死置之度外的敢死队员们，以猛烈的火力不但压住了敌人的火力，还渐渐扩大了占领圈，对城下之敌实行反包抄。贪生怕死的张彪不知起义军到底用的什么计，摆的什么阵。他不敢远离城墙的地理优势，于是下令部下退守头道衙门。

此刻，纪鸿钧等人还没有点燃

湖北革命军军旗——十八星旗

火,张彪已经明白了起义军火攻东门房之计,他当即调来机关枪封锁了东门房附近的地段,躲避不及的纪鸿钧等4人有3人中弹牺牲,剩下的纪鸿钧也身中两弹,流血不止。但他强忍剧痛,仍拿着煤油、破布和火柴,顽强地向东门房爬去。为了保证火攻成功的一线希望,熊秉坤加大引吸敌人的火力,可张彪不理这一套,死死地封锁着东门房地段,不让纪鸿钧靠近。熊秉坤把手一挥,"冲呀! 夺取头道衙门,保证火攻胜利!"30多人如出水蛟龙,猛冲猛打直逼头道衙门,敌人的火力终于全部被吸引过来了。纪鸿钧瞅住这极宝贵的几分钟,一跃而起,将半小桶煤油全部倒在自己身上,点燃了全身军装,"革命党人冲呀!"他如一头着了火的雄狮怒吼着冲到了东门房大门前,身子紧靠大门,又拉响了怀中炸弹。随着一声巨响,东门房炸开了一个大缺口,不到分把钟,一股浓烟直冲夜空。熊秉坤含着热泪,高喊着"为死难的革命党人报仇,冲呀!"敢死队员从缺口处冲进了头道衙门。张彪指挥残兵败将退守到第二道衙门,并迅速调来了三四挺机关枪,决心将敢死队消灭在第二道衙门前。熊秉坤清点了人马,分析了敌情,决定只能智取不能强攻。

正当敢死队准备与张彪决一死战时,革命党人在蛇山炮阵上,对准湖广总督府首发一枚炮弹。说来真巧,正中总督瑞澂龙案,把坐镇指挥的瑞澂炸得四脚朝天,屁滚尿流,吓得昏死在地。还是左右奴才推醒了主子,瑞澂一摸,脑袋还长在肩上,不禁暗暗庆幸,保住了一条命。他忍痛站起来,急令左右奴才:快快去调回张彪。奴才领命,急忙前往。正摆开架式准备与起义军决一死战的张彪,接到主子的命令,只好带领全部人马撤至衙门内,死保主子性命。正当熊秉坤率队追击时,吴兆麟亲率大队人马赶来增援,熊秉坤如鱼得水,即令全体将士一齐追杀。看到起义军声势浩大,沿途不少部队纷纷响应,起义军乘胜追杀,清军节节败退,武昌全城炮声隆隆,杀声阵阵。总督府内浓烟四起,火光冲天,张彪、李襄邻等清廷败将见大势已去,只好带着少数心腹拥着主子,慌忙打穿总督府后墙,沿着墙后小路,狼狈地逃窜到"楚豫号"兵舰上,方感安全。刚刚缓过气的总督瑞澂,令张彪向朝廷急告。

湖北军政府都督黎元洪。他原是清朝新军第二十一混成协统领,一贯惧怕并仇恨革命。武昌起义爆发时,他藏匿在部属家里,后被起义士兵觅出并拥戴为都督。但他拒绝上任,拒绝在军政府安民告示上签字。经过一段时间的消极观望,在感到清政府大势已去后,才于10月17日宣誓就任军政府都督

起义军经过一夜激战,彻底击败了各路顽抗的清军,占领了武昌全城。熊秉坤爬上总督府的升旗台,扯下了清廷的黄龙旗,升上了自制的铁血军旗。驻守在汉阳

的革命党人胡玉珍占领了龟山炮台与兵工厂。二营代表赵承武控制了汉口。武汉三镇光复,万众欢呼,中国两千多年封建帝制开始崩溃了。

10月11日下午1时,起义军各路将领根据孙中山先生推翻清廷建立共和之宗旨,在武昌红楼(原清廷谘议局)成立了中华民国军政府鄂军都督府,代行中央职权,处理一切军政要务。诸党人首先制定了建立中华民国的大政方针,正式通电全国及海外;废除清朝封建帝制,建立中华民国;废除清王朝黄龙旗,悬挂铁血十八星(代表当时全国18个省)旗;废止清廷年号,改湖北起义军为民国革命军,文官取消顶戴,武官取消肩章;军民一律剪掉辫子;废除清廷薪给制,实行上至都督下至办事员一律月支生活费20元;申讨清政府,呼吁各省响应,出版《中华民国公报》,加强宣传,扩大影响等等。但鉴于孙中山先生在海外一时难返,黄兴又未到,湖北党人挟持原清军第二十一混成协协统黎元洪为鄂军都督,出面主事,并决定广招新兵,扩大队伍,增加编制,准备迎战清廷南下大军。

迎战荫昌　智破奸计

北洋军营地

武汉发难,湖北独立,通电全国,废除清廷;消息传来,清廷文武百官惊骇万状,5岁的小皇帝溥仪被众臣拥向金銮宝殿时还不知道发生了什么大事,摄政王载沣将早写好的"奏折"交给太监放上龙案。溥仪双眼一扫,装作批阅,"奏折"变成了皇上的圣旨,太监拿起,当众宣读:湖北叛逆犯上作乱,现令陆军大臣荫昌为钦差大臣,冯国璋为军统,率军南下,火速剿灭乱党。荫昌和冯国璋遵命,率领陆军第四镇、混成第三协、第十一协等数万大军,日夜兼程,直扑武汉。10月17日,抵达豫鄂交界处安营扎寨,首命张彪带罪立功,叫他率领清军前卫列车装载的两千余精锐部队,开往汉口三道桥偷袭革命军。时任鄂军政府谋略处负责人的熊秉坤,因提前侦破了荫昌要偷袭革命军的情报,于当天凌晨,将十几门山炮设防在列车必经的铁路两旁的丛林之中。下午4时,当清军前卫列车驶进伏击圈时,山炮一起开火,击毁车头,车厢不能动弹,铁路两旁待机的革命军一齐猛射,打得清军绝大多数都死伤在车厢之中,接着三千多名革命军一涌而上,收缴了全部武器和弹药、粮草,真是大获全胜。可惜的是坐在列车最后督阵指挥的死对头张彪又乘机逃走了。死里逃生的张彪向主子报告了失败战况,荫昌气得七窍生烟,决心采取最大的军事行动,报仇雪耻。

　　10月18日,荫昌与冯国璋亲往汉口郊外督阵,实施他所谓的"擒王"战术。荫昌兵分三路,先打汉口与汉阳,后打武昌。鄂军都督黎元洪果然中了荫昌之计,不断将防守武昌的革命军部队源源派往汉口与汉阳增援。19日上午,当黎元洪接到汉口告急的电文后,命令熊秉坤率领第五协火速拨长江增援。熊秉坤不但没有遵命行事,还向黎元洪力持道:"荫昌打汉口与汉阳是用佯攻的办法调动武昌兵力不断增援,一旦武昌兵力空虚,荫昌必定乘虚而入,直取新生政权的首脑机关鄂军都督府,这就是荫昌的'擒王'战术。武昌目前仅我第五协一协兵力防守,如果再调走,军政府就会被荫昌垂手而得,革命岂不断送?"黎元洪哪会相信熊秉坤的高见,他圆瞪双眼,喝斥道:"你不听调遣,我要用军法处治你。"黎把手一挥,命令左右将熊秉坤拿下。熊秉坤怒吼道:"我死事小,断送革命事大。"正当黎元洪下令将熊秉坤推出斩首时,蛇山炮阵的炮长跑来急告:"报告黎大都督,荫昌派4艘英国大型铁甲兵舰满载清军向武昌都督府方向急驶而来。"黎元洪听后吓得面如土色惊叫道:"快放熊协统! 快去炮打清军兵舰。"

　　以革命大局为重的熊秉坤,丝毫没有为刚才的委屈而闹情绪,他飞快跑到蛇山炮阵,发布作战命令:"第九标守蛇山头部江岸,第十标守蛇山尾部江岸,第三十

清军陆军大臣荫昌。湖北省城武昌落入起义军之手后,清政府异常惊恐。10月12日,令荫昌率领正在河北永平"秋操"的北洋新军主力一部迅即南下,又令海军司令萨镇冰率领海军舰只溯江而上,实行水陆夹攻,镇压湖北革命

标守蛇山中部江岸,工程营帮助抢运炮弹,加快装弹速度,配齐预备炮手,准备集中火力,炮击敌舰,绝不能让一艘敌舰靠岸,更不能让一个清兵登陆,誓死保卫新生的都督府。"说完他站在最高处发号施令:"目标,右前方挂着英国国旗的兵舰4艘,距离3里远,预备——放!"随着熊秉坤的一声口令,一座座山炮喷射出了一发发仇恨的炮弹,飞捣敌舰。敌舰岂肯白白挨打,几十条舰炮与机枪一起回击。瞬间,硝烟陡起,水柱腾空,炮弹呼啸,尘土飞扬,炮阵上一片火海,几位炮手不幸倒下,熊秉坤急令预备炮手冲上。他气得大吼道:"狗娘养的,勾结洋人,给我瞄准,狠狠地打!"轰轰轰!一发炮弹正中旗舰驾驶台,旗舰像醉汉一样不停地摇晃着。又是一阵炮轰,旗舰尾部中弹起火,其它3艘兵舰见势不妙,赶忙调转船头,向长江下游加速逃窜。丢下的旗舰乱成一团,逃命的清兵纷纷跳江淹死。熊秉坤下令,又是一阵猛打,旗舰拖着浓浓的黑烟,歪着身子逃走了。荫昌精心炮制的"擒王"战术宣告失败,摄政王大怒,召他回京,重新任命袁世凯为钦差大臣,并加派大将段祺瑞同往,再率数万增援大军,乘火车,坐兵舰,水陆并进,准备血洗武汉起义军。

浴血拼杀　反复争夺

10月22日,革命军得报:荫昌已制订作战计划,分三路进攻武汉。一路沿铁路线进攻刘家庙为正面主力;一路由府河、新沟出蔡甸攻汉阳为侧面;一路由阳逻渡江至青山下游直取武昌为协助。信阳至黄陂、孝感及京汉铁路南段各城镇都分兵布防,集结其主力两镇于祁家湾一带。

军政府据报立即作了部署:何锡藩为汉口指挥官,率领第二协(协相当于旅)防御刘家庙,准备迎击南下清军;第一协宋锡全防御汉阳;第五标(标相当于团)刘廷壁戒备武昌青山,第四协张廷辅担任武昌城防;第五协熊秉坤向汉口增援。

23日,三道桥清军增加两个标进至造纸厂附近。革命军何锡藩指挥3个营担任正面,于铁路两旁设置炮队,又派机枪队增援,从右翼向清军侧击扫射,打得清军大败。革命军亦有伤亡,与清军对峙于二道桥南北。24日一早,革命军攻击前进至二道桥,清军由岱家山、陈家墩居高临下猛烈炮击,革命军伤亡甚重,后退至刘家庙以北横堤抵抗,旋受清军母子炮弹的威胁,夜间退到刘家庙。26日拂晓前,停泊阳逻的清廷海军乘革命军炮队一时瞭望疏忽的机会,偷驶至谌家矶,黎明时进至造纸厂,向革命军防地侧面猛击。革命军壕内外士兵伤亡甚重,只好迅速撤退至头道桥,又和漤口的清军机枪队狭路相遇。这时革命军受敌水陆夹攻,无法抵抗,节节后退到大智门附近布置新阵地。清军即乘势越过三道桥、造纸厂,占领刘家庙。

此役革命军官兵死伤六七百人,遗失子弹粮秣无数,各部队长官忿恨已极,誓图报复。早饭后积极整理队伍,准备反攻,标统谢元恺自告奋勇作前驱,于是各部队官集合所部于午后1时出动,由谢元恺率队打正面先锋。第二协任右翼,第四协任左翼,齐向刘家庙进攻。这时士气极盛,行进甚速,锐不可挡。

当时进占刘家庙的清军见革命军勇猛反攻,急令机枪大炮各队作顽强抵抗。虽弹密如雨,革命军仍奋不顾身,步步巡进。至距刘家庙五六百米时,谢元恺更令号兵猛吹冲锋号,各部队都装上刺刀,齐声呐喊,直接冲入清军阵地肉搏奋战,真如虎入羊群,所向披靡,清军不能支持,狼狈撤退,革命军又夺回刘家庙。由于连日苦战,过于疲劳,且夜幕已垂,遂下令停止追击,即在刘家庙布置阵地,严密防守。

清军经这次革命军的勇猛反攻,很多士兵吓得六神无主,纷纷私自潜逃。统领王占元、鲍贵卿等急令卫队架机枪于三道隘口,阻止后退。冯国璋亦严令在三道桥的部队忍耐坚守,只许前进,不许后退,否则以军法处置。

这次革命军虽夺回了刘家庙阵地,但官兵伤亡惨重,统计如下:一、步兵第二协谢元恺标阵亡500余人,伤180余人。二、步兵第二协姚金镛标阵亡100余人,伤70余人。三、步兵第四协杨传连标吴元胜营阵亡140余人,伤90余人。四、炮队第四协蔡德懋标阵亡50余人,伤70余人。五、敢死队、工程队、输送队共阵亡100余人,伤50余人。以上共计伤亡1000余人。清军方面死伤亦基本如此。

军政府又以成炳荣所部青山炮队瞭望疏忽,致敌海军为害,实属有亏职守,应以军法处问,经多人缓颊,始改记大过两次,戴罪立功。并因汉口战争死伤太重,特令步队第五协赶汉口增援;又令敢死队长方兴、杨开云两队同往汉口督队。

27日,清军在革命军发动前,由造纸厂、姑嫂树分两路各附机枪多挺向革命军进攻,革命军即在刘家庙阵地回击,两军务以猛烈火力相持。标统谢元恺率所部在前,其余各队亦随之前进。惜革命军多系新兵,不知利用地形,受敌机枪扫射,死伤甚多。至午前10时,炮火愈烈,空中子弹横飞,密如骤雨。革命军仅有几门山炮,威力不大。清军又由漤口陆续增援约一镇以上,武器精良,兵经久练。革命军虽然勇猛,但实力悬殊,并且刘家庙一带地势平坦,掩护无凭,经几次冲锋,都被猛烈炮火击退。至下午5时,清军在炮火掩护下,由姑嫂树、岱家山向革命军进攻。革命军四协统领张廷辅所部伤亡过多,不得不向后撤退,而和它接近的部队亦跟随后退,虽有敢死队在后阻止,亦不能维持。至天晚时,始退至大智门新停车场附近宿营,刘家庙又为敌人所占领。

革命军在战壕内向敌军射击

前一日，汉口指挥官何锡藩受伤辞职，原三十标统带张景良，自告奋勇承担责任。黎元洪力保委其为汉口临时指挥官。张奉派后往刘家庙布置作战未竟，即回市区宿于歆生花园。第二天前线战斗十分激烈时，张尚在歆生路畏缩不前。战地没有主将，而张配给士兵子弹各仅2排，不能持久作战，终于失败。实则张景良通敌出卖革命，是这次战败的重要原因。随即汉口军政分府将张逮捕，就地正法。

是晚，军政府得知刘家庙复失的消息，即召开紧急会议决议如下：

一、步队第四协协统张廷辅受伤，以谢元恺代之，谢元恺标统之职以胡效骞代之。

二、派尚安邦率炮队两营往汉口增援。

三、通电湖南、江西两省速派精锐部队来鄂，以备应援。

四、派工程营与敢死队员带工作器具，到汉帮助各部队筑设坚固堡垒。

五、派游击队往黄（陂）孝（感）扰敌后方，牵制其南下兵力。

六、电知上海《民主报》，速请黄兴来鄂，以资镇摄。

七、汉口所有部队迅速整顿，明日必须固守阵地，如有机可乘，则向前敌逆袭。

八、复印白话传单，数指清廷罪恶，派间谍到敌军中散发，乱敌军心。

九、通电各省，促其响应。

28日，在大智门新停车场的革命军，向昨日被敌夺去的跑马场进击，德、法两国租界的后方顿成为激烈战场。清军复用重兵压迫革命军于法租界后面球场街附近，并用机枪扫射，沿铁路前进。革命军即列野战炮4门于日本火葬场后面，向敌轰击。敌又另出一部队约1000人由三眼桥企图直扑革命军阵地，其炮弹不断落于大智门车站后的居民村落,酿成大火。

是时,革命军虽处恶劣形势之下,仍固守阵地,一步不退。在歆生路一带的第四协统谢元恺令兵士躲在掩体内,等敌人走近300米内外,即冲出肉搏。正午时,敌人渐渐逼近,革命军冲出,同声喊杀,声震天地,炮队也瞄准敌人齐发排炮助战,敌不支而退。至郊外空旷地区,用机枪扫射,革命军死伤虽多,而士气不馁,个个斗志昂扬。下午守球场的革命军遭受敌人野炮猛轰,继以步兵进逼,渐退至歆生路一带。清军就占领了球场及外边各地,并将火葬场的野炮移到跑马场南端,继续采取攻势。傍晚,革命军向大智门反攻,不利而退。这两日来,革命军死伤共有2000余人,当时观战的外侨评论说:革命军之所以不能战胜清军,实由于武器不精,不能抵抗清军的机枪和退管炮的威力;他们勇猛善战,实堪钦佩,虽败犹荣。

从10月19日至此的9天中,红十字会和当地善堂、慈善家合组救护队抬运伤兵到各医院治疗;还在刘家庙后、古德寺前,修起了阵亡官兵3000多人的大墓;在球场街附近筑了6个大墓,并尽可能将死者姓名、籍贯、番号登记照相,使革命烈士身虽亡而精神不死。

革命军从武昌渡江至汉口

28日上午6时半,革命军在大江南岸列野战炮多门,向停泊江岸附近的敌舰队射击,萨镇冰令舰队向革命军回击,相持约20分钟,敌舰遂下驶。前一天,萨镇冰向英国东洋舰队司令汇报,称次日下午3时后,将炮击武昌、汉阳两地,难免不危及租界。英领事通知各国船舶暂时下驶,投锚于100里外。日海军司令川岛通告侨民妇孺乘船避险于阳逻以下。是日从3时20分开始,萨的舰队轰击南岸炮队阵地约1小时,发弹约300发。

29日革命军整理队伍时,清军发动进攻,列大炮八九门于大智门车站附近,轰击革命军在跑马场附近和右侧及铁道沿线的炮兵阵地,革命军亦予以应战。对歆生路张美之巷进攻之敌,亦被革命军奋勇击退。嗣因敌炮轰击过烈,不能前进,仍退回原阵地,而以士兵隐蔽于歆生路一带屋后,待敌接近即开枪射击,无不命中。敌复以野炮数门,进据高尔夫球场俱乐部向革命军猛烈轰击,革命军龟山炮阵亦发炮应战,3处炮火互攻,致歆生路后面一带房屋着火。当时,敌军在江岸车站的有第二、第四两镇,合计1.5万人,尚有第五镇、第十二镇未出动。袁世凯、荫昌则驻在信阳。海军有巡洋舰海容、海琛、海筹停泊阳逻,下游更有楚豫、楚同、楚有、楚泰、江天、江利6舰停泊7里外之沙口。清军火力十分雄厚,人数亦多,确占优势。革命军猛攻不利,连战皆败,然而同仇敌忾,精神振奋,斗志迄未稍衰。

冯国璋火烧汉口

革命军代理第四协协统勇将谢元恺与蔡德懋统带商量,拟转守为攻,率队直扑三道桥以北。各部亦都同意,就令敢死队持大令督战,阻止后退,率队勇猛前进,势如破竹。敌虽把预备队加入抵抗,亦不能阻止,狼狈退出歆生路。不意因蔡德懋转移炮位时,暴露目标,敌炮集中轰击,弹如雨下,革命军多有死伤,蔡德懋亦中弹阵亡。时谢元恺已冲至最前线,因身先士卒,奋不顾身,遂遭敌机枪射死。众见蔡、谢二将相继阵亡,士气大沮,不能前进。未几,指挥何锡藩亦受伤,敢死队长马荣、工程队李忠孝,先后激战而死。同时,在街后村落激战的,时进时退,战况亦烈,伤亡亦多。敌人又不顾百姓生死,随处放火,秩序大乱,汉口战事竟陷于不可收拾状态。

冯国璋。11月1日,袁世凯在湖北孝感设立大本营,以冯国璋、段祺瑞为第一、二军总统官,加强对汉口和汉阳的军事进攻,由冯国璋直接指挥清军攻打汉口

是日起,汉口各报都停刊。据下午2时红十字会报告,武汉红十字会病院一次收容人数达900多人,此外死亡和因受伤倒毙于战地的,还不知其数,救护工作更形紧张。革命军参战员甘缉熙将存于荣昌照相馆内从上月开战以来的阵亡将士照片底板,送至武昌军政府保存,并报告是日战情。军政府得报后,即召开

紧急会议，派姜明经到汉口前线代理指挥，姜称病，不能接受任务，不得已急令前线各军部队暂取守势，维持现状。

30 日，都督派吴兆麟、蔡济民渡江至汉口视察布置防御，以熊秉坤、胡效骞、甘绩熙、杨传连、伍正林 5 人分区担任防御，敢死队亦分 5 队配合督战。又令尚安邦编署炮队布列歆生路，防卫工程队附于炮队赶修掩堡，并令林翼支部为预备队。蔡济民、杨玺章、王安澜、周定原等分途担任督察。

上午清军炮击革命军兵工厂，革命军在汉口的炮队亦集中回击。歆生路屋多树密，革命军利用地形隐蔽于屋角、树间，待前来搜索的敌人接近即狙击，无不应声而倒，且时有生俘，因此敌军不敢猝进。旋敌用猛烈炮火掩护，逐步前进。午后 2 时许，敌已进至堤防前面，革命军步炮齐发，敌无物掩体，不支而退。炮队孟广顺不幸中弹阵亡。这时前线指挥由宋锡全暂代，宋调守汉阳所部七成来汉口与林翼支标残部合并，由张步坛率领，王赞承督战，借铁路线作掩护，与敌相持。

清军攻占汉口刘家庙车站。27 日，冯国璋部攻陷刘家庙，革命军退守市内。冯国璋下令火烧汉口，大火延烧三昼夜，汉口繁华之区化为焦土。11 月 2 日，汉口失陷

此时清军大部已占领市街，街道口和民房屋顶架满机枪，遭游击队到处放火，任意抢劫，还不准保安队(相当于义务消防队)救火。曾有三人因救火遭到枪杀，直烧三昼夜，上自硚口，下至四宫殿一带房屋化为灰烬。这里当时为汉口最繁华的地区，财产损失无数，老幼妇女被烧死的无数。事前冯国璋曾照会驻汉各国领事，谓汉口障碍物太多，进攻困难，要将汉口全镇烧毁，以便大举进攻，如有损害外人财产之处，清政府愿负赔偿损失等语。各领事接到照会，极不为然，舆论大哗，谓各国

已声明严守中立,在租界附近,不得侵害寸土。并云革命军起义以后,始终保护中外人民的生命财产,真是文明义师,而清政府尚如此野蛮,不讲公理,无怪各省全起反对。是日,在汉口江汉关道署旧址的军政分府,原储饷缉弹药甚多,已全部被烧毁。后收检余烬,检出铜元18箱,运送军务部接收。

黄兴来汉　亲自督战

黄兴在香港接到武昌首义电信,即起程到上海,于10月28日来武昌,各同志热烈欢迎,与黎都督晤谈甚洽,众以千军易得、一将难求,向黎都督建议授黄兴为总司令。黄兴本是党中健将,早已身许革命,当然义不容辞。31日晨,偕杨玺章等到汉口视察阵地,特制丈二长的朱红色中写"黄"字大旗作前导,一时民心士气为之大振。清军也慑于黄兴的威名,互相告语,谓:是人曾在广东欲杀张都督(鸣岐)者,乃真将军也。闻者都群相戒备。当天黄兴即设总司令部于满春茶园,令杨玺章、蔡济民等检查汉口部队。检查情况如下:

革命军战时总司令黄兴。黄兴原名轸,字廑午,湖南善化县人

一、步队二协2000人,协统何锡藩负伤,由罗洪升代理。标统胡效骞,一标统姚金镛病,以刘廷桢代。

二、步队第四协第七标兵额约1000人,协统张廷辅,标统胡廷佐。标统杨选青,官兵不在汉口。

三、步队第五协兵额约2000人,协统熊秉坤,标统杜武库,标统伍正林,督带官方汉发。

四、步队第一协统林翼支。

五、马队一营,管带黄冠群。

六、炮队一协,统带尚安邦。

七、工程队一营,管带李占奎。

八、敢死队二大队,队长方兴、杨金龙。

九、季雨霖之一团,防兵约1000人。

据以上检查各队人数,第四协第八标,林翼支一标只有100余人。

双方保守原有阵地,敌步兵散布铁路沿线,炮队则布列在玉带门一带,后方及大智门两旁敌我对击。敢死队待敌进至100米时,骤起冲锋,敌死伤甚多。上午11时半,革命军向济生堂一带进攻,敌都潜伏于新马路附近矮屋内,经革命军集中火力猛射冲锋,即行后退,以机枪回射。这时两军相距不过200米。敌大部队沿铁路西侧自玉带门来攻者,虽有接触,无大激战。敌在市街时被狙击,损失极大。晚上敌人又在英国租界背面华界街市及村落二三处放火。

胡祖舜辎重营是日奉令赴援,仅与王安澜、杜武库一见,即在歆生路和张美之巷口及徽州会馆以下布防,派队巡查街道。参谋甘缉熙、高建翎等防守满春茶园一带。此时敌人尚未深入街市。

黄总司令在检查部队后,于10月31日午后9时在满春茶园发布如下命令:

一、敌军占领大智门新停车场附近,湘军有步兵两协出发即到。

二、本军今晚拟在原占领地以战斗形势过夜。

三、步队第二协警戒线右翼由欧生路后城马路起,左翼至查家墩以东火车站堤防一带。

四、步兵第五协警戒线,右翼与步队二协联络,左翼至玉带门一带。

五、其余各队之集合地:步队第七标在满春茶园以北空地。马队一营在满春茶园西北端附近。炮队一标在满春茶园西北端附近。工程一营在满春茶园北端附近。

六、步队第一标及季雨霖标,警戒汉口市街各标要地。

七、各队给养用前军政分府预备之粮秣。

八、本总司令在满春茶园。

今夜口号——复汉。

11月1日,黄总司令正与杨玺章等商量进攻计划。敌方于午前6时由王家墩来攻,枪炮齐发,革命军据堤防固守,预备队亦向前线增援。黄总司令亲率敢死队督战,不准退却,如有后退立即斩首。10时许,敌用机枪扫射作掩护前进,渐与右翼接近,革命军受伤甚多,稍向后退,敌即放火烧歆生路房屋,使革命军失去掩护,乱发炮火轰击。于是右翼不得不节节后退,左翼借抢救伤兵亦陆续后退。总司令阻止无效,手刃数人,而兵士竟潜向右侧面而退。至午后2时,革命军人数大减,总司令才下令退至玉带门一带。各路军队始复集合,清军节节放火,烧一段,进一段,汉口中心至满春茶园附近市街变成了一片火海,居民相出逃避,一时火焰冲天,哭声震地,入夜火势更炽,延烧至四宫殿。歆生路之敌又加紧压迫,徽州会馆以下之敌亦出没于怡心茶楼附近,转瞬亦即火起,并时向汉阳开枪。时革命军前线,只有机枪队及步兵100余人尚在张美之巷一带作战。

驻汉阳守护兵工厂的协统宋锡全、王宪章密议,携饷银20余万元,舢板60余只,小火轮4只,满装着械弹,于夜间退赴湖南。后由黎元洪电湘督军,以临阵脱逃罪处以死刑,王宪章偕走未果,扣留汉阳,汉阳知府李亚东亦弃职逃走。

11月2日,黄总司令命令各队仍守常丰堤院附近至玉带门一带,又派查光佛通知甘缉熙、杨传连、伍正林防御张美之巷。午前7时,敌在歆生路刘家花园炮击汉阳兵工厂和武昌都督府,扬言即分攻汉阳、武昌,一面仍在汉口街道放火,焚烧商店和民房。火随风炽,愈烧愈烈,渐延及马王庙沿江地区及打扣巷、龙王庙、沈家庙等处。午后1时,清军步队携机枪由王家墩向革命军左翼进攻,行至玉带门六七百米时,革命军敢死队在堤防右侧突然冲出猛击,敌不支而退。旋经都督府决定,放弃汉口,退守汉阳。至午后6时,总司令即往武昌与都督商议善后事宜,军政府即召开会议,总司令报告分析了战争失败的原因六点如下:

一、前日往汉督战,本期反攻,以图恢复,唯各队新兵过多,秩序混乱,难以指挥。

二、军官程度太低,多不上前指挥。

三、各队战斗日久,伤亡过甚,官兵疲劳未得休息,一闻机枪声,即往后退。

四、兵士多在武汉附近招募,夜间私自回家者甚多。战斗员减少。军官因其仓卒招募,难以查实。

五、革命军全体步枪,无机关枪应敌,较敌死伤更重,炮队又系山炮,炮弹又不开花,射程不远,效力不及敌人之炮远甚!

六、敌系北洋久练之兵,极有纪律,善射击,冲锋不及革命军灵活,每闻杀声即后退,革命军所持者唯此。

这次汉口战役革命军参战人员死伤惨重,除居正在大智门被流弹伤面部、季雨霖在指挥同防守时被敌弹由胸侧洞穿背部而出经送治得生外,连日阵亡战士的人数达2000余人。在济生堂后、双洞门外,堆尸成山的有八九处,都是革命战士的遗骸。幸有红十字会、赤十字会的同志们冒着生命危险,在敌人弹雨下,完成了掩埋和救护工作。

黎元洪策反海军

　　自武昌首义的第三天,清廷令海军提督萨镇冰率领海军开进了扬子江,上驶到武昌,配合陆军大臣荫昌率领的陆战大军,用水陆夹攻企图夺回武汉。10月17日,萨镇冰乘坐楚有舰抵汉。随后海容、海琛、海筹三巨舰和建威、建安、江元、江贞、江利、楚同、楚泰、楚谦、飞鹰炮舰及湖隼、湖鹰、湖鹗、辰字各舰亦陆续开到,内中海容、海琛、海筹三艘战斗舰,还是甲午战后遗留下来的旧物。清廷这次把海军主力调来,都投入了武汉战场。但是,萨镇冰和黎元洪有师生之谊,舰中除了几个上级、中级军官是满人以外,其他汉人多数同情革命。所以舰队开到武汉,瑞澂就想要炮舰轰击革命军,而萨镇冰却并不这样做。并且有某舰帮带(副舰长)于到汉的第二日,带着随从2名借故登陆,潜来武昌密报消息,说海军中除了满籍官兵外,都对革命表示同情,只待时机成熟,终究是要归顺的。

10月下旬,清海军舰艇十余艘驶泊汉口江面。这是旗舰"海容"号巡洋舰

　　黎元洪早年在北洋水师学校学习,萨镇冰任学监,对黎颇为器重。当萨的海军舰艇初到武汉江面,有人主张集中炮手将其击沉时,黎认为海军建设不易,击毁实在可惜。黎就亲自给萨写信,首叙师生之谊,晓以民族大义,劝其率部归顺。同时,送致楚同、楚泰、建威、建安、江利各舰主一函,促其诛锄船内敌对分子,共成兴汉义举。不久,萨镇冰自下游给黎元洪来信,表示关怀以后国家政体,倾向议会政治。黎元洪又写了复信。

　　当黎元洪致函萨镇冰劝降之际,海军备舰在无形中起了很大变化。又闻九江湖口炮台邀击军舰并扣留之说,革命军政府乘此机会派李作栋、李国镛潜赴九江探听,如果海军归顺,即速派舰西上援鄂,一边派员优抚萨镇冰,还带了汤比龙的密信,先去见汤芗铭。答复是:"萨镇冰乘江贞轮至黄石港改搭渔船到九江,在英领事署住了一夜,次日化装作商人转赶上海去了。关于迅速援鄂一节,我以桑梓关系,义不容辞,但需要在会议后解决。"

关于海军反正的基本原因,经李作栋等的调查,有下列三点:

(1)长江水位下降,海字号两大兵舰吃水都在 20 米以上,武汉江面不能容,只得被迫下驶。当初清廷以为有海军开到武汉,就可迅速奏功,想不到革命军能抵抗这样久,更想不到长江水位要下降。

(2)海军供应物资都在上海,在 11 月 4 日宣布独立以前,中部同盟会同志和海军已有联系将近成熟。萨镇冰初意想把各舰集中上海不使力量分散,后知上海虽已独立,南京尚在,故向东驶,不料到了九江即被阻。

(3)海军汉族官兵都赞同革命,尤其是卜级军官,如海琛的船员张怿伯和驾驶副二杨庆贞、副三高幼钦、见习士官杨明、水手头目李容清、一等水手刘文才、号手王容山,海容舰的正电官金琢章,海筹舰的正电官何渭生、枪副二沙训龄、教练佘正兴等,早拟乘时而起。复因各舰禁止互相往来,目的难达。他们编成密码 12 种,互通消息,团结一致。

11 月 11 日,海琛、海筹、海容、江贞、楚禄自动离开阳逻下驶,海琛士官杨明等得到舰长黄钟瑛的默许,行至中途把悬挂的龙旗投入江中,换上预备好的白旗;其他各舰也照样行动起来。高级参谋汤芗铭、副舰长杜锡珪都表示赞同。舰上满籍军官不敢反抗,避匿舱中。飞鹰帮带满人吉升投江自杀,行抵九江即派员和九江军政府接洽,表示态度,与革命军一致行动。

19 日,由海军参谋汤芗铭、杜锡珪偕湖北代表李作栋、李国镛,率领海字号三大战斗舰及其余小舰,上驶到青山下游,靠汉口一边航行,向清军阵地且行且用大炮轰击。清军毫无防备,死伤甚多。直驶到鲇鱼套停泊,由湖北代表陪同汤、杜二人至军政府谒黎都督。黎极表示欢迎,设宴祝贺。席间讨论结果,因时届冬令,长江水位下降,海字三大舰,下驶至青山下游待命,其余各舰吃水较浅,即留在武汉江面,听候命令行动。这一举使清军力量大受创伤,而革命军有了海军,可以控制江面,力量大增,可随时发动进攻。当舰队下驶至龙王庙时,清军用大炮轰击,伤我官兵各一人,有一雷艇中弹起火及时救熄,损失不大。汤芗铭即将在汉各舰编为第二舰队,留九江的各舰编为第一舰队,支援光复南京。海琛舰长黄钟瑛回到上海后,即在上海成立海军司令部统一指挥。此后山东光复,南京军政府派胡瑛为山东都督并运送部队军实从烟台登陆。从此,不但长江上下游畅行无阻,并且打开了华北门户,对全国光复起了极大作用。

海军反正,清廷大为震惊。迫于全国革命形势,于是下诏罪己,开放党禁,解散贵族内阁,改组为责任内阁。重用袁世凯任内阁总理,兼节制湖北陆军。谕亲贵不许干预政治,奕劻、载泽、载洵、载涛同时免职。决定实行立宪。拟具信条 19 条,宣誓太庙,布告臣民。以图挽回人心,作最后的缓兵之计。

黄兴拜将　重振军威

自黄兴来汉指挥作战后,军政府各部党人连日密议讨论,对黄兴期望甚殷,唯职位名义问题,意见不一。新自上海来的同盟会员田桐、宋教仁和蒋翊武、杨王鹏等,以黄兴代表革命党,欲推为湖北、湖南大都督,或称南方总司令,驾于黎都督之上,以便统辖各省援军。而刘公、孙武、蔡济民、吴醒汉、杨玉如、吴兆麟等,根据湖北现在情况,欲黄兴属于黎元洪之下,只用战时总司令名义,不冠南方二字。因之吴兆麟与杨王鹏大起争论。

吴的主张是:黄兴的职位万不可影响黎都督的地位。因黎不是革命党同志,但在湖北军界资深望重。此次公举为都督并非黎氏本愿,当时都称他浑厚真诚,外人亦因黎氏关系,认我军为交战团体,各省陆续响应,来电表示推崇。若一旦将他更动,引起中外怀疑党人争权夺利,不秉大公,其不可者一。黄兴为革命巨子,海内皆知,此次来鄂,大众热忱爱戴,乘此在湖北建立基础功勋,来日革命成功选举总统,自然天下归心。岂在区区都督虚名可较,此不可者二。黄兴来鄂后,已推任总司令,由黎都督命令发表,是黄已在黎下,一旦驾而上之节制黎都督,即黎不计较,必有人代黎鸣不平,或至引起内争,此不可者三。若黄的大都督发表后,黎的都督如何解职,各省党人群起质问,我等将如何答复,即云大众公意,当此战争紧张之际,忽而主将易人,各方必将谓我们心地偏窄,不能容人,此不可者四。湖北军界同志公推黎氏登台以来,对黎绝对服从,一心一德,敌忾同仇,一旦更换,必生疑虑,不能安心杀敌,且与黎接近的人,藉此从中挑拨,发生纠纷,反令黄兴面上无光,此不可者五。清军时有间谍,找寻我军间隙,以冀煽惑军心,幸我军上下一心,敌人无隙可乘,如我军内部发生摩擦,是予敌以隙,自取败亡,此不可者六。总之我们应团结一气,齐心杀敌,前途才会光明远大,我非反对黄兴,实为大局计也。

杨王鹏颇不以吴言为然,起而争辩,谓江西革命军推吴介璋为都督,后换以马毓宝,未见有中外人起而质问,或内部发生变乱,湖北反去电欢迎,且今公举黄兴为大都督,于黎职位并无妨碍,再则革命成功后,不举大总统而即以各省都督为完事么?

吴云各省情况不同,湖北为首义之区,关系全局,各省以湖北为重心,惟马首是瞻,外人亦认为是交战团体的中心,非他省可以比论。

时在座者都同意吴兆麟的主张。杨玉如亦劝杨王鹏重视实际情况,不必固执己见,牵一发而动全身。杨大不悦,又欲与玉如争辩。宋教仁即起立发言:此事不过征求大众意见,绝无成见。因黄兴从事革命多年,声望卓著,同志们推为首领,原意藉以号召,使革命迅速成功,决无他意。我初来湖北,对湖北军事内情不熟,既有利害冲突,即可取消前所主张。

于是,大众决定举黄兴为战时总司令,所有各省来鄂援军统归节制调遣。并效刘邦聘韩信为大将,请黎用军政府名义聘请黄兴为战时总司令,登台拜将,以郑重其事,使各省来鄂援军均听节制,统一指挥作战,择定11月3日举行拜将典礼。

黄兴就任战时总司令,与司令部成员李书城、田桐、杨王鹏等合影

是日上午8时,在都督府前建立将台。传知各机关人员及驻武昌军队官长,派兵一标于午前齐集军政府,请黄兴登台拜受大将军典礼。将台四角树立军旗,中立"战时总司令黄"6字大帅旗,气象庄严,军乐悠扬,文武官员环立台周。先由黎都

督宣布典礼开始,大意谓:本都督代表中华民国四万万同胞,及全国军界袍泽,拜黄兴为战时总司令,于本日此时就职。推倒清朝专制政府,光复汉族,建立共和,同谋永远福利。我将士皆当心悦诚服,听令指挥,群策群力,驱除鞑虏,保卫国家。中华民国幸甚,同胞幸甚! 说毕,请黄兴登台受职,由黎都督将关防、聘状、令符亲交黄总司令。黄总司令即发表演说:此次革命是光复汉族,建立共和政府,无如清廷仍未觉悟,派兵来鄂,与革命军为难,我辈应迅速驱除在汉口之敌,然后北上光复北京,以完成革命事业。今日承黎都督与诸同志举兄弟为战时总司令,责任重大,实难负荷。但大敌在前,不敢不勉为其难。我军人应以服从为天职,艰苦奋斗为己任。兄弟愿从黎都督与诸同志之后,直捣虏廷,恢复神州,舍命捐躯在所不惜……言毕,大众鼓掌,欢声雷动。相互致敬礼而退。

黄总司令就职后,即往汉阳西门外昭忠祠组织总司令部,分参谋、副官、秘书三处,以李书城为参谋长,杨玺章、吴兆麟为副参谋长,王孝缜、高尚志为正副官长,田桐为秘书长,日人萱野为军事顾问。

这时,湖南都督谭延闿派两个协来援,第一协王隆中达到汉阳,以归元寺为本部,待令参战。

所有湖北部队,由黄总司令划定防区分驻如下:

步队第四协统领张廷辅率所部七标,防守南岸咀至兵工厂一带。

步队第一协统领蒋肇鉴率所部二标:一标防守兵工厂附近,一标防守徐家湾。

步队第四标第三营驻徐家湾至琴断口一带。

步队第一标第三营驻防琴断口。

步队第十一标、炮队独立营、机关枪队及水师第一标散卒防守赫山。

11月3日,湖北军政府在武昌阅马场为黄兴举行隆重的登坛拜将仪式。次日,黄兴于汉阳昭忠祠设战时总司令部,部署战守事宜。这是拜将坛旧址纪念碑

步队十一标一营,附炮兵二队,由第五协统领熊秉坤率领,驻十里铺及归元寺

附近。

炮队第三标一营,驻梅子山,并分派一队驻高庙南端。

黄总司令又通令各地防军建筑防御工事,于高地作盖沟两种,并令各部队分别构筑赫山、高庙、梅子山、十里铺及龟山下兵工厂、南岸咀各处工事。当时雇用民夫数千人,不加督促,而工作昼夜不息。

革命军退守汉阳后,敌人即派一大队乘帆布船,由黄金堂附近渡河,企图偷袭,被我炮队发觉猛轰击沉,敌伤亡和生俘约200余人。

11月5日,黄总司令乘赶修防御工事时,偕参谋数人巡视阵地,同时根据孝感至新沟一带有敌人小部队出现,即派队至蔡甸、新沟搜索,而敌已退去。

6日,都是受过训的湘军第一协新军,秩序甚好,即调至十里铺驻防。上午6时,革命军以汉口济生堂附近的清军为目标,开炮轰击,敌未应战。守兵工厂的革命军亦隔河对敌人枪击,敌仍未应。下午6时,武昌革命军炮击江岸车站达3小时,敌亦未还击。傍晚敌用火车运输军用品,革命军在大别山开炮猛击。

7日,据报清军运来重炮及架桥材料,放在大智门和招商局附近。又探闻汉口现有敌人一万余人,还有5000人已抵黄陂祁家湾。另有一标由肖家湾南下。此后汉阳与汉口成敌我对峙之局势,不断用枪炮互击,并无激烈战斗。

9日,据报敌人第四镇全部驻汉口各要地,第十混成协全部驻孝感,第五镇一协晨8时全部抵孝感。又据乡民报告,敌有一支队拟由新沟向蔡甸前进。司令部即派祁国钧率马队一营、步队一营赴蔡甸附近,敌渡河即予以猛击。同日,湘军第二协统领甘兴典,率队抵达汉阳。该协原系巡防营,多徒手,又缺乏训练,由司令部发给枪弹,赶紧训练。

又据探报:敌运大炮数尊往硚口布置阵地,龟山炮队发炮轰击。敌亦还击,毁敌炮位。革命军炮击江岸敌军,敌复炮击,青山驻军,革命军还击,毁敌炮位。革命军炮击江岸车站的敌人,弹中附近列车,顿时火起。

10日上午4时,南下的清军,因误传革命军往袭,与清第二镇互相火并,各有死伤。

袁世凯遣使言和

10日,袁世凯密派刘承恩来武昌军政府找黎元洪试探讲和。原来袁世凯组织内阁后,有保皇党人杨度与新自狱中释出的革命党人汪兆铭发起国事共济会于北京,谋开和议,谘政院表示赞同。院长李家驹征求袁世凯意见,袁以清室大势已去,革命军势不可侮,欲利用机会,操纵双方,因而默许。鄂籍道员刘承恩与黎元洪有旧交,袁密嘱达其意旨。不久袁世凯又派刘与海军蔡廷干携书南下谒黎,袁主立宪,黎要共和,双方意见距离过远,不得要领。后来袁因谋清窃国心切,又恐革命军不能就范,故用全力夺取汉阳,以挫革命军锐气。

袁世凯,字慰亭,河南省项城人,北洋军阀首领。1898 年因向慈禧太后告密,出卖维新运动而飞黄腾达,官至直隶总督、军机大臣兼外务部尚书。1908 年慈禧太后、光绪帝死去,宣统继位,袁被摄政王载沣革职,令其回籍"养病"。武昌起义爆发后,在帝国主义列强的催促下,清政府再次起用袁世凯以镇压革命,于 10 月 26 日召荫昌回京,授袁世凯为钦差大臣,全权指挥清军水陆各军,进攻汉口

是时,黄总司令正在汉阳与清军对峙,坚持抵抗,闻袁世凯向军政府提议和谈,恐军心发生动摇,降低斗志,特发手谕以振奋士气。

手谕内容如下:自鄂起义不旬日,吾同胞之响应者已十余省,足见天命已归。乃清廷不惴时世,不查民心,出其狂狷之卒,敌我仁义之师,是实妄于天诛。于我何妨! 汉口之战,我军屡胜,虽有小挫,军家之常,又何介意。现鄂局大整,湘军来援,恢复之功,当在旦夕。顷据保定侦探何某来报,清廷已令袁世凯为内阁总理大臣,仍统陆军步队。袁世凯甘心事虏,根据本月初九罪己之诏,倡拥皇帝之邪说,先运动谘政院通电各省谘议局。有云政府十分退让,吾人只求政治革命,不求为己甚者云云。现袁已派心腹多名分道驰往各省,发布传单,演说谕众,希冀离间我同胞之心,涣散我已成之势,设心之诡,用计之毒,诚堪痛恨! 我同胞光复旧宇,义正言辞,既为九仞之山,何惜一篑之复,自不致为所动摇。然妖精善蛊,致惑众听,故特密谕同胞。速饬密探查拿前项演说之人,消灭传单,鼠窃之技无由而施,大局幸甚!

与此同时,黄总司令亲赴各战地视察,并派参谋副官到各队指导防务。连日汉口敌炮日夜不断向汉阳兵工厂、归元寺射击,无大损失。时有日人大元偕浪人多名,据称愿为革命军侦探敌情,经司令部聘用。

夜袭汉口　苦战汉阳

黄总司令据探报敌军大部渐移向新沟、蔡甸方面,汉口空虚;刘家庙的预备队亦不过 2000 人,决定反守为攻,袭击汉口,截断敌人后方联络。于是派遣专员勘定琴断口为渡河地点,令工程营负责架桥。另组征集队征集船只,以湘军第一协王隆中所部为右纵队,湘军第二协甘兴典所部为左纵队,步兵第五协熊秉坤率所部第十标和敢死队方兴为先锋队。

16 日,步兵第一协掩护工程队就琴断口地方架设浮桥三座,限即晚 8 时以前竣事。令第十一标统带杨选青率所部渡河时,由南岸咀强渡龙王庙以为助攻,别遣一支队,由武昌青山潜渡刘家庙下段袭击清军后路。是夜 10 时 30 分,革命军已相继渡河。时值连日阴雨,路滑气寒,清军多潜伏民房生火取暖,革命军侵入防线,众始惊觉,仓惶奔逃,秩序大乱。革命军进攻在居仁门及歆生路一带,清军各路防线,才逐渐集合增援,极力抵抗。革命军因道路泥泞,前进困难。不料湘军第二协缺乏训练,先行溃退,清军乘势猛冲包围,以致牵动全局。龙王庙助攻部队因清军据险扼守不能登陆。在武昌下游进攻部队,亦未能得手。总司令见时机已失,无法支持,即下令退却,时已 17 日晨 6 时了。

翌日,黄总司令以第十一标统带杨选青离阵结婚致遭败绩,挥泪斩之于军政府前。湘军第二协统领甘兴典作战不力,旋于汉阳失陷后逃回长沙,经黎都督电达湘军政府以军法处斩。革命军此次进袭失败后,即退回汉阳原阵地,整理戒备,以图再举。

从 18 日起,清军向汉阳大举进攻。向美最时洋行购买枕木数百根,由三眼桥至姑嫂树之湖面上架浮桥 10 余里。又以小船数十只满载积薪企图渡河放火,被第十标第二营管带尹奎元发觉,报第六协统领杨载雄,令善泅水的士兵三人潜渡对岸,放火烧毁。

19 日,探闻清军在夏口前线新沟作战约在二镇以上。午后 3 时,一部在新沟架桥,由油榨岭向汉阳进发。其大队已抵马家湖;另一部队占领城头山。

20 日,清军一个混成协从新沟潜渡到达蔡甸,由陆路向三眼桥进攻,以威胁侧面。另一路由汉水正面进攻琴断口。同时清军在硚口上下游准备了帆布船数十只,企图水陆并进,革命军将其全部击沉。

21 日,蔡甸清军向三眼桥进攻,革命军马队管带周决胜率队竭力抵抗,队官严忠伟带伤苦战,敌未得逞。汉口清军同时向琴断口进击。这时守琴断口的是湘军

第一协王隆中部,战斗不到一个钟头,就后退了。清军占领了琴断口,在汉水右岸建立了一个据点。

22 日,清军继续猛攻三眼桥,遭革命军汤家山炮队轰击而退。同时清军通过琴断口,从汉口运送援军渡河,用大炮轰击锅底山革命军阵地,战况愈趋激烈。

清军由于连日对三眼桥的攻势,都被革命军坚守部队粉碎。23 日,就改由琴断口全力攻占美娘山。鄂军第二标的祁国钧与湘军管带杨万桂合组敢死队,冒着清军的枪林弹雨,攀登山顶,夺回了阵地,消灭了清军,击毙敌指挥官一人,夺获标旗一面,机关枪两挺。

这一天,湖南又派来援军一协,由协统刘玉堂率领到达汉阳,军心民心又为之一振。

24 日,清军再增援军向革命军进攻。黄总司令调广东先锋队加入汤家山一线;又令湘军增援三眼桥。可惜湘军据说因连战八九昼夜,无人换防,得不到休息,而且伙食供应不及时,经常挨饿,不经请示,径自撤退,丢失了美娘山、汤家山、扁担山、锅底山、磨子山等据点,情势危急。

黄总司令采纳甘缉熙、朱树烈等人的建议,组织敢死队进行夜袭,由甘、朱等到各营挑选数十人,陆军中学数人自告奋勇参加,首袭磨子山。清军遭到突然进攻,仓惶退走。再袭扁担山,湘军协统刘玉堂亦率部来到,在清军密骤的弹雨下,猛冲而上,又夺回了扁担山。由于天已大亮,清军大炮向革命军轰击,刘玉堂阵亡,其他部队也不战而退,磨子山、扁担山得而复失。

由于湘军两协自行撤走,加之第三协协统成炳荣酗酒误事,绕道进攻汉口三道桥失败,致使汉阳战局难以挽回。26 日,清军向十里铺、赫山革命军阵地进击,企图占领汉阳府城。在汉水正面,清军大举渡河,占领了兵工厂和铁厂,并炮击革命军阵地。这时,黄总司令亲在前线督战,炮弹常落在身边数步外,仍然指挥若定,坚持不退。虽经浴血苦战,战局终不可收拾。傍晚,黄兴退至汉阳府署,略事部署后,渡江撤至武昌。

最后经调查,在 11 月 18 日至 26 日 8 天的汉阳战争中,革命军死军官 137 人,伤 85 人,目兵死 2693 人,伤 400 余人。

汉阳失守后,有留日士官学生肖钟英,不忍汉阳陷落,摇动武昌,危急大局,自动组织敢死队赴汉阳作决死战。其友龚国煌竭力劝阻,保身留为国用,钟英不听,径渡江至铁厂码头登岸,持枪奋勇杀敌;敌不及防范,死伤甚多。旋用机枪扫射,钟英和敢死勇士全部阵亡。撤退时,汉阳兵工厂所有存储械弹材料及机件,凡能搬运者,由军务部派员会同兵工厂总办肖佐权连夜潜运武昌,临时设立分厂,于铜元局内整理安排继续复工。

鄂军由沌口陆续渡江,多数集合武昌郊外听候整编。湘军则自汉阳水陆两路撤退回湘。

武昌备战　黄兴赴沪

11月28日,武昌军政府召开会议,检查过去作战缺点及善后办法。黄总司令首先发言,谓此次汉阳战斗失败,非军队不多、防御不坚、粮秣不足,其所以致败的原因:第一是官长不能用命;第二是士兵失于教育;第三是缺乏机关枪。自第一次败退后,士兵一闻机关枪声,即惊惶万状,长官亦畏避不前,经屡次鼓励,力竭声嘶,毫不奏效。虽有热心爱国勇敢志士,自告奋勇前进,敌人即用机关枪扫射,前者既仆,后者就退,不敢继进,这是致败的最大原因。现在武昌部队,都是战败之卒,不经切实训练,恐不能再上前线作战。为今之计,只有放弃武昌,进攻南京,若得南京,即以精锐部队组织北伐,然后再来收复武汉,亦未为晚。

在会大众以黄兴放弃武昌,都不为然。范腾霄即起立辩论,谓:武昌为首义之区,动关全局,若不战而退,各省势必动摇,虽欲卷土重来,天下有谁再与共事?况武昌有长江天险,据险可守,敌焰虽张,决非旦夕可图。如阳夏之役,以我未经训练之师,挡彼精悍之众,尚能相持40余日,今各省已纷纷响应,分电支援,必多精劲之旅,胜负正未可知,如何能轻言放弃。于是大家都一致主张坚守武昌,张振武、孙武更是坚决。张振武大声疾呼:"武昌是我们首义之地,我们当与城共存亡,无论如何不能放弃。如有人说放弃武昌,当即立予处斩。"大众齐声鼓掌,表示赞成。

黄兴见大家一致和他主张反对,即退至黎都督房中,面告黎都督云:大家都不赞成放弃武昌,固守待援,亦是一策。我一人先往上海,如将南京克复,即带兵两万来鄂增援。就于当夜乘轮东下。时参谋长李书城和胡瑞霖、陈登山、黄中惟等,已先一日起程了。

黎元洪以黄兴既已离鄂赴沪,任蒋翊武为代理战时总司令,参谋部部长杨开甲辞职,即令改任顾问,原缺以吴兆麟继任,加委姚金镛为次长。又步队第三协统领,亦改委窦秉钧充任。并电湘促援。接谭都督复电云:汉阳不利,当调集兵舰扼住长江上下游,武昌仍可固守,湘当与桂粤合谋进援,已电商胡、沈都督矣。

军务部长孙武派胡捷三、叶午松、邢伯谦、刘龙群、胡光瑞等,分途收容散兵,整编队伍,防御武昌。

此次汉阳失守,人心悲痛异常。自此武汉三镇无一人力车上街,大江两岸和襄河,上自金口,下至阳逻,大小民船绝迹。清军亦知民心不可侮,近在咫尺的武昌,不能飞渡。

黎元洪传知各城门严加警戒,并于 11 月 29 日午前 8 时在军政府召开会议,决议防御要点七条:

一、各协分划募兵区域,赶速招募新兵,补足编制。

二、调查现有枪炮弹药及防守应需军械器具,暨服装粮秣等项,如有不敷者,赶速筹备,以便需用。

三、对于沿江一带增加极大防御,并于铁丝、电网上装置极烈电流。

四、暂将沿江一带防御地段计划分为三区,各专责成。(甲)青山至大堤口为第一区;(乙)由大堤口至鲇鱼套为第二区;(丙)由鲇鱼套至金口为第三区。

五、各区防御地段,赶紧筑造掩堡,以后逐渐加工,务达坚固程度。

六、派舰于长江上下游弋巡往来,以防敌人乘间夜渡袭击。

七、分电反正各省,迅速派兵来援。

各省增援　停战议和

同日,黎都督分电反正各省求援,电文如下:"连日汉阳剧战,因我军力单薄,半属新兵,不能支持,只得退保武昌。窃思武昌关系中国全局,武昌危,即全局难保。元洪当督率将士誓以死守,以维大局。惟敌人以全力争夺武汉,同胞必以全力援助,方能取胜。为此,恳迅速调援老练之兵,携带枪弹,并机关枪、新式快炮,星夜来援,或另分兵敌境,以牵敌势,统希裁夺施行,并祈复示。"

黎元洪求援电发出后,立即得到各地的响应,当天和第二天来电允予派兵的,就有湖南、江西、江苏、上海、浙江、广西全州、云南蒙自等地军政府或军班长官。

蒋翊武自接受代理战时总司令后,设司令部于洪山宝通寺,任吴兆麟为参谋长。张其亚为武、黄司令官,率学生军一队,防武昌界(今鄂城),并节制黄州防营以为屏障。

江西援军统领冯嗣鸿率所部一协驰抵黄州。黎都督令驻阳逻仓子埠待命。

是日清军由汉阳方面向上游运动,其侦探常出没于沌口、簰洲之间。

革命军政府因步队第八协立即开赴金口设防,即令舰队司令官加派兵舰三艘,分泊阳逻、木莫港及鄂城县一带游弋，以资警戒。

11月30日，汉阳清军在龟山用炮开始向武昌轰击。以军政府为目标，武昌城内外深感威胁，商店闭市，人心惊惶，而军政人员仍照常办公，力事镇静，藉安民心。午后1时，军政府西侧楼下忽中一弹，死卫兵一人，黎都督同杜锡钧、杨开甲、肖慕何、邝杰等少数职员仓惶出走，未几军政府军装室又中一弹，黎元洪退驻葛店，即晚在王家店暂宿。

时总监处刘公及各部总稽察议定，由刘公以总监察名义出示安民，通令各军暂归节制调遣，坚守武昌。谢石钦、梅宝玑、陈宏诰等分往各机关，切禁擅离职守，并巡视各处市街，讲演革命精神，安定民心。

12月1日，驻汉口英领事葛福提议，停战3天。袁世凯加紧进攻汉阳，本意是想军政府按照他提出的条件屈从议和。革命军退守武昌后，袁认为时机成熟，就运动驻京英使朱尔典授意于汉口英领事葛福，提议停战3天，以便于红十字会等清理战场、掩埋尸骨为词。

同时，汉口日、美、德、法、俄诸领事亦赞成英领事所提议，惟条件尚待磋商。

1日下午，驻汉英、俄等国领事，接北京公使团电告，就袁所提条件得加以斟酌，公推万国商会会长盘思正式与革命军接洽。这时黎都督已离城去葛店，由军务部长孙武代表磋商妥协。但双方加用印信时，革命军政府印信已为黎带走，迫切不及应用，由军务部秘书张汉仆另镌一印代之。最后议定规约五条，通令各军在开全国和议之先，当照执行。

一、停战时各守现据界限，彼此不得稍有侵犯窥探。

二、停战期限订于12月2日早8点钟至5日早8点钟止，计三天，两军不得在期间之内开战。

三、军舰不得藉停战之期内泊近武汉南北岸，以占领优胜地位，须至青山以下停泊，至停战期满止。

四、停战期内，两军不得添军修垒及一切补助战力等事。

五、停战之约，须有领事官划押为中证人，庶免彼此违背条约以重信守。

3日，两军既经停战，南京亦已克服，士气大振，黎元洪移驻洪山。

4日，军政府以停战期促，即将届满，召集将领会议，将武昌全城划为三个防区，外围两个防区。第一防区，青山至大堤口，司令官窦秉钧；第二防区，大堤口至鲇鱼套，司令官何锡藩；第三防区，鲇鱼套至石咀，司令官张廷辅；金口支队长罗鸿陞；簰洲支队长邓玉麟。

同时令舰队司令官派兵舰三艘开往上游金口一带游弋，令荆襄水师统领赵均腾，于煤炭港、东江墈、坪坊、峰口、柳关、新堤、黄陵矶、蔡甸附近及邓家口、簰洲对岸青滩等处，酌派水师扼要处分防。

6日，汉口英领事提议继续停战3天，双方同意。

在第二次停战期内，清廷调冯国璋任禁卫军总统官，以段祺瑞南下继任督师。

9日午后1时，清廷议和专使唐绍仪电请继续议和停战15天。自此由战争转入全国议和的局势。

都督黎元洪由洪山行辕迁回武昌城，以县华林东路高小为都督府。

是时，清军驻汉阳方面的为陆军第一镇，驻汉口和汉阳一带的为陆军第二、第四两镇。驻汉口的清军，自停战后，纷纷乘外国商轮逃遁。革命军政府得报后，即改派代理总司令蒋

段祺瑞，"北洋三杰"之一，安徽合肥人。毕业于天津武备学堂，后赴德国学习炮兵。袁世凯小站练兵时，任炮兵学堂总办兼炮兵管带

翊武为招抚使，驻汉口办理招降事务，撤销代理总司令名义。又由各部总稽查处召集会商武昌防御计划，一致推举谭人凤为武昌防御使，兼北伐招讨使，仍以洪山宝通寺为使署。

次日，谭人凤辞职，使署亦取消，各军统由大都督直接指挥。

此时，各省派来的援军相继到达。江南新编陆军一镇，由黎天才率领抵鄂。广东步兵一协、炮兵一营、机关枪三队，取道上海来援。皖军一标，由李烈钧率领抵阳逻待命。广西援军第一协，由赵恒惕率领抵长沙，同张其煌所部会合，向武昌进发。

清朝官吏在汉口大智门车站乘火车狼狈逃跑

武汉战事,尚有发生的可能,各机关长官开会讨论,公举吴兆麟为战时总司令。

15 日,各省公推鄂军政府为中央政府,黎元洪为中央大都督,对外代表各省,复推伍廷芳为议和代表,黎大都督即分电各省,请各推二人来鄂会议,组织统一政府事宜。

23 日,黎元洪召集本省及各省援军开会,讨论军力布置及停战期满后的攻守方略,决议将现有兵力区分为左、右、中三部,可攻可守。

这段时间内,革命政府代表伍廷芳与清廷唐绍仪正在上海进行谈判。

不久谈判达成协议,清帝被迫退位,建立民国共和政体。辛亥武昌首义,开创了我国历史的新纪元。

辛亥革命湖南起义纪实

在孙中山领导的辛亥革命的过程中,湖南是一个至关重要的省份。相毗邻的湖南、湖北两省,在革命运动中基本上形成了一个区域整体,特别是在 1911 年 10 月 10 日(农历辛亥年八月十九)武昌起义爆发后的紧要关头,湖南在全国范围内最早响应,解除了武汉战场的后顾之忧,并立即派军援鄂,对巩固起义后刚建立的武昌革命政权,推动全国各省响应,起了极为重要的作用。湖南人民在辛亥革命时期的英勇斗争,写下了壮烈的可歌可泣的一页。

黄兴首战　血洒长沙

辛亥革命的主要力量,是知识分子(包括留学生)、会党、华侨和清军中的一些士兵(包括部分中下级军官),他们分属于资产阶级、小资产阶级和农民、工人。在这些中坚力量中,如毛泽东同志所说:"知识分子是首先觉悟的成份。"又说,"数十年来,中国已出现了一个很大的知识分子群和青年学生群,……他们在现阶段的中国革命中常常起着先锋的和桥梁的作用","辛亥革命前的留学生运动,一九一九年的五四运动……就是明显的例证。"

湖南,在戊戌变法前后也逐渐形成了这个"知识分子群和青年学生群"。这批随着资本主义经济初步发展而涌现出来的知识分子,很多赴日留学,到 1902 年已形成高潮。据 1904 年统计,湖南留日学生达 401 人,占全国留日学生的百分之十四强,以后又有显著增加。这些留学生除少数人以外,一般具有很大的革命性,有一定科学知识,富于政治感觉,很多人或先或后地走上了反清革命的道路。

湖南留日学生杨毓麟、毕永年、郑宪成等最早参加了兴中会,秦力山于 1901 年参加创办《国民报》刊物,"宗旨在宣扬革命、仇满两大主义"。次年冬,杨毓麟又以

"湖南之湖南人"署名，撰写了《新湖南》一书，明确主张"排满革命"、"改造社会"，并与黄兴、樊锥、梁焕彝、周家树等，刊行了《游学译编》杂志。1903年，陈天华发表了《猛回头》、《警世钟》。这种留学生运动的兴起和宣传资产阶级民主主义，鼓吹反清革命的作品与活动，在湖南和全国产生了很大影响，为同盟会的成立作了理论和思想上的一些准备。

　　1903年秋末华兴会的筹建，标志着湖南革命组织上的重大发展，在辛亥革命史上是十分光辉的一页。黄兴于1902年6月抵达东京留学，次年参加拒俄义勇队（后改为学生军），同年夏回国策动反清革命。1903年11月4日（农历九月十六），他和留日学生及省内知识分子刘揆一、章士钊、宋教仁、翁巩、秦毓鎏等，发起组织革命团休华兴会，公举黄兴为会长，以"驱除鞑虏、恢复中华"为纲领（起义中所提口号），公开的口号是"同心扑满，当面算清"，隐寓"扑灭满清"之意，在革命方略上"采取雄据一省，与各省纷起之法"，以策动武装起义。华兴会会员很快发展到四五百人，分布省内外，他们多就地设立秘密机关或分支机构，联络各方。此外，还建立了同仇会、爱国协会、新华会等外围组织。

为反清愤而蹈海的陈天华

　　华兴会成立后的一次重大斗争是组织长沙起义。黄兴等人在1904年春初，着重联络会党，与具有"同一排满宗旨"、拥众二万的哥老会首领马福益协议，以黄兴为主帅，刘揆一、马福益分任正副总指挥，预定于是年11月16日（农历十月初十），以武备学堂联络新旧各军为主力，在长沙发难，省内各地在浏阳、衡州（今衡阳）、常德、岳州（今岳阳）、宝庆（今邵阳）以会党和部分华兴会骨干为基础，分五路响应。为实现这个宏大计划，华兴会在筹款购械、进行反清宣传等方面做了很多工作。黄兴并派宋教仁、陈天华、周洪业、周维桢、杨毓麟等人分赴鄂、赣、川、桂等省联络，在浙、沪、宁也作了响应准备。但是，因为事先泄露消息，这次起义于是年10月初归于失败（马福益于次春遇害）。然而可以看出，这时的华兴会已成为领导湖南革命运动的核心力量，起义风声震惊两湖，波及国内外，如孙中山所说，"其事虽不成，人多壮之"，影响是不小的。

　　长沙起义事泄失败后，华兴会的一些成员流亡日本，继续从事革命活动。随着革命形势的发展，华兴会和湖南留日学生在中国同盟会的建立过程中起了重要的作用。黄兴鉴于华兴会地域性起义的失败,加强了"非联合各省革命党员组织一大团体,决不足以推翻满清"的思想,于 1904 年在湘、滇、直(隶)、苏、豫等省籍留学生中组织了革命同志会,以壮大革命力量。宋教仁等在 1905 年 6 月出版了《二十世纪之支那》杂志,高举爱国主义旗帜。在发刊词中满怀激情地赞美可爱的祖国,"以大声疾呼于我国民之前曰:支那万岁!"庄严地号召留学界"树二十世纪新支那之旗于支那"。当孙中山抱着"召集同志,合成大团"的信念,在 1905 年 7 月抵达日本以后,经杨度、宫崎寅藏分别介绍,于 7 月下旬第一次与黄兴会晤。兴中会和华兴会的两位领袖,"商议国家大事",情意欢洽。这次会晤,在中国近代史上是富有重大意义的,从而促进了各省革命力量的大团结,加快了建立中国同盟会的步伐。

在兴中会、华兴会和其他各省革命者赞成联合的基础上,1905 年 7 月 30 日,召开了同盟会的筹备会议,商定了会名,确定以"驱除鞑虏,恢复中华,创立民国,平均地权"为政纲,推举八人为章程起草员,其中有湖南黄兴、陈天华、宋教仁三人。8月 20 日举行的成立大会上,通过了《中国同盟会总章》,孙中山由黄兴提名为总理,黄兴由总理指定任执行部庶务,居于协理地位,并由黄兴提议,将《二十世纪之支那》杂志移作同盟会的机关报(后被日方封闭,改出《民报》)。在同盟会成立过程中,黄兴和他所领导的华兴会,确实起了显著的作用。据同盟会最初两年(1905—1906)会员统计,在 979 名会员中,湘籍有 158 人,占百分之十六强,仅次于广东籍会员人数。同盟会的成立,标志着中国近代史上第一个新型资产阶级革命政党的诞生,在它的组织与领导下,民主革命进入了一个新的发展时期。

辛亥革命前的革命书刊封面一览

1905 年,全国的反美爱国斗争进入高潮。湖南在禹之谟等的策动与领导下,青年学生和城市市民首先开展了抵制美货运动。特别是在学界的革命活动,尤为活跃。是年底,在湖南学生中传来了一个不幸的消息:同盟会中杰出的革命家和宣传家陈天华,为抗议日本政府颁布《取缔清韩留学生规则》,在东京大森湾愤激投海自杀。不久,同盟会骨干之一益阳人姚洪业,在上海办理中国公学过程中,因官绅阻挠,于 1906 年 3 月忧愤自沉黄浦江。

陈、姚忧国自杀,以冀引起国人的觉醒,在湖南学生和各界中产生巨大反响。同盟会湖南分会负责人禹之谟及留日返国的宁调元,首先倡议公葬陈、姚于岳麓山,以表彰义烈。这年 5 月 23 日(闰四月初一),二人灵柩运抵长沙。同盟会分会冲破清方官吏的层层阻挠,发动学界、军界一万多人,举行公葬仪式。公葬队伍长达十余里,高唱哀歌,渡河至岳麓山,学生皆着白色制服,自长沙城中望之,全山为之缟素。这是对清朝统治者的一次政治大示威,激扬了民心,扩大了革命影响。毛泽东同志在 1919 年说,这是湖南学生界“惊天动地可纪的一桩事”。清地方当局对这种革命形势很为恐慌,不久逮捕了身兼湖南教育会长、商会会董和湖南学生自治会干事长的禹之谟,次年 2 月 6 日将他残杀于靖州西门外。禹之谟的牺牲,为人们留下了一个光辉榜样。

1906 年秋冬爆发萍浏醴大起义,是同盟会成立后发动的第一次大规模武装斗争。同年春,同盟会本部派遣刘道一、蔡绍南回湖南运动军队,重整会党,黄兴告以“望时以民族主义、国民主义多方指导为宜”。他们联络会党,发动矿工,制定了起义计划,以萍浏醴为中心,各路响应。12 月 4 日大起义全面爆发。起义领袖龚春台声称“奉中华民国政府令”,以都督名义发布檄文,声明“必破数千年之专制政体”、“必建共和民国”、“使地权与民平均”。这次大起义坚持近一月,清政府用数万军队镇压,起义遭到失败,起义先后被杀者达万人,刘道一、蔡绍南英勇牺牲。大起义虽遭失败,但声势浩大,震动了长江沿岸各省。特别是它的檄文,鲜明地反映了同盟会的政治纲领,第一次举起了“中华民国”的旗帜,与旧式会党起事有原则性的区别。这次起义出现在辛亥革命准备时期,对全国民主革命的发展,产生了重大影响。

湖南在 1909 年遭受水旱虫灾之后,1910 年春荒时节,长沙及其他县份出现了大批饥民。在严重的米荒危机笼罩下,这年 4 月 14 日,长沙爆发了“抢米”大风潮,众多的泥木工人、手工业者、贫民和城郊农民参加了这一斗争。全城罢市,饥民群众焚烧了巡抚衙门、外国领事馆、银行等等。清朝统治者在帝国主义指使下,立即派军镇压,并从湖北调来常备军五营,杀害了木匠刘永福,拘捕数百人。长沙“抢米”风潮虽在很大程度上出于群众自发,没有统一领导与严密组织,在军队中的同盟会员(如陈强、陈作新等)也没有配合行动,失去乘势发动起义的时机,但它迫使统治者购运粮食,设场平粜,同时也推动了湖南地方各属(如宁乡、益阳、常德、湘潭、浏阳、醴陵、岳州等地)的反压迫、反饥饿斗争。

帝国主义列强掠夺川汉、粤汉铁路路权的活动,引起了全国人民首先是湖南、湖北、四川人民的强烈反对。为此,在 1909 年 6 月,湖南留日学生创刊了《湘路警钟》杂志(后改为《湘路危官》),湘路集股会等出版了《湘路新志》、《湘路周报》,宣传"拒愤"、"集股"、"商办",以收回路权。旅外各地湘人与省内相配合,掀起了规模广泛的保路运动。至 1911 年春,清政府与英、法、德、美银行团签订合同,出卖了粤汉、川汉路权。湖南各团体于 5 月 13 日召开万人大会,要求收归商办,各校纷纷罢课,风潮席卷长沙。湖南地方当局采取高压政策,企图遏止这一运动,但革命风暴已经逼近,各阶层进步人士也转到革命一方,纷纷参加运动。立宪派因为国会请愿无甚结果,多数人也与清朝统治宣告决裂,使清朝统治阶级更加孤立。在黄花岗起义的巨大影响下,革命形势在迅速发展,而保路运动已成为武昌起义的序幕。

最早响应　湖南光复

武昌起义于 1911 年 10 月 10 日爆发,湖南最早响应,这是革命党人和广大人民长期奋斗的结果。

从华兴会组织长沙起义到同盟会领导的各次斗争,为辛亥革命做了准备。武昌起义前夕,湖南各种革命团体和联络机关纷纷出现,虽然成分不一,但在推翻清朝这个目标上,互相配合,共同推动了湖南革命运动的发展。在长沙文明绣业女校,曾杰等组成了同盟会湖南分会的总机关;作民译社、定忠客栈、振楚学堂、贾太傅祠等处,是同盟会员邹永成、袁剑非、林伯渠等人主持的机关,其他如铁路学堂、实业学堂、陆军小学堂、明德学堂等处以及军队中,都有革命党人在活动。

1911 年 7 月末,为了策动在长江流域起义,宋教仁、陈其美、谭人凤等 33 人在上海发起成立同盟会中部总会,黄兴对长江上下联成一气、力争武汉的计划,积极赞成。在同盟会中部总会协助下,湘鄂两省革命党人为推动起义高潮,曾有共同规划,以两湖为发难地,如湖北先行起义,则湖南即时响应;湖南首先起义,则湖北即时响应。谭人凤、焦达峰等在湘鄂之间进行联络。因此,武昌起义的消息传来,湖南革命党人更加紧了活动。其中焦达峰、陈作新作出了积极贡献。

焦达峰，浏阳人，在日本参加同盟会，后与张百祥（四川人）、孙武、刘公（均湖北人）等另组共进会，是同盟会的一个"行动队"。他回湖南后，联络同盟会员，组织秘密机关，并与湖北联络，在湖南他着重联络会党。陈作新，在湖南弁目学堂读书时参加同盟会，后在新军四十九标任排长、教官。在"抢米"风潮中被革职后，他寄居长沙李培心堂，着重运动新军。10月12日湖北革命军代表胡燮槐到长沙，要求湖南立即响应。在此后的三天中，焦、陈等革命党人与黄瑛、左学谦等立宪派人士连续举行会议，共商发难办法，原定18日（八月二十七）晚举行起义，因城内驻军未能按时响应，遂改期举行。21日（八月三十）焦达峰颁布了特别命令16道，宣布于次日举行起义。

根据焦达峰的起义动员令，10月22日（九月初一）上午8时开始，彭友胜率四十九标、五十标各一部由北门攻城，安定超、李金山各率四十九标另一部及炮队由小吴门攻城。至下午3时，起义新军分别占领了军装局、谘议局。旋同盟会员在谘议局决定，由焦达峰等率领一部新军，直冲抚署一带。清巡抚余诚格在大堂上，悬出大"汉"字白旗，伪装投降以伺机潜逃的缓兵之计。从新军入城到攻占抚署，没有遇到清军强力抵抗，帝国主义者企图干涉的阴谋也没有得逞。这说明了革命形势的成熟。起义军将抚署改为"中华民国湖南军政府"（次日复改为"中华民国军政府湖南都督府"），焦达峰被举为都督，陈作新为副都督，发布了檄文。长沙光复，人民取得了重大胜利。

长沙起义胜利后，湖南宣告脱离清廷独立。接着，岳州、衡州、宝庆、常德各属，纷纷光复；郴、桂、永等州，也先后反正。在各地光复过程中，有的是在革命党人或会党进攻时清吏出逃（如宝庆、衡州）、迎降（如新化），有的是都督府派人前往招抚（如常德），有的是同盟会人士策动新军起义（如岳州）；这些特点说明，长沙光复，革命声威所播，清地方官吏不敢顽抗，各地可以传檄而定。至10月30日，除湘西外，革命风暴席卷全省。各地光复标志着辛亥革命在湖南的胜利，宣告了清朝专制统治在湖南的结束。

湖南光复后，都督府立即派军队援鄂，大力支持首举义旗、战争紧急的武昌革命政权，在全国这是首要的省份。首先以四十九标为基础，组成湘军独立第一协，由王隆中率领于10月28日乘轮北上，以后又陆续派遣几批援鄂部队，分别以刘玉堂、甘兴典、刘耀武为标统，总计兵力达16个营。湖南援鄂部队，在以黄兴为总司令的武汉保卫战中，起到了积极的作用。

辛亥革命在湖南的胜利，各方面出现了新的气象。清朝在湖南的统治被推翻，一时"光复"、"反正"，成为人们交谈中最新鲜的名词，很多人剪去了象征清朝统治的辫子；当湖北革命军代表在湘乡驻省中学演说时，激情的学生"支持他的主张，强烈抨击清廷,号召大家行动起来,建立民国";何劲等在教育会演说"中华民国之盛事及满(清)政府之弊政",听众鼓掌如雷,破除对君主专制的迷信,在群众思想上开辟了为民主自由而斗争的途径。人民欢迎起义,在长沙光复之际,"各商民人等欢迎义师,……致送猪马牛羊者,络绎不绝",在教育会坪召开的庆祝会和全城的提灯游行中,出现了热烈场面,演讲、唱戏、高歌武昌起义,街道上挤满了人群。当焦达峰所委西路招抚使杨任抵达常德时,商民悬旗"以示欢迎,并献牛酒"。

尤为醒目的一个新气象是群众踊跃投军,用实际行动支持革命。长沙起义后几天,为了援鄂,连日招募军队,三日之内即"达六万人",其中有农民、城市苦力和会党群众;而青年学生更为踊跃,几日之内,募学生军一军。毛泽东同志当时对这次学生投军印象深刻,后来在延安回忆说:当时"有许多学生投军,一军学生军已经组织起来,在这些学生里面有唐生智",由于他"决定(到湖北去)参加正规军,为完成革命尽力",所以没有加入学生军。同时,在长沙起义当日,起义军首先将负隅顽抗的清巡防营中路统领黄忠浩在小吴门斩首示众,对捕获的长沙县知事沈瀛、营务处处长申锡绶等反对革命的顽固分子,一并处死,次日晚又将清藩司署拒降图谋暴乱的卫队弹压缴械,革命秩序初步建立,社会各业也基本稳定。这几天,新任都督焦达峰为"博采民意","接见民众无晨昏",各团体相率前往都督府致贺"齐声欢呼",革命政权已初步建立。社会上一片新的气象,人民群众朝气蓬勃,对新成立的都督府备感亲切,对建立共和民国满怀希望。

长沙政变 "立宪"篡权

同盟会中部总会负责人之一谭人凤回到了湖南,他看到参议院"总揽全权","焦达峰仅一笼中鸟而已",因而愤然质问谭延闿,主张"撤消参议院"。同盟会员中的坚定分子与焦达峰、陈作新等主张采取坚决行动予以反击,但另一些人则主张妥协,因而未能有所作为。由于立宪派与革命党人的矛盾趋于表面化,立宪派知道在革命处于高潮的情势下,没有武力不能夺权,他们遂在已经联络、收买旧军官和政客的基础上,深夜在荷花池召开秘密会议,旧军官蒋国经、梅馨、何瑞琮(五十标一、二营和炮队管带)、黄忠浩余党(黄忠绩、廖铭缙等)以及谭延闿、陈炳焕等汇聚在一起,决定由梅馨策动五十标起来杀害焦、陈。但这个阴谋为五十标的目兵同盟会员邓超、丁惠黎等得知,立即由安定超、李金山等商讨紧急措施,决定镇压叛乱,保卫都督府。这些革命士兵，为保卫湖南辛亥革命的胜利果实，作出了贡献，使立宪派的这个阴谋一时未能得逞。

湖南援鄂部队，于10月28日出发，长沙防务空虚，立宪派利用这个时机进一步策动政变。次日湖南各界召开欢迎湖北军政府运械代表大会，焦达峰因受立宪派逼迫，"力辞都督，愿赴前敌"，"但合座慰留"。在革命党人建议下，在焦达峰主持的各界会议上，通过取消参议院的决议，谭延闿被迫辞职，革命党人在反篡权阴谋上取得了一步胜利，焦、陈也加紧组织二批援鄂部队。

然而由于两派矛盾已经激化，立宪派先准备就绪，即于10月31日发动了武装政变。他们制造北门外和丰公司挤兑纸币风潮，诱使陈作新前往调处时，在铁佛寺前，梅馨预设的伏兵突起将陈乱刀砍死。接着梅馨又指使部队冲进都督府。正在商讨续援湖北事宜的焦达峰，不畏凶险，挺身而起，愤怒地指出："今谘议局绅董，煽动黄某（忠浩）残部造反，已杀副都督，今又欲杀余，悔不用谭石屏（人凤）之言，先除若辈，竟为若辈所算。"遂被执牺牲。立宪派即刻拥立谭延闿为都督。

在长沙的上层人物于流血政变后又软弱妥协，因而立宪派势力很快伸展到地方各属，夺取了政权。常德、宝庆、衡州各属、湘潭、郴永、湘西等地的起义活动和革命果实，至年底基本上为立宪派和清残余势力所攫取。

1913年7月爆发的"二次革命"，是辛亥革命的继续和尾声。当时袁世凯窃权独裁，宋教仁被刺案发生，孙中山、黄兴等人酝酿起兵讨袁之际，国民党人在湖南已展开斗争。他们建立了"公民会"、"外府联合会"、"公民团"（又合并为"湖南公民联合会"）等组织，谭人凤也奉黄兴命返回湖南活动，一时社会上反袁独立空气浓厚。然而时已籍隶国民党的谭延闿，却密函黎元洪说："如湘省独立，即服毒自杀"，先取得谅解。及至江西、广东、上海宣布反袁独立，黄兴并就任江苏讨袁军总司令，谭迫于反袁形势，不得已于7月17日宣布湖南独立。名为独立，实则按兵不动。至讨袁失利，谭延闿先杀害了坚持驱谭反袁的刘崧衡等。黄兴自南京出走后，谭随即取消湖南独立。他在先已拟就的给袁世凯的电报中说："湖南宣布独立，水到渠成，延闿不任其咎，湖南取消独立，瓜熟蒂落，延闿不居其功。""二次革命"中湖南宣布独立，无甚作为，于28天内流产。孙中山分析"二次革命"失败原因时说："同党人心之涣散"，"组安（谭延闿）更反复于三湘"，确是实情。

辛亥革命陕西起义纪实

　　1911 年 10 月 10 日,武昌起义爆发,举国为之振奋,大江南北闻风响应,揭开了孙中山领导的辛亥革命的帷幕。

　　陕西是响应武昌起义最早的省份之一。在武昌起义后的第十二天,即 1911 年 10 月 22 日,陕西的革命党人联合哥老会掌握新军发动了西安起义。陕西新军起义,波及晋、豫、甘三省,影响至于宁、青、新等地,是全国辛亥革命的一个重要组成部分。

　　辛亥革命前夕,陕西的资本主义虽然不甚发达,但社会矛盾尖锐,反清思想源远流长,同盟会建立较早,而且是在孙中山直接领导下活动的。同时,陕西地处西北,清朝统治力量薄弱,会党势力强大,活动激烈,特别是在新军中,这就给同盟会争取会党,联络新军创造了条件。因此,陕西能够最早响应武昌起义,并不是偶然的,而是有其深刻的社会基础的。

鼓吹革命　　积极活动

　　在陕西传播反清思想、坚持民族意识最早的是关学宿儒。清末宣传民族意识的先进人物是三原朱佛光。朱自称是明朝秦王的后代,不肯俯首事清,毕生从事教学。他继承"关中三李"(李二曲、李因笃、李柏)的学说,以传播民族精神为己任。甲午战争以后,朱佛光目睹外患日深,认为救国之道,当以经学与科学并重。1897年,他与孙芷沅在三原创设"励学斋",广购书籍报纸,以劝导有志之士,互相研究,寻求救国之道路,从而开了西北结社的风气。其时,正是康有为改良主义学说风靡天下的时候,朱佛光撰写了《康氏纠谬》一文,指斥康有为政治主张的错误。戊戌变法失败以后,朱佛光愈加坚信反清的革命思想,当他闻知中国同盟会成立,听了孙中山先生的演说,即劝他的学生加入同盟会,响应于西北。在他的影响下,许多青年学生倾向革命。陕西革命党人中一些比较激进的分子,多出其门中。

于右任受朱佛光的启迪,接受西方的新学,具有强烈的爱国主义精神。八国联军侵华战争以后,他深感"朝廷之不可恃",认为只有"革命才能不自囚",慷慨高歌鼓吹反帝反清的革命思想,"大呼四万万六千万同胞,伐鼓摅金齐奋起"。他的诗由友人出版刊印,题为《半哭半笑楼诗草》,广为散发,在青年知识分子中,掀起了巨大的波澜。1904 年,于右任遭到清政府的追捕,被迫出走上海。在上海,他集合同志,以报纸为阵地,先后创办了《神州》、《民呼》、《民吁》、《民立》诸报,有力地揭露清廷的卖国罪行,公开鼓吹革命,推动反清斗争。

在人民群众中比较广泛的传播民主革命思想的,则是陕西留日学生在东京加入同盟会后,才逐渐有组织有计划地开展活动。

1905 年 8 月,中国同盟会在日本东京成立,提出"驱除鞑虏,恢复中华,创立民国,平均地权"的纲领,中国资产阶级民主革命进入了一个新的阶段。当时陕西在日本留学的三十余人中,有井勿幕、康宝忠(心孚)、白秋陔、宋元恺(向辰)、薛骏(麟伯)、李元鼎(子彝)、茹欲立(卓亭)、曹澍(雨亭)、张铫(拜云)、张炽章(季鸾)、杨铭源(西堂)、徐应庚(朗西)、彭世安(仲翔)、赵世钰(其襄)、陈同熙(会亭)、尚镇堂(殿特)、党积龄(松年)、郗朝俊(立丞)、张蔚森(荫亭)、吴聘儒(希真)、马步云(凌甫)、南兆丰(雪亭)等加入同盟会。康宝忠任总部评议员,并为陕西主盟人。同年冬,井勿幕、徐应庚、张铫、马步云、张蔚森等奉孙中山之命回国进行革命活动。徐应庚去了上海,井勿幕、张铫等回到陕西,宣传孙中山的救国主张和同盟会的革命纲领,联络进步知识分子和其他阶层的革命力量,先后发展王颎(子端)、焦冰(子静)、李异材(仲特)、李良材(桐轩)、师守道(子敬)、马彦(羽中)、惠象贤(春波)、刘淦(介夫)、任尹(师竹)、柏惠民(筱余)、邹炳炎(子良)、高明德(又明)、樊毓秀(灵山)、薛炎(正清)、刘宝濂(楚材)、马文明(开臣)、胡应文(定伯)、康炳勋(寄遥)、王授金(梦简)等三十余人为同盟会会员,奠定了同盟会在陕西建立组织的基础。

1906 年,于右任赴东京为《神州日报》筹集资金,亦加入同盟会。是年夏,井勿幕二次赴日本,和赵世钰遍访本省留学生,并联络外省同志开展宣传活动。经过几个月的努力,于同年秋在日本东京成立了同盟会陕西分会,推白秋陔为会长。陕西留日的学生在同盟会陕西分会的领导下,与国内同盟会员的革命活动相呼应,传播民主思想,声援人民的革命斗争,对陕西的革命发展起了推动作用。

1908 年重阳节,井勿幕由日本二次回陕,造访渭北各县及西安等地,联络有实力之会党及刀客等,与国内同盟会会员李异材、焦冰、郭忠清、吴聘儒和全党的首领吴虚白等二十余人秘密组织了一次祭黄陵的活动。在祭文中宣布了"誓共驱逐鞑虏,光复故物,扫除专制政体,建立共和国体"的宗旨和"共赴国难,艰巨不避,赴汤蹈火,在所不辞"的誓言,体现了同盟会员的思想和行动趋向一致。随着革命形势的发展和国内同盟会员的日趋增加,同年冬,又在西安成立了同盟会陕西分会,选李异材为会长,将革命工作的重点移向国内。从此,陕西的反清斗争有了统一的领导和比较一致的行动。

同盟会陕西分会成立后,在东京先后创办了《秦陇》、《夏声》、《关陇》杂志。《秦陇》杂志以党积龄、郗朝俊、马步云、张蔚森分任总经理和事务、会计、印刷;《夏声》杂志社是杨铭源、李元鼎、赵世钰等组织的;《关陇》杂志社是谭焕章、崔云松(迭生)、郗朝俊等组织的。这些刊物秘密地运回国内发行,热情地宣传革命思想,无情地揭露帝国主义的侵略罪行,勇猛地抨击清政府的腐败和卖国行径,有力地推动了陕西革命潮流的发展。在国内,同盟会员与进步知识分子张瑞玑(衡玉)、张渊(深如)、南南轩(凤熏)创办的《兴平报》(后改为《帝州报》),郭忠清(希仁)、王铭丹(敬如)、贺绂之等创立的《丽泽随笔》,也发挥了一定的作用。同盟会建立的秘密团体和工作据点,在西安有张铣组织的教育总会,钱鼎(定三)、党仲昭(自新)、张钫(伯英)等创设的武学社,郭忠清、曹树勋(印侯)成立的声铎社,焦冰、薛骏、张铣、吴星映、邹炳炎等开办的公益书局、正谊书局、健本学堂、女子学堂等。在外县有各县的教育分会、三原的勤公社、蒲城的良友社、泾阳的柏氏花园、同州的师范学堂、耀州的庙湾牧场、宜君的马栏山铁矿等秘密工作据点。这些团体和秘密工作据点,在扩大宣传,发展组织,聚集反清力量,准备武装起义等方面,都起了重要作用。以公益书局为例,它附设印字馆,除运销一般文化读物外,主要是推销日本、上海等地出版的革命书刊和革命人士的著作,有《民报》、《夏声》、《关陇》等杂志,有邹容的《革命军》,陈天华的《猛回头》、《警世钟》,章炳麟的《驳康有为论革命书》等等。它还秘密翻印、发行其他革命宣传刊物,起了和进步人士、青年学生联络感情、沟通思想的桥梁作用。此外,同盟会还利用一些合法的机构如驿传房、谘议局等作掩护,进行革命活动。

辛亥革命前,陕西较有影响的学校,在西安有高等学堂、师范学堂、陆军小学堂、陆军中学堂、农业学堂、法政学堂、西安府中学堂,在渭北有三原宏道学堂、同州中学堂、蒲城县小学堂等。同盟会在这些学校的师生中传播革命思想,发展会员,进行革命活动。

其中1908年发生的"蒲案"影响最大。1907年,蒲城县教育分会成立,推同盟会员常自新(铭卿)为会长。教育会成立后,在县城小学堂进行活动,并以提倡"天足、兴学、戒烟、息讼"为掩护,宣传民主思想,揭露帝国主义的侵略和清政府的卖国行径。县教育分会的活动引起蒲城知县李体仁的惊恐和注视。1908年8月,李体仁派遣亲信为学堂管理员,以监视师生活动,遭到反对未遂。9月,李体仁借故迫使常自新等辞职,激起全体师生罢课示威,并宣布成立"自治公学"以对抗。李体仁便以县教育分会"鼓动学生图谋不轨"为名,捣毁了教育分会机关,逮捕了常自新和学生三十余人,严刑审讯。常自新和学生均遭毒打,致死学生一人,激起全省教育界的公愤。三原宏道学堂首先罢课,声援蒲城的革命师生,接着各地学生和知识界纷纷抨击地方当局镇压学生运动的反动行径。省城的师范、高等、陆军等学堂的师生代表,在省教育总会集会抗议,并以教育总会名义发出

革命军马前卒邹容

三项决议:(一)各学堂一致罢课,声援"蒲案"师生;(二)推举代表向巡抚衙门请愿;(三)坚决要求惩办李体仁。次日即到巡抚衙门请愿。西安各界人士还隆重地为"蒲案"死难学生原斯健举行了追悼会。留日的陕西学生发出了《致＜夏声＞杂志社书》,要求申明公理。陕西在京的一些开明官员亦联名上奏,要求严惩李体仁。在群众的压力下,清政府不得不将李体仁撤职。"蒲案"斗争的胜利对陕西各界的革命情绪和运动起了很大的鼓动和推进作用。

1910年,西安的学生运动达到了高潮。新成立的农业学堂和纪律极严的陆军小学堂,先后发生了大规模的罢课。其中农业学堂罢课的时间最久、影响很大,成为进步力量向反动统治势力展开的一次激烈的斗争。罢课表面上是学生对教学和生活管理不满而爆发的,实际原因是对当时政治现状的不满。罢课得到西安各校的声援,同盟会员高等学堂的马彦、师范学堂的寇胜浮、健本学堂的胡景翼都代表各校向罢课学生表示慰问。教育会为此召集大会,教育会长兼谘议局副议长郭忠清严正陈辞,罢课学生代表张义安痛哭流涕,以头撞壁,表示必死的决心,全体罢课学生也纷纷质问,坚持不屈,终于迫使当局接受了学生的要求,将不学无术的教职员全部撤换。这一斗争的胜利,不仅鼓舞了广大学生的斗志,并且给革命队伍造就了一批新生力量。学生张义安、王盈初、郑伯奇等在这次斗争中参加了同盟会,在同学中散播了革命种子。

1908年同盟会陕西分会在西安成立时,根据孙中山在南方发动革命的经验,便作出了联络会党、新军、刀客共同反清的决议。并决定以哥老会首领张云

山开的"通统山"为基础,与哥老会共组"同盟堂",商定"通统山,同盟堂,梁山水,桃园香"四句联络隐语。会后,钱鼎、党仲昭等参加哥老会,进行团结争取工作。1910年7月,同盟会、哥老会和军学各界代表井勿幕、钱鼎、胡景翼(笠僧)、李仲三、张云山(凤岗)、万炳南等三十余人,号称三十六弟兄,在西安大雁塔秘密集会,歃血为盟,共图大举。并成立了反清统一组织"三合会",为西安起义作了思想、组织的准备。

同时,同盟会积极加强掌握陕西新军的工作。陕西新军系1909年由原常备军改编而成,有步兵两标(团),骑兵、炮兵各一营,工程、辎重各一队(连),改编后名为陕西陆军混成协(旅)。在新军的下级军官中,原有同盟会会员张作栋、彭世安、张光奎、朱蠡铭四人。1910年春,同盟会员张凤翙(翔初)等由日本士官学校毕业返陕,到新军中任职,同盟会员钱鼎、张钫、党仲昭、曹位康(建安)等人从陆军保定速成学堂相继毕业回陕后,亦按所学兵科分发到新军各营任职,他们组设武学社为秘密革命机关,革命力量在新军中得以迅速发展壮大。但是,新军混成协的实权仍把持在巡抚恩寿的亲信督练公所总办王毓江的手里。王毓江极力排斥压制留日陆军士官学校毕业生和保定陆军速成学堂毕业生,不让其掌握兵权,并培植党羽,广设密探,对新军严加控制,给同盟会在新军中的活动造成很大困难。

1910年11月,同盟会员彭世安、张光奎等联络军界三十余人,列举王毓江贪污款项、滥用私刑、贪污受贿等十大罪状,托谘议局转恩寿查处,恩寿坐视不理。同盟会又派人控告于陆军部,谘议局亦上诉于清廷资政院。强烈的反抗声浪,迫使恩寿撤了王毓江及其党羽十余人之职。王毓江被赶下台后,继任者毛致堂同情革命,将留日士官学校毕业生和保定陆军速成学堂毕业生张凤翙、张靖卿等依次升级,使他们在新军基层中获得号令、调遣之权,同盟会又在官兵中逐渐扩大革命影响,积聚力量,为新军起义奠定了基础。

西安新军　首先响应

1910年,井勿幕从南方归陕,召集宋元恺、邹炳炎等同盟会骨干,在泾阳柏氏花园水榭亭开会,传达孙中山鉴于南方起义屡遭失效,欲改从西北发动的方针。会议讨论并草拟了会章、党人通讯方法、问答术语等。会后并向西安和各地会员分别进行联络和传达。此时,全省会员已发展到近千人,工作有了一定的基础。在全国革命形势急剧发展,特别是在四川人民保路斗争的鼓舞下,陕西革命党人起义的勇气和决心倍增,工作十分活跃。当时西安街上流传着"不用掐不用算,宣统不过二年半"的歌谣,甚至有"八月十五举义"的传说。清廷官府惊恐万状,一面对外封锁消息,一面加紧满城的防务,调运新式枪炮,增加旗兵,整修城墙;同时将一部分新军调往外县,与地方的巡防队换防,阴谋分散新军的力量,并派遣密探侦察新军中的革命党人,准备捕拿。革命与反革命的较量,大有一触即发之势。

1911年10月10日,武昌起义的枪声打响,消息传来,西安立即响应。10月22日清晨,同盟会和新军、会党首领三十余人,在西郊林家坟秘密集会,共商起义事项。会议推举张凤翙为首领,钱鼎为副首领,决定即日起义。会后,大家立即回营,准备行动。上午10时左右,陕西新军在张凤翙、钱鼎、张钫等率领下,分三路进城,首先夺取南城附近东县门的军装局。这天是星期天,护理巡抚钱船训和各司道以及军事参议官等都在谘议局开会,驻防军军官照例放假休息。张钫率队进抵军装局,守卫的巡防营少数官兵从后门逃走,革命军首战告捷,缴获大批武器弹药,随即分兵占领巡抚衙门,钱鼎等率队进城,控制了鼓楼等制高点,并组织陆军学堂学生,攻占藩台衙门,保护藩库。

1911年10月22日,陕西省宣布独立,成立军政府,推同盟会员、原新军管带张凤翙为都督。图为在起义中作出重大贡献的全副武装的会党分子

战斗开始后,驻防旗兵西安将军文瑞从谘议局逃回满城,即令紧闭城门,布兵和革命军对峙。其他清朝官吏,闻风丧胆,纷纷逃至商民家中躲藏,巡防营全部反正。在几乎没有遇到什么抵抗的情况下,革命军顺利地占领了除满城外的西安城厢。城内的学生、店员及哥老会众,纷纷剪去辫子,臂缠白布,以示响应。

当日晚,张凤翙约郭忠清、常自新、王顾、李元鼎等在军装局组设革命军总司令部,商定用"秦陇复汉军"的名号,刊刻"秦陇复汉军总司令部图记"。10月23日黎明,秦陇复汉军大统领张凤翙下令进攻满城。满城在西安城内东北角,面积约占全城的四分之一,是驻防旗兵及其家属的驻地,守城旗兵约五千人,负隅顽抗。张凤翙亲临指挥,哥老会头目刘世杰(俊生)、马玉贵(青山)等冲锋在前,奋不顾身。经过一天的激烈战斗,革命军攻占了满城,文瑞投井自杀,西安全城光复。同天,革命军用秦陇复汉军大统领张凤翙的名义布告安民。其文曰:"各省皆变,排除满人,上征天意,下见人心。宗旨正大,第一保民,第二保商,第三保外人,汉回人等,一视同仁。特此晓谕,其各放心。"接着又以大统领名义发布檄文,号召各州县响应革命,并派遣各学堂学生回到各地宣传革命,组织民团,光复地方。

经过各方协商,10月27日陕西"秦陇复汉军政府"正式成立,推举张凤翙为大统领,钱鼎和万炳南为副统领。28日,秦陇复汉军总司令部移至高等学堂(堂址东厅门街,现为西安高级中学),改设军令、民政两府和参谋、军需两处。后将军令、民政两府撤销,设总务府总揽一切,下设军政、财政、民政、外交、教育、实业、司法、交通等机构,委官执事。另设兵马、粮饷、军令都督和西、南、北各路安抚招讨使以及东西路节度使。11月22日,南京临时政府颁发"中华民国军政府秦省都督印"。12月9日,军政府改秦陇复汉军政府大统领为中华民国秦军政府大都督。

秦陇复汉军政府成立后,颁布了一系列政策法令。在安定社会秩序方面:严禁抢掠,劝谕清军官兵向义归心,晓谕各码头兄弟努力同心光复各属州县,严禁挑拨回汉关系等。在财政经济措施方面:保护商业正常营业,整顿金融,整顿厘税,发行公债,举办筹饷彩票,劝捐劝饷,发展实业,奖励私人开矿和发展蚕桑事业等。在文化教育方面:兴办师范,提倡女学,创办剧社等。在其他社会改革方面:通饬剪发,禁止缠足,严禁种植和吸食鸦片,通告旗人自谋生计等。军政府的这些措施,对安定社会、维护秩序和发展经济、巩固新建立的革命军政府起了积极作用,收到明显效果。

西安起义胜利的消息传出后,各州县纷纷响应。首先是各地的革命党人和进步人士,如耀州(耀县)胡景翼、白水曹世英(俊夫)、蒲城岳维峻(西峰)、华阴马耀群、同官姚振乾、蓝田杨茹林等,率众宣告起义。其次是哥老会党,如户县、商州(商县)、三水(旬邑)、兴平、邠州(彬县)、大荔、陇州(陇县)、商南、洛南、兴安(安康)、横山、榆林等地的会党头目组织武装力量,逐知县,杀恶吏,宣布光复。同时,清军中的进步军官也有率部起义的,如驻华阴庙的巡防营马队管带胡明贵,率部进入潼关,驱逐清朝官吏,据城反正。也有一部分清朝官吏和乡绅商议,响应革命,专差行文西安,表示归服军政府。也有慑于革命威力,全县文武官吏拱手投降的。数日之间,关中、陕北及陕南的安康、商洛等地五六十州县,义旗高揭,相继光复。

但是,汉中地区的光复,却经历了一番曲折。汉中镇总兵江朝宗与兵备道黄诰,据城固守,负隅顽抗。一面命令所属州县组织民团镇压起义学生,一面向清廷求援,对抗革命。直至1912年3月,军政府陕南招讨使张宝麟(仲仁)由安康溯汉江西上,进兵城固,同时四川援陕同志军标统刘荫西率军进至勉县,汉中处于两面夹攻之际,江、黄才匆匆弃城,逃至古路坝,在天主教堂的庇护下,逃往北京。4月12日,革命军与清汉中知府吴廷锡谈判,成立"临时汉中自治公所"。5月,张宝麟进驻汉中,所属各州县先后反正。

击退清军　疯狂反扑

陕西地处要冲,崤函千叠,终南横亘,陇山六盘,古所谓天险之地。武昌首义后,清廷本想以陕西、甘肃为基地,重振军力,恢复东南。不料陕西却率先响应,义旗所指,四境光复。清廷大为震惊,遂派大军从东、西两路合击,妄想一举扑灭陕西革命。陕西军政府为了粉碎清军的反扑,在东、西两个战场进行了艰苦激烈的战斗。

1911年11月2日,驻守华阴庙的巡防营马队管带胡明贵率起义部队,夺取潼关后,11月4日,清廷所派豫军即进攻潼关,胡明贵英勇抗敌,由于犯敌势众,全军覆没,潼关失守。秦陇复汉军副统领钱鼎请命率军出击,不料行至渭南被当地土豪串通刀客严纪鹏等杀害。大统领张凤翙继派张钫为东征军兵马都督,领兵攻取潼关。张钫招收了严纪鹏、杨茹林及曹树勋等部之团勇,兵力大增。11月11日,收复潼关,继而乘胜追击,破河南阌乡,出函谷关,进抵灵宝,豫西"大侠"王天纵率众响应。清廷派赵倜率毅军步马炮十八营增援灵宝。两军相遇盘豆镇,革命军失利西撤,毅军追至潼关,革命军苦战三日,于12月1日退出,潼关再次失守。

为防敌人长驱直入,张凤翙亲自率军援救,并调井勿幕、陈树藩(伯生)等部从北路策应,一时军容大振。12月6日誓师于华阴城东门外,三面出击,直逼潼关。毅军力不能支,损失惨重,弃弹遗尸,乘夜退出潼关,潼关二次收复。此时,井勿幕、陈树藩在北路进军,亦所向披靡,渡黄河,入山西,攻克运城,拟配合张钫向敌两面夹击,毅军闻讯,仓皇逃退。张钫率部追击,于1912年1月8日占领河南观音堂,前锋到达渑池。革命军隔黄河南北成犄角之势,使清廷重镇洛阳受到严重威胁。

毅军败退,失地四百里,震动中原。袁世凯惊恐不安,急令北洋军第二镇统制王占元、第六镇协统周符麟调集大军,并配野炮、山炮五六十门,向陕西革命军扑来。革命军先后在渑池、观音堂、崤山、硖石等地与北洋军激战数次失利。1月15日退守函谷关,又与敌军苦战半日,不胜,雪夜退回潼关。1月16日,敌兵步骑在强大的炮火掩护下,进攻潼关城,革命军誓死抵抗,战至1月19日,终因弹尽,被迫退出。潼关第三次失守。

潼关失守,张钫败走南山,井勿幕、陈树藩退往高陵,一时东路无兵防守,西安吃紧。但北洋军占领潼关后,并未西进。军政府急令西路援军回省,于1月24日冒雪出发,27日到达华阴,井勿幕、陈树藩复亦率部列阵于黄河东西两岸,张钫也在南山招收新兵数千,共约一万多人。正当井勿幕等计议再次收复潼关时,大统领张凤翙于2月12日东出视师,他在全国妥协气氛的影响下主张停战议和。不久南北议和成功,清帝退位。1912年2月18日,双方派代表在议和协议上签字,北洋军退出潼关。

前陕甘总督升允在西安起义时轻骑逃往兰州,清政府令升允署理陕西巡抚,督办军务。升允调集甘肃马安良部及固原提督张行志部20营,亲自率领,分道向陕西进逼,一路从长武人邠州,一路由固关入凤翔。1911年11月21日,升部马国仁率骑千余为前锋,向长武逃犯。驻守长武的秦陇复汉军石得胜部奋起抗击,终因寡不敌众,全军覆没,长武失守。消息传到省城,兵马大都督张云山率向紫山的"向字营"800精兵,亲赴西线督战,并调王占云游击队驰援。但是,因援兵一部离心离德,分裂他去,致使增援力量削弱,酿成冉店桥(在长武县东二十里处)战役惨败。升允取胜后,率甘军快速东进,革命军在蒿店、监军镇等地堵御,皆大败。邠州、永寿相继陷落,张云山退守乾州。

甘军另一路崔正午部由平凉取道千阳,进犯凤翔。秦陇复汉军副统领万炳南率部十余营前往抵御,亦为甘军所败,千、陇失守,万炳南退守凤翔。张凤翙闻讯派王荣镇、杨茹林及曹树勋的"敢死军"支援。1912年1月10日,曹树勋率"敢死军"大败甘军于柳林镇,崔正午逃回千阳,未敢再犯。

张云山至乾州后,即封闭城门,全力固守,昼夜巡查,严加防犯,并亲临城楼督战,敌军屡攻屡败。升允无计可施,竟令管带罗开福到北门外跪地举枪诈降,妄图伺机冲进城内。张云山识破敌军阴谋,督队迎头痛击,诈降敌军仓皇逃走。诈降失败后,升允又暗挖地道,企图炸塌城墙,亦为城内发觉截击,未能得逞。敌军既不敢冒进,又不甘心撤退,相持到12月间,南北议和开议后,袁世凯电令升允休战,但升允密不发表,反而加紧攻城。张云山在城内人民全力支持下,守御益坚。敌军屡攻屡挫,伤亡惨重。升允无可奈何,只得绕过乾州,直趋西安,但到咸阳即遭革命军的迎头痛击,被迫退去。

　　陕西革命军在广大人民群众的支持下,浴血奋战,胜利地击退了清军东、西两路的疯狂反扑,有力地支持了甘肃、山西、河南等省的起义,稳定了西北的革命形势,对全国革命形势的发展有重要的影响。

　　辛亥革命在陕西的胜利,是陕西人民反帝反封建斗争史上一个重要的环节,它对于陕西民主革命的进一步发展,具有重大的历史意义。

辛亥革命江西起义纪实

江西是最早响应武昌首义的省份之一，这是因为江西省同盟会的秘密活动不但很活跃，而且在武昌首义之前就奏响了辛亥革命的前奏曲。

萍浏醴起义　革命前奏曲

萍浏醴起义，从1906年12月4日（清光绪三十二年十月十九日）在萍浏醴三县交界处的麻石爆发，至1907年1月中旬，起义军余部在江西义宁（今修水）县境内被清军击溃而告失败，历时一个多月。

先是1905年8月，孙中山领导的中国革命同盟会在日本东京成立。11月，俄国爆发资产阶级民主革命，以列宁为首的布尔什维克党，号召无产阶级起义，推翻沙皇，建立民主共和国。同盟会机关报《民报》号召中国人民"闻风而兴起，效法俄国人民起来革命"。孙中山陆续派遣会员回国，从联络会党入手，发动和领导武装起义。

约在1906年春，同盟会会员、留日学生刘道一、蔡绍南等受东京总部派遣，回到湖南，"运动湘军，重整会党"。临行前，黄兴曾嘱咐：不能单纯依靠会党发难，因为"会党缺乏饷械，且少军队训练，难于持久"，而应该"以军队与会党同时并举为上策"，或者由"会党发难，军队急为响应"为次策，"而欲规取省城，宜集合会党于省城附近之萍浏醴各县与运动成熟之军队联合方可举事。"

此时，恰值湘赣一带发生了如下两件事情，对革命时机的成熟有着直接促进作用：一是哥老会首领马福益，因密谋在长沙起义事泄未成，辗转逃亡至萍乡车站被捕，惨遭杀害，激起了萍浏醴会党各级首领和会众的极大愤慨；二是1906年春夏，湘、鄂、赣等省发生特大水灾，湘江沿岸各县"数百里间，汪洋一片，茫无涯际，死者三四万,浮尸蔽江,被灾者三四十万人,皆冻馁交侵,四乡乞食。此次奇灾,为湘省二百年所未有"。随之而来的是农村普遍欠收,粮价昂贵,一日数涨。而帝国主义各国利用湘江水路和株萍铁路之便,加紧倾销商品和掠夺原料,吮吸着湘赣人民的膏血;官绅豪劣乘机横征暴敛,奸商囤积居奇,高抬市价,民不聊生,群情激愤。

刘道一、蔡绍南回国后见此情况,于是加紧活动,认真执行黄兴的指示,为萍浏醴起义作了大量艰苦细致的工作。经他们筹划组织召开的重要会议有四次。

第一次会议是长沙水陆洲会议。刘道一回国途次,便约集同志蒋翊武、龚春台、刘重、刘崧衡等在长沙水陆洲附近的一只船上秘密集会,"到三十八人",会议根据黄兴的指示,把起义的策略方针、具体步骤和起义时间等重大问题,基本上确定下来了。

会后,刘道一留驻长沙,掌握全盘,并负责与同盟会东京总部联络,蔡绍南则回江西萍乡上栗市,负责发动萍浏醴会党。

第二次会议是萍乡蕉园会议。当时,萍浏醴一带会党大致有三派:即哥老会、武教师会和洪福会(亦称洪福齐天党),各大派中又有许多小派。哥老会自马福益被杀后,以龚春台、李金奇、萧克昌、冯乃古为首,各有会众数千人,主要活动于萍乡安源和湖南醴陵、浏阳南部一带;武教师会以沈益古、廖叔保等为首,会众数百人,以萍乡上栗市一带为最多;洪福会以姜守旦为首,会众数千人,以浏阳为活动基地。蔡绍南回萍乡上栗市后,通过同盟会湖南分会负责人禹之谟的学生魏宗铨与会党联系。魏是蔡儿时的朋友,遂以魏家在上栗市开设的"全胜纸笔店"为掩护,很快结识了萍浏醴一带会党首领。为了将各派会党组织起来,在萍乡蕉园洞欧阳满家中秘密集会,以延请道士替亡故友人作冥寿为名举行开山大典,将哥老会和武教师会联合为"六龙山洪江会",推举龚春台为大哥,以忠孝仁义堂为最高机关,总机关设在萍浏醴三县交界处的麻石。会后,各路码头官分赴各地,开堂散票,发展组织。

第三次会议是萍乡慧历寺会议。1906年7月,蔡绍南与龚春台、魏宗铨等人,又在萍乡县属大岭下弹子坑慧历寺召开会议,着重讨论密造武器火药,争取洪福会加入洪江会,并往日本谒中山先生报告请示举义日期等问题。会后,蔡绍南、魏宗铨前往上海,正拟东渡日本与同盟会总部联络,突然听到麻石发生事变。原来是年农历中秋,麻石开台酬神演戏,日聚万人,会党利用这一机会进行活动,不料三县官绅怀疑会党即将起义,立派巡防营袭击麻石。会党猝不及备,不战而散,第三路码头官李金奇遭清军追捕,被迫在醴陵白兔潭投河殉难。蔡绍南、魏宗铨在沪得报,便将联络任务另交李发群办理,偕宁调元立即赶回,召集各路首领,讨论对策,仍订农历年底清吏封印时起义。兵分三路:"一据萍乡安源为根据地;一据浏阳、醴陵攻略长沙;一据万载,宜春东出瑞昌、南昌,进取江南。"此时,上栗市群情激愤,重阳节千余人在栗江书院为李金奇殉难召开追悼大会，因事失密，许多学生被捕，解往萍乡县署杀害。接着慧历寺机关亦被查抄，形势急转直下，武装起义犹如箭在弦上，引满待发。

第四次会议是萍乡高家台会议。鉴于以上情况，是年 12 月 3 日，蔡绍南、龚春台、魏宗铨等人在萍乡上栗市以西的高家台，邀约各路码头官召开紧急会议。会上对起义的时间问题发生争执。龚春台、魏宗铨等认为现时军械不足，与长沙的刘道一又失去联系，主张"稍缓以待后援"，而原教师会首领廖叔保和众多码头官则认为现在会党人数众多，联合各地友党不下十余万人，主张趁官兵未到，即时起义，"尽可一决胜负，坚持不再拖宕"。双方相持不下，至天明，仍未获结果。大会经久不决，人数愈聚愈多，会众终宵扰攘，莫知所从。激进分子廖叔保不愿再有任何迟疑和拖延，自率二三千人跑到麻石，高举"大汉"白旗，率先发难。事已至此，蔡、龚、魏等人势成骑虎，迫于形势，只得立即宣布动员。以洪江会总机关名义檄知浏东洪福会首领姜守旦和普迹市哥老会大头目冯乃古，并饬知各县会党同时发动。就这样，酝酿已久的萍浏醴起义，比原定计划提前一个多月，于 1906 年 12 月 4 日全面爆发了。

起义爆发后，洪江会起义军定名为"中华国革命军南军革命先锋队"，公推龚春台为都督，蔡绍南为左卫都统领兼文案司，魏宗铨为右卫都统领兼钱库都粮司，廖叔保为前营领带兼急先锋，沈益古为后营领带兼殿后指挥。起义军当即以"奉中华民国政府命令"的名义，发布"中华国革命军起义檄文"，主张推翻专制政体，建立共和民国，实现地权与民平均，深受群众欢迎，因而军威大振。起义当天，便大举向浏阳高家头、萍乡上栗市进攻，并一鼓而占领之。

麻石发难消息传出，各路会党纷纷响应。

浏阳南部洪江会众数千人，响应龚春台部起义。

浏阳东部和北部的洪福会众数千人，在首领姜守旦率领下，也立即响应起义，愿与洪江会实行军事上的合作，但不受节制。自称"新中华大帝国南部起义恢复军"，旗号"洪福齐天"，并发布《新中华大帝国南部起义恢复军布告天下檄文》，拟进逼浏阳县城，直逼长沙。

醴陵县参加起义的洪江会众除一部分农民外，还有众多陶瓷业工人和部分巡防营士兵。起义军分西、东、北三路，以西路为主，首领为李香阁，下分左右两军及水军，各有群众三千人，东路首领为瞿光文，北路首领为谭石基，各有群众数千人。

萍乡县安源，本是起义军计划中的根据地，有会众六千人，其中多为安源煤矿和株萍铁路工人。由于安源产业重要，又有德国工程技术和管理人员在此，向有清军守护。起义爆发后，官军增兵防范。12 月 7 日，醴陵会党头目袁兰亭奉命去安源与萧克昌联络,不幸被捕,使安源与醴陵之间失却联系。随后,萧克昌被清军诱杀,群龙无首,致使安源工人未能发挥战斗作用。

除安源工人外,萍乡方面的洪江会还有不少农民和十几个官办、商办煤矿的工人以及上栗、桐木一带的手工业工人,踊跃参加。安源周围及宣风、芦溪等处煤矿工人也纷纷奔赴前线,"矿井辞工者每日以百数计"。

此外,宜春、万载两县也有一部分会党群众响应起义。

以上几个地区,先后投入起义战斗的共约三万人,从而使义军迅速控制了江西省的萍乡、宜春、万载和湖南省的浏阳、醴陵等5个县的广大农村地区,其先头部队竟到达湘潭县境。

轰轰烈烈的起义,在国内和国外影响极大。国内一些报刊开辟新闻专栏,逐日报道所谓"萍乡乱耗"、"萍匪乱事"。外国报纸也纷纷报道起义消息,日本报纸还发行号外,逐日报道和评论。旅日同盟会会员闻讯,纷纷向总部请求回国参加战斗。孙中山先生回忆当时情形,曾写道:"丙午萍醴之役,则同盟会会员自动之师也。当萍浏醴革命军与清兵苦战之时,东京之会员,莫不激昂慷慨,怒发冲冠,亟思飞渡内地,身临前线,与虏拼命,每日到机关部请命投军者甚众,稍有缓却,则多痛哭流泪。"当时孙中山连日同会员商讨支持萍醴革命军的办法,派宁调元、谭人凤专往萍乡、醴陵联络,并派朱子龙、胡瑛、梁钟汉等回国组织起义,响应萍醴革命军。武昌日知会领袖刘静庵、张难先等得到萍醴革命军通报后,立即召集会议,密谋响应。在浙江,著名女革命家秋瑾也积极准备行动,以与萍醴革命军相呼应。

与此同时,清政府则惊恐万状。两江总督端方、江西巡抚吴重熹向清廷奏道:"该匪初起,势甚猖獗,所到之处,胁民为匪,云集响应,来到之处,谣言四布,人心惶惶。"一时间,"官私各电,报告匪警者络绎不绝。"湘赣两省巡抚请求清廷增兵镇压,汉阳铁厂督办盛宣怀、安源煤矿总办林志熙等,迭向湘赣两省巡抚和湖广、两江总督呼救。清廷闻讯,立即调动湘、鄂、赣、苏四省军队五万余人,向萍浏醴地区包抄,实行血腥镇压。

帝国主义者们认为"此次事变的严重性,远远超过一次地方性的骚乱","比无关紧要的骚乱要可怕得多"。因此,英、美、俄、法、德五个帝国主义国家先后出动各类军舰二十多艘,分别驶往岳州、汉口、宜昌、九江、上海等地,游弋长江和湘江,视察动静,拔剑张弩,准备随时向中国人民动刀。

面对敌人的优势兵力,起义者毫不畏缩,他们英勇奋战直到最后一人。起义的过程大致可分为三个阶段:

12月4日到12日,这是起义军的进攻阶段。起义初期,当地虽有相当数量的清军,但敌不过人数众多、满腔愤怒的起义军,后来清廷虽陆续增调了大批军队,但到达有先后,刚到之时,阵脚未稳,难以发挥战斗力。因此,头几天中起义军到处进攻,所向披靡,多次大败官军。但是,起义军终究在装备和训练方面远不如官军,而且由于起事仓促,各股号令不一,外界也一时接应不上,仅凭义愤和勇敢,自然难以持久。12月10日,驻守上栗市的义军五六百人被敌军突袭围困,虽奋勇迎战,坚持半月,但伤亡重大。后军统带沈益古一手执锅盖,一手提大刀,力战群敌,连杀清军十余人,使敌军心惊胆战,但终以势孤力竭,壮烈牺牲。于是上栗市陷落。12日起义军同时在醴陵和浏阳两个战场上失利,死伤惨重,军事首领多人战死。从此起义军开始衰落。

12月13日到20日,是起义军和官军之间的相持阶段。

12月12日起义军在醴陵、浏阳失利后,队伍被打散,分割于萍、浏、醴各处。在清军处处设防、多方堵截的困难环境下,魏宗铨、廖叔保等率领洪江会起义军各部,采取集中与分散相结合的灵活战术,与敌军周旋,顽强战斗四十余次,消灭不少清军,义军本身损失也很重。最后义军在上栗市遭到原与同盟会有联系的江苏新军统制徐绍桢背叛性的围杀,廖叔保等首领及会众一千余人壮烈牺牲,仅魏宗铨带少数人逃出,不久也被杀害。姜守旦所部洪福会起义军,在浏阳境内也曾与清军作战多次,12月20日,在平江县境内与清军大战,起义军败散,姜守旦率余部退入江西大宁(今修水)县境内。此后,起义只剩余波了。

12月21日至1907年1月中旬,是起义军战斗的尾声。战败的姜守旦余部退入江西义宁县后,1907年1月14日被清军击败,全军覆没,姜守旦下落不明。至此,轰轰烈烈的萍浏醴起义最后失败。

这次起义,不同于旧式会党起义,明显地显示出同盟会的政治影响。以都督龚春台名义发布的檄文,强调除反清外,"必建立共和民国,与四万万同胞享平等之利益,获自由之幸福。而社会问题尤当研究新法,使地权与民平均,不至富者愈富,成不平等社会。"起义虽然失败了,但在国内却严重打击和动摇了清王朝的统治基础,在国外也产生了很深的影响,反映了中国人民不可侮,中华民族不可欺的高尚气概,将当时全国革命形势向前推进了一步,成为辛亥革命的一曲前奏。

九江独立　好似春风

1906年萍浏醴起义虽然失败了,但是"野火烧不尽,春风吹又生",从1907年5

月至1908年4月,在孙中山的直接领导下,同盟会在华南沿海地区连续发动了6次武装起义。光复会还在浙江、安徽发动了两次起义。1910年2月同盟会又发动了广州起义,1911年4月27日(农历三月二十九日)发动了广州黄花岗起义,终于在1911年10月10日(农历八月十九日)爆发了武昌起义,史称"辛亥革命"。13天后,九江宣布独立。

九江之所以在江西首先响应武昌起义,这是与其地理位置分不开的。九江居长江中区,上接武汉,下通沪宁,信息灵通,风气早开。同盟会人在九江暗设机关,冀图联络各方党人,乘机大举。先是闽人林森在九江任海关文牍,粤人吴铁城家居九江(铁城之父在九江和牯岭均设有和昌办馆),他们与罗大佺、陈中瑞、徐秀钧、蔡公时、吴照轩、俞醒更、张世膺、沈元龄等经常聚会,进行革命活动,并组织一书报社于九江之八角坊为秘密机关,与外省相联络,输入书报,鼓吹革命。

接着,部分革命党人有鉴于萍浏醴等历次起义失败的教训,认为"会党发动易,成功难,即成而嚣悍难制,不成则徒滋骚扰"。于是,他们把工作重点逐渐转移到发动新军方面。九江方面也是如此。当时,驻九江的新军,有南京派来的第五十三标(标统马毓宝)和南昌派来的第五十五标两个营。1911年农历七月间,有赵声部下之杨同志来九江运动起义,与驻九江的新军第五十三标排长何燮桂、顾英、黄锦龙、丁仁杰、胡爱德以及炮台炮目陈廷训等取得联系,曾进行密议,拟于八月十五夜与南昌之工程队会同武昌方面同时发难。后接南昌韦兆熊密函,略谓清吏防范甚严,宜多派同志联络,再壮大力量,始可达目的。于是,以五十三标第一营队官刘世钧,第二营排长顾英,第三营排长何燮桂各负责联络其本营同志。不久,传来武昌机关破获消息,乃不敢轻动,决候南昌及武昌有发难消息再动。

此时,江西武备学堂出身、留学日本时曾参加同盟会的江西籍人李烈钧,因在五十三标中有许多同学和同事,他利用这种关系,也进行联络策反(九江光复时李烈钧不在九江,光复后两日才抵九江)。

1911年10月10日(阴历八月十九日)武昌孙武等高揭义旗,举黎元洪为都督,风声所播,全国欢腾。九江方面,林森、吴铁城、罗大佺、陈中瑞、吴照轩、许森、徐起兰、蔡辰白、魏毓生、何瑞昌、何震生等人即酝酿响应,积极向新军联络。10月22日(农历九月初一),突闻湖南已响应武昌起义,宣告独立。于是,新军五十三标教练官黄子卿各方奔走,并获得标统马毓宝赞同,联合五十五标一营管带范绍先,二营管带何振达及炮台守将徐世法等共同举事。10月23日(农历九月初二)晨6时,九江城内居民纷纷迁避,有人询问原因,便说今夜新军将起事。

当晚8时许,岳师门外,金鸡坡炮台由炮目陈廷训发炮三响,接着又响一排枪声。城内道署卫兵听到炮声,知是起义讯号,即在头门举火内应,新军务营立即吹号集合,各军士都手缠白布,上印"同心协力"四字,荷枪实弹,分据各隘道,沿途枪声不绝,先攻道署。九江道保恒逃入租界,搭隆和轮遁上海。接着分队进攻各衙署。有军士想纵火焚烧道府两署,马毓宝立即命令制止,并派卫兵看守。又在道库搜获白银十余万两,查点数目后,也派人守护。夜 12 时许,进攻府署,九江知府璞良率领仆人荷棍棒守衙署,革命军一举攻入,捕获璞良。璞求死,对革命军说:"汝等排满,我满人也,万无生理。且我食君之禄,汝等即不排满,我亦当与城偕亡,断不偷生苟活。"革命军管带张某见璞忠义,开始以礼相待,劝其归顺,璞抵死不从,遂杀之。凌晨 1 时攻提法使行辕,因行辕在铁路公司,后户即南门湖,提法使张俭由后户乘舟逃走,其卫队 40 人归顺革命。当革命军来到电讯局,局员都赞成革命,仍照常供职,但不许替清廷官员发电。天既明,军士沿街巡逻,劝商人照常开市,合城安堵。

10 月 24 日(农历九月初三)早 8 时,城内外贴出文告,文意与武昌起义文告略同,并有黎都督字样。又于城内延支山高竖"马"字(马毓宝)、"徐"字(徐世法)、"陈"字白旗各一面。这时,城内外警察也同时响应,左手各缠白布。只有五十五标第二营(驻火柴厂)统带庄宁忠不肯赞成革命而潜逃,新军追之不获。城外秩序较为混乱,大码头协顺土店,在骚扰中被匪抢去铜元数十千、银元若干,由革命军捕获三人,就地正法,并追回该店之损失。又当起事时,革命军曾通知各教堂教士及租界外人,一律保护,切勿惊慌,所以外人都未离境。至于九江原有的常备军,本无举动,自从南昌派提法使张俭到九江督办江防,继而周树森监督炮台,限制出入,军心乃变,都说"当官的既不相信我们,我们如何出力"。适有湖北省军政府派员来游说,乃秘密集议与五十三标采取同一行动。

革命军占领九江后,即于招商局码头竖立中华民国大旗,军、学各界以及城中商店均悬挂白旗及欢祝民国之小旗。此次起事,据陈春生撰《辛亥江西光复记》说:"多由林子超(即林森)擘画部署,又先得(海关)关员西人赞成,故着手颇易。初林被举为九江道,马毓宝为驻浔统领,徐世法为驻浔炮台统领,李云峰为驻浔副统领。"数千年之专制政体,在九江便宣告推翻了。

九江独立之后,南昌、安庆尚未光复,内部组织也不健全,而马毓宝革命意志亦不甚坚决,于是有吴照轩、蒋群等强将马之辫发剪去,以绝其模棱两可之心,并着手组织机构,将原来的九江道署改为军政分府。众举马毓宝为中华民国驻浔军政分府都督,分军务、政务二部,军务部由马自兼,政务部由罗大佺任部长,林森任副部长。另举张鲁藩为运输部长。李烈钧于光复后两日赶到,公举为参谋部长,蒋雨岩为副部长。又举吴照轩为政治参议,蒋群为军事参议,宛西庚任九江县县长。陈中瑞(蔼亭)则襟怀淡泊,功成不居,在商界竭力赞助。

在军事方面,起事之前,五十三标即已密告驻瑞昌之第三营迅速开拔返浔,驻浔之一、二两营即向省方派来之部队进击,不久即击溃。排长何燮桂乘胜率兵占领九江上游之田家镇炮台,扼守长江隘口,于是长江交通断绝,汉口清舰接济中断。10月24日(农历九月初三),清军守湖口的总镇杨福田调集炮艇,将与革命军对抗,被革命军击败,清兵举白旗投诚。革命军乘胜占领湖口炮台和马当炮台,进一步控制了长江交通。

武昌起义后,清廷命海军提督萨镇冰调集军舰游弋于长江水面,为武汉清军之应援,并率舰多艘往武汉镇压革命。自闻九江独立,金鸡坡炮台被革命军占领,惟恐燃料、粮食等无法接济,慌忙下驶,拟赴上海。当时带队的是海军司令黄钟瑛,统率有海筹、海容、海琛三艘巡洋舰,楚同、楚有、楚谦、楚豫、江元、江亨、江利、江贞八艘炮舰及湖鹏、湖鹗两艘鱼雷艇。当驶近九江时,金鸡坡炮台司令见兵舰停泊不定,恐其有异,连发炮击之。兵舰遂用旗语表示合作。马境宝、李烈钧闻报,即令停止攻击。鉴于海军舰长、官兵多属福建人,乃商林森以同乡关系赴舰联系,并派参谋龚少甫(亦福建人)、卓仁机等同往,晓以民族大义,劝其合作,并负责筹发薪饷,各舰将士同意加入革命军。于是在商会设宴欢迎。这时,马毓宝密使炮台司令戈克安将兵舰炮栓拆下。正欢宴时,黄钟瑛闻讯变色,立即令其同仁回船准备作战。当时李烈钧认为革命军战斗力不能与抗,采取和平解决。幸当时林森及龚少甫、魏子洛等人在座,即请舰方将领以福建同乡关系登台演讲,缓和空气,海军怒气稍平。复入座时,戈克安亦盛气而来,李烈钧即笑慰之,并双方介绍,杯酒联欢。次日,李烈钧派人将炮栓送还舰艇,事遂解决。事后,革命军要求每艘大舰拨出马克沁机关枪二挺,小舰拨出一挺,没有机关枪的拨出六至十支步枪,带同士兵配件登陆,以充实陆上军力,各舰艇都同意照办。这样,清廷全部海军便在九江起义参加革命,并通电全国要求清朝皇帝退位。马毓宝认为海军既已联合,便任李烈钧为海陆军总司令。

10月29日(农历九月初八),清海军提督萨镇冰由九江改姓名登大通轮船逃往上海。同日,海筹、海容、海琛、江贞等舰及鱼雷艇湖鹗由九江上驶。下午3时,海容进至武昌黄鹤楼下傍一小轮而泊,将所载机关枪运入武昌,接济革命军。鱼雷艇湖鹗继续前进,遭到江岸清军发炮攻击。未几,海容驶近,急发炮猛击江岸清军炮兵阵地,只见尘沙飞扬,炮兵均毙。海容下驶至七里沟附近尚发炮不休,清军汉口以东之阵地几全被摇动。以后清军攻陷汉阳,挟龟山巨炮隔江攻击武昌,然革命军有舰队为助,因而能据城固守,使清军终不得逞。又由于海军已全属革命军,使袁世凯无力以图江南,只有停战议和。

此外,九江独立,影响了下游的安徽。先是安徽清廷巡抚朱家宝见形势不佳,伪称独立,将巡抚部院改为都督府。九江李烈钧据安徽留日同学胡万泰反映,知朱有诈,命黄焕章率步兵一团开赴安庆,包围抚署,放枪示威,逼走了朱家宝。不意黄部到皖后纪律废弛,兵士剽掠,箱笼山积,皖人来电九江告状。李烈钧决定亲往镇压,并率海筹、海容两兵舰及步兵一营随之。到皖后,皖人举李烈钧为安徽都督。李以出自民意,遂就任。当将团长黄焕章看管,并将肇祸人顾英枪决。复令黄部士兵将所掠财物悉数交出,搬入都督府,邀请商会派人会同发还原主认领。秩序井然,一时颂声载道。但皖人派别甚多,地域之见非常严重,使李烈钧工作感到困难。此时,正值清廷所派之南下军队进逼武汉一带,战争剧烈。李烈钧应湖北黎元洪电请率师援鄂。及师抵湖北孝感,而议和已成,李烈钧被孙中山任命为江西都督,遂返江西。

综观九江之响应武昌起义,宣布独立,占领炮台,联合海军,有助于解除清军对武汉的威胁,对皖、苏两省之迅速光复,特别是对江西省会南昌之迅速光复,产生了巨大影响,成为整个辛亥革命至关重要的一环。

内部响应　南昌光复

九江独立后,全省人心震动,南昌更是"山雨欲来风满楼",同盟会员的活动也更加积极。

早在1906年,孙中山便派黄格鸥、魏会英等回江西建立同盟会支部,黄格鸥被任为同盟会江西支部长。他是清江人,回到南昌,便在赐福巷成立了江西支部,展开了工作,积极办理会员登记和入会申请等手续。当时江西人民因受"维新失败"和"南昌教案"等事件的影响,很多人同情革命,因此参加同盟会的人很多,组织发展很快。1906年,江西编练新军,同盟会派了不少会员投入新军,李烈钧、欧阳武、胡谦、方先亮等先后任新军各营管带,官兵中都有不少富于革命思想的优秀青年。辛亥革命前夕,江西的新军几乎全操在革命党人手中。再加上夏之麒领导的江西陆军小学,俞应麓领导的测绘学堂和彭程万领导的测量司,共有四五百人。他们富有革命意志,受过军事训练,并发有枪支子弹,和新军结合在一起,已在酝酿响应革命。

武昌起义后,武昌同盟会的领导人孙武派丁笏堂(立中)携带文件回南昌,策动党人鼓动新军起义,声援武汉。丁回南昌后,即与党人秘密联系,进行策划。

其时,江西巡抚冯汝骙于武昌起义后亦召集僚属会商对策。即调步兵五十五标赴九江增援,特令臬台张俭赴九江督师,调上饶防营统领刘懋政迅率所部兼程限期赶到南昌加强城防,监视城外新军和城内学生,还软禁新军混成协协统吴介璋于巡抚衙门内。对新军和陆军小学学生则进行"安抚",集合一起讲话,说什么藩库现存库银二百余万两,粮盐仓储丰富,可以支持三年两载没有问题,并宣称从农历九月起,在省官兵一律发双薪,企图收买人心。又将过去用来镇压太平军的连珠炮摆在巡抚衙门大堂两旁,恐吓老百姓,并招募外地籍新兵100名用来扩充卫队。就在巡抚衙门扩充的卫队中,同盟会暗派童玉山、王有才、薛洪保等混了进去,他们在举事前即先夺取了连珠炮炮栓及军装库的钥匙。冯汝骙的欺骗、收买的怀柔政策完全破产。

10月25日(农历九月初四),九江起义的捷报在南昌传开,《江西民报》大造革命舆论,发表社论并刊登九江、武汉方面的革命文件和布告。突然之间,风云变色,全城人士哗然。清朝的军事参议官张季煜、陆军协统吴介璋,已有与革命军联合之动机。10月28日(农历九月初七),同盟会南昌支部于新军工兵队召开秘密会议,到会二十余人,决定10月30日晚上起义。

10月30日(农历九月初九),《江西民报》发行红报,发表题为《满城风雨近重阳》的社论,文章开头一句便是"满清政府从此长辞矣!"是夜,南昌新军按预定计划起事。骑兵营排长蔡森率领爬城队于晚上11时30分,从顺化门外爬墙进城,首先发难,打响第一枪。炮营熊天觉,马营方先亮、李伯年等也同时响应。抚院的卫队和警察因事先有联络,即从内部响应,用煤油烧燃抚院两侧的鼓楼、旗杆等,火光冲天。同时打开城门,接应起义新军入城。于是新军的骑兵营、工兵营、辎重队蜂拥进城,分头占领各重要据点。10月31日凌晨,巡抚冯汝骙已知新军起事,吓得心

清军士兵不愿为清朝反动统治者卖命,纷纷向革命军投降。这是革命军受降的情形

惊胆战,从床上爬起来便召集各司道到抚院开会。他想派卫兵去通知,而卫兵已参加起义,他即令劝业道傅春官召集各界开会,而冯汝骙自己却从后门逃走,避匿于旺子巷(今后强路)民房内。至此,大小官吏相继逃走。城内五十五标新军、宪兵和武装警察队仅在营房内戒备,都未反抗。江西省会南昌就这样兵不血刃地光复了。破晓之后,参加起义的新军务部和各学校负责人在陆军小学开会,商讨善后事宜,决定由陆军小学和测绘学堂的学生维持治安。守城的各部,一律悬挂白旗,手缠白布,作为起义的标志。

四易都督　准备反袁

南昌光复的当天晚上,各界在商会集会,决议拟请巡抚冯汝骙参加革命,并选举其为都督。于是转到江西谘议局集会,并邀冯汝骙到会,说明"如冯巡抚赞成革命,由各界推任都督,不但治安无忧,且可匕鬯不惊"。但冯汝骙思想顽固,说他"以末秩受清朝厚恩,蒙任封疆重寄,既不欲违背潮流以糜烂地方,尤不能受各界推戴为国之叛臣,即请谘议局代表人民公意,另推都督,以维持治安",并表示他"可以完全避让,即日离城赴浔北上"。于是匆匆返院收拾行装,出章江门登某小轮开赴九江(至九江后,被彭学道、卓仁机等发现,挟其上岸,住花园招待所,不数日,吞鸦片烟膏自尽)。

11月1日(农历九月十一),同盟会召集各界负责人在合同巷万寿宫商会举行会议,决定:(1)通电全国,宣布江西独立;(2)通过以新军第二十七混成旗协统吴介璋为江西都督;(3)公举刘凤起为民政部长,熊天觉为参谋长,又推雷恒为财政部长,李瑞清为文事部长(由副部长熊育锡代理)。当天,吴介璋正式宣布就都督职,并派吴宗慈为都督府秘书长,夏之麒为参谋厅厅长,朱寿同为军务厅厅长,王禄之为总务厅厅长等。于是清朝在江西的统治,遂完全被推翻。暂以铁血十八星旗代替国旗,并发布檄文昭告全省。暂改行黄帝纪年(辛亥年为黄帝纪元四六〇九年)。规定以青蓝布衣为礼服,废除作揖、跪拜的封建礼节,剪掉男子拖在背上的长辫。同时,按照新军组织,着手整顿和改编军队。根据党人计划,下令查抄部分最反动的贪官污吏的财物。但对于社会经济制度,却没有什么变革,而且扩军购械,还加重了人民的负担。尤其是吴介璋没有处理好当时复杂的人际关系,如吴在光复前曾被软禁,与军事参议官张季煜意见很深,后张赞成革命,光复后关系难处;同时吴又与五十五标新任标统冯嗣鸿及从上饶调来的防营统领刘懋政尔虞我诈,混成协骑兵营排长邹恩灏也参加了反吴的行列,因此吴介璋在工作上捉襟见肘。

11月12日(九月二十二日),江西军政府忽接一信,内称孙文、黄兴已在海外开会,公举广信府贵溪县留日毕业生彭程万(当时充江西测量司司长)摄理赣军都督等语。又传诚恐军民不肯承认,已派敢死队100人进城,预备施放炸弹。以致旧藩署内军民两部颇为恐慌。旋即在军政府召开会议,新军五十五标营兵荷枪排列四围。会上邹恩灏报告:"我在武昌时曾谒见黄克强先生,谈到江西光复后人选问题。我提出彭程万为适当人选,黄克强先生说此事已在海外开会同意,并发给了印信,托我带回江西。"(后查明印信系邹恩灏伪造,旋邹在九江被马毓宝枪毙)。到会各人均无异议。彭程万表示:"吴都督既已离职,暂时出来维持局面。"并于11月13日(九月二十三日)发布就职告示。吴介璋任江西都督仅13日。

彭程万接任江西都督后,局面仍然混乱,据欧阳武的回忆录说:"我找到彭都督的办公室,看见好多军官包围彭都督,要他写条子,这个要钱,那个要官,闹得不可开交……当时江西虽已独立,但五个都督分立,除在南昌的称为全省都督外,在九江的称为九江分府都督,在萍乡的称为萍乡分府都督,广信、赣州两地也是一样,各占一方,形成割据。各截留所辖县份的钱粮厘卡款项作为军饷,不足的还要向省城都督府要。光复前南昌只有陆军步兵一标,马、炮兵各一营,工、辎兵各一队。光复后,南昌新增步兵四团,还有一些义勇军或独立营等,名目繁多,其中有些只有三五支枪,有些仅是背马刀的队伍。服装也是五花八门,有的帽子上扎英雄结,扮成黄天霸的模样,满街可见。军纪之坏,更使市民头痛。彭都督在这种混乱局面下,无法维持地方治安。

这时,武汉起义已有月余,清廷犹作垂死挣扎,派袁世凯统军反攻武汉、南京,企图扑灭革命火焰。彭程万接任都督后,正值湖北、江苏先后请援,乃派巡防统领冯嗣鸿部开赴武汉援鄂,派巡防统领刘懋政部开赴南京授宁。因该两巡防统领所属部队原是绿营改编的,纪律废弛,彭程万恐酿成兵变,糜烂地方,乃设法乘机调开。不料因此引起起义新军的不满,因为他们原已决定了组织义勇队,由蔡森率领援鄂。于是,他们秘密开会酝酿倒彭迎马,推定方先亮、蔡杰、蔡定波三人去九江,迎马毓宝来省做都督,蔡森则留省管理部队。彭程万得知消息,他即自动取消都督,并电劝袁州、饶州、赣州三处都督一同取消,让马毓宝做江西都督,以谋江西省政的统一。彭程万做江西都督仅三十余日。

马毓宝任江西都督后,因为身体多病,政务废弛,显得懦弱无能,而许多自命对光复有功的人,骄纵豪奢,他也不加约束,以致民怨沸腾。九江、南昌各界人民推举代表,赴南京向孙中山请愿,要求撤换马毓宝,江西省临时参议会也电报控告,并请改派李烈钧为江西都督。

1912 年 1 月 1 日,孙中山在南京宣誓就任临时大总统。不久,依照江西民意,免去马毓宝的都督职务,任命当时在湖北任北伐军第二军军长的李烈钧为江西都督。

马毓宝在工作上虽然一筹莫展,但对都督一职仍然恋栈。他在军队中原掌握有相当实力,尤其是九江有他的基本队伍,做江西都督后,又与洪门会联成一气,实力更厚。得知易督消息后,即密谋抗命拒李。同盟会党人发觉了马毓宝的阴谋,便提出了"杀猪宰马"的口号,积极在其军队中进行倒马活动,由刘世钧带领队伍,把九江卫戍司令部包围缴械,将马毓宝的心腹九江卫戍司令朱汉涛打死,解决了马毓宝的基本武力。马毓宝失去了抵抗力量,只好溜之大吉,任江西都督不过 3 个月。

李烈钧在武汉接到命令,乃与黎元洪、孙武等协商,抽调欧阳武、龚少甫、李明扬、吴懋松、郭寿山、卓仁机等的部队还有楚同、楚豫等兵舰,统率陆海军回江西接任。船过樵舍时,内河水师发炮射击,李命舰队排炮示威。抵南昌时,李烈钧命令楚豫舰长身穿海军大礼服,乘马先行,李率卫队殿后,入南昌城,备受欢迎。

2 月下旬,李烈钧正式就任江西都督,改组都督府,任命钟震川为内政司长,魏斯曼为财政司长,王侃为司法司长,胡泽为交通司长,宋育德为教育司长,李国梁为工商司长,胡蕙为外交特派员(不设司),江西政权遂完全为同盟会人所掌握。

江西在 4 个月内,四易都督,人事变动频繁,不少人乘机贪污掠夺。李烈钧就任都督后最感棘手的就是省库空虚,财政支绌。盐封、厘封已被马毓宝搞罄,官银钱号早已被劫一空,加之各县情况复杂,解款不至。于是李烈钧邀徐秀钧帮助整理财政,并办民国银行,发行地方纸币,活跃金融,开设公典。并派黄缉熙为西岸榷运局局长,大抓盐运盐税,克服了财政上的困难。于是,李烈钧有了扩充军备和以后与袁世凯作斗争的经济基础。

又洪门会原是反清复明的一种秘密组织,但品类不齐。清朝末年,洪门会首脑彭木香、洪宝林、陈细鬼、梅福祥等都因案关押在狱,光复后他们被释放了出来,秘密进行组织活动,遍及全省。吴介璋的民政部长刘凤起,原是保皇党人,他的个人野心很大,在全省各地组织民团,企图掌握兵力,作为政治资本。洪门会通过民团的组织,大肆发展,骚扰地方,民怨极大。马毓宝不能解决问题,乃用"调虎离山"之计,派彭木香统领民团,驻扎铅山河口镇。李烈钧为了统一政权,开展了同洪门会的斗争,借词召彭木香来省开会,当场将彭木香拘押审讯,判处死刑。又接受人民控诉,将南昌洪门会首脑洪宝林交军法捕审,执行枪决,同时下令将民团解散。当时舆论都认为这是李烈钧的一大功绩,特别是博得上层人士的称许。

李烈钧督赣之时,袁世凯窃国夺权的野心日益暴露。孙中山辞去临时大总统职务,标志着袁世凯的阴谋初步得逞和辛亥革命遭到了严重的挫败。1912 年 8 月,同盟会改组为国民党,这是宋教仁的主张,宋认为联合统一共和党等几个小党派,组成在临时参议院中占多数的第一大党,就可由多数党组织内阁,实行"责任内阁制",以保障宪法的贯彻执行。但李烈钧却不以为然。

李烈钧对袁世凯一向不满,他认为应重视袁手中的武力,不能产生幻想。督赣以后,他重视扩充军队和提高军队素质,先后接收陆军速成学校,开办了讲武堂,聘请夏之麒为讲武堂堂长,训练军事干部,积极扩充军队。1912 年 4 月孙中山辞去临时大总统后,李烈钧便将大总统府的警卫军林虎部队,请准调来江西,改编为江西第一旅,以林虎为旅长。袁世凯就任临时大总统后,通令各省缩编军队,李烈钧拒不接受,坚持江西要保存军力。结果,江西仍编成两师一混成旅,任欧阳武为第一师师长,龚师曾为参谋长,林虎为第一旅旅长,余维廉为第二旅旅长,任刘世钧为第二师师长,徐定青为参谋长,赵复群为第三旅旅长,蔡森为第四旅旅长。

又在孙中山辞去临时大总统职务后不久,李烈钧为了表示拥护孙中山、反对袁世凯,于 1912 年 10 月,特邀请孙中山来赣,拟以南昌为反袁大本营。当时孙中山以"大总统特授筹划全国铁路全权"名义来江西视察。南昌市举行盛大庆祝欢迎会,全市一片欢腾,万人空巷,夹道欢呼。孙中山检阅部队并发表演说,他说计划于 10 年内建筑 20 万里铁路,愿国人努力赞襄,俾底于成。当时没有国歌,群众欢迎时高唱"二十万里路走龙蛇"的歌,盛况空前。孙中山路经九江,看到帝国主义者利用九江城墙大悬广告,便问九江警察厅长周兆麟:"城墙上各国遍竖广告牌,是否已向我国租用?"孙先生听说各国并未投租,当即指示:"按照外国法律,在某处竖立广告,既要得主人同意,还须缴纳一定的租金。"周会意,回厅即向各国领事发出通告,限三日内把各种广告牌撤销。各国领事和洋行皆置之不理,到了限期,周即派警将全部广告牌拆掉,同时收回了租界铁门的启闭权。各国领事提出交涉,周兆麟赴省见李烈钧报告此事是按中山先生指示办理的经过,李烈钧不但没有责备他,反而嘉奖他说:"外国人控告你,说明你的处理是很好的。"

此时,李烈钧向孙中山表示,坚决反对袁世凯的阴谋。同时,暗中派了徐秀钧到各省联系,并赴北京、天津、南京、上海、武汉等各处活动,收集了许多关于袁世凯阴谋活动的情况,更增强了他对袁的憎恨和反袁的决心。

袁世凯企图镇压国民党在江西对他的反抗,设法收买了曾经参加过九江起义的戈克安,任戈为九江镇守使;又暗使曾经充任过马毓宝的混成旅旅长余鹤松携款来赣运动军队,制造内部矛盾,在孙中山离开江西不数日,策动了南昌兵变。李烈钧派欧阳武镇平叛乱,余鹤松逃往北京。袁世凯对李痛恨,即派余为陆军部参议,以示否定李的做法。后袁世凯又派汪瑞闿为江西民政长,因汪曾是李烈钧在武备学堂时的老师，李回国后，汪又曾函荐李充新军营长，因此袁拟用汪以制李，但李听说汪是由袁世凯任命才来，便故示冷淡，拒不接见。江西各报，也因汪当时交往全是前清遗老，大肆谩骂。江西省警察厅厅长周希颐和江西水上警察厅长蔡锐霆同对汪说："请你在二十四小时之内离开赣境，否则我们不能负保护你生命安全的责任。"汪见此情况，当夜即潜回北京，袁世凯得到汪的报告，更加痛恨李烈钧了。

就在 1912 年冬，袁世凯为了"讨伐"江西，调北洋第六师李纯部开入湖北。李烈钧接徐秀钧密电报告此一情况后，立即调原驻赣南的第四旅蔡森部，驻萍乡的第六团李定魁部，驻九江的第九团周壁阶部，驻湖口的第十团李明扬部及第一旅林虎部，开驻瑞昌，第三团伍毓瑞部开驻德安，炮兵第一团刘稜等部开驻永修，准备应付作战。

是年 12 月，李烈钧得知袁世凯以善后为名，向英、法、德、日、俄五国银行借款 2500 万镑，作为发动内战之用的情况后，通电各省，揭穿袁世凯的黑幕，坚决反对"善后"借欺。

1913 年 1 月，李烈钧为了准备对袁作战，决心肃清内部，乃派第一师师长欧阳武、混成旅旅长方声涛准备解决九江镇守使戈克安部。戈克安在九江宣布戒严，准备抵抗。后来袁世凯派王芝祥来赣调解，戈克安自动离职。

这时，袁世凯决心用铁血手段扑灭民主势力。1913 年 3 月，宋教仁准备北上组阁，在上海车站遭暴徒袭击，重伤逝世。"穷究"结果，主使行刺的正是袁世凯，直接布置暗杀的则是国务总理赵秉钧。"宋案"真相公布，群情愤慨，全国倒袁之声日益高涨，各省都督一致表示同情，积极进行倒袁准备。1913 年 6 月 9 日，袁世凯免去李烈钧的江西都督职务，派黎元洪兼任江西都督，欧阳武为江西护军使（后代行都督职务）。于是，李烈钧乘小轮到湖口，转乘日清公司凤阳丸离职去沪。

南昌光复，兵不血刃，同盟会员在新军中起了积极策动响应作用。但同盟会在江西并没有一个坚强的领导核心，也没有资本成为一支有力

赵秉钧，河南汝州人，早年获袁世凯知遇为其效命。1912 年为内务总长、国务总理，为刺杀宋教仁案幕后指使者。1914 年暴毙于天津督署

的领导力量，各界群众对"革命"并无认识，只求大局早日安定，把希望寄托在前清官僚和旧式军官的赞成革命之上，当然是靠不住的。在当时，下无群众基础，上有北京袁世凯的倒行逆施，虽有李烈钧等少数人忠心拥护孙中山，但亦无济于事。辛

亥革命在江西,已是狂澜既倒,难于挽回了。

湖口讨袁　孤军作战

李烈钧到达上海后,即与孙中山积极商议讨袁计划,动员各省兴师讨袁,发动第二次革命。当时,国民党内部意见分歧,有些领导人对武装斗争全无信心,主张法律解决,国会议员则舍不得离开北京的议席。只有李烈钧坚决拥护孙中山的主张,他为了策划倒袁,不断派人四处联络。但这时的国民党已不是清末从事革命时的同盟会了,党员大多数都留在北京迷恋"合法斗争"。袁世凯在6月9日免去李烈钧江西都督后,又于30日免去安徽柏文蔚都督职。孙中山因而更加愤怒,即于6月上旬在上海召开国民党人会议,商议讨袁问题。会上孙中山谈到由哪省先行发动,大家都默不作声,独李烈钧起立发言,自告奋勇,愿由江西首先发难,于是大家公推李烈钧为讨袁总司令。李烈钧当即回江西,于7月7日到达湖口,即着手编配部队,拟定作战计划,召集各部队首长开军事会议,面授机宜。李烈钧自任江西讨袁军总司令兼正面军司令,派江西混成旅旅长方声涛为左翼军司令,江西第一旅旅长林虎为右翼军司令,原江西讲武堂堂长夏之麒为参谋长。

1913年7月,"二次革命"爆发,李烈钧在江西湖口任讨袁军总司令,与袁军开战

同时江西省议会召开讨袁大会,除推定李烈钧为江西讨袁总司令外,决定欧阳武为江西都督,宣布江西独立,于7月12日通电各省讨伐袁世凯。

江西通电发到各省后,黄兴便在南京强迫江苏程德全于7月15日宣布讨袁,响应李烈钧的讨袁军。谭人凤在湖南策动谭延闿于7月17日通电宣布独立。接着,广东、福建、四川等省相继独立。7月20日,袁世凯下达"讨伐"令,以冯国璋、张勋两部进攻南京,派段芝贵为江西宣抚使,率李纯、马继增等部进攻江西,并令郑汝成、汤芗铭率领海军向江苏、江西两省协助作战。讨袁之战,于是在湖口、九江、芜湖、南京以及长江下游一带发动起来。

江西欧阳武这时也调了驻省会的第四团吴安伯部驰赴前线增援。原驻宜春、萍乡一带的第六团李定魁部，早在李烈钧督赣时调去九江。蔡森的第四旅，向驻赣南各县奉命集中开拔，但迟迟不动，稽延时日。第七团夏尚声部，则表示要8月初旬才能开抵南昌，再赴前方；而邻省情况亦复如此，如湖南、广东两省援军，迟迟没有开到，致使李烈钧鏖战湖口多日，死亡枕藉，得不到援军换防接战，因而前线不支，遂下令撤退。黄兴亦于8月初旬，在危急中自南京出走。

九江、湖口失守后，前方作战部队退抵德安、永修、星子、都昌、鄱阳等地。这时，安徽、湖南相继取消独立，形势变化，士气不振。李烈钧乃于8月下旬下令作战部队，退抵永修山下渡南岸及新建吴城镇、都昌姑塘、南昌王家渡等处。此时，在南昌的欧阳武召开秘密会议，认为此次战争，国民党没有统一的指挥，独立各省仅以空电声援，按兵不动，单靠江西一省的兵力，决难抵抗拥有强大兵力的袁世凯，固守南昌，凭城作战，徒使地方蒙难，人民遭殃，遂决定将第一师司令部撤退到吉安。军次樟树镇，欧阳武又宣布："我是吉安人，既不愿在南昌作战，破坏地方，使人民痛苦，我更不愿在桑梓作战，使我留千古骂名。"遂决定从此不再参加作战，并赠送参谋长龚师曾现洋500元，以资解散幕僚，他自己则伴同幕友中的乡亲回吉安去了。

形势急转直下，李定魁的第六团在九江被袁世凯利诱，投降于段芝贵。李烈钧作战失败，率步兵三团到达南昌，见欧阳武已去吉安，便委派第三团团长伍毓瑞为南昌卫戍司令，数日后又派伍毓瑞代理江西都督，而李本人则到湖南，由谭延闿设法用装煤炭的日本货轮暗中送出，到日本去了。林虎当时有"飞将军"之称号，他在前线作战失利后，带领部队经由德安、永修、奉新、修水方面撤入湖南，将军械弹药及一切装备，概行缴交湖南省政府。湖南都督谭延闿给他银元10万元，用作解散部队之用。之后，他即乘日本军舰直到日本去了。

伍毓瑞高举着反袁旗帜，一直支持到袁世凯任命李纯做江西护军使行将到达南昌，他才离开南昌，由浙江逃往日本。第四旅旅长蔡森，则在李纯占领南昌后，率部向李纯投降。支队司令黄琠、宪兵司令廖伯琅、步兵第四团团长吴伯安等，均不幸被俘。吴伯安被押在陆军监狱，到袁世凯死后，才得到释放。黄琠、廖伯琅则于1913年11月在南昌光荣殉难。

李纯占领南昌，就任护军使后，即大肆搜捕革命党

身着大元帅服的孙中山

人,苛征暴敛,压榨人民,猖獗已极。早年由孙中山派回江西赣州的魏会英被捕遇害,已在吉安青原山削发为僧的欧阳武(释号止戈)亦被下令缉拿。欧阳武见刘世钧的父亲已被捕,恐由自己累及父兄,乃投案自首,被解赴北京,囚禁于陆军监狱,判刑8年,后经他哥哥四处活动才释放。徐秀钧则早在湖口起义后,即被袁世凯指为"乱党"而逮捕于天津,被押回九江后,禁锢在九江锁江楼上。李纯派军法处长对他严刑拷打,审问他:"你们乱党还有哪些人?"徐秀钧回答道:"除国贼袁世凯及其狗腿子外,都是我们的党人。"军法处长命令他跪下,徐秀钧态度强硬地回答说:"我是国事犯,可杀而不可辱。"结果,被杀害于九江南门口火帝庙侧空场。

　　称为"二次革命"的湖口讨袁以失败告终,它标志着辛亥革命无可挽回地最后失败了。历史进入了袁世凯北洋军阀的黑暗统治时期。

辛亥革命山西起义纪实

1912 年 9 月 19 日,孙中山到太原视察时曾作了肯定的评价。他说:"去岁武昌起义,不半载竟告成功,此实山西之力,阎君伯川之功……何也? 广东为革命之最初省份,然屡次失败。满清政府防卫甚严,不能稍有施展,其他可想而知。使非山西起义,断绝南北交通,天下事未可知也。"

党人回晋　密谋反清

1905 年(清光绪三十一年)8 月 20 日,孙中山先生在日本东京创立了"中国革命同盟会",参加者有中国 17 个省的留学生及华侨数百人。中山先生当选为总理,黄兴为总干事。总会设东京,国内各省设立分会,都派专人负责领导。山西分会干事为谷思慎,经他介绍,除阎锡山、赵戴文外,还有荣福桐(太谷县人)、荣炳(阳曲县人)、王国祐(绛州人)、景定成(字梅九安邑县人)、温寿泉(洪洞县人)、何澄(灵石县人)、焦纯礼(忻州人)、焦滇(忻州人)、张呈样(赵城县人)等人都先后参加了同盟会。

同盟会总会派遣大批同志回国,分别在 17 省开展广泛的革命活动。革命的总方略是,南方交通便利,距北京远,清政府控制力较弱,革命应由南方发动,革命势力达到武汉后,北方山(西)陕(西)等地立即响应,以争取国内陆军各校学生及运动清朝新军为活动的中心。山西分会,第一次派荣炳回国活动。他立即介绍王嗣昌(阳曲县人)、常樾(黎城县人)、应瑞九(阳曲县人)、赵守钰(太谷县人)、张煌(赵城县人)等人加入同盟会。那时王嗣昌等已由太原武备学堂毕业,在新军中担任排长、队长等职,这就在军队中播下了革命的种子。赵戴文和阎锡山回国没赶上参加广东起义,阎返回东京,赵因已由日本宏文师范学校毕业,即留太原担任了农林学堂、公立中学堂庶务、斋务长等职,以为掩护。王建屏(忻州人)、杨沛霖(霍县人)、李嵩山(代州人)、张树帜(字汉傑,崞县今原平县人)等人,都由赵介绍参加了同盟会,并积极开展活动。

这时山西在日本留学生陆续参加同盟会的有解荣辂、刘绵训、李文楷、王用宾、景蔚文、李大魁、王建基、徐翰文、张瑜、赵三成、李筱峰、赵子祁、杨太岩、白映斗、徐抡元、徐宗勉、孙宗武、崔潮、李抡藻、邢殿元、贺炳煌、梁廷锡、齐宝玺、齐通海、张桂书、张之仲、乔煦、井介福、许之翰、梁际蓉、赵良臣、阎应台、刘景华、吉麟定、丁致中、李茂侯、蓝燕桂、余钦烈、王炳钻、王子政、王荫藩、靳桂林、胡足刚、杨天章、狄楼海、张起凤、景耀月、刘械等多人。省谘议局议员张士秀(临晋县人)赴日本考查实业,亦在东京参加了同盟会。东京山西分会与陕西同志成立了晋陕革命组织"明明社",出版了革命刊物《第一晋话报》、《汉帜》和《晋乘》等,并和山西各地革命同志建立联系,进行革命活动。

晋北崞县西社村(今属定襄县)人续桐溪(字西峰),幼有奇才,常怀种族沉沦之痛,矢志反满复汉。庚子八国联军侵入,他曾投笔奋起,号召乡里,组织民兵起义,没有成功。此后他就埋头研究兵法,结识豪俊,密谋举事。同盟会在东京成立时,续正肄业于山西大学堂,闻讯后,即函友人请代为参加。1906年,王建基、徐翰文、贺炳煌等陆续由日本回国(皆续早年结识的友人),续即由太原返崞县宏道镇,创办川路学校,以兵法教学生,以《民报》(东京同盟会机关报)为秘密课目,培养革命人才,进行起义准备。这时,赵丕廉(字芷青,五台县人)、弓富魁(崞县人)等人,也已先后参加了同盟会。续即派王建基、徐翰文、弓富魁、杨沛霖等二十多人,出杀虎口,赴归化、包头一带,联络朔方健儿,主要是在哥老会中积极活动,以图大举。密谋泄露,徐翰文牺牲,王建基被捕。这次活动虽然失败,但却给辛亥革命时期,晋北"忻代宁公团"武装起义打下了基础。

晋南方面,则有景定成、何澄等的积极活动。景、何等陆续回国,路经太原,曾在山西大学堂发表革命演说,影响极大,后又分头到安邑、灵石一带活动。景在运城创办了一个回澜公司(后由张士秀接办),名义是出售西药,实际是输送新书报、传播革命思想,并且是革命活动的联络机关。景介绍李鸣凤(字岐山,安邑县人)、郭朗清、关克昌、尚德、李秀等参加革命,并在蒲、解一带哥老会中活动,秘密制造炸弹,为正式起义作积极准备。

1906年间,同盟会山西分会干事谷思慎和丁致中回国后,在宁武县倡办中学,并介绍南桂馨(字佩兰,宁武县人)、冀学蓬、丁梦松、周象山等参加了组织。为筹措经费,他们还同天主教会作了一次斗争,迫使天主教运煤,照章纳税,学校经费因此有了着落。这是他们初步的排外运动。他们活动于晋西北一带,在社会上起了相当作用,因而引起官方注意。谷被迫偕南连夜出走,避于丁致中家中。在路上他又介绍李树勋、武泽霖等加入同盟会。正在此时,由东京回国的荣福桐带来通知,约他们速往五台县东冶镇集合,听取同盟会总会指示的传达。荣、谷就同王建基、赵三成、康佩珩等会了面。总会指示的内容是:"要各省加紧革命运动,实行武装起义",并议定与各地同志加紧联络,又派专人到绥远、包头一带与弓富魁等加速活动。会后,谷、南即转往日本,南入东京高等警官学校学习。

孙中山先生指示东京同盟会总会,选拔军事骨干28人,组织"铁血丈夫团",作为回国后各省军事运动的中心。"丈夫团"成员中,有湖南程潜、仇亮,云南唐继尧、罗佩金,江西李烈钧,陕西张凤翙、张益谦,四川尹昌衡,浙江黄郛,河南杨增蔚,河北何子奇,湖北何成濬、孔庚、朱绶光、李书城等。山西成员,除阎锡山外,还有温寿泉、何澄、乔煦等。他们回国后,即分赴各省参加新军,掌握实力,进行活动。

东京同盟会总会1905年11月发行《民报》,作为革命党人的宣传总机关。它一面指导国内各省革命运动,一面与康(有为)梁(启超)等保皇派(即后之君主立宪党)的《新民丛报》进行争论。当时《民报》社长是张继,主要编辑为胡汉民、汪精卫、章太炎、刘师培等。山西同盟会员乔义生(字宜斋),曾由东京总会派往南洋,协助孙中山、黄兴推动华南革命运动。乔曾由南洋赴广东潮州参加黄花岗起义,起义失败后,又返东京。

1907年,以梁启超为首的立宪派在东京召开"政闻社"成立大会,想借机宣传其君主立宪主张,以反对革命派。同盟会总会派宋教仁、张继、杜牺、平刚、黄复生、丁惟汾、谷思慎、南桂馨、景定成、荣福桐等参加旁听,当场尖锐地抨击了梁的谬论,打乱了立宪派的会议程序,并在宋教仁、张继主持下另行开会,宣讲"反对君主立宪,打倒满清政府,实行民主共和"的纲领,受到听众的热烈拥护。梁启超抱头鼠窜而去。自此同盟会在留学生中的威信大为增长。但在国内,各省立宪派的活动却还占优势。

这时清政府正以所谓"预备立宪"、"九年立宪"的骗局欺人,而各省资产阶级和地主阶级对此则有幻想,纷纷筹设"谘议局",以代表民意为幌子,竭力活动,例如张謇(江苏)、汤化龙(湖北)、谭延闿(湖南)、孙洪伊(河北)、梁善济(山西)等人,分别在本省鼓吹立宪。梁善济和李庆劳就是立宪派在山西的代表,当时比革命派还居优势。尤其是革命派在徐锡麟、秋瑾、熊成基先后因起义失败遇害和汪精卫、黄复生在北京炸清摄政王未中而被捕坐牢的时候,面对清政府在各省屠杀革命人士的残暴恐怖局面,革命运动表面上一度消沉下来。山西同盟会员,在此时期,开展了一项文人从军的运动,以便探入军队和秘密会党联系,保存力量并相机发展力量。与此同时,张继到欧洲,又介绍山西留学生马骏(晋城县人)、梁济(右玉县人)、梁上栋(崞县人)等参加了同盟会,使山西革命运动增添了一批新的力量。

1909 年,山西在日本士官学校学习的留学生毕业后已陆续回国,温寿泉先回省担任了山西大学堂兵学教员。随后回省的有阎锡山、张瑜、马开崧、李大魁(以上皆同盟会会员)、黄国梁、姚以价(革命同情者)等人,他们被分派到山西陆军督练公所,当了教练员。不久,北京清政府陆军部召集由日本归国在各省服务的士官学生,举行了一次会试,这就使革命党中的军事人员在北京作了一次总集合。这次集合,为各省革命势力的互通情报和协同发展,提供了有利的机会。会试之后,黄郛、李书城留陆军部任职,钮永建、何澄等被派往保定军官学校任教官,温寿泉成绩优异,被任为山西陆军督练公所帮办兼陆军小学堂监督,黄国梁、阎锡山分任八十五标(也称一标)和八十六标(也称二标)的教练官(相当于副标统)及陆军小学堂教练官等职。当时陆军部规定:山西兵额为一个混成协,辖两个步兵标,骑兵、炮兵各一营,工兵、辎重兵各一队,统归山西陆军督练公所节制指挥。督练公所总办为姚鸿法,他曾任混成协协统。这时混成协协统改为谭振德,两个标的标统为齐允、马龙标。马后由夏学津代理。

山西巡抚丁宝铨,在旧官僚中素称能吏。夏学津当了标统以后,整理军队亦甚严厉。同盟会认为丁、夏不除,对进行革命大有妨碍。因此决定:一、以李嵩山为负责人,联络《晋阳公报》的蒋虎臣和岢岚县的赵萃珍、赵萃英兄弟、弓富魁、尚德、张树帜等,经常搜集丁、夏的关系和丁与夏妻的暧昧行为,揭诸报端,用以攻击。二、运用"交、文禁烟惨案"中丁派夏带兵镇压打死民众多人一事,《晋阳公报》和北京《国风日报》连篇揭载,舆论哗然。在京的同盟会员狄楼海请御史胡思敬参劾,于是丁宝铨他调、夏学津撤职,同盟会取得斗争的胜利。不久,齐允也因昏聩无能被撤职,黄国梁和阎锡山于 1910 年间,分别担任了第八十五标及第八十六标两标标统,姚以价任八十五标二营管带。这时,下级军官如队长、排长及班长等,都纷纷参加了革命组织。山东革命党人杨彭龄,因在胶东参与宋教仁革命活动失败,奉组织命令来山西加入姚营为士兵,在军队基层中鼓吹革命,收效颇钜。南桂馨在八十五标任军需,秘密担任上下联系工作。先是姚鸿法向黄国梁、阎锡山提出整军计划,每标挑选优秀士兵若干人,成立一个模范队。并将老兵逐渐淘汰,逐年添招新兵,以便教育整顿。同盟会即趁此机会,将王嗣昌、张德荣(二人均同盟会员)提作两标的模范队长,并发动一些有志青年,入营当兵。

关于旧兵的安排问题,考虑到这些人中参加同盟会的很多,而且多是班长,有基层领导作用,如果任其分散,有事时很难集合,同时他们因为退伍即是失业,也绝不愿散开。所以当即决定设法筹集几千两银子,在绥远后套购地,建设农庄,并在太原到包头沿路开设店栈,作为联系机关。此计划由南桂馨告知杨彭龄,又由杨转达退伍士兵,大家齐表赞同,遂于 1910 年中秋节,在察院后的德胜园举行大聚会。当时南桂馨、王嗣昌、李成林、杨沛霖、杨彭龄和两标的什长王泽山、王致嘉、郝富珍、高永胜、于凤山、刘得魁、柳殿魁、谢得元、梁俊玉、马孔青、魏斐然以及退伍士兵和营铺经理(与士兵有赊欠关系)等八九十人,歃血饮酒,立誓结盟,约定等遣散后,即按计划进行。不料中秋节后数日,就爆发了武昌起义,官方唯恐酿成事变,不敢冒然实行退伍遣散计划。但因有此一举,却促成了下级干部空前的团结,增加了他们同仇敌忾的意气。如果说北京陆军部的士官学生考试,是各省革命领导人的大集合,而山西这一次所拟的退伍遣散计划,正好是山西革命基层干部的大同盟,它对革命的迅速进展,起了极大的推动作用。

这时,景定成、谷思慎、王用宾等在北京联络同盟会员陈家柽(安徽人),利用肃亲王的关系作掩护,创办了《国风日报》大力宣传革命,时人称颂《民报》和《国风日报》作用之大,可抵十万大兵。太原《晋阳公报》的董事刘绵训也正着手整理报社,由北京请回王用宾当主笔,因而该报亦成了革命党的宣传机器。南桂馨等在太原创办"振兴派报社",专门拍卖《国风日报》、《晋阳公报》及《上海民呼报》(于右任等主持)等革命报纸,使革命思想深入群众,对开展革命活动,起了很大的鼓舞作用。山西的革命势力就这样遍及全省南北各地,并远及绥、包一带,革命条件在山西已经成熟,形成了一触即发之势。

内应外合　攻克太原

1911 年 10 月 10 日(宣统三年辛亥八月十九日)武昌起义,各省纷起响应,10 月 22 日(九月初一日)西安亦起义。由于山(西)陕(西)地域毗连,两省革命人士早有联系,曾约定同时举事,互相策应。所以西安起义的消息,轰动了山西全省,人心极为振奋。太原和晋南、晋北就都积极准备发动。山西巡抚陆钟琦、督练公所总办姚鸿法,看到这种情势,大为惶骇,在西安起义的那天,急电平阳府(临汾)总兵谢有功,调集所部马步七旗,集中平阳府待命;并令加强黄河河防,饬令亲自部署巡查,电到即行遵办,不得稍有迟延。又于 10 月 25 日(九月初四日)在太原召集军政官员开会,决定将分驻各地的巡防队调集太原,镇慑省城,将第八十五标黄国梁部开往蒲州,协同巡防队防堵陕西革命军东渡。又因黄国梁部的下级军官和士兵中热心革命之士甚多,并决定催令黄国梁带一、二两营立即出发,离开省城以防意外。

此次会议,阎锡山亲自参加了解内情。会后,他立即召集黄国梁、温寿泉、赵戴文、南桂馨、乔煦等在五福庵黄国梁寓所开了秘密紧急会议,筹商对策。由于时机紧迫,提出了两项办法:一为遵令开拔,领下子弹后即将军队开往韩侯岭,伺机返回太原,举行起义;二为不离开太原,领到子弹后即发动起义。最后决定采取第二项办法。但那时巡抚陆钟琦饬军队开拔的命令已下达到第八十五标,必须于 10 月 28 日(九月初七日)由太原出发,并有"违者砍头"之语。因此,黄国梁即偕同军需官南桂馨率标本部和骑兵营于是日下午出发,连夜赶赴祁县,等候太原起义消息。黄等出发后,并由李成林、张树帜等将起义命令向等候领取子弹准备出发的部队进行了传达。因军队有平日不发子弹的规定,所以起义的事,势非由黄国梁部的这些尚未出发而准备出发的部队发动不可。

10 月 28 日下午,张树帜遵照会议的决定,到第八十五标进行秘密联系,先与第一营见习军官高冠南及该营前队三班班长王泽山等见面,继同该营张占元、梁俊玉等 19 人会见。张树帜就把起义计划向大家作了传达,众人拍手称赞,一致表示拥护,并认为事关重大,为了便于领导,推定张树帜为司令官。当即派一营右队司务长王致嘉和几个士兵分赴各官长处进行联系,晓以参与革命推翻清廷的大义。各官长在他们的宣传鼓动下,无不表示欣然从命,愿意共图大举。这时,反对革命的管带白文惠已归寓所,而督练官苗文华素抱革命意志,对所定起义计划极表赞同,一营乃得顺利部署。张树帜并与各官长磕头订盟,誓共生死,更加坚定了各官长的起义决心,继又派曹允升到第二营杨彭龄、王嗣昌等处联络,告以第一营已经做好准备,征求第二营是否同时起义。经王嗣昌与各队官联系,都谓"吾等素有此意,岂肯让人先我着鞭",一致表示赞同。在大家的共同愿望下,召开会议,商定了起义办法,并报告了管带姚以价。姚一向热心革命,对起义办法的报告,亦表同意,并将会议情形和商定办法告知张树帜。张树帜以姚管带地位较高,在和苗文华、应芝等商议后,公推姚以价担任司令官,负责统一指挥。

待各营准备就绪,姚以价即于 10 月 29 日(九月初八日)下令该营前、左二队攻抚署,右、后二队守军装库,一营由督练官率队攻满洲城,各部队令于当日上午 4 时,实行武装起义。在部队没有出发以前,先由姚以价、杨彭龄、王嗣昌、苗文华等在誓师大会上对所有官兵说明了革命和起义的重大意义,略谓:"清朝皇帝昏聩,官吏贪暴,压制人民,虐待士兵,非革命无以救亡。"言时声泪俱下,官兵群情忿激,一致实行盟誓,表示誓死杀敌,当场并宣布了军队纪律,规定凡有奸淫妇女、掳掠财物、杀伤平民、放火焚烧等行为者,均受砍头的刑法处分。宣布毕,姚以价即率队向城内进发,并派人到炮兵营联络,向该营班长于凤山、刘得魁、高永胜、张文达等告知步兵的起义布置情况,请他们协同行动。于凤山等当即集合部队宣布起义,并将炮拉出准备出发。管带张治垚察知此情,下令全营不许行动,企图阻拦起义,被班长高永胜枪击,未中,张治垚逃回营部由后门逃至城内,到红市牌楼被起义军扣获,送往谘议局看管。炮兵准备好后,于凤山等便率领炮兵尾随起义步兵之后,参加了苗文华营进攻满洲城的战斗。

当姚以价率领的起义军到达新南门时,清道队长杨沛霖率领该队在城内响应,夺开城门,起义军顺利地进入了城内。革命成功后,将新南门改称为"首义门",以资纪念。部队进城后,即按预定计划,分别执行任务。司令官姚以价率张煌、杨彭龄等部进攻抚署,这时陆军第四十三混成协统领谭振德闻知兵变,仓皇持剑急到抚署弹压,对起义军厉声斥责,并施行恐吓,当即被起义军击毙。巡抚陆钟琦听到枪声,急忙整衣出视。刚到二堂,见起义军涌入,勃然大怒,并向起义军责问:"我来才几月,有何坏处,尔等竟出此举。"陆抚次子光熙,时亦在署,见此事变,持枪扶持其父,请速脱逃,家丁等亦劝速逃。陆不听,被起义军击毙,他的儿子陆光熙及家丁也都被击毙。起义军进至后堂,又将陆钟琦之妻唐氏刺死,幼子亦被刀伤,其余子女从墙上穿孔逃亡。

陆光熙是留学日本士官学校的学生,亦颇同情革命,和阎锡山、温寿泉等均甚熟识,事先来太原劝说其父赞助革命,因其父不听,以致身死。

阎锡山得知姚以价进攻抚署的情形后,认为机不可失,又玩弄两面手法,一方面给第八十六标下令谓"八十五标兵变",调动部队,要保护抚署一带;另一方面派二营排长陈锦文率队守护军装库,派二营前队三排排长张培梅、右队三排排长金殿元率队到抚署西北九仙桥,派右队队官王缵绪,后队队官吴信芳率队到抚署东,密令他们将驻小二府巷的守卫抚署、抗拒起义部队的巡防马队营相机击散。阎锡山安排了这一部署之后,即躲藏到大教场东北的树林里,派该标模范队班长傅存怀、程廷栋探听情况向他报告。这样,他就可以见风使舵,从中操纵,成则居功,败则诿过。这个一生善于投机取巧的骑墙主义者,从辛亥革命一开始就大显身

山西太原新军起义,成立军政府,推新军标统阎锡山为都督。图为山西娘子关,山西革命军曾在这里扼守御敌

手了。

在姚以价等进攻抚署的同时,第八十五标督练官苗文华协同杨沛霖率队向满营进攻,炮兵营于凤山、高永胜、刘得魁等将炮放列在小五台的城墙上,向满洲城轰击,清兵初还抗拒,不久即由大东门向马家花园溃窜,随后满营即悬挂白旗,并派旗人增喜等和起义军接洽投降。清廷在山西的统治从此宣告结束。

晋北晋南 先后易帜

辛亥前,山西的革命活动,除在太原的革命人士积极进行工作外,晋北、晋南的许多革命人士,也都深入军队和学界进行革命活动,给山西光复贡献了很大的力量。

当时在晋北进行革命活动的有续桐溪、弓富魁、王建基、康佩珩(均五台县人)、贺炳煌(定襄县人)等,都早在国外和国内加入了同盟会,不断地进行着革命活动。1911年夏,续桐溪、贺炳煌等听到黄花岗起义的消息,认为革命时机已到,便秘密派人到太原、绥远及晋南各地联系革命力量,企图同时起义,以便达到一举成功的目的。这时,续又侦得大同镇总兵王得胜向太原解送新式步枪二百余支的消息,立即同李嵩山商议,约集数百人,按规定的时间、地点,乘其不备夺取这些枪支,以加强起义的力量。当解送枪支的清兵走到雁北岱岳镇时,李嵩山见他们都把枪支置放于旅栈而外出,满以为垂手可得,便不顾预先约定的计划,就同他的胞弟李太山号召了些乡人前往夺取。他们先到距离岱岳镇约有二十余里的山阴城,竖起了表示起义的白旗,并打开监狱,放出了监犯数十人,一涌前往岱岳镇,把解送的步枪全数夺获。然后又奔赴应州城,打开监狱放出监犯百余人,并将夺获的步枪,每人发给一支,扩大了队伍,增强了力量。

这时,李嵩山正整顿部署,准备作推翻清廷的壮举,不料总兵王得胜听到了这个消息,立即派哨官魏致祥领骑兵一队赶到应州城向李部进攻。结果,乡人被冲散,弃枪逃走,李太山被俘。李嵩山藏在城隍庙的神橱内,正在集合的清兵,发现神袍飘动,遂大肆搜索,李嵩山亦被捕获,与弟李太山同时被王得胜寸磔于大同城。此役李嵩山等虽然被害,但是夺取枪支的壮举与推翻清廷的计划,使总兵王得胜胆战心惊,张皇失措,对动摇清军士气、扩大革命影响起了很大的作用。

太原起义后,大同总兵王得胜为了加强实力,防止革命军进攻,不断地在雁门关增兵。11月10日（农历九月十九日）派员4人押解步枪80支送往雁门关。大同同盟会员李德懋闻讯后，即派高宝英等25人，在山阴县的岱岳镇把清兵解送的枪支全部夺去。王得胜派耿应州带兵两哨追到应州，将高宝英等包围，当场杀害了19人，掳去3人，解回大同，杀害于该城的西门外。这一事件的失败，同盟会大同支部几被泄露。从此，原在大同进行活动的革命人士更提高了警惕，继续加强秘密工作。李德懋则到丰镇及绥、包一带进行活动，以期里应外合，达到夺取大同的目的。

11月30日（农历辛亥十月初十日）上午，同盟会大同支部得知驻扎大同的清兵大部向雁门关调集，遂一面秘密联络大同素孚众望的拳术家宋士杰，并经宋士杰联络清总兵王得胜部下的孔宪林、孙占标等作为内应；一面联络当地人士许寿山、傅拐子等，并通过他们联系驻大同的清军官佐28人，共同举事。分头联络好后，即于当晚八时许，在大同城内大教场西街的傅拐子家集合，议定举事的时间为当夜十二时，规定的口号是"取城"，以点放宋士杰偷来总兵衙门的铁炮为信号。由于当时仅有步枪两支，为了壮大声势，决定购买鞭炮一万发，在举事时燃放。到了预定时间，放起号炮，宋士杰带人直攻总兵衙门，孔宪林、孙占标一起率队内应，炮声连天，全城震动。王得胜见来势凶猛，不敢应战，仓皇弃城逃走，赴宣化求救。

大同光复后，革命党人于12月1日（农历十月十一日）召集会议，决定成立大同军政分府，推选尚在绥、包未回的李德懋为都督，李国华为副都督，宋士杰为统领，常珍为参谋长，孔宪林、孙占标为帮统，彭继先为财政部长，并积极布置城防，防范清兵反攻。大同是晋北的重镇，距离清廷的京都很近，所以光复大同后，清廷立即派出重兵，企图收复。这时候，在崞县的续桐溪，听到太原起义的消息，一面与弓富魁等纠合同志集结待命，一面派贺炳煌到省见阎锡山，建议出动奇兵，从间道直捣北京，阎没有采纳。又请发给新枪千支，以防守大同，阎只抽发老毛瑟、来复枪数百支，并令续桐溪为"忻代宁公团"团长，而以康佩珩副之，协同第四标张瑜进军大同。但康佩珩不愿与续合作，却在五台县以保卫地方为名，成立了保安社，大肆搜刮，图发横财。续认为出奇兵从间道直捣北京，是推翻清廷的最好办法。又亲自到省向阎建议，由石家庄进军，以切断京汉铁路，但阎仍然不纳，遂受命返回崞县，以弓富魁为统带，邢斌丞、赵丕廉、续式甫等分掌内事，贺炳煌、任勇、史宗法等为队长。这时，在北京陆军中学学习的赵承绶、郭云、张会诏等，也从间道回晋参加革命。赵与续接头后，被分配在公团担任教官，不久又担任了队副。郭云、张会诏等则留在五台县的保安团任职。与此同时，住太原陆军小学的李生达、王靖国、张得枢、宫保衡、李荣、李世杰、续范亭、续廷梅等也都到达崞县，续桐溪把他们分配在公团，担任排长、队副等职。

　　这时各方志士会集,已达三千之众。经过初步的整顿,士气大振,续桐溪于11月28日(农历十月初八)在崞县誓师出发,浩浩荡荡向北挺进。这时,阎锡山所派的第四标统带张瑜,已将驻守代州的清军王国士驱逐,攻下了代州,并向雁门关连续进行了数次进攻。续桐溪北上到代州后,为了把清军紧紧地牵制在雁门,好由间道乘虚而攻大同,一再为张瑜出谋划策,鼓励其积极地进攻雁门。在张瑜正继续进攻雁门的时候,续桐溪乘敌不意,于29日(农历初九)赶到了繁峙,并扬言要东出平型关。但率队刚出繁峙城,就转变方向,北向茹越口进军。众皆表示诧异,续桐溪说:"速走,吾之前锋已入大同,但力薄不能守,稍迟即将复失。"士卒们不顾崎岖的山路、没膝的积雪,攀山越岭,昼夜兼行,于12月3日(农历十月十三日)取了应州,4日(农历十四日)下了怀仁,5日(农历十五日)下午八时进入大同。续刚入西门,增援大同的清军先头部队也逼近东门。清军侦知城内援军到达,即仓皇东退。续桐溪进入大同后,配合城内革命军,令镇远队队长张德枢和李生达、宫保衡、樊赓灿等坚守西城,左游击队队长贺炳煌和王鸿宾等坚守北城,武猛队队长任勇和奋勇队队长张德胜、韩志仁等坚守南城,右游击队队长史宗法和赵承绶等坚守东城,并令统带弓富魁负守御全城的总责。这时,大家议论说:"西峰星夜驱策我们于冰天雪地中,多怨他不近人情,今日方知西峰料敌的明确,用兵的神速,真是人莫能及!"从而坚定了信心,进一步加强了团结。

　　先是大同起义以后,清廷在总兵王得胜的求援下,从热河调毅军二十营由陈希义带领,调淮军十营由杨永泰带领,以郭殿邦为总司令,并调后方第一镇骑兵跟进,于12月5日(农历十月十五日)从阳高县出发,到达离大同十余里的古城村,等待城内欢迎。这时,清朝的在籍郎中刘应昭、大同知县葛尚德和商界、士绅13人,潜出东门向清军表示欢迎,并陈述了城内空虚的情况。毅军统领陈希义听说城内空虚,十分高兴,便冒然率队向城内进发,不想这时续军已进入城内,正严阵以待,因而清军不敢入城。陈希义不但不责自己的轻率进兵,反而怀疑刘应昭、葛尚德等有意陷害,经士绅等反复说明当时情况,刘等始免被杀之祸。

　　毅军东退后,清军总司令郭殿邦积极布置兵力,包围大同,日以重炮攻城。续桐溪与城内革命军同心合力,坚决防御;并令英勇壮士于更深夜静缒城而出,袭击驻城东古城村的清军。郭殿邦派刘应昭屡次进行诱降,均被拒绝。郭进攻既不能,诱降亦无效,不得已,乃托瑞典教士耿尔琛入城议和,又被革命军拒绝。在四十多天的相持中,城内薪米渐尽,宋士杰守志动摇,几乎为清军所诱,经续耐心说服,宋终被感动而决心坚守。革命军以数千之众,抗万余久练之清军,虽屡屡濒于危境,但守志愈来愈坚,斗志越来越强,使清军一筹莫展,无可奈何。

　　这时,在太原的杜上化担心革命军力量薄弱,日久相持,恐成问题,遂与张淑琳、李超英(字文甫)于 1912 年 1 月 12 日(农历十一月二十四日)相偕亲赴大同,跟毅军前派的瑞典教士耿尔琛入城议和。当时续桐溪派邢维周为交涉专员。经过双方会谈,于 1 月 15 日(农历十一月二十七日)订立信约六条,清军撤除西南两面的军队,续桐溪率部返回忻代宁原防,宋士杰部撤到口泉,杨永泰进城接收。不久,南北议和告成,清帝退位。后因杨永泰部到处抢劫,形成严重兵灾,人民不堪其苦,袁世凯又派陈希义代替杨永泰进入大同。

晋南方面从事革命活动的人士,除辛亥前已在东京参加同盟会的外,还有经回国后的会员先后介绍加入同盟会的许多人士,其中以安邑的李鸣凤、临晋的张士秀、虞乡的尚德等为最著名。辛亥起义前,他们经常奔波于山西、陕西两省之间,鼓吹革命,联络同志,积极进行起义事宜。

1911 年 10 月 29 日太原起义后,同情革命的侯少白(临汾县人)因见临汾城内空虚,即奔走接洽,运动驻军,积极作起义的准备。不久,清廷所调防军虽然多数已到达临汾,但因统驭无人,加之谣言四起,一日数惊。知府耆昌早将其家属送往北京,衙门里的职员也多纷纷逃走。至于知县武树善,亦因有兵无饷,悄悄躲藏起来。清军则肆无忌惮,在市面到处抢劫。这时,侯少白和张志良与防军长官进行商洽,指出当时是起义的最好时机。步兵管带李家有、骑兵管带尹钦斋对起义都表示同意,尤以骑兵左哨哨官陈子标更为积极。与此同时,都督阎锡山派赴南路的司令刘汉卿、李大魁已率队南下,只因人数过少迟迟其行。这种情况被平遥县知县所知,他密函临汾知县武树善说:来兵不满五百,且步枪支,临汾大兵所在,又有韩侯岭天险,派兵一击,必操胜算。这时,恰遇陈政诗也回到临汾,陈根据平遥知县函中所述情况,遂一面派兵驻守韩侯岭,一面派侯少白和士绅四人前往介休,阻止革命军南下。陈也离开临汾,移驻霍州,分别派遣尹钦斋的骑兵驻守灵石县的水头镇,李家有驻守仁义镇和郭家沟一带。侯少白等到达指定地点,即与驻军商妥,一俟革命军南下,就自动离开防地,让革命军迅速前进。当陈政诗听到韩侯岭不守的消息时,即离开霍州,退驻赵城,并命新调来的童宝山营暂驻洪洞,停止前进。陈本人返回了临汾,因见队伍不听其指挥,又离开临汾,逃到了绛州。

由于陈政诗的节节败退和巡防队伍的撤离,革命军遂顺利地进入了临汾城。但因刘汉卿等继续向运城前进,临汾事又由军政府委任王家骏、许志显等为正副司令负责,以致实力分散,为谢有功所乘,他派巡防队童宝山等猛烈进攻,临汾遂又告失陷。同时,向南进发的刘汉卿,又遭到谢有功的袭击,在作战中阵亡。革命志士李秀等多人也在这次战役中牺牲。于是临汾重又为谢有功所据。此后,虽经李鸣凤等英勇作战,光复了绛州,擒斩了陈政诗,但谢有功仍然顽抗,直到南北议和告成,晋南重镇临汾才告光复。

联军失利　清军入晋

　　山西继武昌、西安之后起义，使清廷大为震动。清政府为了挽救垂死命运，一面诏释革命党人汪兆铭、黄复生、罗世勋等，笼络人心，一面于 1911 年 11 月 4 日（农历九月十四日）派第六镇（相当于师）统制吴禄贞为山西巡抚，带兵入晋，镇压革命。

　　吴禄贞字绥卿，湖北云梦人，早年就参加了革命。1900 年（光绪二十六年），曾与唐才常（维新派，后参加兴中会）组织自立军，在安徽大通县密谋起事，8 月底为人告发，唐被张之洞捕获杀害，自立军失败，吴赴日本留学，肄业于士官学校。回国后，在东北办理边务，1910 年冬，调任第六镇统制。吴奉令带第一镇的一协（相当于旅）及第六镇之第十二协吴鸿昌部开赴石家庄，转往山西，进攻起义军。吴先到保定，继至石家庄，密派参谋何遂等与山西联系。何遂代表吴到娘子关与山西守将姚以价计议合作，商洽结果，认为吴与阎锡山有见面的必要。姚电话告阎，阎初尚犹疑，后经几次通话，才决定在娘子关正太铁路车站会晤。何当夜返石家庄报吴，吴说："这样很好，就这样办。"1911 年 11 月 5 日，吴到娘子关，阎锡山也乘火车到达。随吴去的有参谋张世膺、何遂、孔庚，阎的随行人员为温寿泉、黄国梁、赵戴文、姚以价、马开崧。吴在会议上说："清室授我为山西巡抚，是一种笼络手段，我决不就任。我们共同站在革命立场上，亟愿与山西携手。我们眼前事，山西很要紧，可能山西光复，中国就光复，重要在于起义的是时候，能使清廷震动。袁世凯是中国第一个毒东西，他现在湖北孝感指挥作战。袁如回到北京，掌握大权，革命就有很大危险。我们现在早到北京，就可以把他的计划完全打破，山西的重要可想而知。还有，山西是我们中国最重要的堡垒，将来中国万一对外有事的话，海疆是不可靠的，山西要负很大责任，所以山西这个后方的堡垒，也要好好布置。"会议结束，决定组织"燕晋联军"，公推吴禄贞为大都督兼总司令，阎锡山、张绍曾为副都督兼副总司令，温寿泉为联军参谋长。山西出兵西营驻石家庄，听吴指挥，共同作战。吴申明已与张绍曾及山东靳云鹏约定日期，会师北京，扫除清室，使革命早日完成。又说："闻袁世凯野心勃勃，近来大肆活动，他若到京，就成了革命的最大障碍，等他过石家庄时杀之，以除此害。"欢谈至晚，吴、阎才各回原防。

　　11 月 2 日（农历九月十二日），吴禄贞曾在石家庄截留北京运往武汉由德国新购大炮械弹的列车,同时电奏招抚山西革命军一协,并劾荫昌治军无状。

自吴禄贞在石家庄公然截军械,劾荫昌,扼制京汉铁道后,清廷新任内阁总理大臣袁世凯,在武汉前线不敢回京,因而恨吴入骨。于是,以三万金重利贿赂吴的旧部周符麟,暗杀吴禄贞。周系东北人,原为第六镇第十二协统领,被吴撤职,因而怀恨,久思报复。吴部骑兵第三营管带马惠田,与周符麟有同乡之谊,马在东北延吉时,就跟随吴禄贞,吴对马十分信任,令其为卫队长。11月5日周符麟到石家庄,不谒见吴禄贞,就和马惠田等约集军官开会,引诱军官。何遂见马惠田等行迹可疑,当即向吴禄贞报告。吴说:"不要紧,马惠田是靠得住的。"天黑时何见周又与军官开会,便又向吴报告,"要留心"。吴说:"我有何惧",未作戒备(与《阎锡山早年回忆录》和《北洋军阀统治时期史话》说法均有出入)。

11月6日(农历九月十六日)夜12点多钟,吴禄贞正与参谋张世膺、副官周维桢在石家庄车站办公室批阅机密文件,马惠田带同参谋夏文荣、队官吴荣章等4人进见吴。办公室外是个小院,马惠田进了办公室便说:"来向大帅贺喜。"行跪礼时,即掏出手枪向吴一击,吴绕案躲避,并谕以大义,马不听,仍追击不已。吴此时一面掏出手枪回击,一面从窗口冲到小院,跳上墙。马等连击,吴腿部中弹跌下,但仍坚持向马回击,马向外奔去,吴紧跟追击,走出墙外,伏兵四起,吴头部中弹倒地而死,叛贼遂将吴头割去,向袁请功。张世膺、周维桢也同时殉难。

吴禄贞死后,部队失去统帅,立即分化,旗兵恐被六镇暗算,抛弃械弹,纷纷逃散,石家庄秩序大乱。吴部同情革命的军官孔庚、何遂、李敏、倪普祥、刘樾西、公孙长子等,均到山西参加革命,原拨驻石家庄的两营晋军,也因兵力薄弱,又无险可守,乃将吴部所遗数百箱德造枪炮弹运回娘子关内,布防于井陉、雪花山等处,以防清军进攻。燕晋联军,至此完全失败。

孔庚等投奔山西之前,将吴禄贞、张世膺、周维桢三人尸体,买棺装殓,浮厝于车站之旁。1912年3月,山西当局派员至石家庄,将灵柩迎至太原,停于烈士祠内,家属也到太原,为之易棺改殓,开追悼大会,并派员于石家庄车站,修治墓地,建造专祠,1913年(民国二年)11月7日,正式举行了安葬礼。

袁世凯回京后,操纵清政府,企图扑灭革命火焰。11月15日(农历九月二十五日)任命张锡銮为山西巡抚,统帅第三镇曹锟所部,进攻山西。12月8日,曹率协统卢永祥部,由石家庄开往井陉,于当晚11时下车,即受到革命军四五百人的袭击,激战二时许,革命军退守乏驴岭。12月9日(农历十月十九日),清兵由井陉出发至蔡庄,安置炮位,欲攻乏驴岭,革命军在岭上望见,即有数十人奔驰而下,到蔡庄抢炮。两军逼近,相距数十步,开枪击射,激战甚烈,双方各有伤亡。革命军有将弁二人被虏,怒目视敌,开口大骂,被卢永祥亲手杀害。

清军见乏驴岭士气旺盛，急切难以攻下，于 12 月 10 日由岭北绕道西进，至雪花山，以炮火猛攻革命军阵地，革命军当即还击，自晨 5 时至午后 1 时激战 8 小时，因革命军山炮射程较短，压制不住清军炮火，结果，革命军大败。连日战斗，以此役为最激烈，革命军死者五百余人，清军亦死百余人。在争夺阵地战中，清兵竟将革命军伤员割头献功。12 月 11 日，平定州及娘子关绅民，公推代表三人，到清军营前请求停战议和，途中遇井陉县高等小学堂学生一人，自愿偕往。至曹锟营门外，说明来意，不料被曹认为是革命军奸细，不允进见，当令在营门外正法。同日，段芝贵奉袁世凯令，到井陉宣布停战，以利南北议和，曹锟推说两军正在酣战，不决定胜负，万难制止。段芝贵亦无可奈何。直至次日(12 月 12 日，农历十月二十二日)清军夺取娘子关后，才停止战斗。

阎锡山等于 12 月 12 日娘子关革命军战败时，由太原弃城北往，姚以价南走，乘火车辗转去了汉口，其余人员也相继离省，各自逃避，不敢在省城居住。阎锡山出走后，太原的清政府官吏，死灰复燃，又活动起来，梁善济与李盛铎同谋为清军内应，并乘机大肆搜刮。张锡銮未到任前，山西巡抚曲布政使王庆平暂行护理，太原秩序由李盛铎等暂时维持。12 月 20 日王庆平调离，布政使由李盛铎接替，并护理巡抚，提法使由奉天高等审判厅厅长许世英递补。

1912 年 1 月 5 日，卢永祥带步兵第一标王丞斌部(吴佩孚此时在王部任教练官)马三队、山炮、工辎各两队到太原，驻法政学堂。巡抚张锡銮于 1 月 10 日清晨，由石家庄驰抵太原，旧时官吏纷纷出来任事，不久，张调东北，李盛铎摄行巡抚事。

清军入据太原后，又派兵向南北两路进攻。北至忻州，南至平阳府，到处大肆抢掠，赵城受祸最惨。赵城张瑞玑曾为卢永祥铸铁像，两手持元宝紧抱怀中，长跪赵城通衢。铁像背上，铸有二百多字的长歌，其中有："汉族之贼，满清之奴；厥名永祥，其姓曰卢，山东巨盗，袁氏走狗；贪货好色，亡(同无)赖游手，……笥无遗缣，盎无余粮，民苦欲死，贼已远飏；……铸像道旁，不磨不灭，唾骂千秋，冤哉顽铁！"

激战晋南　光复运城

娘子关失守后，阎锡山连续召开了两次军事会议，提议放弃太原。赵戴文随声附和，以为革命不必一定要守省城，往南往北都可继续革命。温寿泉则力主阎不应离开太原，以免动摇军心。阎不同意温的主张，因之各行其是，决定由温寿泉坐镇太原,督同杨彭龄等率敢死队防守。阎锡山即按其原定计划,于 1911 年 12 月 12 日(农历十月二十二日)与赵戴文相偕北去。

副都督温寿泉本拟固守太原,以便策应整个革命,嗣因阎之出走,人心不稳,曹锟所部之三镇兵又节节进逼,为了保持革命元气,不得已也和李鸣凤、景定成、杨彭龄等商议南下。李鸣凤为了响应武昌起义,曾到西安联络革命,于太原起义后回晋。及娘子关战争失利,他从太谷借到快枪数十支,又收集了由娘子关退回的一部分士兵,计划南下后,联合陕军,光复河东,然后出兵河南,以图大举,并可与前派的刘汉卿、叶复元、李大魁等南下进攻平阳府的部队会合,增强实力,于是离开太原。李鸣凤带领部队先行,景定成带领学生军和辎重殿后,过徐沟时与陕西革命军派来的联络人员王一山相遇,遂偕同经平遥、介休、灵石、霍县到了赵城。这时,公孙长子和吴汇之等都在军中,提议整顿军旅,以壮士气,并推杨彭龄为行军都督,统率全部军队。大家一致通过,即向洪洞进发。

杨彭龄到洪洞后,得知刘汉卿等部队曾一度攻占平阳,因形势孤立未能固守,复退到平阳府城北的一个镇上。当时刘汉卿已牺牲,乃决定派景定成前往平阳与叶复元、李大魁的部队联系,让他们速来洪洞。这支部队到洪洞后商定两军合一,统由行军都督统率,并举行了誓师。官兵歃血为盟,人心为之一振。此时决定了暂不攻平阳,应绕道到河津,打听陕军消息,以便先下运城,再取平阳。经过襄陵城时,该城虽无清兵,但闭了城门不许入城。前队张博士革命意志坚决,乃脱去衣服从城门缝内钻入,砍开城门,部队进城后对县官加以责斥,令其筹办粮秣送给各营,部队才得到了较好的补给。士兵们并打开了监狱释放囚犯,大家为之称快。

次日继续前进,李鸣凤、杨彭龄、王一山等亲率所部向太平县(汾城县)进攻,因守备甚严,迄未攻下。但李鸣凤在这一战役中英勇异常,身先士卒,为士兵所钦服。温寿泉主张停止攻击,继续南进,但太平县城上兵士还不断地射击。到了绛州的泉掌镇时,绅士民众极表欢迎,对革命军人员竭力招待,有一个姓卫的绅士并借给军饷数百两。到了稷山,也是紧闭城门,拒而不纳,于是扬言要攻城,请绅士上城答话,城内怕引起战事,便派人出来商定,官员入城,军队可驻城外。因之景定成、杨彭龄、李鸣凤、温寿泉等即率学生队进了城。是夜某绅士诬郭朗清夺取了知县的皮袍,借以挑拨军民感情,损坏军誉,乃罚其拿出巨款以充军饷。次日即向河津进发,河津官绅欢迎入城,司令部驻于小学堂内。当晚及次日开了两次军事会议,将部队作了整顿,乃推温寿泉为副都督,景定成为参谋长,并决定温寿泉、景定成偕同王一山赴陕与陕军联络。

在太原起义以前,山西革命人士在北京作革命活动的颇多。当时晋南革命人士王用宾因"交文惨案"避居北京,与景定成等出版报刊,鼓吹革命。景等所办的

《国风》、《国光》、《爱国》等三报,号称"北京三国",极负时誉。太原起义后,阎锡山即派李成林持密函,将其藏在包脚布内,到北京邀景等返省襄助革命。景定成与姚守质先期动身,于娘子关战事发生前已回太原,王用宾、刘绵训、邵修文、刘文渊、尚德、张端、陈衡先、姚秉钧、李振汉等则迟行二日,到石家庄时,井陉口已为清兵第三镇封锁,娘子关不能通行,乃绕道河南、越太行返回河东。

王用宾等到了河东,即在运城召集各县士绅开会,组织了"河东绅商议事公所",并与清河东兵备盐法道余棨联络,请其襄助革命,举行起义。但因清兵第三镇已到娘子关外,余棨持观望态度,婉词拒绝。嗣各地同志及有联络之会党知道王用宾等已到运城,纷纷集合,声势日大,余棨遂敛气垂手,不敢有所举动,不得已接受了王的意见,成立了"蒲解两属民团",团兵数千人,都归王等掌握,作为这一带的革命基本力量。这时因"交文惨案"被巡抚丁宝铨诬陷入狱的张士秀(省谘议局议员)也被释放出来,因为他和陕西革命人士甚为熟识,自愿赴陕接洽请求援晋,王用宾等也分别潜赴河津等各县调集兵力,准备待陕军到后协同进攻运城,推翻清政权。

温寿泉、景定成到陕西郃阳、朝邑时,得悉陕军陈树藩、井勿幕、严庄、井岳秀、李仲三等已率部东渡,于是决定由温寿泉和王一山到西安,与陕西都督张凤翙商借子弹,景定成追随陕军之后渡河。景到蒲州时,陕军已将运城攻下。

先是张士秀到陕,接洽成功后,就会见了陈树藩、井勿幕等,介绍了运城一带的情况,并告以有尚德、胡足刚两同志对运城情形甚为热悉,陕军到后,他们可以作有力的帮助。

陕军渡河到虞乡县,就找到胡足刚和尚德,在胡足刚家里开会,尚德介绍了运城内外的地形和兵力情况,陈述了进攻的方略,遂决定了进攻运城的计划。尚、胡二人也随军前进,胡足刚先到卿头镇为陕军购办粮秣。12月28日(农历十一月初九日)黄昏,陕军进抵离运城十里的解州属赵村,宿营于村南的关帝庙里。29日拂晓,盐捕营先来进攻,陕军当即应战,陕军的严飞龙部系宿营于龙居村,得此情况就前来策应,于拂晓前赶到赵村,占领村南,向盐捕营侧击。盐捕营因为曾与王用宾等有过联系,所以未进行激烈战斗,即行撤退。陕军乃向运城进攻,下午进入城内,晋南重要城镇——运城于12月29日光复。清河东兵备盐法道余棨潜逃,监制府陆叙剑被陕军杀死,其他官吏也都逃走。

当时,革命党人虽多分赴各县作革命活动,但在城内仍留有阎玉清(景定成的妻)、卫鸿志等数人,以为内应。

当王用宾到河津时,温寿泉、景定成已过陕西,杨彭龄因号令不行,即从河津脱离了部队,由李鸣凤接管了全军,改称为五路招讨使。此时在河津的革命人士开会,商讨今后进军方略,王用宾力主发兵策应过河陕军,合力进攻运城,组织军政府,使革命有领导中心。李鸣凤、王英侯、张起凤、郭朗清、台寿民、吴汇之诸人均赞同王的主张,即发兵前进,到离运城二十里的北相镇时,得悉陕军已进入运城。李鸣凤率部去攻绛州,枪毙了巡防队统领陈政诗,随后又发全部兵力去攻平阳。王用宾等则到了运城。

运城光复后,即由秦陇复汉军陈树藩布告安民,接管了官库存银 18 万两,交由地方人士经管。王用宾等到了运城,张士秀也从陕西归来,会同陕军将领召集了会议,商讨善后办法。司令官陈树藩当场宣称:"我等是客军,不便管理地方事务,应由当地人士组成机构,维持地方。"遂即议定由张士秀任河东民兵总司令,总理地方军务事宜,王用宾任兵马节度使并兼任民政长,组织了民政部,管理民、财、盐政等事宜,部下分设三处四司:以王子政为秘书处长,李文楷为军务处长,许鉴观为盐政处长,陈可钧为财政司长,张端为司法司长,尚德为交通司长,孙克信为总务司长,邵修文为高等审判厅长,薛笃弼为运城地方审判厅长,严慎修为兴业银行总理,曹得源为运城警察局长,李复佐、关炳祥、张荐卿为盐池东、中、西三场场官。各县县长亦均选派革命同志担任。此时副都督温寿泉亦从陕西归来,李鸣凤等也都来到运城。

南京临时政府对山西革命极为重视,派特派员王北方前来运城视察革命情况,他召集各军政负责人开会,讨论革命发展方略。与会人员咸以各部虽负责有人,但为了能够统一指挥,使各部分工作得以密切配合,并对南北两政府行文便利计,亟应组织统一领导的总机构。都督阎锡山既未回省,副都督温寿泉应即组织河东军政分府以一事权,当即一致通过,并以尚德为秘书长着手组织,成立了河东军政分府。同时,也和陈树藩、井勿幕、井岳秀、岳维峻、王北方等商讨组织"豫、晋、秦、陇联军",策应潼关豫军张钫部和豫西刘翠轩、王天纵、刘镇华等部东下巩县和洛阳,以截击南下清军之背。会议方定,而陕西告急,陈树藩、井勿幕部即被调回陕,致未能如议动作。

运城光复之后,清廷曹锟的三镇兵卢永祥部已过韩侯岭,赵倜的毅军也从河南进攻茅津渡。军政分府即命李鸣凤、张士秀将所部军队和民兵分驻于韩侯岭以南至黄河以北的地区,扼要防堵,分头抵御。各部虽兵少枪缺,但革命意志坚决,行动英勇,且已与豫西、陕东夹河形成犄角之势。此时,李鸣凤又亲到平阳南的蒙城、史村一带指挥,组织了攻平阳的爬城队,并在襄陵招到新兵千余人,编成了新的军队,把先头南下军队中的夏县,曲沃会党里的钟仁义、王进魁和景定成的儿子景崇友等都编入爬城队内,准备一举攻下平阳。此时忽得到清帝退位、南北议和的消息,为了避免城内人民遭受损失,即停止了进攻。共和告成,清兵与革命军休战,平阳才得光复。

放弃太原　徘徊晋北

娘子关失守后，阎锡山放弃太原，向北撤退。那时候，张瑜等正在进攻雁门关，谋取大同。军事尚有进展，而阎竟只顾逃命，置北进军事于不顾，有意避开雁门，于12月12日（农历十月二十二日）由太原取道静乐、宁武，直趋包头。行次五寨，孔庚随后赶至，对阎放弃太原出走，认为失策，但事已至此，不能挽回，为补救计，孔建议通电全国，声明进军北路攻雁门取大同情况，保全革命荣誉。阎采纳孔议，并以孔为北路军总司令官兼朔方兴讨使，凡北进军队，统归节制。孔奉令后，即到代县阳明堡，指挥军事。

阎锡山北行至保德，吴信芳、张培梅带领雁门、怀仁两部革命军，与阎相会。时正冬季，天气严寒，军需粮饷，极度缺乏，士兵身穿夹衣，冻饿不堪，大有不解自散之势。阎与部属计议，决定派张树帜赴河曲筹款。当时，河曲知县姓祝，张到河曲，即命祝知县捐银二万两，祝不但不接受命令，反而指使商人罢市。张很气忿，将祝知县鞭打数次，严加看管，勒令一面交银，一面开市，捐款立刻如数交出。张购买粮服，运到古城镇（河曲属、在十里长滩附近）分发以后，继续北上。

在古城镇时，杨瑞鹏、王肯堂由包头来归革命军。杨、王曾在包头策动革命，说服清军管带王芝寿、谢有梓起义，东胜厅官谢锡庆、五原厅同知樊恩庆也参加了密议。但樊恩庆别有企图，并非真正投入革命，所有革命的一切活动，樊都密向清军驻绥远将军堃岫报告，并献计要将革命军在绥主要人员，一网打尽。堃岫同意，令樊恩庆照计行事。樊于是暗中胁迫王芝寿、谢有梓背弃起义密议，并于12月下旬，假地方绅商名义，公宴革命军军官。许多官佐前去参加，当觥筹交错、酒宴正酣之际，樊预先布置的军警突然包围开枪，革命军官佐当时死难四十余人。杨瑞鹏、王肯堂因临时外出，未遭杀害。绥远密谋起义惨败后，杨、王等拟渡河赴陕，行经古城镇，恰与山西革命军相遇。杨、王见到阎锡山后，告知绥远清兵无备，劝阎即速进攻，必能一举成功，阎未采纳。此时李德懋因丰镇起义失利，率骑兵数十人，到古城镇。孔庚亦由阳明堡返回，与阎一道北进。

山西革命军行抵距包头十五里的大茅庵村时，樊恩庆、谢有梓、王芝寿等以和谈为名，约革命军到南海村（包头附近）开会。阎锡山以包头之变，心甚疑之，乃派孔庚、李黾、吴信芳为代表前往。孔等甫至南海，即被清军四面包围，吴信芳与谢有梓交谊素密,因此孔等得以安全返回大茅庵村。革命军对樊等诱骗行为,极为忿怒,乃分三路进攻包头。樊等见阴谋未遂,慌恐无所措施,率队五百余人,向归绥逃遁,被李德懋、张树帜率兵击溃。1912 年 1 月 12 日(农历十一月二十四日)革命军占领包头。

1 月 15 日(农历十一月二十七日),清太原巡抚张锡銮、山西谘议局副议长杜上化所派代表孔繁霨、马瑞图,到包头迎阎返省。阎对张锡銮未敢遽信,且自占领包头已有栖身之所,不愿急于南归。但堃岫统领谭永福由归绥率步马炮兵二千余人,进攻包头,屯兵距包头九十里的萨拉齐厅。阎受到威胁,遂派统带王家驹率步兵两营,马队一营,炮兵队、游击队各一队,开往距萨拉齐三十里的鄂尔格逊。1 月 16 日(农历十一月二十八日)与清军在鄂尔格逊以东地区相遇,上午 4 时开战,至下午 6 时,清军退入萨城,紧闭城门,王家驹、张培梅至城下叫骂,亦不应战。革命军于是炮击萨拉齐,清军溃退刀石村。革命军进攻刀石,雪深尺余,士兵不畏严寒,英勇奋战。指挥官王家驹因距敌仅二三十步中弹阵亡,革命军遂退至托斯和村,继又至寿阳营村,清军疲惫,亦退守托克托城。革命军在寿阳营略事整顿,即向托克托城进攻。谭永福因援军不至,不敢应战,1 月 30 日天未明即弃城率部潜逃,革命军进占托克托城。

托城既入革命军之手,进一步商议如何进攻归绥。正在这时,李盛铎和谘议局又派赵熙成持信到绥,催阎返省。阎看形势已定,立即中止进攻归绥计划,下令返省。孔庚以归绥指日可下,功在垂成,且欲报王家驹战死之仇,仍力主再战。阎坚主返回,赵戴文亦附和阎意说:"军令已下,军心浮动,已不能再战。"孔等乃不得不随阎南旋,但孔庚总以未攻归绥为恨,为泄忿写"讨绥檄",文情雄爽,有"杀贼书生将上兵"之语。

阎锡山回省,仍沿黄河南行,经河曲、神池、宁武,辗转于 2 月 19 日(壬子正月初一)抵达忻州。阎到忻州以后,忽接袁世凯电令,不准擅自行动。因事出突然,阎锡山莫测所以,极为慌张。事后得知袁世凯欲窃取山西,故不承认山西为起义省份,阎遂派专人请求孙中山先生电袁力争,袁世凯始打消初意。同时,阎又运用各种手段,讨好袁世凯,最后,才被允许仍任山西都督。1912 年 4 月 4 日(农历二月十七日),阎锡山才由忻州返回太原。

辛亥革命云南起义纪实

云南,是全国各省区响应武昌起义较早的省份之一,且起义具有浓厚的地区特点,这是与云南特定的历史条件密切相关的。

革命前夜　箭在弦上

清末的云南,民族矛盾和阶级矛盾十分尖锐,反帝爱国运动不断酝酿。1904年,在云南"誓与满清偕亡"为主的"誓死会"成立。1905年,孙中山在东京成立了同盟会,云南留日学生杨振鸿、吕志伊、赵伸、李根源等立即加入了同盟会,稍后加入同盟会的留日学生还有:罗佩金、殷承瓛、叶荃、赵复祥、唐继尧、刀安仁、黄毓成、张开儒、庾思旸等数十人,并创立了同盟会云南支部。吕志伊为同盟会云南支部长,还兼同盟会评议部评议。次年1月,孙中山、黄兴接见云南留日学生说:"云南最近有两个导致革命之因素,一件是官吏贪污,……已引起全省人民之愤慨;另一件是外侮日亟,英占缅甸,法占安南,皆以云南为其侵略之目标。滇省人民,在官吏压榨与外侮侵凌之下,易于鼓动奋起,故筹办云南地方刊物,为刻不容缓之任务。"

1906年4月,《云南》杂志创刊。该刊大量揭露了帝国主义侵略和清王朝的卖国罪行,对号召人民进行革命起了重要作用。同盟会云南支部派杨振鸿等人先期回到云南,先后创办"兴汉会"、"滇学会"、"敢死会"、"死绝会",作为同盟会的外围组织,并在防营、新军中发展组织。1906年后,云南即开始有同盟会组织。"一时以昆明、腾越(今腾冲)的同盟会支部为中心,联络爱国革命人士,组织了许多革命团体。这样,云南就成为策划革命运动的重要省份之一。"1908年,同盟会在云南境内领导了河口起义和永昌(今保山)起义,两次起义虽然都失败了,却进一步促进了云南各族人民的觉醒。

1909 年云南陆军讲武堂重建,大批留日学生和同盟会员被聘任为教官,如李根源被任命为讲武堂监督兼步兵科教官,李烈钧、方声涛、赵康时、沈汪度、唐继尧、张开儒、庚恩旸、顾品珍、刘祖武、李鸿祥、李伯庚、罗佩金等皆为教官。虽然讲武堂总办先后为胡景伊、高尔登,但一切听李根源"主办,决不牵制"。第二年,李根源继任总办。这样,革命党人事实上掌握了云南陆军讲武堂的大权,并使它成为革命派活动的重要场所和培养革命人士的基地。辛亥云南起义前夕,讲武堂学生大批分配入伍,或到新军中见习,从而与新军中的革命党人相配合,协同进行工作。"这样,部队中的士兵就被革命党人所掌握。"1911 年春,蔡锷从广西调到云南,被任命为新军第十九镇第三十七协协统(相当于旅长)。蔡锷虽然不是同盟会员,却具有爱国民主思想。他暗中和同盟会保持着联系,"对讲武堂的革命活动,作了很好的掩护",并表示对同盟会,"时机成熟时绝对同情支持"。

云南的革命形势成熟,已处于箭在弦上的关键时刻。

五次密会　激战打响

1911 年 10 月 10 日,辛亥武昌起义爆发,风声所播,全国震动,云南同盟会员和革命人士兴奋异常,准备积极响应。"武昌起义之消息,传遍滇中,人民如醉如痴,一般志士欲舞欲狂。"嗣后湖南响应武昌起义,川黔动摇,滇省革命志士积极行动起来。为了准备起义,在昆明的革命志士连续举行了五次秘密会议。

10 月 16 日,云南同盟会员唐继尧、刘存厚、殷承瓛、沈汪度、张子贞、黄毓成等人召开了第一次秘密会议,筹备响应武昌起义有关事项。会议决定联络"稳慎周详,可与谋革命之人员"以及"同议可共事革命之人员",并决定以后邀请蔡锷参加秘密会议。10 月 19 日、22 日、25 日、28 日,云南同盟会员又分别召开了第二、三、四、五次秘密会议,蔡锷参加了这四次会议。在第二次秘密会议上,决定"联络官兵,期与可靠之官长逐层组织小团体,且与歃血为盟,以坚其信用,而为有把握之举动"。第三次秘密会议上,互相通报了各自工作进展情况。第四次秘密会议上,与会者歃血为盟,将"协力同心,恢复汉室,有渝此盟,天人共殛"的纸条火化调于酒中,分饮之以结同心。第五次秘密会议上,决定于 10 月 30 日深夜在昆明发动起义,并推举蔡锷为起义军临时总司令,还进行了比较严密、细致的分工。会后与会人员分头进行准备。

昆明起义即将爆发前夕,滇西腾越起义于 10 月 27 日先行爆发。腾越起义的领导人为同盟会员张文光、刀安仁(傣族土司)等。武昌起义爆发后,张文光星夜从缅甸回到腾越,召开了两次秘密会议,决定 10 月 27 日在腾越发动起义。

10 月 27 日午后 7 时,张文光亲自率领革命党人及新军士兵,打响了第一枪,经过一昼夜战斗,起义军占领了腾越。清军腾越总兵张嘉钰吞金自杀,腾越关道宋联奎投降,腾越厅同知温良彝潜逃,腾越起义宣告成功。28 日,成立了滇西军都督府,张文光任第一都督,刀安仁任第二都督,以"九星旗"为军政府旗帜。军政府文告,要实行国民革命,而国民革命之大计,一要驱除鞑虏,二要恢复中华,三要建立民国,四要平均地权。

腾越起义是云南响应武昌起义的首次起义,比昆明起义早三天。滇西军都督府是云南地区出现的第一个资产阶级民主革命的政权。根据杨振鸿生前制定的"滇西起义,推动全省"的方针,张文光为推动全省革命事业的发展,分兵三路,向保山、大理方向进军。

腾越起义给正在准备中的昆明起义以新的刺激。10 月 29 日,蔡锷到昆明巫家坝,与七十四标及炮标各营管带和革命志士商议落实起义计划。10 月 30 日蔡锷正紧张筹备之际,忽见"城内大火冲天",情况发生了意外变化。原来,10 月 30 日晚 8 时许,昆明北较场七十三标第三营所部排长黄毓英等派兵抬子弹,做起义准备,被值日队官唐元良追究,甚至鞭打士兵,情绪激昂的士兵开枪打死唐元良,并杀死了另外几个反动军官,于是起义提前几个小时由基层发动起来。10 月 30 日是农历九月初九日,所以辛亥昆明起义,史称"重九起义"。

起义爆发后,李根源立即赶到北校场,率领七十三标起义士兵攻破北门,向五华山和军械局发起进攻。蔡锷在巫家坝闻讯,立即召集所部,宣布革命宗旨和作战方略。起义士兵高呼"革命军万岁",即整队出发攻城,并向督署等地发起攻击。

云贵总督李经羲、第十九镇统制钟麟同、总参议靳云鹏等企图顽抗,组织力量进行反扑。重九之夜,昆明战斗异常激烈。起义官兵,不怕牺牲,浴血奋战。如讲武堂特别班学员、七十四标第二营排长朱玉阶(朱德),起义时升任连长,身先士卒,率队参加攻打总督署,很快缴了督署卫队的械,李经羲不得已仓皇逃走。讲武堂甲班二期毕业生、七十三标所属排长文鸿逵,在进攻五华山时,奋勇当先,"被敌人机关枪扫射,胸部中弹如蜂窝,壮烈牺牲","计其所受枪弹,在万粒以上"。起义军领导人之一李根源,在指挥中跳战壕扭伤了脚,不能行走,仍继续指挥战斗。蔡锷则一直亲临前线指挥,直到战斗结束。战斗至第二日中午,起义军攻上昆明市内制高点五华山,占领总督署,李经羲被俘,靳云鹏化装逃走,钟麟同自杀,镇本部参谋长杨吉祥、参谋处总办王振畿因反对起义,均被击毙于江南会馆,昆明重九起义宣告成功。

昆明起义成功,建立了云南省军都督府以后,派出李根源为陆军第二师师长兼迤西国革命军总司令,全权处理滇西问题。经过努力,滇西军政府撤销,全省统一。云南军政府在处理滇西问题时,特别肯定了张文光的两大功绩,一是"在腾倡举义旗,商民安堵",二是"又能力顾大局,共保治安。"和平处理滇西问题,是云南军政府稳定省内局势的重大措施。

在辛亥昆明重九起义的战斗过程中,革命志士牺牲150余人,负伤300余人,敌方死200余人,伤100余人。所以可以认为:"云南省城起义,是除首义的湖北以外,独立各省革命党人组织的省城起义中,战斗最激烈、代价也最巨大的一次。"由于辛亥昆明起义是经过比较激烈的战斗,对旧政权的打击,所以相对彻底一些,这对云南新政权的建立及其实施的政策,不能不产生积极的影响。

昆明重九起义成功后,云南各府、州、县,传檄而定,全省迅速光复,辛亥云南起义获得了重大胜利。

新生政权　援鄂援川

11月1日,起义官兵在昆明五华山两级师范学堂所在地组织了"大中华国云南军都督府"(又称"大汉云南军政府"),公推蔡锷为云南军都督。

云南军都督府一成立,即发表声明,宣告起义宗旨,"在铲除专制政体,建设善良国家,使汉、回、满、蒙、藏、夷、苗各族结合一体,维持共和,以期巩固民权,恢张国力",同时提出了共和政体的政纲。云南军政府发布了《讨满洲檄》,重申了同盟会的纲领:"扫除鞑虏,恢复中华,建立民国,平均地权。"并声明:"有渝此盟,四万万同胞共击之。"

云南军政府成立时,府内置一院(参议院)、三部(参谋部、军务部、军政部),以李根源为参议院院长兼军政部总长,韩建铎为军务部总长,殷承瓛为参谋部总长。后将一院三部改为一院(参议院)、二厅(政务厅、参谋厅)、一司(军务司)。

辛亥云南军政府作为新兴的资产阶级的省一级政权机关,其组织是比较完备的,政策也符合人心,社会安定。蔡锷曾回忆说,在起义过程中,全省各地虽"历经血战",然而"均为时甚暂,秩序立即恢复,内外无间","同袍率能和衷共济,士民翕然归向,用是乱麻棼丝,迎刃以解。"因而,"时天下纷纷,或苦兵,或苦匪,或苦饷,而滇中宴然。"又据辛亥云南军政府财政司长袁家普回忆:"余在滇前后三年,未尝闻过枪声。尤可怪者,蔡公都督任内,全省土匪为之绝迹。"

辛亥云南军政府采取了一系列改革措施,雷厉风行加以贯彻,这样"前清官吏敷衍因循之习,廓除殆尽矣"。

在省内政务方面,大量更新人事。都督府从都督到各部、司、局主要负责人,基本上都是同盟会员或同情革命的人士,同时撤换了一批贪污腐败的县知事和其他官吏,任用青年知识分子,在军队中也任用了一批青年军官。蔡锷说,辛亥云南军政府采取的措施之一,就是"更换重要各地方行政官"。至于地方行政,虽暂沿府、厅、州、县名称,但对府、县同城者,则裁县而由府兼摄县事,改腾越厅为县,为日后统一县治创造条件,在沿边地区设立十处行政委员,为改土设流打下基础。

蔡锷,早年师事梁启超、谭嗣同,后赴日本学习军事。护国运动中任第一军总司令。1916年,因喉疾赴日就医,11月8日病故于日本福冈

在国家事务方面,蔡锷主张维护"国权"。他认为:"国权大张,何患人权不伸!""欲谋人民之自由,须先谋国家之自由,欲谋个人之平等,须先谋国家之平等。国权为维护人权之保障。"因此他建议强化中央权力。

在财政方面,整理财源,节俭开支。云南是边远山区省份,生产比较落后。在清代,云南岁入不过300余万两,而岁出需600余万两,故每年由部库拨款及邻省协济160余万两外,尚不敷100余万两。辛亥起义后,虽秩序较好,省库幸未损失。但是,各省独立,协饷暂停,中央亦不能协济,加上支援邻省,支出浩繁。为此,军政府决心增开财源,节俭支出。首先,整顿厘税,剔除陋规,使厘税收入点滴归公。其次,开设富滇银行,并设分行于下关、昭通、个旧各处,基金充足,纸币流通亦有了保证,财政信用提高。再次,检查会计,设会计检查厅,凡预算决算皆财政司编制,而用款之当否则必经会计检查厅之检查。此外,还有裁撤浮冗机关,举办救国公债,遣散军队,节俭俸节等。这样,"综计节流所入,不下百万,开源所入,约计当二百万之谱"。滇省财政"尽可自立,不必如李合肥(李经羲)之逢人乞贷,哓哓纠缠也。"

尤其值得一提的是,蔡锷曾带头两次减薪。都督的薪由每月600元减至120

元,再减至 60 元,只相当于营长的薪俸。"此时都督俸金之毂,举国未有如云南者也。"由于蔡锷带头,极力提倡节俭,正如朱德回忆,使"当时的云南已呈现出一种新的面貌"。

这样,辛亥云南起义后,由于全省安定,加上军政府采取一系列措施,使得云南财政在民国元年(1912 年)不仅没有发生赤字,反而节余滇币近 20 万元。这在云南财政史上是罕见的。

在教育方面,特设学政司(后改教育司),并将原有视学四员增至十员,新增学堂 120 所。注重改良私塾,普及小学教育,于曲靖、昭通、蒙自、普洱、永昌、丽江等地分设初级师范六区,并对师范生实行三个月的军事教育,同时注意外语学习,考送欧美及日本留学生一百余人。

在实业方面,根据省内特点,先从盐务、矿务入手,进而经营农桑、畜牧、工艺等事,整顿盐务,以扩大销路,推广矿业,拟定云南矿务暂行章程,以开放为宗旨。还在昆明设立矿物化验所、地质调查研究所,尤着力于保护和开发个旧锡矿、东川铜矿,注重农林,设立云南农务总会、农业局、蚕林实业团,订定垦荒、森林、畜牧章程,并改良种棉、制茶之法,同时提倡工商,设立全省模范工厂,整顿商品陈列所,举办劝业工厂,开拓市场。

在交通方面,对铁路、电线、邮政、航运和公路等都有所规划。云南地处边远,交通闭塞,军政府的规划对改善云南交通很有好处。

云南军政府所采取的一系列改革措施,在不同程度上取得了成效,体现了新兴资产阶级地方政权所作的重大努力。

云南军政府在对内实行一系列改革的同时,还先后派出滇军援川、援黔、援藏。这是因为,在辛亥响应武昌起义的各省中,在西南地区以云南为最早,内部也比较安定,而在同一时期,全国以至西南的四川、贵州和西藏,都还处于动荡不安的状态之中,派出滇军支援邻省的反清斗争,既为革命所需要,云南亦有可能。

四川由于人口众多,地势重要,因此迅速解决四川的动乱,促成四川响应辛亥起义,是革命派和独立各省的共同要求。其时黄兴、黎元洪、谭延闿等"前后自湘、鄂来电,敦嘱援蜀,以解鄂危"。已响应武昌起义的重庆蜀军政府都督张培爵也致电云南,请求滇军援蜀。因此,云南军政府于 1911 年 11 月 11 日讨论了"援蜀案",决定组织援川军一师,以韩建铎为师长(又称"援川军总司令"),下辖两个梯团,分别以谢汝翼、李鸿祥为第一、二梯团长,并于 11 月 14 日从昆明出发,向四川叙府(今宜宾)、泸州前进。入川滇军于次年(1912 年)5 月返回昆明。

滇军投川的同时,云南军政府为了声援武昌,乃决定组织北伐军。其时,黄兴曾指出:"当前首要任务是迅速出兵援鄂。"黎元洪亦通电各省,希望"星夜兼程来援"。云南北伐军以唐继尧为司令,1912年1月28日从昆明出师。旋因清帝退位,北伐已无必要,唐继尧乃率部入黔,支援贵州以刘显世为首的立宪派,并夺取了贵州都督职务,屠杀贵州革命派于贵阳螺蛳山等地。

滇军北伐出兵本是合理的,然而唐继尧却卷入贵州党争,镇压了贵州新军和代都督赵德全等有功人员,"杀赵督并坑新军千余人,次第杀害反正诸人"。

辛亥云南起义是全国辛亥革命的重要组成部分,起义成功及其建立的军都督府实行的一系列较为进步的政策,为经济发展创造了条件,为云南人民彻底实现民主革命开辟了道路,对云南后来的历史发展产生了深刻影响。正因为如此,几年以后,以反对袁世凯复辟帝制为目的的护国战争,首先爆发于云南,就是可以理解的了。

辛亥云南起义是中国资产阶级革命历史的光荣记录,历史功绩是不朽的。朱德曾著诗歌颂道:"云南起义是重阳,下定决心援武昌。经过多时诸运动,功成一夜庆开场。""靳逃钟死人称快,举出都督是蔡锷。五华山上树红旗,出师两路援川鄂。""忆曾率队到宜宾,高举红旗援兄弟。前军到达自流井,已报成都敌肃清。"

辛亥革命贵州起义纪实

武昌首义揭开了辛亥革命的序幕,继而在全国范围内掀起了一场轰轰烈烈的资产阶级民主革命运动高潮。在这场伟大的革命运动中,地处偏僻、经济落后、文化晚开的贵州,却走到了革命的前列,成为较早响应武昌首义,第一个较为彻底地由革命派和平接管省级政权的省份。贵州在辛亥革命中表现出来的这一特殊现象,完全是由当时的历史条件所决定的。

秘密传播 民主思想

贵州经济文化落后,固然为接受先进文化带来了障碍,但它同时也为先进思想的传播提供了机会。

封建统治者为着自身的利益,往往把统治的重点和主要力量放在经济、文化发达地区,而投入到偏远落后地区的统治力量则相对薄弱。清政府在推行新政、着令各省编练新军时,在统治中心的省要求编练四镇,而贵州则明令编练一镇,且实际上时至辛亥革命,贵州也仅练成新军一标(一镇三协,一协三标,标相当于团)。作为国家统治工具的军队,贵州与发达省份的差距之大,可见其统治力量的相对薄弱,甚至朝廷还变相将贵州视为发配处置"犯上作乱"人员的地方,维新大员李瑞棻变法失败后原被发配新疆,后改遣回原籍贵州便是一例。加之贵州偏僻、交通不便,从京城来的封疆大吏骑马坐轿要近两月时间才能抵达省会贵阳。这客观上也为其统治带来了困难。

另一方面,由于天高皇帝远,封建官僚的腐败之风更盛。虽然清政府对贵州投入的统治力量相对薄弱,但各级衙门官吏和地主豪绅对人民群众的横征暴敛、巧取豪夺不但未有减少,反而有过之无不及,促使人民的反抗情绪日益高涨。这种封建统治力量相对薄弱和人民反抗情绪十分高涨的状况,不仅为先进思想的传播提供了机会,也为先进思想的接受创造了条件。因此,一旦先进思想传入后,很快能得到响应。这也是贫瘠落后的贵州,之所以能步入革命先进行列的重要原因之一。

此外,与全国各地一样,新思想的广为传播,与清政府推行新政有关。矛盾异化的作用使新政实施的结果悖离了统治者的主观愿望。1901 年至 1911 年间,贵州共办各类新式学堂 636 所,其中不乏挂羊头卖狗肉、换汤不换药之类,但这些学校兴办在"新政"的旗号下,为装门面也不得不开设部分算术、格致、地理等"新学"课程,有的学校还在教学中不同程度地宣传了反帝爱国思想和西方资产阶级民主思想。青年学生在接触西方资本主义科学文化的过程中,促进了世界观的改变,不少人就是在这一过程中实现了由封建文士到资产阶级知识分子的转变,后来成了辛亥革命的积极参加者和骨干力量。诸如陆军小学、公立通省中学、优级师范、法政学堂、乐群小学、乙巳小学和光懿女子小学等,还成了进行革命宣传和革命活动的主要场所。在大兴办学的同时,还出现了一股留学热,仅 1905 年,全省就有官派或自费留日学生 151 名。许多留学生在国外受到先进思想影响,如于德坤、平刚等人在与孙中山、黄兴等革命领袖的接触中,成了同盟会的骨干力量(同盟会成立后,于德坤为评议部议员、平刚为贵州分会会长)。留学生中的先进分子对革命思想的传播起了极大作用。贵州资产阶级政党自治学社,就是通过留日学生平刚居间介绍集体加入了同盟会。可见,办学堂、兴游学,在客观上起到了培养、造就一大批资产阶级知识分子的作用。

传入贵州较早的是以康有为、梁启超为代表的资产阶级改良主义思想。大约在 1894 年前后,维新改良思想便传入贵州。1895 年康有为发起"公车上书",贵州有 95 名举人参加,他们大都成为维新思想在贵州的传播者。戊戌变法前,谭嗣同的《仁学》、梁启超主办的《时务报》以及严复翻译的《天演论》、《群学肄言》等,便比较广泛地在贵州知识界传播。变法失败后,《公车上书》及梁启超主编的《清议报》、《新民丛报》等仍在贵州秘密流传。

在贵州倡导新学和传播维新思想最力的,当推贵州学政严修。他于 1897 年在贵阳创办经世学堂。维新大员、梁启超的内兄、原礼部尚书李瑞棻,变法失败后赦归原籍贵阳,主讲贵州经世学堂。贵州白层河厘金局总办吴嘉瑞,1898 年在贞丰组织仁学会。以他们为代表的一批开明知识分子所宣传的维新思想,在当时闭塞落后、封建势力浓厚的贵州,对启发民智、帮助人们开拓视野、树立新的世界观,起到了积极作用,也为其中许多人最终接受革命思想作了铺垫。

1900 年后,孙中山、章太炎为代表的资产阶级民主革命思想开始传入贵州。章太炎的《訄书》、《驳康有为论革命书》以及《民报》等宣传革命的书刊,辛亥革命前已在贵州广为传播。但是,由于贵州资本主义生产关系不发达,资产阶级力量弱小,而且其上层与封建势力关系密切,有严重的依附性,其中下层又为清廷预备立宪的骗局所迷惑,对封建统治者存有幻想。贵州知识分子大都受过传统的封建主义教育,封建意识浓厚,加之全国立宪派的代表人物梁启超与贵州有联姻关系,其内兄李瑞棻原为礼部尚书,也是在全国都有影响的维新大员。因此,直至1909年,维新改良思想,特别是梁启超的立宪思想,仍在贵州知识界十分盛行。仅平刚、张忞、彭述文等少数知识分子及新军中的少数先进青年放弃了维新思想,转而追求民主革命学说。

进步团体　加强运动

由于历史和地理的原因,20世纪初年,封建经济关系及封建思想文化在贵州仍占绝对统治地位。但是,历史在向近代文明过渡的进程中,依然在这里辗下了深深的轨迹。1840年鸦片战争后,贵州与各省一样,跌入了半殖民地半封建的深渊。至辛亥革命前夕,贵州已沦为英、法、德、日等几个主要帝国主义国家攫取原料、倾销商品的市场。外国资本主义商品经济的入侵,改变了贵州历史发展的常规进程,加速了自然经济的解体,刺激了资本主义生产关系的出现与发展。虽然贵州资本主义生产关系在辛亥革命前几年才形成,时间上比发达地区晚了四十来年,经济实力也相对薄弱,但是作为一种新生力量,它一经出现后,其代表人物——一批新兴资产阶级包括具有资产阶级思想意识的知识分子,便开始活跃在贵州历史舞台。

也由于贵州资本主义生产关系形成较晚,力量薄弱,因此,在政治斗争中,资产阶级保守性的一面表现得更明显。辛亥革命爆发的前一年,贵州资产阶级的斗争还停留在争取立宪改良的基础上,直至1910年秋其中下层才在全国革命高潮的推动和自身斗争的实践中,开始放弃改良立宪思想,走上民主革命道路。

贵州最早的革命团体是张忞、平刚、彭述文等人发起组织的科学会(其成立时间目前未见直接资料记载,据间接资料估计,当在1904年至1905年初)。"其目的有二,一修学,一革命也。""将藉研究科学,广集同志"宣传革命。1905年5月,平刚因写讽刺慈禧的对联被官府责打手心后,愤走日本,并与在日本的其他科学会成员漆运钧、胡肇安等加入了同盟会,成为贵州最早的一批同盟会员。其余同志在省内坚持宣传与组织革命。

1906 年 12 月，得平刚等留日同志的支持，科学会决定发起武装起义，以响应萍浏醴起义。不幸两次策划都因走漏消息而未果。为避清政府追捕，张忞出逃四川，其余骨干"或走保定，或留湖北，皆以隐身军界为韬光之计，贵州激烈派之革命，至是遂寂然声销矣"。此后，1908 年贵州陆军小学进步学生席正铭等组织的历史研究会，名为研究历史，实际是一个宣传革命思想的革命团体。但是，无论科学会或历史研究会，其联系面都仅限于省城的部分学生和新军中的先进分子，无力对全省革命产生较大影响，更未形成一个领导中心。

组织和发动贵州辛亥革命的是贵州第一个资产阶级政党自治学社，但它成立时只是一个主张改良立宪的爱国团体。1907 年，帝国主义列强通过一系列不平等条约，更加暴露了其瓜分中国的野心。10 月 22 日，周素园主办的《黔报》上刊出了帝国主义瓜分中国的警告一则，引起了贵州知识界的广泛关注。其时，自少年时代即受进步思想影响的法政学堂学生张百麟（字石麒），认为时机已成熟，乃就商于同志，决定成立组织，即公开发表《瓜分警告之警告》和《发起自治学社意见书》，以征集同志组织社团，合力救亡。1907 年在贵阳田家巷镜秋轩相馆汇集同志三十余人，决定成立一爱国团体，并以"自治学社"名称获准在官方立案。至此，自治学社宣告成立，第一批社员 33 人，推张鸿藻和张百麟共同负责社务。因张百麟自认为原籍长沙，既非黔籍人，不便号召，因辞不就社长职，后推钟昌祚为社长。实际上张百麟始终是公认的领袖和各项活动的实际组织策划人。

自治学社成立后所宣布的纲领和其早期活动，都未超出改良立宪的圈子，其社章中就明确提出："本社以预备立宪，催促立宪为宗旨"，"认定个人自治、地方自治、国家自治为希望立宪之方法。"这与清廷为缓和矛盾所宣布的预备立宪的内容和步骤都是一致的。其早期的活动主要是兴办学堂、发行报刊、争夺议席和举办社会公益事业，其中又特别重视培养法政人才和进行法律知识方面的宣传。这些活动，都是严格按照其"预备立宪，催促立宪"的宗旨来进行的，实际上是在履行梁启超的"新民"说和"秩序革命"观。

自治学社在组织发展上采取了"宽以求众"的方针，确定"本党支持平民，解除一切制限"，不分阶级、男女、种族、宗教，只要赞成自治主义者均可吸收加入。同时，又以反帝爱国和资产阶级民主相号召，还有清政府立案批准的合法外衣，所以得到了广大知识分子、中下层资产阶级和一般市民的拥护和积极参加，社务发展很快。不到一年时间，全省府、厅、州、县共 64 个单位中，就有 47 处建立了自治学社分社，社员达一万四千多人。三年后即增至十万之众，成为贵州影响最大的资产阶级政党。

1908 年，经彭述文的介绍，张百麟写信给在日本的平刚，要求"加入东京同盟会,作为贵州分会",经在日本的同盟会贵州支部研究决定,"共认自治社为同盟会同志,而与之通消息",并赠送《民报》十余册。自治学社在组织关系上与同盟会建立了初步的联系。但是,在以后的很长一个时期,自治学社并未接受同盟会的革命纲领,仍在追求和平改良、预备立宪的幻想。

自治学社的活动虽然未超出改良立宪的范围,但是,作为资产阶级中下层力量的发展,却触动了一批立宪派上层人士的利益。当时在贵州有一部分接受维新思想的地方绅士和与封建主义关系紧密的资产阶级上层,他们有较大的政治影响和经济实力,在参与新政的活动中得到了一些实利,控制了贵州商界和文化教育界,其代表人物有官僚出身的唐尔镛、任可澄(两人均为清末举人、内阁中书),以及贵州头号企业主华之鸿。自治学社的发展,尤其是自治学社办学堂、开报馆,打破了他们长期垄断教育、操纵舆论一统天下的局面,自治学社在地方影响的扩大和在议院选举中的得利,更是他们所不能容忍的。于是,他们勾结官府,千方百计压制、迫害自治学社,并于1909年成立了宪政预备会,试图以政党形式与自治学社抗衡。

宪政预备会的成立,标志着贵州立宪派内部出现了明显的分化,并开始了贵州历史上的两党之争。他们从争夺教育经费、校址开始,到操纵宣传舆论和各种民意机构的选举,以及对对方头面人物进行攻击。从形式上看大有水火不容之势,但实质上也只是两党在预备立宪范围内的争权夺利,并没有绝对不相容的政治立场。贵州辛亥革命后的代都督赵德全在1912年1月致黎元洪的电文中也认为:"两党皆以催促宪政进行为宗旨,但自治主急进,宪政主渐进,而尤有异者,宪政多贵绅,自治多寒士。"这与当时的实际是相符合的。在自治学社未转化为革命派之前,自、宪两党的斗争,实际上只是以自治学社为代表的立宪派左翼与以宪政派为代表的立宪派右翼,为了争夺预备立宪头功的权利之争。

和平接管　实为首创

1910年秋,平刚根据孙中山"各省同志,各回本省运动革命,以壮声势"的指示,回到贵州"即与张百麟商量整顿贵州革命力量,预备起事"。1911年9月,成立了以张百麟为首的总揽起义计划的十人委员会,作为准备起义的最高指挥机关,由张百麟、黄泽霖、谭璟、张泽锦、陈守廉、陈康、廖谦、王炳奎、周凤文、胡刚组成。下设三个委员会:一是军事委员会,负责指挥军事行动,张百麟为委员长;二是民政委员会,负责准备建制、规划等方案,周素园为委员长;三是交涉委员会,负责办理对外交涉事宜,谭西庚为委员长。

通过自治学社的组织、动员工作,革命条件日益成熟。自治学社曾打算在10月6日发动起义,但因子弹购储未完成,遂打消计划。后又拟于10月22日趁巡抚沈瑜庆到南厂检阅新军时,枪杀沈瑜庆发动起义,又因沈瑜庆心存戒备,先令收去新军枪弹后,才前往检阅,起义计划又告落空。适值湖南独立,消息传来,贵州人心更为震动。为解决子弹问题,自治学社多方筹划,终于通过贿赂大兴寺弹药库守官,得枪54支,子弹17箱,即分送新军与陆军小学。

10月30日,云南起义的消息传到贵州,贵州革命情势更加高涨。巡抚沈瑜庆令各司道加紧防范,宪政派任可澄乘机献策,建议沈瑜庆速电召兴义原巡防营管带刘显世募徒手兵一营,兼程赴省,予以武器装备,以镇压革命力量。同时嗾使巡抚下令捕杀自治学社负责人张百麟等八人,以弭祸于未然。沈瑜庆召刘显世进省的电报刚发出,电报员即将电文密报张百麟。为打乱清政府当局镇压革命的部署,自治学社派黄德铣以省谘议局代表身份游说沈瑜庆,略谓:当前局势只是两党之争,当局不可过激处理,恐激出变端。沈瑜庆将信将疑,未敢贸然下令捕杀自治党人。

11月1日,宪政预备会见革命已是大势所趋,于是采纳中间派开明人士蔡岳建议,自宪两党达成妥协,共谋贵州独立。自宪两党的妥协,一方面为自治学社领导贵州辛亥革命减轻了压力,减少了障碍,但同时也为宪政派钻入革命阵营,并在革命后勾结滇军军阀唐继尧颠覆革命政权留下了隐患。

11月2日,蔡岳邀张百麟、任可澄等往见沈瑜庆,陈述贵州和平独立意见,沈不从。席间张百麟发现任可澄与沈瑜庆有某种默契,感到事态发展不妙。第二天(11月3日),沈瑜庆纳绅耆郭重光所谓自保之策,即:既不保清,又不革命,只图自保,可采取半独立形式,拟由郭重光在11月4日假谘议局宣布自保办法,并授意郭重光组织自保武装。所谓自保之策,实则企图延缓革命爆发之计,待刘显世兵进贵阳和郭重光自保武装成立,即捕杀自治党人,扼杀革命。自治学社领导人张百麟等深感形势严峻,起义时机刻不容缓,乃毅然决策:于11月4日谘议局开会宣布自保办法时,兵劫沈瑜庆,转移政权。

起义决定迅速传达给各革命武装力量。当天(11月3日)晚上,陆小学生因不慎泄露起义机密,校方察觉后密报沈瑜庆。陆小学生为对付当局弹压,乃首揭义旗。新军奋起响应,推举教官(副标统)杨荩诚为指挥,整队出发,部署战斗。沈瑜庆闻陆小师生和新军起义消息,即令全城戒严,并派巡防营中路分统胡锦棠带队包围监视陆小。旋即巡抚卫队、巡防营等也纷纷响应起义,沈瑜庆见大势已去,无可奈何,不得不手书承认贵州独立,交出政权。

11月4日,大汉贵州军政府宣告成立。

贵州军政府采取联立内阁制,由各党派、团体派代表参加。11月4日,各方面代表一致推举张百麟为都督,张以自己不懂军事为由固辞不就。5日各方面代表改推杨荩诚为都督。6日,通过贵州军政府组织大纲修正案,确定各部门人选,组成贵州军政府。贵州军政府由都督府、行政厅、枢密院三部分组成。都督府专管军事,都督杨荩诚,副都督赵德全,下设参议厅和参谋、副官两处,军政、执法两部;枢密院赞划军事、指导民政,以张百麟为院长,任可澄为副院长,暂设枢密员七人,下设秘书厅和军政、财政、学务、实业、交通、民政六股;行政厅主办民政,以周素园为总理,下设民政、财政、学务、实业、交通五科。同时,改谘议局为立法院,谭西庚、朱焯为正副院长,以会党力量为基础设巡防军,黄泽霖为总统,下辖东、南、西、北、中五路分统。

贵州军政府建立后,即组织在贵阳的各府厅州县同乡联合会,各举代表一人,由军政府委派回籍策动反正。不过一月全省均告光复。

虽然贵州军政府在贵州历史上只存在了短短的三个月,便被宪政派和地方官绅勾结云南军阀唐继尧所颠覆,但作为一种新的社会制度的实施,它为今后贵州历史的发展揭开了新的一页,产生了很大影响。而且贵州独立后,使全国革命与反革命力量的对比,又发生了一次有利于革命阵营的变化,对全国革命的进一步发展是一个有力的推动,对清政府是又一次沉重打击。贵州地处西南中枢,它的独立使资产阶级革命派的势力从湘到滇连成了一片,对以后广西和四川的独立产生了积极影响,这也是贵州各族人民对旧民主主义革命的一大贡献。

辛亥革命上海起义纪实

1911 年 10 月 10 日,湖北新军工程八营革命党人打响了武昌起义的第一枪,经一夜激战,至次日凌晨,占领了武昌全城,湖北军政府成立。越一日,武汉三镇光复,捷报飞传处,风起云涌,各省响应。辛亥革命之火燎原全国,敲响了满清王朝的丧钟。

喜讯传至上海,遐迩欢腾,各界同胞久愤清廷卖国事仇、腐败黑暗,无不盼待易帜。同盟会中部总会、光复会上海支部、商团公会均在暗中准备,审度时势,伺机起义,以光复上海。

同盟会议联友党

黄花岗起义失败后,宋教仁、谭人凤等同盟会领导人鉴于在南方各省起义屡遭挫折,决计把起义发动地点转向长江中下游省份。1911 年 7 月底,中部同盟会在上海北四川路湖北公学举行成立大会,设总部于上海,推定总务干事五人:宋教仁、谭人凤、陈其美、杨谱生、潘祖彝。随即派骨干分赴江苏、浙江、安徽、湖南等省,设立支部,运动当地新军、会党,谋划准备,等待时机。

上海方面,陈其美本是青帮头目,茶楼、酒肆、戏院、澡堂乃至贩夫走卒、三教九流,都有他的门徒,且能召之即来。此前不久,已拉起了以拳师刘福标为队长的200 人敢死队,个个精于格斗,勇于枪战。上海学生军中,也有五百余人决心参加起义,接受同盟会领导。舆论上,同盟会中部总会以《民立报》为机关报,为民喉舌,鼓吹革命,言论警辟,旗帜鲜明,赢得无数读者,日销量高达二万余份。

同盟会中部总会成立的同时,光复会副会长陶成章、南方执行部部长李燮和取道香港到了上海,在平济路良善里建立光复会上海支部,对外称"锐进学社",李燮和任总干事。武昌起义爆发后，李燮和即与湖北军政府联系，并以"长江下游招讨使"的名义与尹锐志、尹维峻等在沪上招募志士、组织光复军，图谋上海起义。

上海商团属地方实力派，是上海工商业资本家领导的武装团体。清朝末年，朝政日非，国势日蹙，治安混乱。商界名人李平书、沈缦云等以为，欲图强国，必先强种，遂在地方自治的旗号下，建立了上海城自治公所。经由上海道准允，发给武器，组织商团公会，推李平书为会长，沈缦云、叶惠钧、王一亭副之，至辛亥革命前夕，已发展至五六千人，遍及上海商界各业。其成员均是受革命思想影响的热血青年，受过军事训练，其中有不少是同盟会员。

然而，这三支力量当时处于各行其事的状态。同盟会与光复会宿怨未泯，1905年，光复会与兴中会、华兴会合并成立同盟会，后为筹款事发生误会，陶成章臆断用事，污蔑孙中山贪污，公开与同盟会分裂，重建光复会总部。至黄花岗起义前夕，陶成章已渐渐认识错误，表示愿与同盟会合作，虽有言归于好的趋势，仍不免貌合神离。

商团会长李平书兼任上海城自治公所的总董，又是江南制造局负责购料、签约的提调，秉性稳健，凡事前瞻后顾、三思而后行，不作冒险之事。鄂变以后，虽知人心要求独立，但因沪上革命军力不足，故而只是审察情势，以为进止，与同盟会虽有往来，也只是为相互尊重主义，避免侵犯。

同盟会中部总会清醒地认识到，只靠同盟会孤军作战，上海光复决难成功，所以就如何联合光复会、商团一致举义，召开了一次重要会议。与会者有宋教仁、陈其美、杨谱生、潘祖彝，及为逃避清军通缉刚从外洋回来的钮永建，同盟会总部协理黄兴应湖北军政府之邀赴武昌督战，途经上海，也参加了会议。

假四层亭子间的窗帘拉得严严实实，众人围桌而坐，主持会议者宋教仁率先分析形势说："清廷已重新起用袁世凯，调集北洋精锐南下，欲围攻武汉三镇，武昌是革命之源地，一旦有失，则会动摇各省民心士气。上海华洋杂处，是东南门户，天下财货咸集于此。如能占领上海，可震慑、牵制清军，缓解武昌压力，东南半壁也就不难传檄而定。只可惜同盟会力量不足，必须与商团公会、光复会合力推进，不然，事必难成。"

"与光复会共图上海光复？"一提起光复会，陈其美不禁愤于形色。5月间，陶成章抵沪后，一次与陈其美等商议江、浙、沪举义事，因各执己见，争论不已，陈其美竟然拔出手枪威胁，陶成章愤然不告而别，去了南洋。"这帮子都是小人之心，本党吃他们的苦头还少？"

"此话似是欠妥，光复会与我党虽有些成见，但反清以建立共和这一目标尚属一致。"宋教仁不满陈其美耿耿于前隙。

"和为贵,据目下情势,两党本应握手言和,共图大业,不过只本党一方有意,也是枉然。"潘祖彝对光复会的诚意也抱有怀疑。

"现在主持光复会上海支部的李燮和,他到上海后,不是与你主动联系,愿携手共为后图吗?"杨谱生目视陈其美问道。

"是有此事。"陈其美点了点头,"不过能否言行一致,难以料及。"

"英士兄,首要之点,我党必须先有诚意。"黄兴正色而言,"大敌当前,应捐弃成见,不可意气用事。在这一点上,应当学一学孙先生,当年陶成章曾写了《孙文罪状》,要求罢免先生的总理职务。'倒孙'运动流产后,总理宽大为怀,不计前仇,还是请光复会派人参加筹备黄花岗起义的会议。陶成章、李燮和为孙先生的宽阔胸襟所感动,资助募捐来的港币三万二千元,供起义之用,李燮和还参加了那次起义。据我所知,李燮和是个能通识大体的人。"

"凡热心于驱除鞑虏,恢复中华者,均在团结之列。英士兄是党内老同志,追随总理多年,谅不会意气用事的。"宋教仁见陈其美低头不语,有意缓和一下空气,笑着问道,"英士兄,你说是吗?"

"各位言之有理,小不忍则乱大谋嘛!"陈其美不无尴尬地说。

"我与李燮和是旧交,愿代表本党与之联系。"钮永建自告奋勇。

"克强兄与我日内赴鄂,襄助湖北军政府办理军事、外交,此事就交与惕生兄了。"宋教仁语重心长地对钮永建说,"请向李燮和言明,本党亟愿重修旧好,共谋上海光复,至于商团那边,可先让缦云、惠钧两位从中拉拉线。"

同盟会中部总会成立后,即已注意与商团的关系,并吸收商团公会副会长沈缦云、叶惠钧加入了同盟会。但与执掌商团实权的会长李平书,则尚无正式联系。

李显谟欣然受托

位于马霍路德福里 1 号的"天保客栈",是同盟会筹备起义的秘密机关。这日,陈其美等正在为黄兴、宋教仁等设宴饯别,众人边饮边谈,免不了互致珍重,共祝事业顺利。

"笃,笃。"稍停片刻,又是两下。

"是自己人。"陈其美拉开门,原来是账房。

"陈先生,有人求见,在下面账房间等着。"账房说着,递过一张名片。众人凑过来一看,上面印着:第九镇马标一营管带李显谟。"是他?！英石来此,商团那边的事就好办了。"钮永建脱口而出,"快去请李先生上来。"

李显谟,字英石,上海闵行人,毕业于日本士官学校。留学期间,即已投身反清革命,回国后在武昌新军局任编译长,与新军八镇内同盟会的文学社关系密切。前不久调来南京第九镇任职,九镇统制徐绍桢叹为奇才,大为器重,委任其为马标一营管带。钮永建与他同是上海人,又是日本留学时的同学,对他的情况了如指掌。他的族叔正是商团公会会长李平书,叔侄关系极好,当年李显谟在日本被清廷大使馆指为革命党而遣送回国,本免不了几年官司,靠着李平书作保了事,后又介绍他去南京陆军学堂攻读。钮永建估计,李显谟此来,与光复大计有关,决计请他出面,以家族情谊,争取李平书。

一阵楼梯响,李显谟上楼来了,众人齐起迎接。

"何风吹得英石兄到此?"黄兴的手与他紧紧握在一起。

"身负重要使命,准备去武昌,先来看望各位,以了解些沪上情况。"李显谟道明来意。

武昌首义后,九镇统制徐绍桢在革命党人策动下,准备起兵响应。两江总督张人骏本就怀疑九镇内潜伏有革命党,为防不测,突然命令九镇撤出南京城,移师秣陵关,并扣发了枪支弹药。徐绍桢疑虑不安,因与武昌讯息不通,情况不明,便指派李显谟去武昌与湖北军政府联系。时南京车站码头,已为张勋的部队所控制,节节设防,搜捕革命党,凡西去的人,都要严厉盘查。为此,李显谟决定转道上海,顺便与宋教仁等见面,以明了沪上动态。

听完李显谟的叙说,宋教仁当即挽留说:"眼下要保住首义源地武昌,江、浙、沪同时发动应是上策,英石兄何不留在沪上,共谋大计,还有极要紧的事托办呢,此事非兄莫属。"

钮永建紧跟着说:"上海商团公会,是一支堪称雄厚的武装力量,本欲与之联络共图举义,只是以往彼此缺乏通气,想借重英石兄说服乃叔李平书。"

李显谟权衡之下,认为江、浙、沪同时发动之议识卓见远,欣然允诺说:"待我密电徐统制,要彼速作准备,至于老叔那头,谅无多大难处。老叔深具爱国之心,早年因支持民众反对法国占我广州湾,被革除遂溪县令。上次回沪探望他老人家时,曾拍案痛斥清廷腐败,列强横行,还称赞中山先生是当今第一伟人。"

"那就一言为定,我与纯初兄拟于明日赴鄂,这里的事就仰仗各位了,具体筹划,由英士兄召集之。喔,还有一点,不得不说。"黄兴望了陈其美一眼,"听说你积习未改,来沪上后,常出入花街柳巷,这就不应该了。你我革命同志,直言相劝,盼英士兄自珍自爱,严加制约。"

陈其美不以为然,笑笑说:"不过逢场作戏而已,枝叶小节,克强兄何必那么认真?"

"什么逢场作戏?早年你在日本时也这个样子,孙先生也曾当面批评过你。玩物丧志,古有明训,兄不可不鉴。"黄兴紧追不放,"兄这样放荡,不只有失人格,且有损我党声誉,据缦云、惠钧等言,李平书先生也厌恶你寻花问柳,耻与为友。"

宋教仁等也都谆谆劝导,陈其美见大家都这么说,不得不表示说:"各位忠言,铭记心田,改过便了。"他转向李显谟,"说实在的话,我身为青帮首领,不得已随波逐流,意在掩人耳目,实以此为保护,利于革命耳,盼英石兄向老叔说明此点,切莫以为我陈其美是个好色之徒。"

"利嘴一张,不过也有些道理。"杨谱生笑着说。

三方面共谋举义

经由李显谟讲解形势,晓以大义,李平书终于同意,与同盟会联合,共谋上海光复。10月29日,李平书在成都路贞吉里寓所,与陈其美作了一席长谈,议定"上海视南京而动",双方各作准备,随时协商。

会见陈其美后,李平书借助救火联合会,召集商团公会及上海城自治公所议董会议,通过了李平书的决策,商团参与上海光复大业。以沪闻鄂变、风声益紧为名,申报上海道,自即日起,商团武装每夜分段出巡,其用意在战前演习,随时允命出击。在此以前,李平书已联络了制造局炮队管带张某、淞沪巡防营管带梁某。吴淞炮台总台官姜国梁毕业于湖北武备学堂,是李平书的学生,也由李平书密授了应变机宜。

11月1日上午10时正,李平书集合商团于南市九亩地大操场,举行检阅典礼。军乐声中,二千余团员一律洋装革履,背枪佩刀,步伐整齐地通过检阅台,个个神雄气昂,英姿勃发。检阅既毕,李平书朗声宣告:"经各议员一致议决,特邀新军第九镇军官李显谟,担任上海商团总司令,负指挥教练之责。"

掌声中,李显谟一抖缰绳,策马而前,出现在队伍前面,全身戎服,肩背短枪,腰挂长剑,威风凛凛,引来一片喝彩声。他环视全队,举手为礼:"承蒙各位看重,实不敢当此重任,今后自当尽心竭力,不负厚望。"他继而提出了训练中必须遵循之要素六条,并扼要叙述了攻防进退各法,侃侃而谈,头头是道,全场侧耳恭听,敬佩之心油然而生。

光复会也在积极准备。时闸北、吴淞的军警首领中,不少是李燮和的湖南老乡,遂以同乡之谊,先后策反了闸北巡警总局骑巡队管带陈汉钦,吴淞巡官黄汉湘、巡防营管带章豹文、巡防水师营管带王楚雄、海盐巡捕营统领朱廷燎、吴淞警务区区长杨承溥及制造局附近炮队士兵若干。这样,闸北、吴淞两地军警基本上已为李燮和所掌握。这些部队中,有不少革命党志士潜伏在内,如闸北巡局中就有陈汉钦、郭汉章等以"汉"字排列的"十三太保"。

10 月底,武昌告急,汉口已处于清军包围之中,湖北军政府急切希望在长江下游开辟新的战场,以牵制清军力量,切断其后援。10 月 31 日,宋教仁自武昌密电陈其美:此间战事吃紧,亟盼各处响应。同盟会于是议决,推翻"上海视南京而动"的前议,改为"上海先动"。陈其美随之与李平书接头,请求举行联合会议,商讨新决策。

会议于 11 月 1 日晚在上海城自治公所进行,同盟会方面,陈其美、杨谱生、钮永建、叶增铭等参加。商团方面,除商团公会及上海城自治公所议董外,六部商团司令也都与会。会议开始,陈其美介绍了武昌前线形势后说:"鄂战不利,要沪上速作响应;已探知清军五艘兵舰停泊吴淞口外,欲将制造局军火装载船上,运往湖北急攻汉阳。据此,本党拟于近日内在上海发动,使清军不能首尾相顾,则武昌之危可解,革命源地可保。"

沪西商团司令吴怀疢似信心不足:"商团只是业余搞些简单调练,都未上过阵,且有枪械者不足半数。"

"制造局炮枪弹药堆积如山,兄弟将亲率一队,攻打制造局,制造局一得手,敌之武器尽归我有。"陈其美道。

"据我看来,商团训练有素,大都已掌握投掷炸弹、射击、拼刺要领,且都血气方刚、热心革命,临阵必义无反顾、奋勇向前,所谓敢死之士是也。"李显谟竭力主张上海先动,"上海义旗一举,徐统制的第九镇即会响应,何愁大事不成?"

"人心归向,乃战争胜负之一大要素。"杨谱生紧接着说,"沪上各界咸引颈以盼光复,武昌首义之后,湖南、陕西、江西、山西、云南各省纷纷发动,消息飞传上海,沪地军政头目已成惊弓之鸟,听说上海道台刘燕翼已准备逃走,目前先将家眷、细软搬去了租界。"

"商团兄弟个个上有老,下有小,且大都又在沪上,若举义遭挫败,必累及九族,我等何以交代。"商业补习会商团司令苏本炎不无担心地说。

"凡成就大业,焉可不作牺牲?"叶增铭慷慨而言,"我党曾发动多次起义,抛头洒血者何止千万?为夺推翻清廷之最终胜利,即使万死,也在所不辞!"

"是啊,我沪地也不乏敢死之士,阎应元、夏完淳、陈子龙等皆是,死者已矣,生者何心? 若不奋起,更待何时?"沈缦云深有感慨地说,"今次举义,愿决战前敌,以效先贤。"

"缦云兄壮心可嘉,弟愿追附骥尾。"吴怀疢深受感染,言出内心,"只是上海道在松江有左营衙门,在苏州有右营衙门,均屯驻重兵,得悉上海事发,片刻及至,须早有对策。"

钮永建当即站起来说:"本党已有应对之策,苏州混成旅协统刘之浩已赞同起义,松江那边,我今晚就去策动,决无问题。"

"李先生,你的意见如何?"随着陈其美的话,众人把目光转向李平书。

其时,李平书已思考成熟,他扫了会场一眼,从容而言:"革命倒满,复国自强,已到时候。上海举义,不过迟早而已,武昌岌岌可危,焉能坐视不动? 懦者,事成之贼也,勇者,胜利之本。今各方准备大致就绪,士气高昂,民心可用。"他略微停顿了一下,一句拍板,"上海可以先动。"

"那就这样决定。"陈其美以兴奋的口吻说,"严待明日与光复会接洽后,再定具体日期,总之,二三日内必然举义,望各位作好一切准备。"

11月2日上午,陈其美又收到黄兴密电:我军退守汉阳,尽力防御,惟兵士多系新招,不能久战,盼疾速响应,绝彼后援。

陈其美立即去"锐进学社",会见李燮和,直言道明来意。双方一致决定,于次日下午4时举义。闸北、城厢、南市一起发动,分工如下:闸北首要目标是巡警总局,以起义巡警陈汉钦部为主,光复军及商团为辅,由李燮和负责之;城厢内外,首攻上海道署,由李显谟率商团夺取之;南市以制造局为主攻目标,陈其美带领刘福标的敢死队打头阵,学生军、商团配合之。临分手时,陈其美半真半假地说:"昔日刘邦、项羽会攻秦都咸阳,约定先入咸阳者尊为王。你我不妨效法,先得手者,为沪军都督。"他听了刘福标的夸夸浮言,以为制造局唾手可得,所以敢出此言。李燮和先是一怔,继而莞尔一笑:"英士兄有此提议,焉有不从? 祝马到成功,弟静候佳音。"

陈其美马不停蹄,又匆匆赶去李平书处,告之武昌战况益趋不利,汉阳已有失守讯,上海发动刻不容缓,已与光复会约定起义时间,并告之以具体时日、计划。李平书表示赞同,三方于是连夜调集兵马,规定旗帜标识,明确攻击目标,磨砺以待。

克城厢兵不刃血

11 月 3 日清晨，闸北商团司令尹村夫在租界孟渊旅馆约见巡警总局骑巡队管带陈汉钦，商议攻打总局事。巡警总办汪瑞闿对陈汉钦早就有怀疑，派人暗中跟踪，起义机密泄漏！汪瑞闿于是报告总局长姚捷勋，下令收缴了骑巡队部分官兵的武器。风云突变，尹村夫与陈汉钦当即立断：提前发动。

上午 10 时，陈汉钦率骑巡队官兵，突然拥进巡警总局，要求领枪。汪瑞闿正在内室与姚捷勋密谋镇压，闻讯迎了出来。陈汉钦厉声责问："外边传扬，革命党即将举事，众多兄弟枪械被收，何以御敌？快把武器发给弟兄们。"

"这是局长的命令，谁敢不从？"汪瑞闿双手叉腰，不可一世。

官兵不由分说，径去军械储藏室取枪，不料里边空空如也。汪瑞闿尾随而至，破口大骂："你们想造反？"说着拔出手枪，"喀嚓"一声子弹登堂。

"造反又如何？"陈汉钦冷不防挥手给了他两记耳光，又对空连放三枪，队卒跟着举枪乱放。躲在里边的姚捷勋听得外边枪声大作，情知不妙，忙从后门逃出。此君平时养尊处优，沉湎酒色，又患有气管炎，刚走了几步，便已哮喘大作，不能步履。幸有五六个亲信左右扶持，半拖半拉，始得保全性命。

陈汉钦吹响哨音，入内搜查，局中科员都已逃逸一空，汪瑞闿也趁机不知去向。官兵扯去了肩章，左臂各扎白布一方，与前来会合的商团聚集总局门前。各分局官佐警士中多有阴附起义者，纷纷响应，闸北由是不战而光复。午后，陈汉钦派巡员四出，高举起义旗帜——白旗，分赴各街，宣谕革命军占领闸北，劝谕居民各安生业，毋须惊恐。李爕和以上海临时总司令的名义张榜安民，市民奔走相告，咸知闸北光复。

下午 2 时正，按事先的规定，小南门救火会鸣救火钟 9 响，继以 13 响，寓农历 9 月 13 月举义之意。钟声传遍近远，隐伏各处的商团，同盟会的敢死队、学生军，光复会的光复军，列队跑步进入南操场。陈其美登上土墩，声音嘹亮，琅琅宣布云："满清盗我中华，残虐神州，同胞之深仇大恨未报者，历二百余年矣！屠杀之惨，历历在目，卧薪尝胆，未敢稍息。为光复汉室，振兴中华，我革命军武昌首义，天下响应，义兵共起，满虏屡战屡败，覆亡之日不远矣！上海华洋杂处，形势险要，故我上海军政府革命军，定于今日起义于上海，凡吾申城健儿，均当奋勇不顾，光复上海，救沪上同胞于水火之中！"

众齐声高呼："光复上海！光复上海！"声震天际！随着陈其美一声令下，降下旗杆上的黄龙旗,改悬起义白旗,所有起义人员不约而同,以白布缠绕左臂,是时群情沸腾,达于极点。

接着,由李显谟下达作战命令:沪学会、商业体操会、闸北、沪西商团,合力攻占上海城厢,商余、商补商团随陈其美先生攻打制造局,其余各商团及光复军,进驻城厢内外,维持治安,听候调遣。

"啪!"李显谟鸣枪一响,号角齐吹,各支革命军跑步出发,喊杀声震天撼地。事前,同盟会、光复会已有众多志士打入军警内部,已暗中策应妥当,故而革命军经过时,均不加干涉,任其通过。革命军顺利进驻了内外城厢,分段把守,城楼之上大白旗迎风招展,万众欢腾!上海兵备道衙门,是革命军攻击的主要目标之一。闸北商团司令尹村夫兵分三路,一路攻正门,另两路攻东西辕门。原先估计,道署有众多清军驻守,必有一番恶战,岂料革命军开至道署门前一箭之地时,但见大门洞开,里边灯火通明,驻署部队自动将白布缠于左臂,向革命军投诚。原来道台刘燕翼已闻风逃遁,树倒猢狲散,谁还愿意为他卖命?革命军刀不刃血,占领了道台衙门,放火焚燃大堂,霎时火光冲天。

革命军复攻参府署,参将慑于革命军威势,声言自动避让,参府署也不攻而下。上海县知事汪瑶庭,也是个识事务者,早就高挂印绶,不知去向。

在吴淞、黄汉湘传达起义命令后,巡防营统领兼炮台总台官姜国梁、南台台官施泽、北台台官潘碧澄、狮子林台官于连会、警务区区长杨承溥、海盐巡捕营统领朱廷燎等立即升起白旗,响应起义。

至下午8时,闸北、上海城厢、吴淞先后宣告光复,店肆如常开市,市民非但无惊恐之色,更相视而嘻,似遇喜事。大街小巷,到处可见上海民政长李平书颁发的安民告示:

照得武昌起义,同胞万众一心。
凡我义旗所指,罔不踊跃欢迎。
各省各城恢复,从未妨碍安宁。
上海东南巨埠,通商世界著名。
一经大兵云集,损害自必非轻。

1911年11月3日,同盟会会员陈其美等在上海领导起义。4日上海宣布光复,成立沪军都督府。随即派兵往苏州,迫江苏巡抚程德全宣布独立,并举为江苏都督。这是上海望平街各报馆前人们在购阅刊载起义消息的报纸

今奉军政府命,但令各界输诚。

兹已纷纷归顺,足见敌忾同情。

惟愿亲爱同胞,乃各安分营生。

洋人生命财产,切勿趁机相侵。

转瞬民国成立,人人共享太平。

又有四言布告云:

上海巨埠,保护华洋。免受兵火,独立主张。

凡我商民,切勿惊慌。照常营业,痞棍宜防。

如有闹事,军法照行。本军府示,各各传扬。

各处布告前,人群蚁集,相聚而视,亦有一人朗读,众人倾听;读至痛快处,掌声大作。

陈其美谈判被扣

光复上海最艰巨的一仗,是制造局之战。制造局,全称江南机器制造总局,清末官办的军事工业之一,地点在南市高昌庙,由曾国藩、李鸿章创办。经不断扩充,至辛亥革命前,已成为清政府规模最大的军事工业,主要制造枪炮和修造兵舰轮船。武昌起义爆发各省响应后,清廷将枪炮弹药源源运济各省军队。

革命军欲光复上海,必夺制造局。该局总办张士珩因制造局是沪上军事要地之最,防卫极严,常驻巡防一营,炮队二营,护卫亲兵、护局警士各一营。闻讯闸北起义后,张士珩急调淞沪巡防一、四两个营,分驻入局来路要冲,又于江滨列排炮六门,局门内外还增设小钢炮、机枪。

进攻制造局的革命军,由陈其美率领,杀向制造局,途经巡防一、四营的防地时,其管带已被革命军策反,双方举手为礼。

5时许,革命军已潜至局前。此时恰值局中开门放工,陈其美率敢死队猛扑过去,连连挥手,甩出炸弹,轰然声响,弹片横飞,守门局兵猝不及防,乱作一团,敢死队趁机冲进了大门。局兵急忙关闭二门拒守,顿时枪声大作。

局兵爬上楼房,从屋顶、窗户居高临下,长短枪齐放,内中多有心盼光复阴附革命军者,所以尽管俯瞰射击,命中率不高。革命军打一阵,他们还击一阵,革命军不打,他们也不打,双方就这样对峙着。虽如此,革命军已死伤十余人。

陈其美见久攻不下，革命军不论在火器上还是地形上，都占劣势，且弹药有限。为避免过多牺牲，下令撤出，另谋良策。

明月当空，银光普照，时已初冬，寒气袭人。革命军虽然饥寒交加，仍然士气高昂，除担任警戒的外，均席地而座，秩序井然。他们期待着陈其美的锦囊妙计，以再次出击。

陈其美忧心如焚：制造局迟迟不下，上海四周的清军闻讯增援，内外夹击，后果不堪设想，不只是上海光复难奏成功，南京、苏州、杭州也遽难响应，何以对党内同志？何以对总理？何以对沪上同胞？他伫立许久，苦思多时，决计作冒险一搏，对跟随在后的刘福标说："我欲入内与张总办谈判，劝他放下武器，归顺革命军。你速派人去见李平书、李燮和两君，他们如已得手，速派兵增援。"

"使不得！使不得！"刘福标一把拉住，"张士珩是个死硬分子，与之谈判，还不是羊投虎口？"

"不入虎穴，焉得虎子？谈得成，最好，谈不成，决作壮烈牺牲！一个小时内不见出来，你可与攻打后门的杨谱生合兵一处，拼力硬攻，不惜鱼死网破！"陈其美拔出短剑，一把割断被刘福标拉住的衣襟，快步向前，并高声喊道："大家都是汉人，不要打了，我们派代表来谈判，快去通报张总办。"

片刻以后，制造局大门缝里探出半个身影："哪位是谈判代表，张总办有令请进。"

陈其美将刀枪卸下，整了整衣衫，大踏步入内。

三门内大厅正中，张士珩穿马蹄袍，戴翎毛帽，端坐在太师椅里。在他两边，两排全副武装，缀着"亲兵"字样的卫士相对而立，从堂上延伸到阶前，陈其美刚踏上门阶，卫士如下了口令似的，"哗"的一声，从鞘里拔出砍刀，高擎过头作砍杀状。陈其美如同未见，径直向前，对着张士珩拱一拱手："本司令受革命军之托，来与总办谈判。"

"什么司令不司令的？有话快说。"张士珩连身子都没有动一下，只是抬了抬眼皮。

"本司令姓陈，名其美，原任《民立报》访员，现任上海军政府革命军总司令。"陈其美不卑不亢，自我介绍。

"还不是犯上作乱，看你是个读书人，想必被乱党所利用，姑且饶你不死，快去叫外边的人散去，各务本业。"张士珩眼睛一瞪，"若不听好言相劝，杀无赦！"

陈其美淡然一笑，侃侃而谈："满虏昏庸无道，对内滥施残暴，对外投降洋人，丧权辱国，激起天怒人怒。武昌首义，一战而捷报，全国响应，各省相继独立。我上海军民亦已举义起事，众志成城，民意难犯。制造局外，已兵围十重，本欲一举扫平，念及局内军火甚多,交起火来,一旦引爆弹药,房屋人员俱毁,因不忍伤犯同胞,故只身入局,求见总办,望总办顺天应时,与我军政府共同举义,同为共和之功臣。"

张士珩"嘿嘿"冷笑:"本总办乃朝廷命官,钦赐顶戴花翎,自感皇恩浩荡,无以报答,岂愿为贼迷惑?来啊,把他推出去,枪毙!"

"喳!"卫兵拥上前来,将陈其美双手反缚,推了要走。

"哈哈哈……"陈其美仰天大笑,脸不改色,"人称张总办久经战阵,气壮如山,依我看来,却是胆小如鼠之懦夫耳!"

"此言怎讲,难道本总办怕你不成?"张士珩好胜心极强,被陈其美一激,手一挥,示意放开。

"两国交兵,不斩来使,古有先例,历代相习。本司令只讲了几句,总办就气势汹汹喊杀,本司令手无寸铁到此,本就置生死于度外,何惧一死?要杀便杀,不必多言。"他转而对呆立的卫士说,"来吧,一枪了结,做得干净些,免得不死不活难熬。"

"慢着,这小子狂妄之极,我偏让他不得好死,要他尝尝大清刑具的厉害!"张士珩歇斯底里狂叫,陈其美遂被推去堂后,严刑拷打。

制造局彻底血战

张士珩因电话线被切断,无法请求增援,不由得心烦意乱,只是在厅里踱来踱去。听得一阵急促的脚步声,回过一看,是制造局提调李平书。

"听说革命军派代表入局与总办谈判,人呢?"李平书急切而问。

"在后面受讯。"张士珩余怒未消,"这小子真可谓大胆,自称什么司令,鼓动簧舌,妄图策反本总办,哼!"

"求总办将此人放了。"李平书直言提出。

"放了?!"张士珩紧盯着李平书,"这人是乱党头目,与提调是亲?是故?还是另有什么交往?"

"非亲,非故。"李平书恳切地说,"鄂变以来,各省继起,已成燎原之势,总办也是汉人,何不效法黎元洪……"

"一派胡言!"张士珩厉声斥道,"前几天,你要我勿向前线运送军火,今又劝我释放乱党头目,步黎元洪后尘,背叛朝廷,该当何罪?"他因李平书是沪上大名人,又掌握商团武装,"拿下"两字刚到嘴边,又咽了下去,"还不退下?"说罢转过身,再也不理。

李平书沮丧而出,刚至局大门外,瞥见副会长王一亭。王一亭听说陈其美被扣,心急似焚,赶来欲图营救,两人计议了一下,复又入内。

王一亭抢先说:"被拘之陈其美,系《民立报》访员,该社全体同仁请求总办将其释归。"说着递上吁请文书。

"自治公所,商团公会全体议董,愿意保释陈其美。"李平书接口道。

"尔等居心何在?胆敢为乱党头目具保!"张士珩将吁请文书扯得粉碎,"本总办决不放人,来啊,拿陈其美就地正法。"

"总办千万不可凭一时之怒。"王一亭神态严峻地说,"我等不避锋镝保释陈其美,实为总办身家性命着想。适才得报,闸北、城厢内外均已为革命军攻占,刘道台、杨参将、汪县令度势不敌,都已逃去了租界。总办妻子儿女住在城内,如杀陈其美,家小难保,投鼠忌器,总办还须三思。"

"更有甚者,"李平书打出一张王牌,"陈其美来局与总办谈判,也是英租界当局的意思。英人恐交战时枪炮无眼而伤及外人性命财产,力主革命军派人入局谈判。总办扣留陈其美,又下杀令,英国人的面子往哪里放?一旦因此而引起外交争纷,总办如何担当得了?"

自鸦片战争以来,中国官吏的膝盖骨都变成软的了,洋人的一句话,自西太后以下,谁敢说半个"不"字?张士珩自然也在此列,一听李平书的话,态度明显软了下来:"烦提调速去告诉英租界方面,本总办绝对保证陈其美的生命安全,至于放人么,须经乱党解围之后。"当然他不杀陈其美,还有担心家小遭报复的成分。

李平书、王一亭再三劝他当堂开释陈其美,他终不答应,不耐烦地说:"本总办主意已定,不必多言。"

两人知再说也无用,只得退了出来,回商团公会商讨对策。这时,有人送来书信一封,李书平拆开一看,是他莫逆之交、上海道署总账房朱葆三所写,大意谓:"南京督署电示上海道,上海起事,商团尽叛,已令江宁、松江两地进兵,无论乱党、商团,擒获者,悉数正法!"

"事已至此,进或不死,退则必死,与其引颈受戮,不如殊死一搏?"李书平两眼炯炯,作出决断,"调集全体团员,合力攻打制造局,一亭,速速起草反攻令!"

围攻制造局的反攻令,由李平书、李显谟签署发出。李平书坐镇救火联合会,掌握信号联络及后勤供应,攻坚组织指挥,则由李显谟负责之。上海城自治公所及商团公会各议董,大多随队赴前线,作宣传鼓励。

4日凌晨1时,各支商团队伍汇集,沈缦云、叶惠钧、王一亭三位副会长亲临阵前,由沈缦云宣读反攻令后,李显谟率众誓师:"当此千钧一发之际,我全体团员抱必死之决心，前仆后继，奋不顾身，誓夺制造局，誓夺上海光复全胜。"他念一句，众跟一句，声震夜空。王一亭见群情激昂，备受感奋，痛哭陈词："愿我团员，抱破釜沉舟之志，即夕奏功，则城中无数生灵、我团员数千家室得保安全，勉者诸君，祝尔等成功归来！"

至晨2时，商团个个备足弹药器械，饱餐一顿后，进入阵地。这时，李燮和所调遣的反正清军，如闸北、吴淞的骑巡队、巡防营以及水师，分水陆两路赶来支援，制造局周围火把乱舞，刀枪棍棒齐举，吼声似雷，气吞山河。

3时正，李显谟举手一枪，复攻制造局战斗开始，商团千余精锐担任正面进攻，仍由刘福标的敢死队作前锋。制造局大门是铁制，后护铜板，又高又厚，敢死队先掷炸弹，未曾炸开。刘福标急了，匍行至门前，十几个人抱起一根大木头，统一口令下，合力撞击，然也不奏效，连撞数十下，大门只稍稍抖动。清军见状，向门外抛掷炸弹，敢死队不断有人倒地，虽如此仍勇往直前，无一畏缩后退。李显谟急令商团加强火力，对准局内楼房窗户猛射，以抑制敌人。

"轰、轰、轰"传来几声巨响，攻打局后的革命军用炸药炸开了枪厂房围墙，冲入局内。与此同时，另一路则由海军栅潜入船坞，齐向局中主体大楼冲击，主体大楼是钢筋水泥建成，墙壁坚厚，清军据楼顽抗，居高临下向四周射击，枪声、杀声、炸弹爆炸声如急风骤雨，响成一片。

刘福标的敢死队中，有一队是京剧演员，由著名武生潘月樵带领。他猛然想起，下午攻入门后，见两侧栅栏里堆满制作枪托用的木料，何不采用火攻，以扰敌军心？便忙去附近杂货店，向店主讨来一桶火油。然围墙高丈余，如何爬得上去？"有了！"他一拍脑袋，妙计顿生，把几个武生召来，成叠罗汉踏肩而上。最上面的是潘月樵，只见他双手扒住围墙，略一屏息，只一纵，身轻如燕骑在围墙上，解下腰间绳索垂下，吊上火油，又伸手接过抛上来的木棍，饱蘸火油，一根、二根、三根，向木堆掷去。他突然直立墙头，将火油洒向木堆，然后双脚一点，轻轻飞落墙下，毫毛未伤。

霎时，栅栏内火舌四窜，火借风势，风助火威，燃起熊熊大火，映红了半边夜空。张士珩见状，急得直跺脚，却又无可奈何。不少局兵度势不敌，各寻隐蔽所在保命去了。

义兵天助，商团团员许奇松等，在局外土坑里发现了一门敌人炮兵弃下的大炮，费了九牛二虎之力，推来局前，对准铁门、围墙猛轰。炮声震耳，砖石纷飞。把守大门的局兵失魂落魄，逃入二门。局兵梁得意响应起义，混乱中打开大门，革命军呼喊着蜂拥而入，时为凌晨四点半。

革命军又连放数炮，将二门内屋顶掀去，局兵纷堕如落叶，张士珩一面下令坚守,一面令海军助战,海军已阴附革命军,拒不从命。这时,攻入局后的革命军也放起火来,张士珩叫天天不应,叫地地不灵,保命要紧,在亲信保护下,既下预先备好的小火轮,从水路逃去租界内的德商洋行。

局兵群龙无首,高悬白旗投降。经彻夜血战,至11月4日上午8时,制造局为革命军全部占领。李显谟令扑灭大火,收容俘虏,出榜安民。至此,上海全城宣告光复。

刘福标一入制造局,就打探陈其美的下落,却都说不知道。情急之下,拿被俘的局兵出气,问一声,打一记。李燮和发现后,忙上前劝止。

革命军四处寻找陈其美,搜遍了各办事间、厂房、仓库、餐厅乃至厕所,哪见踪影?李燮和亲自带着几个人复又搜寻,打开了机器房楼梯边的一间破旧小屋,里边贮满废钢铁,暗不见人。正欲退出时,似听得有铁器摩擦声,心中诧异,令取来火把,循响声寻去,朦胧中发现一人坐在长条凳上,头背笔直,紧紧贴在墙上,近前一看,正是陈其美。只见他手脚被铁链锁住,嘴里塞着一团废油布,两眼发直,忙上前搀扶他起来,却身动头不动。原来他的发辫被从壁孔拉出壁外,紧钩在铁钩之上,所以不能动弹。众人七手八脚为他除去铁链,放下发辫,拔去嘴里油布,架着他走了几步,活动一阵手脚后,由李燮和派人,送他回去歇息。

午后,全体革命军各被授予新枪一支,子弹30发,随即整队而归,沿途高唱军歌,一时万人空巷,观者如堵,军民同庆凯旋。军政府颁布的文告四处传扬:"我江东革命军,于9月13日起义于上海,人民欢迎,健儿踊迎,遂得克复江南制造局,保守吴淞炮台,地方安靖,不犯秋毫。军政府拟上溯长江,恢复江宁,克日汇合武汉、皖、浙光复军,共伸天讨,谅锄野蛮之满政府,建立共和之新国家!"

沪宁站义军扬威

上海光复,不只遭到清政府的严厉镇压,各帝国主义列强也横加干涉。早在起义发动之前,英国驻沪领事法磊士,就已致电英驻华公使朱尔典,请准予宣布上海"中立",并将租界周围60里内划为"中立区",以阻止革命军进入。应上海道台刘燕翼的要求,租界当局派出大批捕探,在车站、码头严密搜捕革命党人,并于各报馆处日夜巡逻,不许发售载有各地起义消息的报纸。公共租界警务处总巡长还亲临江南制造局,为清军设防献策。

11 月 3 日起义爆发后,英国驻华海军司令急电海军部,称上海"局势危急,为保护各国在上海的利益,应与美、法、日、德等国各向上海派兵一千五百,并随带火炮"。500 名全副武装的美国水兵,整队上岸示威。日本、法国的水兵也都一齐出动,在通往租界的道口堆积沙包,占据高楼大厦,进入临战状态。当军政府要求租界当局交出逃入其间的张士珩、刘燕翼等清朝官吏时,又横遭拒绝。上海光复的消息传入租界后,中国居民张挂白旗,庆祝起义胜利,租界当局严令禁止,巡捕挨户检查,把白旗尽行撕毁。

沪宁车站,是上海至内地的交通枢纽。为了防止清军官吏逃走,又为及时运输兵员、武器支援各省军民,李平书指令吴龙泉率一支革命军,进驻沪宁车站。不料车站英籍车务总管朴爱德横加阻拦,无理关押了进入电话室的革命军,并调来租界工部局武装——万国商团,强行占据车站。

为了维护国家主权,闸北商团司令尹村夫赶去车站,以革命军代表名义向朴爱德严正交涉:"沪宁车站不在租界范围之内,用不到租界当局管理,请将万国商团撤出。"

"尹先生不会不知道中国政府早已将铁路抵押给了我大英帝国,如今上海局面混乱,我大英帝国有权加以保护。"朴爱德耸耸肩膀,"保护铁路是我们的责任,尹先生你懂不懂?"

尹村夫反驳道:"这条铁路历来由中国政府管理,今上海已宣告光复,沪上各事,均已由革命军接管,沪宁车站理应归我军政府管理。"

"上海军政府?我们只承认大清政府,其余的,一概不承认。"朴爱德以轻蔑的口吻说。

"你们承认也罢,不承认也罢,上海军政府确已存在,我们能打下上海,还愁区区一个沪宁车站?"尹村夫义正辞严,"上海军政府不是上海道台,任凭你们驱使,我代表军政府严正要求:一、将车站顶上的黄龙旗降下;二、撤退站内万国商团,由革命军驻防接管;三、调度车辆,为军政府运送军需各物。"

朴爱德依然态度横蛮地说:"本处谨守中立,不许干涉铁路办理各事,当然,更谈不上为你们运送军需品了。"

忽听外面吼声震天,原来是大队革命军已开来车站,将万国商团包围,摆开战斗阵势。朴爱德心头发慌,打电话报告领事馆,根据领事馆的指示,对尹村夫说:"可以考虑将车站交付革命军,但须待请示国内。"

尹村夫庄严而言:"万国商团必须在 12 小时内撤出,到时候不论撤与不撤,革命军一定进驻,如有冲突发生,一切后果由你们承担。再有,上海现已为革命军光复,清政府上海道台已不复存在,必须立即把黄龙旗卸去。"朴爱德慑于革命军威势,僵持了一阵,只好命人降下了黄龙旗。

至晚上九点半,12 小时限期将满,万国商团终于灰溜溜地撤出了车站,起义白旗在楼顶旗杆上冉冉上升,周围市民仰望欢呼,久久不绝。军政府任命尹村夫为沪宁车站运输指挥官,车站防护、车辆调度、运输等各事,均由革命军全权负责,一场维护主权的斗争胜利结束。

陈其美一"绑"及第

11 月 4 日,同盟会、光复会、商团公会的领袖们业已着手筹组上海都督府事。6 日午后,各方代表六十余人,或骑马、或马车、或人力车,陆续到达小东门原清军海防厅,参加沪军都督推选大会。

下午 2 时,李平书、李显谟、陈其美、杨谱生、李燮和等三方首脑登上主席台就座已毕。李平书宣布开会,各方代表相继发言,内容大致相同:迅予组织都督府,以安定民心,保卫地方,筹划征讨大计。是时全场秩序井然,除了发言人讲话外,台下寂静无声。

时至 3 点,商讨都督人选,气氛骤变。陈汉钦抢先说,"上海光复,闸北最先发动,一举而成功,吴淞要塞又不战而下,此皆李燮和先生运动筹划之力,燮和先生出任都督,在所必然。"

"闸北、吴淞光复,燮和先生功不可没,然上海独立,关键在制造局之战。李司令显谟组织指挥革命军,激战彻夜,最终占领制造局,救出陈其美先生。显谟司令军事学识渊博,指挥光复上海任重功高,出任都督,属众望所归。"自治公所副议长吴怀疚的话刚毕,商团公会方面的代表众声附和。

同盟会本拟由陈其美出任都督,陈其美自己也跃跃欲试,不料首攻制造局失利,又谈判被扣,甚为扫兴,虽则如此,犹不甘大权旁落。当即由黄郛说:"英士先生知难而上,亲率敢死队攻制造局,又最先入局,功推第一……"

尹村夫不客气地打断了他的话:"陈先生非但没有攻下制造局,还成了阶下囚,若无显谟司令攻入局内营救,恐已早成刀下之鬼了。"

"都督人选,非显谟司令莫属。"商团公会与会者众口同声,李显谟出任沪军都督的意见渐显优势。

"各位静一静。"陈其美忖度再拖下去,对自己更为不利,迫不待及道,"武昌首义，系我党同志所发动，中山先生系举国上下革命党人公认之领袖，诸多省份光复后，均以中山先生名义发布文告。上海起义，若无我党从中联络，则难奏成功，故上海光复之功，以我党为最，都督一职，拟以我党人员为宜。"他取出一页纸，向众一扬，"我党已作议定，黄郛为都督府参谋长，李显谟、李燮和、陈汉钦、杨谱生、钮永建、叶惠钧诸君为督府参谋，至于都督，由本人担任。"

这份人选名单，陈其美事前未与光复会、商团公会商量过，故而一经宣布，引起全场哗然。众人特别不满他大言不惭自己选自己，由议论而叫嚷，由叫嚷而大骂，秩序大乱。

黄郛是陈其美的至交亲信，眼看陈其美将落选，再不力争，更待何时？他突然拔出手枪，指着李平书：这次攻打制造局，英士先生最先进入，又吃了这么大苦头，应当举为都督，请李先生公断一句。"

商团公会岂甘示弱？一齐拔枪在手，对准黄郛、陈其美。正相持不下时，猛听得有人高叫："都督非英士先生不可，尚有不从，同归于尽！"众人回头一看，见有一人立在门口一张椅子上，右手高擎手榴弹，导火线紧扣在手指上，左手撩开衣襟，又在腰际，横眉怒目，满脸杀气。此人是谁？敢死队队长刘福标，今天充任陈其美的保镖，等候门外，见机而作。

几个赶来采访的报社访员吓得魂飞魄散，慌忙闪在两边，以防误中枪弹，两个腿快的则溜了出去。会场外本有商团守卫，见访员惊慌而出，追问何事。访员指指会场，说："刘福标要炸会场。"商团一听，十几人提着枪向会场拥去。刘福标手下的人窥在眼里，迎面拦住，双方都举枪在手，弹上膛，一触即发。

陈其美见商团方面人多，真的火拼，同归于尽在所难免，便对黄郛、刘福标喝道："把枪收起来，吵吵闹闹成何体统？"继而问李平书，"李先生，您看如何为好？"

"洪秀全得天京而复失，内讧所至，前车之鉴，不可忘却。"李平书喟然叹息，"沪上虽已光复，然百废待兴，且江宁未下，清军正在围攻武汉三镇，我等任重而道远。今兄弟阋墙，使亲痛仇快，传扬出去，只道我等追名逐利，属鸡鸣狗盗之类。暂且休会，盼各位以大局为重，公心出发，认真考虑都督人选。老朽表明心迹，不求一官一职，但求为共和革命尽忠尽责！"

陈其美自感此事做得过于露骨，不禁脸呈愧色，亏得李平书居中调解说服，最后各方意见基本归于统一。再次会议时，推定如下：沪军都督陈其美，民政总长李平书，军务部长钮永建，李显谟副之；参谋部长黄郛、刘基炎副之，财政部长沈缦云；外交部长伍廷芳，工商交通部长王一亭，海军部长毛仲芳，督府参谋李燮和、陈汉钦、钮永建、李显谟、黄郛、叶惠钧等。

名单公布后，光复会方面陈汉钦、黄汉湘等忿忿不平，李平书急对李燮和说：

陈其美墓(1916 年 5 月 18 日下午 5 时被害)

"今日之事,当以大计为重,愿先生一言。"

"唯先生之言是听,多数议决,燮和只能服从。"李燮和沉吟片刻后,不无勉强地说。

沪军都督府于是宣告成立,时人盖陈其美在制造局被绑了一夜,戏称其为"一绑(榜)及第","一绑都督"。

沪军都督府成立后,一面颁发文告,推行新令,一面组织出征沪军,会攻南京,支援各省光复。未及一月,安徽、浙江、山东、江苏相继宣告独立,此皆上海光复引起之连锁反应,孙中山先生曾予以高度评价云:"武昌既稍能持久,在各省响应也,时响应最力,而影响全国最大者,厥为上海。"

辛亥革命江苏起义纪实

1911 年 10 月 10 日武昌起义的消息传到江苏后,清政府的新军及广大民众群情振奋,纷纷起来响应。在短短的二十多天中,江苏的苏州、无锡、常州、镇江、南通、清江浦(今淮阴)、山阳(今淮安)、扬州、海州等地也迅速宣告光复。之后,各省军队组成江浙联军,云集南京,一举攻克这座江南重镇,为中国第一个共和制的国家——中华民国的建立,奠定了基础。

风起云涌各地光复

上海于 1911 年 11 月 4 日光复后,沪军都督陈其美即派出革命军官兵五十余人乘车赴苏州,与新军联络,宣传革命大义,并策动驻扎在城内外的新军官兵举行起义。清江苏巡抚程德全于 11 月 5 日晚召集苏州官绅商议,宣布反正,竖起了中华民国江苏都督府的大旗。原清朝江苏提法司护理藩司左孝同反对革命,只身潜赴南京向清两江总督张人骏请兵求援,其他的清政府追随者纷纷逃匿。11 月 5 日,苏州全城高悬白旗,满贴"兴汉安民"的标语,程德全正式就任中华民国苏军大都督,苏州正式宣告光复。这是继上海光复后,江苏第一座光复的城市。

苏州光复后,革命党人立即派人到无锡进行发动。无锡地方的绅商人士早已秘密组织了钱业商团,这时又策动了城内清朝驻军江湘营队官严守中立。之后,即组成光复敢死队于 1911 年 11 月 6 日上午袭击了无锡、金匮两县的县署衙门。当日下午,无锡全城宣告光复,秦毓鎏任军政分府总理处总理。

6 日,常州清江防营统领恽祖祁接程德全的电报后,宣布响应光复,何健任军政分府司令。同日,太仓、昆山光复。

镇江光复是 1911 年 11 月 7 日。位于长江咽喉部位的镇江,是南京的门户,挟象山、北固山、金山、焦山、岘凉诸险要,自古是兵家必争之地。清政府对该地防守十分重视,在此常驻有一万余精锐的旗兵和巡防队,后又调新军第九镇(相当于师)第十八协(相当于旅)驻镇。武昌起义后,第九镇官兵准备响应。新军第九镇的军官,多是江南陆师学堂及预备学堂的毕业生,他们都学了许多新的知识,接受了不少新事物,思想开明。士兵大多是征募而来,秀才、高小及初中生甚多,且富有爱国思想。他们中的许多人,曾受到赵声、熊成基的革命思想熏陶,革命精神高涨。由于官兵们的文化素质和军事素养都较高,因此清政府很是嫉恨,第九镇官兵无时不处在被监视控制之中。

在新军第九镇十八协三十六标(相当于团)一营管带林述庆的带领下,第九镇十八协全体官兵于11月7日夜宣布起义,响应武昌,围攻镇江城,林述庆自任镇军都督。旗兵无力抵抗,都统服毒自尽,其余官吏纷纷逃匿,少数违抗者被歼。11月8日,旗兵全部缴械投降。与此同时,驻于长江江面上的清巡防水师也宣布响应起义,投向革命军。

镇江光复后,从长江上游东驶而下的镜清、保民、建安、江亨、江贞、楚同、楚观、楚谦、楚泰、联鲸、飞鹰、登瀛洲及“张”字号等13艘南洋海军的舰艇,到达镇江江面。广大海军官兵早已赞成共和,在镇军与之接洽后,毅然宣布投向革命。林述庆即将诸舰艇改编为镇军舰队,“镜清”舰管带宋文翔为海军总司令,吴振南为都督府海军处长,同时,将第九镇十七协攻打南京失利后退到镇江的部队,改编为镇军第一师。

11月8日至15日,苏南地区的常熟、江阴、宜兴、吴江也先后光复。清江浦(今淮阴)的驻军为第十三混成协,该部炮队和辎重营官兵长期受革命思想的影响,在武昌起义的鼓舞下,于11月4日夜间发动兵变,围攻道署,清淮扬海兵备道奭良逃遁,遂由江北军事参议官蒋雁行出面,召集并约束起义官兵,要其各回营房,切勿滋事。11月6日,蒋雁行与地方各界人士商议光复事宜,大家一致拥护光复,公推蒋为江北大都督。11月7日,蒋雁行召集十三协管带以上军官在提督衙门开会,正式宣告清江浦光复,成立军政分府,同时,传檄山阳(淮安)及淮、扬、徐、海各县反正,并令派人前来开会。

11月8日,山阳召开光复大会,由周实、阮式二人先后发表演说,强调光复的理由,痛斥了山阳县令抗拒光复的行动。

通州(今南通)僻处江北,时江北一带田地崩坍,地方人士正在发起筑堤保坍运动。清两江总督端方曾许诺拨款帮助,但新任总督张人骏不顾人民疾苦,钱款拖着不给,激起人民极大的愤慨,同时,各种苛捐杂税也不堪负担。上海光复后,光复军特派曾住狼山右营游击的许宏恩来到通州,接洽光复大计,光复军的军舰也由沪兵临通州城下。清狼山镇总兵张士翰在地方士绅劝说下,表示归顺后离去,其部下高竖起白旗。11 月 8 日,通州宣告光复,成立军政分府,张詧为总司令,许宏恩为军政长。

11 月 9 日夜,镇军都督林述庆派徐宝山到达扬州。次日黎明,徐宝山即宣布扬州光复,同时成立扬州军政分府。扬州光复后,徐宝山又先后出兵光复兴化、泰州、阜宁、盐城等地。

1911 年 11 月 22 日下午,清海州盐防营官兵暴动,十多名士兵武装入城,攻入海州衙门。州官陈宗雍藏匿,其护兵响应起义,当日就光复了海州,何锋钰任民政长。

至此,长江南北的江苏大部地区已宣告光复,革命势力连成一片,南京益加孤立,成为孤城一座。

首攻南京　九镇失利

南京是东南之重镇,连江带湖,山岭逶迤,扼湖北、江西、安徽、江苏的交通,为长江天堑之险要之处,自古就有龙蟠虎踞之称,历史上曾有九朝建都于此。南京的得失,对于清政府和革命军都是至关重要的。清政府是志在必守。革命军虽然据有了长江中下游的广大地区,但对南京是志在必得,只有夺取了南京,才能与武昌方面遥相呼应,革命的成果才能稳固,战略上也可形成对北方清政权的对峙之势。

驻防南京的新军为第九镇十七协三十三标和三十四标,另有骑兵第九标、炮兵第九标、工程兵一营、辎重兵一营,共约 5000 人。第九镇三十三标原标统赵声,经常向官兵们鼓吹革命,后被端方撤职查办,但他留下的革命种子,已在官兵们脑海中扎了根。早在辛亥年的秋季,清廷即命新军第九镇三十三标的机关枪队随原两江总督端方入川镇压人民起义。当部队溯江西上抵达武昌时,正值新军第八镇举行起义,一改决定加入革命军作战。遂由周汉臣为敢死队长,在大智门一线与清军展开了激烈的战斗,有力地支援了革命军的战斗。

武昌起义后,在南京的第九镇官兵马上就开始私下密议准备响应。清两江总督张人骏早就对九镇官兵疑虑重重,八镇在武昌发难后,张人骏更是对九镇倍加防范,必欲翦除而后快。但要缴九镇的械,又恐激起兵变,于是,他就千方百计地在各个方面对九镇加以掣肘。新军九镇打靶剩余的子弹,被清江宁将军铁良、江防营统领张勋悉数收缴,九镇的4门大炮、8挺机关枪,也被清军强行收回,江防营又选派三营精锐部队,部署在三十三标驻地附近,随时准备行动,并将大炮架在标房后面的猫儿山上,狮子山要塞的大炮也指向了三十三标。

鉴于双方剑拔弩张的态势,南京城中同情革命的士绅马相伯、伍兰荪、樊增祥等人向张人骏建议,将新军全部调驻城外。这对于双方都是求之不得的,清当局马上采纳了这一建议。10月30日,新军第九镇统制徐绍桢率领驻扎在南京城内的全部人马,移驻距城60里的秣陵镇。

第九镇一到秣陵关,官兵们就摩拳擦掌,尤其是中下级军官,士气十分高涨,未经上级许可,他们就向部下下达了命令,马刀刺刀一律开口,子弹上膛,随时准备杀向南京。驻扎在镇江、江阴的三十五标、三十六标官兵也是跃跃欲试。

这时的九镇部队,子弹大部被收去,每名士兵仅剩三粒子弹。统制徐绍桢数次派人去上海赶运子弹枪械,人尚未回来,九镇官兵就急不可待地向南京城开拔而去,作进攻的准备。11月7日午后,三十三标、三十四标等部的先遣骑兵抵达南京南郊的花神庙。晚7时许,步兵开始向雨花台炮台发起攻击,另以一部向西迁回攻击水西门。官兵们勇猛地向前冲击,前锋已进至距雨花台炮台仅1000公尺的地方。这时,官兵们的子弹已打完,面对强敌,他们仍一个劲地向前猛冲。在清守军炽烈火力打击下,新军伤亡甚重,但不少官兵仍手持刺刀马刀,带着伤呐喊着冲入敌阵。指挥官朱履先挥舞着指挥刀,身先士卒,高喊着"杀"、"冲啊!"有的官兵已经登上了雨花台炮台……在清军的疯狂反扑下,登上炮台的官兵全部阵亡。清军又以猛烈的炮火打击九镇官兵,阵地前顿时尸横遍野。九镇官兵经过几次无火力掩护、无子弹还击的冲锋后,终因损失太大,再也无力量组织新的攻势,只得且战且退,沿着宁镇大道向镇江方向退去。

组建联军　再攻南京

首攻南京失利后,第九镇三十三标、三十四标官兵撤至镇江集中。上海同盟会总会获悉了攻打南京失利的消息后,认为南京是江南以至中国南部的战略要地,决议组建江浙等各省的部队为江浙联军,不惜一切代价夺取南京,通电已光复的各省,速派军队增援。并推选原新军第九镇统制徐绍桢为江浙联军总司令,统一指挥各路人马。

各省援军纷纷到达镇江。由上海运至镇江的弹药已如期到达,湘鄂两省军政府的 200 万两饷银也已解到。江浙联军总司令徐绍桢属下,有苏军司令刘之洁部 3000 人,浙军司令朱瑞部 3000 人,镇军司令林述庆部 3000 人,沪军司令洪承典部(包括上海义勇商团和学生军)千余人,粤军司令黎天才部近千人,镇军柏文蔚部 2000 人,扬军徐宝山部 2000 人,江西革命军千余人,广西革命军 1500 人。以后陆续开到的有,吴淞军政分府光复军 3000 余人及沪军敢死队、浙军敢死队数百人。据不完全统计,各省会攻南京的总兵力约 30000 人,另有海军舰艇近 20 艘。

清军驻防南京的兵力为:江防军张勋部步骑炮兵 20 营,王有宏巡防营 10 营,赵会鹏部巡防兵 5 营,督署卫队 1 营,另外又征召了 2500 人,新编 10 营,江宁将军铁良驻防旗兵一标,炮兵一个营。总兵力约 20000 余人。

11 月 24 日清晨,两军前哨战首先在马群、孝陵卫一线打响,张勋亲率江防军数千人出城拒战。初战的联军将士如猛虎下山,骁勇异常,粤、浙二军左右包抄,大败张勋辫子兵。至下午 3 时,联军一部乘兵舰在乌龙山下登陆,海军则在江上遥射掩护,另一部骑兵已冲至乌龙山炮台。革命军仅放数枪示警,清守军官兵事先早已受到镇军的策动,将炮栓卸下藏于"楚泰"号兵舰中,故一枪未放,当即竖起白旗宣布反正。

25 日清晨,革命军乘势攻占城北幕府山炮台,下关东西两炮台亦宣布反正,马群、孝陵卫阵地也相继易手。张勋见势不妙,于 26 日倾 7000 兵力出城,试图夺回孝陵卫等外围阵地和炮台。激战中,联军伤亡很重,正在双方胶着厮杀时,沪军统领洪承典率预备队 1500 人赶到。各军重振士气,一举将张勋军包围,击毙清军统领一名,击毙击伤清军近 3000 人,生俘数百人,缴获大炮数十门。张勋率残部败逃入城。

张勋军连遭败绩,遂缩回城中,时而紧闭城门据守,时而发兵袭扰,并利用优势炮火袭击距城附近驻扎的联军阵地和营房。26 日,联军潜至城下,用炸药猛炸朝阳门(今中山门)。张勋又派出步兵五营、炮兵一营在距城仅数里的孝陵卫一线,与联军展开拉锯战。这一仗,张勋又损失千余人,投降 500 人。

与此同时,南路苏军刘之洁部已肃清城南雨花台的外围据地,正在猛攻雨花台炮台,另一支联军敢死队突入城西北的狮子山炮台,将军火库炸毁;已被联军占领的幕府山炮台亦向狮子山炮台、北极阁制高点等处遥击,直接命中多发,泊于长江上的海军舰艇也不断向狮子山轰击。张勋令狮子山炮台予以还击,岂知官兵早已心向革命,所发炮弹有的落在军舰周围,有的落在幕府山山脚下,就是打不中目标。张勋立即将几名士兵斩首,换了人仍是这样。狮子山炮台等据点几面受敌,狼狈不堪。

战至 27 日，江浙联军已先后攻占南京外围的乌龙山、幕府山、孝陵卫、狮子山等要塞据地，又以此为依托，用重炮猛轰北极阁、富贵山、仪凤门、太平门、洪武门、水西门等城内外的军事要地及总督署、将军署、明故宫等清军重要设施。张勋军伤亡惨重。

血战天堡　终克金陵

早在 11 月 24 日，江浙联军的镇军、浙军、沪军就按照统一部署，开始攻击天堡城。

天堡城耸立于南京东郊紫金山西峰，怪石峻嶒，形势险峻，易守难攻，战术上为阵地之锁钥，是南京用兵的必争之地。能占天堡城，则可俯瞰南京，南京唾手可得。所以南京流传着一句十字兵谚："欲得南京城，先夺天堡城。"张勋在此亦设有重兵把守，为江防营一营，旗兵 600，装备有机枪 4 挺，重炮十多门。联军仰攻 6 日未下，反而损失惨重。

至 11 月 30 日，联军重新进行了部署。沪军先用重炮猛轰天堡城工事，紧接着镇、浙、沪三军分路出击，夹攻天堡城之清军。镇军第三十五标首当其冲，猛攻紫金山之正面，试图一举夺城。清军据险抵抗，加上火力凶猛，镇军伤亡太大，只得暂时退出阵线。天堡城清军见联军攻势甚猛，急用电话向城中张勋求援。张即派出援兵数千出城策应，刚出太平门就遭到联军的伏击，遂狼狈退入城中。

浙军统领朱瑞看到镇军首攻失利，急中生智，下令悬赏官兵：（一）夺城之官兵，为攻取南京的第一头功；（二）夺城之官兵，每人赏洋 50 元；（三）伤亡者，加倍抚恤；（四）伤亡者，即在天堡城上铸铜像，立纪念碑、列官职姓名。号令一下，各营将士自告奋勇者甚众。朱统领当下挑选了 200 人，编为两队，一队由张兆辰率领，从白骨坟沿东湾上中茅山，攻天堡城之侧背，一队由叶仰高统率，由明孝陵圆通寺直插紫金山主峰，居高临下，击其东端，镇、沪各军则潜攻其山南后背。

30 日下午，镇军管带杨韵珂率

天堡城遗址

军仰攻天堡城，一据点敌军被地面炮火打得抬不起头来，眼看就要被攻破。清军龟缩在阵地上高喊："我们投降。"杨管带即令停止射击，并亲率一排人上前洽商，清军数十人亦迎上前，双方相距仅十多步。一清军士兵忽高喊："如肯降我，每月给十六元。"联军官兵大怒，斥其反复无常。一士兵说："请杨管带来评评理。"杨挺身上前。敌兵听说有一管带，一齐放枪，杨韵珂身中数十枪，一头栽倒在地，断气前尚大呼："不夺得天堡城，不要收我尸。"

至晚7时许，天堡城上下一片漆黑，联军想借着夜幕的掩护夺占天堡城。忽然，清军从城上用探照灯向下直射，同时枪炮子弹倾泻向下，联军官兵猝不及防，牺牲不少，大部分人被堵在城下动弹不得。正在这时，张兆辰率十余名敢死队员从山北峭壁处攀上，奇袭清军的左翼，清军大败，山南军始得抬头，趁势攻上天堡城东端。

两军在黑暗中的肉搏拉锯战，一直进行到凌晨1时许。这时，叶仰高率部攻占了城下的一个小山头，并夺得山炮一门，机枪一挺，正欲乘胜追击。忽然，敌一阵乱枪打来，叶仰高中弹数发，当即身亡。众将士听说叶长官战死，齐声高呼着他的名字冲向天堡城。与此同时，联军在城北的幕府山、乌龙山等炮台部署了从上海首批运到的24生的大炮，向城内的北极阁等处猛轰。北极阁与天堡城遥遥相望，是城中的制高点，也是清军的总指挥部所在地，清南洋大臣兼两江总督张人骏、江宁将军铁良、江防军统领张勋等人，都常驻北极阁指挥战事，并有电话直通天堡城。北极阁炮弹一落，连阁的屋脊都被轰塌，清廷要人顿时慌作一团，纷纷仓皇逃下山避弹去了，天堡城与总枢纽的联系也告中断。

1911年12月2日，江苏、浙江革命联军攻克江南重镇——南京。图为革命军占领南京城外紫金山

12月1日黎明前,联军在镇军连长季遇春的率领下,以肉搏方式逼近了天堡城的核心部位,终于彻底打垮了清军的最后抵抗。季连长第一个登上了天堡城的城垣,将士们在乱石堆中竖起了一面巨大的白旗。这时的时间是:12月1日6时40分。天堡城之战,革命军阵亡管带1人,排长2人,士兵160多人。

天堡城攻占后,革命军拟利用制高点的优势向城内各要地发炮,由于战斗残酷,山上仅存有一门完好的德国山炮。于是,由第九镇神炮手于魁掌炮发射。于曾与德国炮兵参赞比试过实弹射击,于夺得了锦标。这一次,于魁居高临下,稍作调整后即作试射,第一发炮弹就命中城东太平门外的江防营富贵山炮台。接着,又向富贵山炮台连射20多发,直打得营房崩塌,江防营炮兵一哄逃下山来。

其时,联军连夜将从上海运到的24生的大炮运入南京近郊的藤子树高地,猛袭太平门城楼(清军嘹望哨)、富贵山、北极阁等据地,巨炮威力无比,清军的斗志彻底瓦解。

天堡城易手,南京自然不保。12月1日,苏军刘之洁部攻占雨花台炮台,发炮轰击聚宝门、洪武门等城南各门。张人骏、铁良自知大势已去,只得请出美国领事及南京鼓楼医院美籍院长马林,向江浙联军乞和,所提条件为:不伤百姓,不杀旗人,准令张勋率部北上,准令张人骏、铁良北上……徐绍桢拒绝了第三条,又向马林提出,暂拘张勋,俟临时政府成立后再释放,张勋部全部缴械徒手出城,联军派员监视张军遣散,张勋搜刮人民的80万两银须全部交出。此四条一直未见清方答复,这时,张人骏、铁良已躲到泊于长江上的日本兵舰上去了。于是,联军于12月2日发起总攻击。镇军从天堡城瞰射太平门,清军巡防营的张连升、赵荣华等将领自知无力再守,遂率部3000余人,由马林作中介人,开太平门投降,镇军一举入城。接着,苏军攻破聚宝门,粤军攻入仪凤门,浙军攻入朝阳门,各省光复军、敢死队、炸弹队等亦先后入城,南京于12月2日胜利光复。

张人骏、铁良乘日本兵舰逃往上海。张勋率残兵2000余人,出汉西门绕道大胜关渡江狼狈北逃。在江面上,遇到海军处舰艇的有力堵截,到达浦口后,遭到镇军柏文蔚部的迎头痛击。镇军李竟成部组成的江北支队,亦由六合向浦口的张勋军攻击。两军缴获枪械辎重无数及十多万元,一直追杀到临淮关才收兵。从此,浦口以北、临淮关以南的大片土地,悉为革命军占领。张勋军逃到徐州才站稳脚跟。

南京光复后,各军将领共推程德全为江苏都督,统一指挥江苏军政大事。时正值武昌形势危急,蔡元洪已退至洪山一线,遂急电南京派兵增援。联军立即派出粤军黎天才部,并拨张连升、赵荣华两部,合编为一师,以黎天才为师长,星夜赴鄂,使局势得以缓和。

此后,从南京到武汉的长江流域已全部为革命军掌握。南京的光复,巩固了武

1911 年 12 月 2 日，联军进入南京城。这是浙军入城的情景

汉的地位，大大地加强了革命的力量，在辛亥革命史上具有十分重要的意义。

建都南京　共和诞生

　　南京光复后，12 月 4 日，上海都督陈其美联络江苏都督程德全、浙江都督汤寿潜等人，召集已光复各省的留沪代表举行会议，选举黄兴为大元帅，黎元洪为副元帅，将南京定为中华民国中央政府所在地。

　　12 月 12 日，17 省代表到达南京，连日来，在江苏谘议局紧张地讨论临时大总统的人选问题，并于 17 日改选黎元洪为大元帅，黄兴为副元帅，由黄兴代行大元帅职权，组织临时政府。12 月 25 日，孙中山先生从美国回到了上海。12 月 29 日上午 9 时，各省代表云集江苏谘议局，正式选举中华民国临时大总统。各省代表为：奉天吴景濂，直隶谷钟秀、张铭勋，河南李磐，山东谢鸿焘，山西景耀月、李素、刘懋赏，陕西张蔚森，江西代表赵士壮、王有兰、俞应麓、汤漪，浙江汤尔和、黄群、陈时夏、陈毅、屈映光，福建潘祖彝，广东丘心容、王宠惠、邓宪甫，广西马君武、章勤士，湖南谭人凤、邹代藩、廖名搢、宋教仁，湖北马伯援、王正廷、杨时杰、居正、胡瑛，云南昌志伊、张一鹏、段宇清，四川萧湘、周代本等 45 人。按临时政府组织大纲所规定，每省只有一名代表权，以得票 2/3 以上者当选。候选人为孙中山、黎元洪、黄兴。结果孙中山得 16 票，当选为中华民国临时大总统。

投票结束后，与会者高呼："大总统万岁！中华民国万岁！共和万岁！"也是这一天，正式宣布国号为"中华民国"，定公元 1912 年为中华民国元年。

1911 年 12 月 29 日，湖北、湖南、广东、广西、江苏、浙江、安徽、江西、山西、陕西、福建、云南、四川及直隶、奉天、河南、山东等 17 省代表在南京开会，选举孙中山为中华民国临时大总统。这是代表选举临时大总统后合影

1912 年 1 月 1 日上午，孙中山由上海启程，乘火车前往南京，车过苏州、无锡、常州、镇江等地时，均受到当地军民的隆重欢迎。直至下午 6 时许，火车才抵达南京下关车站，17 省代表、各军将领、各界人士及各国领事均前往欢迎。这时，南京各炮台鸣礼炮 21 响。

孙中山下车后，又换乘小火车直赴位于城东的两江总督署车站。下了小火车，又转登一辆蓝色绣花彩绸马车。车队以军乐队高奏凯旋曲为前导，直抵两江总督署大门。

两江总督署的辕门前，华灯高照，如同白昼，红彩绸与翠柏交相辉映。门楼下，人头攒动，各省代表和各军将领早已在此等候多时了。孙中山的马车一到，大家纷纷上前表示欢迎，孙中山一手持帽，一面微笑着与大家握手寒暄。

欢迎仪式后，孙中山在黄兴、徐绍桢二人一左一右陪同下，健步走进了总督署大门，代表和将领们鱼贯而入。

晚 10 时正，中华民国临时大总统就职典礼正式开始。总统府的大堂暖阁，红黄蓝白黑五色旗和十八星旗高悬，各省代表和将领以及各界人士、外宾 200 多人肃立着。这时，司仪宣布典礼开始，军乐队奏起军乐。大堂上，孙中山面朝南，笔直地站在正中，表情自信而庄重。总统府秘书长胡汉民立于左侧，黄兴、陈其美、徐绍桢立于右侧,17省代表和军政要员、外宾分为两行。

孙中山在与会者的注目下,健步上前,举起右手,用广东口音的普通话宣读了大总统誓词:"倾覆满洲专制政府,巩固中华民国,图谋民生幸福,此国民之公意,文实遵之,以忠于国,为众服务。至专制政府既倒,国内无变乱,民国卓立于世界,为列邦公认,斯时,文当解临时大总统之职,谨以此誓于国民。"紧接着,胡汉民代读《宣言书》,徐绍桢受各省代表与陆海军人委托,向孙中山致颂词:"尊重共和,巩固自由,举满、汉、蒙、回、藏各族,覆于平等之政,众意所属,至诚爱戴。"之后,孙中山致答词,表示将"竭尽心力,勉副国民公意"。

17省的一位代表双手捧着大总统印上前,郑重地呈递给孙中山。这时,全场爆发出一片欢呼声,"中华共和万岁"的口号声经久不息。孙中山激动地向大家挥手致意:"大家辛苦了! 各位将士辛苦了!"接着,孙中山又宣布了中华民国的五项施政方针。这时,位于北极阁炮台等处的礼炮发射100响,中国第一个资产阶级共和国在清朝两江总督署诞生了。

1月2日,孙中山以临时大总统名义通电全国改用阳历,以1912年1月1日为中华民国建元之始。武昌起义的胜利之花,在南京结下了丰硕的果实。从此,中国的历史揭开了新的一页。

临时大总统誓词

　　1912年1月3日,孙中山组成中华民国临时政府。这是孙中山在1月5日主持第一次政府会议。中坐者为孙中山;右二景耀月(教育次长)、右三蔡元培(教育总长)、右四陈锦涛(财政总长);左一王鸿猷(财政次长)、左二王宠惠(外交总长)、左三黄兴(陆军总长)

　　1912年1月28日,由各省代表组成临时参议院。这是孙中山(左五)、黄兴(左四)等政府成员与参议员合影

辛亥革命浙江起义纪实

　　辛亥革命时期的浙江，蕴蓄着无限生机。深厚的文化沉积，人民反对外力压迫、侵略的光荣传统，近代民族工商业的出现，几千所"新学"如雨后春笋般地创办，西学东渐带来的近代世界文明……从四面八方汇集成了一股浩浩荡荡的民主潮流，当武昌首义的星火传来时，浙江成为较早响应的省份之一。

鼓吹反清光复会

　　19 世纪末到 20 世纪初，浙江出现了办学高潮。十年间，全省创办了各类新学 2165 所，其中小学 1890 所，还有中学、师范、职业学校。本省最早的高等学校浙江大学堂也于 1901 年 10 月，在求是书院基础上建立。清王朝"新政"创办学堂的初衷是培养为它服务的人，维护封建统治，"立学宗旨无论何种学堂，均以忠孝为本"，然而，文化教育的发展，启迪了民智，为新思潮的传播提供了客观基础，学校成了维新改良、反清革命思想的策源地。浙江又地处沿海，历史上对外交往频繁，近代宁波、温州、杭州更是中外经济、文化交流的窗口与门户。由于民气开通，浙江是 20 世纪初向日本派遣留学生最多的省份之一，1902 年到 1903 年之间，浙江在日本留学生居全国第三位，仅次于湖北、湖南，高出广东五成，比四川多一倍。1903 年 3 月，在东京的浙江留学生已达到 130 人，成为东京日益高涨的留学生爱国运动的一支劲旅。

　　内外有利条件，使这一时期浙江的思想界出现了一些松动气象，在杭州、绍兴、金华等地，办起了《觉民报》、《浙江五日报》、《绍兴白话报》、《著作林月报》、《艺林新报》、《萃新报》等报刊，它们以鼓吹新思想、批评旧习俗为己任。1903 年，东京的浙江留学生办的《浙江潮》，更是同类刊物中的佼佼者。在新思潮的影响下，学界中的进步知识分子,在思想上经过曲折而痛苦的途径,完成了从崇拜康梁的维新改良思想向反清革命思想的转变。如余杭章太炎早在1899年,已与受保皇主义羁绊的"中国议会"断绝关系,"宣言脱社,割辫与绝"。他写的《解辫说》是一份选择革命之路的宣言书,接着他又在《客帝匡谬》一文中,宣讨自己保皇改良主义的错误。与此同时,1901年杭州求是书院国文教习孙翼中,以《罪辫文》为题启示学生。这时的青年学生"已多印有民族革命思想,对此课题正好发挥",因而发生了学生作文本上将"本朝"字样改为"贼清"的事件,几乎引起轩然大波。

　　1902年4月15日,江浙教育界进步人士在上海成立中国教育会,翰林出身的绍兴人蔡元培担任会长。这个团体的宗旨是"以教育中国男女青年,开发其智识而增其国家观念,以为他日恢复国权之基础为目的"。它"表面办理教育,暗中鼓吹革命",实际上成了国内最早鼓吹民主革命的组织,"隐然成为东南各省革命之集团"。这年冬,蔡元培等又在上海办起了爱国学社与爱国女校,他的反清革命思想又有新的发展,"蔡子

革命宣传鼓动家章太炎

民办爱国学社与群弟子大声讲革命,四出演说,亦无所讳"。1903年4月11日,蔡元培在《苏报》上发表《释"仇满"》,矛头所向敌我分明,已明确指出要革的是清王朝封建专制的命,而不是反对满族同胞。同年五六月间,章太炎撰写了脍炙人口的《驳康有为论革命书》,系统地、淋漓尽致地驳斥了康有为把立宪之宝押在"不辨菽麦"的"载湉小丑"光绪皇帝身上的可悲思想。蔡元培、章太炎等人的言论、行动,反映出浙江知识界中进步人士的爱国救亡、反清革命思想的成熟。

　　浙江知识界觉醒的重要标志是1904年冬光复会的建立。光复会是立基于浙江,肇始于东京,诞生在上海的以知识分子为主干的资产阶级民主革命团体。那时去日本学习的浙江籍学生,也与全国各省去的青年一样,好多都是为了追求救国救民的真理。他们在国内深受明末进步思想家朱舜水、黄梨洲等的影响,尤其是受到黄梨洲的战斗的启蒙主义的熏陶。在日本,又碰上明治维新后的政治稳定、经济繁荣的局面,接受了近代科学知识和欧美资本主义上升时期的社会学说,资产阶级民主共和思想。他们以救亡图存、改造社会为己任。1903年,沙俄妄图长期霸占我国东三省不肯按约撤兵,法国又想染指我国南方边缘省区,东京的中国留学生组织拒俄义勇队(后改为"军国民教育会"),与国内学生一道,展开了拒俄、拒法运动。

然而,他们的正义行动不仅得不到清王朝统治者的支持,反而被指斥为以拒俄之名干革命之实,"日日在东京练军,祸且不测",对回国学生"照会各督抚,令所在缉拿"。当时爱国学生在海外是没娘的孤儿,受人歧视,一回国内又成为罪犯,备受迫害。在严酷的现实面前,留学生们的思想迅速变化,纷纷被逼走上革命道路。光复会就是回国的浙江留学生中的激进分子在上海组织的秘密革命团体,"定名曰光复会,群推蔡元培为会长"。

1907 年 7 月,秋瑾准备在浙江绍兴发动起义,事泄被捕牺牲。图为在日本时的秋瑾

光复会是继兴中会、华兴会后成立的又一著名的辛亥革命团体,"它吸收党员的方针,都是从教育界和知识分子方面着眼,所以起初入会的陶成章、徐锡麟、秋瑾,以学界中人物为多"。光复会的创立表明浙江近代史上新的一代知识分子出现了、觉醒了,他们作为资产阶级民主革命的生力军,活跃在 20 世纪初的浙江及东南各省的政治舞台上。

浙皖起义播火种

　　把浙江的众多会党引上辛亥革命轨道,成为革命的一支突击力量,是光复会深入发动的结果,也是浙江辛亥革命运动的一大特色。

　　浙江的会党源远流长,相传最初是明末遗民为了坚持反清而秘密形成的。19世纪中叶,随着民族矛盾和阶级矛盾的加剧,浙江原有的天地会系统的会党相当活跃。太平天国运动失败,会党虽一度沉寂,但并未绝迹,在义和团运动的影响下,20世纪初浙江各地会党蜂起。辛亥革命运动时期,全省较著名的会党不下二三十个,而且人数大增,如双龙会"年余之间,会员骤增至二万人",龙华会"党徒号称五万人,实则二万数千人",平阳党"羽党万人"。浙江的会党大多分散在广大农村与小市镇,成员多为破产农民、手工业者与城市贫苦民众。它的优点是受苦最深、革命性强,缺点是山堂林立、十分涣散。

　　早在光复会建立以前,浙江志士陶成章、魏兰(云和人),已注意会党这支力量，他们深入浙西、浙中、浙南山乡腹地，跋山涉水，调查研究，联络会党，"于是，金巨严处温台六府秘密会党之情形，尽为成章所探知矣。"接着，徐锡麟也深入嵊县、诸暨、东阳、义乌等地，与当地会党首领结下深交。陶成章还曾与龙华会首领沈荣卿、张恭合谋制订了浙江起义计划，以准备接应黄兴等的华兴会长沙起义。光复会建立后，蔡元培把发动浙江会党的重任委托给陶成章、徐锡麟、敖嘉熊（平湖人）三人。从此，光复会与一些重要会党如龙华会、双龙会、白布会、终南会、平阳党等进一步建立了密切联系。

敖嘉熊在嘉兴创办了"温台处会馆'，成了光复会联络浙北、浙南会党的枢纽。另一方面，对会党成员进行启蒙教育，通过大量报刊，灌输革命思想。一时间，《革命军》、《警世钟》、《猛回头》、《新山歌》以及《浙江潮》等进步书刊充塞城乡小镇，"外间输入不足"就"自相翻印，私相分送"。有的会党如龙华会还成立戏班，开展广泛的宣传活动。光复会联络会党，不仅扩大了革命力量，使原来封建习性浓厚的会党逐步转变为资产阶级革命派的同盟军，更重要的是使浙江好多闭塞的山村农民，眼界大开，"甲辰（1904年——引者）后，内地革命风潮大炽，农工平民亦多自相聚议，以谋举革命之事业者"。于此可见，会党的运动，实质上也是一部分农民与集镇贫民之发动。浙江当时所以能在辛亥革命运动中，为世人瞩目，实有赖于会党下层社会之加入。

浙皖起义是浙江会党的一次大动员。徐锡麟、陶成章等为了准备武装起义、培训人才，在当地富商许仲卿的慷慨资助下，于1905年9月23日在绍兴创办了大通师范学堂。内设普通班与体育专修科，后者专招会党成员给以六个月的军事训练。学堂规定"凡本学堂毕业者，即受本学校办事人之节制，本学校学生，咸为光复会会友"，这样"大通学校遂为草泽英雄聚会之渊薮"，成了浙皖起义在浙江的大本营。

浙皖起义在浙江主事的是秋瑾。1906年12月，徐锡麟在去安庆任职以前，曾与光复会同志在杭州密商，并与秋瑾约定，安徽、浙江两省同时举义。1907年2月，秋瑾正式接任大通学堂督办后，对起义作了进一步部署。她三次去浙东，多次到杭州，发展组织。为了适应起义的武装斗争，她迅速使光复会组织军事化，"大通乃改约束，颁号令，分光复会职员为十六级"，以徐锡麟为首领，秋瑾任协领，以下分统、参谋等职"由洪门首领任之"，"其势力所及，上达处州之缙云，亘金华全府，而下及于绍兴之嵊县。金华府之金华、兰溪、武义、永康、浦江五县，实为其中心"。5月，她又将会党组建为光复军，"编制各洪门部下为八军，用'光复汉族，大振国权'八字为八军纪号"。又制定了起义具体计划，"先由金华起义，处州应之，俟杭城清兵出攻金处，即以绍兴义军渡江以袭杭城，军学界为内应。若杭城不拔，即返军绍兴，入金华，遭巨州，出江西，以通安庆"。并定"五月二十六日"（公历7月8日）发动，

"未几改为六月初十日"。但是,由于嵊县、武义、金华等地起义活动过早暴露,为清政府觉察,徐锡麟被迫在农历五月二十六日安庆巡警学堂毕业典礼上仓促发难,当场击毙了安徽巡抚恩铭后,"率领学生占据军械所,孤军无援,陈伯平阵亡,锡麟与马宗汉同日被捕",锡麟不屈死难,被剖心祭恩铭。"清廷震惊,大索党人,于是大通学校遂陷于四面楚歌之中",秋瑾于六月初四日被清政府逮捕,六月初六(公历 7 月 16 日)黎明,在绍兴轩亭口英勇就义。

恩铭是死于革命党人手下的第一个清朝封疆大吏,他的丧命使清室要人坐卧不安,出入寒心。秋瑾是被清朝处决的第一位女中豪杰,社会舆论更倒向革命一边,从此以后,清朝宫廷再无安宁之日。徐锡麟、秋瑾大义凛然,"赤心虽破,虏志亦降",在浙江,浙皖起义余波不息,有"绍兴之义师",竺绍康、王金发、裘文高等志士"屡假其名为号召,清兵屡为所败","处州之义师",绪云等地志士"特为起义军,以谋复仇","金华之义师……先起于东阳县属之南马,复集于马陵山","四处联合者四千余人","各路义军,共举起事","浙东之地,所谓上八府也,尽皆震动。其影响遂及于浙西之杭嘉湖三府,于是嘉湖之盐枭杰魁,均求附于革命党人","浙西皖南皆有急而思逞之意","浙西一带之枭党……大举暴动,连蹂躏浙西江南之诸府,声势震撼","清军守备千总以下被诛者数百人,虏兵之前后战死者,不下三千人"。浙皖起义,部署规模之壮观,影响之广大,于此可见。

浙皖起义虽然失败,而革命的火种已深埋于人心!烈士功绩,彪炳千秋,"英烈牺牲见热诚,无人不知徐锡麟","愁风愁雨国人愁,碧血轩亭万古留"!

新军发难克杭州

浙皖起义被镇压下去后,革命走入低潮,但革命党人的努力始终坚持不懈。短短的两三年时间,革命力量迅速恢复,到武昌起义以前,江浙形势有了新的发展。同盟会在上海市民中,学界、商界、会党中建立了一定基础。光复会的一些志士在浙江难以立足的情况下,潜集沪上租界静待时机。早有秋瑾苦心经营在前,陶成章奔走擘划于后,这时以嵊县人尹锐志、尹维峻姐妹出面开设的锐进(俊)学社,名曰发行书报,实则是光复会的上海联络总机关。他们的工作更为出色,影响及于淞沪驻军,为后来攻打上海制造局,光复上海出了大力。

武昌首义成功的消息传到杭州,浙江革命党人立即紧张行动,以迅雷不及掩耳之势,于 1911 年 11 月 4 日起义,5 日光复了杭州。如此快捷,自非一日之功,这是大势所趋、人心所向、整个革命形势发展的结果。然其直接的原因却是革命党人运动新军成功,掌握了武装力量,有了自己的枪杆子。

编练新军原是清政府的"新政"内容之一,目的是增强其统治力量。浙江于 1900 年创立了武备学堂培训军官,1906 年改编旧防营,成立浙江步兵第一标(团),又创办了弁目学堂,训练班一级军人,筹备第二标。这二标成立后,编为陆军第二十九混成协(旅)的八十一标、八十二标。1910 年,混成协扩充为镇(师),全国序列重编为第二十一镇。历史发展往往不以封建统治者的意志为转移,浙江的新军不仅没有成为巩固封建王朝的工具,而且成了在浙江推翻清朝统治的主力军。出现这一状况,一方面由于知识分子与会党成员加入新军,使军队成分发生了变化,而且新军的骨干和军事学堂的负责人有的自己就有反清革命思想,如弁目学堂负责人、第一任二标标统蒋尊簋早在 1905 年东京留学时就加入了同盟会。他们的思想倾向对部队有一定的影响。更重要的原因是从 1907 年开始,光复会、同盟会的革命党人在新军中做了许多工作,暗埋了革命种子。1907 年,秋瑾为准备起义,在杭州运动新军将校 27 人,发展为会员。"孙中山亦派黄郛、赵正平、吴思豫到浙运动将校入同盟会,其时将校中入会者,为顾乃斌、冯炽中、葛敬恩等。"不久,"双方联络一气",在杭州新军中结成了一股不小的力量。1909 年夏,浙江革命党人借安葬秋瑾的机会,在杭州会商,鉴于徐锡麟安庆发难无军队响应,致遭失败,决定"此后革命运动,宜注全力于军队方面"。他们还重新形成了浙江革命领导核心,又发展了一批军官、目兵入会。正由于在浙军二标中积蓄了这么多的革命力量,所以武昌起义的消息真似吹绿钱江两岸的春风,一下子形势大变,浙江革命党人立即奋起响应。这时,光复会的陶成章已回到上海指挥,派李燮和(湖南人)来杭催促王文庆(台州人)及早发动。同盟会的陈其美不仅自己来杭部署,还派姚勇忱(吴兴人)、黄郛(杭州人)等先后来杭联络。

11 月 3 日,上海起义开始,杭城更是风声鹤唳。革命党人深恐夜长梦多,遂决定召开紧急会议以商讨对策。此会地点定在板儿巷老人弄顾乃斌家,参加者有童保暄、褚辅成、顾乃斌、俞炜、葛敬恩、徐士镳、吴思豫、王桂林、韩绍基、来伟良、傅孟等人,另外,上海方面陈其美也派黄郛、蒋介石来杭参加此会。会议决定在 11 月 4 日夜 12 时正式起义举事。

但会议在推举都督时却遇到了困难,与会者推三诿四,唯恐起义不成人头落地。大家首推顾乃斌,顾极力推辞:"有人吓我,要告我的密,由他们去,我不管。"次推朱瑞,但代表朱瑞出席这次会议的俞炜却道:"朱近来身体很不好,而且代了标统更是忙得转不过身来。"再推褚辅成,而褚却主张由实力人物或汤寿潜出任都督一职,但汤素未同革命党人联系。在这紧要关头,事前被认为是都督最佳人选的吕公望又远在永康召集敢死队员,于是会议冷场。眼见一场轰轰烈烈的起义,因无人领头而有流产的危险,此时,童保暄挺身而出,慷慨陈词,大意是当此之际理应速定都督云云。其话音刚落,顾乃斌就立即提议由童保暄出任临时都督。平心而论,童的地位和声望都不堪此重任,"然在起义时的紧急情况下,见义勇为,不容退让,故即负责起指挥的重任"。事情就这样确定下来,由童保暄任临时都督,总机关设在凤山门内李绸棠家。

11月4日是起义的日子。此日上海已宣告独立,这使浙江革命党人备受鼓舞。根据预先的安排,临时参谋葛敬恩起草了起义命令,目标为:(一)攻取巡抚衙门;(二)攻进旗营,逼令缴械;(三)占领设在报国寺的军械局;(四)占领羊市街、城站、火车站,设立总司令部;(五)保护好银行、电报局和外人住宅等;(六)维持全城治安。

11月2日,王金发、蒋介石、王文清、张伯岐、董梦蛟、孙贯生、蒋著卿同率敢死队一百余人到杭,随时准备参加行动。

"当天下午,抚署各宦绅会议。多数绅界,坚请独立要求,至晚八时未允,旋退出。"是晚十时,革命党人按预定计划,在临时都督童保暄的命令下分头行动,起义的枪声划破了黎明前的黑暗沉寂。陆军八十二标标统周承英率军由凤山门入城攻巡抚衙门,八十一标代理标统朱瑞率军由艮山门入城攻军械局,而敢死队也分为两路,分别由蒋介石与王金发率领,担任八十一标及八十二标的前锋。两路大军树旗起义进取省垣,而城内童保暄指挥军警开城接应,起义军分路攻击军械局、旗营、藩属,并三路夹攻抚署。是役中,上海敢死队员抛掷炸弹轰毁大堂,光复会会员尹锐志、尹维俊姐妹俩也随队冲锋陷阵。抚署卫队纷纷阵前倒戈,义军迅即攻占抚署。巡抚增韫为人比较老实,也非常无能,从后围墙逃走躲在马房里,被盛锡麟俘获。至次日黎明,城内基本光复,同日下午,负隅顽抗的旗营也竖起白旗。于是,"杭城街头,白旗飘扬,到处贴有浙江临时都督童保暄的红谕(即安民告示)宣告杭州光复"。当时英国驻杭领事赛斐敕先生在其给朱尔典的信中写道:杭州城已于昨日清晨二时被革命党所占领,没有发生任何战争,只是当天较晚的时候与满族人在满城内互相开枪射击,对双方造成的损失似乎都较小。至此,杭州胜利光复。

杭州光复之后,摆在革命党人面前的首要任务,便是建立革命政权以巩固和发展胜利局势。考虑到自身的资历与声望,有心多作贡献的童保暄急切地期盼推举一位德高望重、全国知名的人物来招抚全省。"公见大势已定,即奉身告退。众挽留之,坚不可,曰:'吾年少望轻,向特虑成败不测,矢愿以区区一身为国牺牲,今幸而告成,宜当推戴贤达,用招附全境,革新缔造,岂宜以后进而冒据高位。"而此时同盟会和光复会的革命党人也未能充分认识到掌握政权的重要性,于是仿效武昌起义,派谘议局副议长陈时夏赴沪迎接浙江立宪派首领汤寿潜南下赴杭。7 日,各界代表大会正式推举汤寿潜为浙省都督,同时,浙江军政府宣告成立。

1911 年 11 月 4 日,浙江新军士兵和会党发动起义,占领杭州,成立军政府,推谘议局议长汤寿潜为都督。图为参加会攻南京的浙江革命军

几乎与浙江光复同时,江苏的大部分地区也宣告独立,但其时辫帅张勋拥众两万盘踞江宁(今南京)负隅顽抗,且有反攻苏、沪之势,在事实上成为起义地区最大最直接的威胁。而南京又历来是东南政治中心且地势险要,具有重大战略意义,因此革命党人和清廷均十分重视南京的得失。当时,清廷正命令袁世凯率领北洋军反攻武汉,武汉的革命力量处于危急之中。这样,争夺南京的胜负,对辛亥革命的成败就有着决定性的作用。

出于此种考虑,11 月 7 日,上海都督陈其美倡议组织江浙联军合攻江宁。浙江军政府接电后,立即开会研究。吕公望提议:南京为我国东南屏蔽,夙为政治、文化、经济之中心,如不速取,则江浙难安枕,大事未可料也。拟急组织部队进攻南京、争取革命成功。会议一致通过了浙军攻宁混成支队的组建方案。

支队长:朱瑞　参谋长:吕公望

司令部人员:

参谋:童保暄、徐乐尧、葛敬恩、洪大钧

参军:傅其永、裘绍、周元善

副官处长:俞炜　军需处长:张世桢

军法处长:周季光　军械处长:吴光润

第八十一标兼标统:朱瑞(兵约 1400 人)

第八十二标第一营管带:徐则恂(兵约 500 人)

巡防队三营统领:陆殿魁(兵约 840 人)

炮兵营管带:张国威　　队长:姚永安(兵约 100 人)

工兵营管带:来伟良　　队官:徐康圣(兵约 120 人)

辎重兵营管带:白钊　　队官:钱守真(兵约 120 人)

宪兵一队队长:吕庆康(兵约 70 人)

浙军援宁支队共 3000 余人,"于 11 月 12 日由杭赴沪,乘沪宁铁路至镇江。到镇江后,又收集第九镇溃散的骑兵,组成马队一队"。

这时,从江浙各地开赴镇江的革命军,除浙军外,"尚有镇军二协,苏军四营,炮马各一队,淞军、沪军义勇队及江阴、松江之巡防营,又有女子国革命军 30 名来总司令部投效,从上游驶来的镜清等军舰及张字号鱼雷艇也归顺革命军,助攻南京"。联军兵力总计一万余人,以徐绍桢为总司令。

浙军援宁混成支队参谋处长童保暄具体负责炮兵的指挥工作。是时,浙军任务有二:其一,与吴淞光复军担任主攻,攻打乌龙山和幕府山;其二,攻打马群。11 月 24 日,联军兵分四路围攻江宁,浙军冒雨猛攻,激战四昼夜,连克乌龙山、幕府山,并占有孝陵卫和紫金山东部,因而得到联军司令部秘书部、参谋部的赞誉:"浙军尤奋死力,首摧敌锋,歼渠帅,卒能以兼旬之力,下名城而立政府。"是役,童保暄身先士卒亲临前线,经与炮兵营管带张国威实地侦察,认为如能抢占紫金山顶天堡城,则联军就能以炮兵控制南京城。此次深得联军司令部的赞许并予以实施。果如童所预料,联军于 12 月 1 日晨六时攻取天堡城后,南京城内的清军即处于联军炮火的有效威胁之下。张勋被迫求和,并于当晚"潜出南门,走大胜关,渡江逃往浦

口。两江总督张人骏,江宁将军铁良也仓惶出逃,清军投降,清王朝在南京的统治垮台"。显然,童之谋取天堡城,为联军光复南京抢占了桥头堡,意义相当重大。

1912 年南京临时政府成立后,大总统孙中山即率师北伐,朱瑞的浙军援宁支队被扩编为北伐军第六师,童保暄亦随军北上。惜乎此次北伐因帝国主义的干涉、南北双方达成协议而告夭折,浙军遂于 4 月间班师回浙。

杭州市凤篁岭南天竺浙军攻克金陵阵亡诸将士之墓

辛亥革命广西起义纪实

广西是辛亥革命的主要活动地区之一,是第九个响应武昌起义的省份。

革命团体大联合　河内机关重部署

1905 年中国同盟会成立,汇集了 17 省革命英俊,联合了兴中会、华兴会、光复会等革命团体,组成全国性的资产阶级革命政党。次年,入盟者已逾万人,分会遍及全国各省和世界五大洲,革命的主客观条件均具备,同盟会便由宣传、组党进入直接冲击清朝反动统治的行动时期。同盟会的领袖们为武装起义积极进行规划和准备:第一,确定武装起义的战略方针——"两广首义、各省响应",革命由南向北发展;第二,制订《革命方略》,包括"军政府宣言"等 11 个文件,用以指导各地武装起义和起义时宣传革命宗旨之用;第三,派员调查两广、川、滇以及长江各省,收集情报和联络驻军;第四,派遣同盟会员回国联络会党,运动清军,发动武装起义。

1905 年冬,黄兴入桂林郭人漳营策动"桂中革命"。1906 年 12 月同盟会员策动湘赣哥老会举行萍乡、浏阳、醴陵起义。萍浏醴起义事前同盟会总部并不知道,及消息传到东京,同盟会员纷纷到总部请缨回国杀敌,更有痛哭流泪者。自经此役,同盟会员回国发动武装起义者已相望于道。这种情况说明,同盟会总部偏处东京,已落在形势后面,不能就近领导国内革命,必须把指挥机关移近国内。环顾当时中国四周,都是帝国主义及其殖民地,兴中会时代孙中山曾利用香港、台湾作跳板发动广东起义,已遭到英日当局的禁止,现在必须另觅新的地点了。

1907 年 3 月,日本政府徇清廷的请求,"礼送"孙中山出境,孙中山、黄兴、胡汉民、汪精卫、黎仲实、胡毅生等先后到达越南,在河内甘必达大街 61 号设立总机关,发动粤桂滇三省武装起义。

孙中山为什么要选择河内设立起义指挥部呢? 从地理位置上看,这里是贯彻"两广首义"战略方针的适当地点,越南北部密迩我国两广、云南,国境线长达1300多公里,从东可沿海岸出广东,向北越镇南关可入广西,向西经河口则达云南。孙中山想从越南出击,在南方割据一块根据地,成立军政府,号令全国响应。

早在1902年,孙中山应法国印度支那总督韬美的邀请,赴河内参观博览会,同其秘书长哈德安会谈,就提出以越南北圻作为运输武器、人员进入中国的通道,遭到了拒绝。但法国同意革命党人进入北圻去接触中越边界的游勇(按:游勇是天地会的一个支派,是失业士兵组成的武装集团,是清末广西会党大起义的骨干力量,法国想通过革命党招抚游勇,不再扰及越南,孙中山想利用游勇反对清朝,故达成此协议),并有一定的活动自由。"1902年河内之行,为孙以后在边境地区开展活动打通了一个关节。"到了1905年10月,法军"中国情报处"头子布加卑,登轮求见孙中山,声称"奉其陆军大臣之命来见,传达彼政府有赞助中国革命事业之好意,……遂请派员相助以办调查联络之事。彼乃于驻天津参谋部派出武官七人,归予调遣"。法国殖民者动听的语言和主动合作,引起孙中山的幻想,他认为法国是友好国家,其统治下的越南是革命党人自由活动的天堂。

1907年初,河内总机关计划在潮州、惠州、钦廉、镇南关4地同时举义。为了领导方便,潮州黄冈和惠州七女湖起义委托同盟会香港分会负责,钦廉、镇南关起义则由孙中山、黄兴亲自领导,其目标是夺取南宁建立军政府,然后北取桂林以出湖南,东取梧州以出广东。"……有两广为根本,治军北上,长江南北及黄河南北诸同志必齐起响应。"

为了筹集武装起义的经费和武器,河内总机关在越南华侨中进行了大量宣传、组织、募捐和购运武器工作。先把越侨中28个天地会堂口统一起来,集体参加同盟会,又在工商学界发展会员,充任各分会领导。把1902年建立的河内兴中分会改为同盟会河内分会,又在海防、西贡、堤岸、顺化成立分会,形成了一个严密的组织系统,其中河内、海防两个分会具有特殊意义。"海防一埠华侨工商不到三千人,一晚捐资得万余元,河内一埠华侨不满千人,所捐亦八千余元。彼等一闻义师之起,则争先恐后,从军者有人,出钱者有人。"河内、海防成了支撑起义的两大基地,越南华侨中还涌现了一批热心革命、共赴时艰的义士。河内黄隆生多次接受任务运粮济款上前线,不避艰危,最后被驱逐出境,毁家纾难;西贡银行买办曾镐周、马堵生,有求必应,毫无吝色,多次捐献巨款,为南洋华侨之冠;堤岸黄景南是卖豆芽小贩,每天把所得存起来,倾其一生积蓄献给革命;黑旗军遗将梁正理,据越南左州自立,黄明堂到其辖地设机关招得同志数百,梁并借给枪械。越南华侨为边境起义提供了财政、兵员、军需购运、通讯联络等多方面的援助。

为了建立武装起义的队伍,河内总机关大力招募广西会党流亡人员和边界游勇。1902—1905年广西爆发会党大起义,受到清朝残酷镇压而失败,一部分残存的游勇武装转移到边界两侧,一些幸存的会党首领和骨干逃往越南。这些人流浪国外,生活无着,同清朝官绅结下血海深仇,复仇思想强烈,极易接受革命宣传。而他们又是虎口余生,身经百战,熟悉内地情况,勇敢彪悍,正是同盟会所需要的战斗人员。胡汉民说,河内"地界于两广、云南,故会党游勇之头目多流寓于此,王和顺之外,黄明堂、梁兰泉、关仁甫、梁少廷等,皆出入边界有名声能聚啸者也。河内同志以先生字逸仙为日新楼,为饮食营业,乃不啻招纳亡命之所。……先生乃使予与汪精卫为诸人演讲革命宗旨,指导其各种任务。对于会党,则晓以革命军纪,纠正其恶习,复审查其性质与所有实力,而分别使用之。"王和顺是广西会党首领,黄明堂是边界游勇头目,关仁甫是滇南会党首领,梁兰泉、梁少廷是清军逃兵,这些人都在1907年加入同盟会,得到孙中山的任用,通过他们去收集会党游勇,组成起义的基本队伍,担任侦察敌情、策反清军、突击作战等任务。

中越边境崇山峻岭,路径丛杂,只有河内有铁路达云南河口和广西镇南关,海防有轮船通芒街,经东兴入钦廉,这三地是交通便捷的边防要塞,便成了革命党人进攻的目标,因此有两次钦廉起义、镇南关起义和河口起义。

防城起义虽失利　前仆后继再举戈

当革命党人在越南准备武装起义的时候,廉州群众抢粮和钦州三那抗捐,成为起义的导火线。1907年春,清吏以办学为名,征收糖捐,激起钦州那彭、那丽、那思三乡人民的反对,众举刘思裕为首,成立"万人会",歃血为盟,抗捐到底。其时同盟会员邝敬川、梁少廷、梁建葵已潜入三那进行鼓动,群众反抗愈烈,武装对抗清军数月。6月,清朝派郭人漳率兵三营,赵声率新军一营附炮队从北海登陆,袭击三那。群众遭到残酷屠杀,抗捐武装隐伏山中,派邝、梁为代表到河内向孙中山求援。孙中山认为是绝好时机,一有民变武装主动请战,二有受革命影响的郭、赵两部驻扎钦廉。于是,武装起义的计划形成了:第一步从日本购运武器,"占据防城至东兴沿海之地,为组织军队之用……可成正式军队二千余人,然后集合钦州各乡团勇六七千人,而后邀约郭人漳、赵伯先二人所带之新军约六千余人,便可成一声势甚大之军队",第二步"全军北趋,以取南宁"。

孙中山委王和顺为中华国革命军南军都督,入三那收集抗捐武装,负责指挥起义。命黄兴入钦州郭人漳营,胡毅生入廉州赵声营,运动郭、赵响应,均得到首肯,又派人到各乡联络团练起来配合。王和顺化名张德兴,居赵声军中多日,商量起兵韬略。赵声开启军事委员的证明送王入三那,三那父老像亲人一样迎接王和顺。先期入三那的梁少廷、梁建葵率部来会,刘思裕之侄刘渊明也率部来归,共得几百人枪,在群众掩护下潜伏等待战机。

三那抗捐时,广西派一营军队"越境助剿",事平驻在防城县。该营官兵多招自绿林,哨官刘辉廷、李耀堂和县署亲兵接受革命运动,愿作内应,孙中山批准了防城的计划。1907 年 9 月 1 日,王和顺率 200 多革命军在防城北部的王岗山树旗起义。防城县令宋渐元向廉钦道王瑚告急请兵,王复电令镇静,有"贼到兵亦到"之语。4 日,革命军奔袭防城。防城是新建的县,无城垣,县署有座炮楼,由亲兵把守,广西两哨防军驻在县署两旁。革命军在刘辉廷、李耀堂和团总唐甫珠的接应下进攻县署,亲兵不抵抗,遂破之,全俘守敌,杀知县宋渐元以下 16 人,开监狱释放犯人。王和顺以中华国革命军南军都督的名义,发布《告粤省同胞文》、《告海外同胞文》、《招降满清将士布告》,阐明同盟会"驱逐鞑虏,恢复中华,建立民国,平均地权"的纲领,宣布革命军的宗旨和政策,人民耳目一新。《防城县志》载:"是役王和顺为党军都督,梁瑞阳为副,梁少廷佐之。王和顺变名张德兴,布告安民,秋毫无犯,商民感张都督纪律严肃,融资宰猪,备海鲜酒食礼物,献张都督犒军。"居民皆燃爆竹欢迎,各乡群众纷纷携械投军。

另一路起义部队是关仁甫、詹岐山在上思组织了 200 多人,开去接收东兴(防城县的边镇)。东兴驻有清军两营,受革命党人运动,树青天白日旗表示举义。但关仁甫不能依约接济饷械,起义官兵疑悔,将旗降下,放枪一排,伪报赶走革命党收复东兴。关仁甫接应不成,便把队伍拉到防城会合。

革命军占领防城后,从日本购置武器没有运来,王和顺不气馁,留下邝敬川、唐甫珠守防城,自率大队千人(枪一半)冒雨向钦州进军,扎营于离州城 20 里之涌口,等待郭人漳响应。郭人漳临阵变卦,唆使革命军去打南宁。黄兴借名出巡去见王和顺转达郭意,王和顺认为南宁没有内应,攻坚徒致失败,坚持要打钦州。黄兴只好答应内应,回到城中,紧急布置郭军中的革命同志王德润、陶表封、曾传范等半夜打开城门迎接革命军。廉钦道王瑚发现郭军不稳,亲自加兵把守城垣,调郭军出城外。王和顺领兵来到，看见城上灯火辉煌，知有变故。不久黄兴派人密报城中有备，请王转取灵山，期赵声响应，以带动郭部继起。哪知革命军撤离后，郭人漳就派兵攻陷防城，向清方抢报头功，并杀害同盟会员霍时安以灭口，掩盖他和革命党人的关系。黄兴机智地逃离郭营，返回河内。

9月7日革命军向灵山挺进，"沿途团民加入作战者三四千人，有张拾义之妻亦率数十人来会合。军行所至，鸡犬无惊，所经乡村，争备粥饭，以致军粮无匮"。9日革命军抵灵山，城外六峰山炮台和环秀桥为敌先占，革命军凭着3架云梯攻城，坏了两架，刘梅卿等二三十名勇士率先冲进城内，后续部队进不来，他们据屋巷战了两昼夜。城外部队猛烈攻城3天不下。赵声奉命率军增援，他怕同革命军遭遇，战则自相残杀，遂改走山路，用心十分良苦。由于敌援大集，革命军退过河南，向官屯、潭水撤退，经廉属北通、花会厂、五王山，绕回钦州罗蒙、小董。王和顺把队伍分散，各乡团散归原地，梁瑞阳、刘辉廷、李耀堂各领数百人分地驻扎。王和顺返河内向孙中山报告和请示办法，再不回来，防城起义遂告一段落。

王和顺离队后，革命军和群众武装在十万山下的那勤、大崇，在钦东三那，钦西那桑、那棉，在灵山那楼，同清军浴血苦战了半年，一直坚持到黄兴率军再入钦廉，但已经损失得差不多了。这是防城起义的余绪。

防城起义是由群众抗捐斗争发展起来的，起义的基本队伍也是由抗捐武装所组成，在起义中一定程度地发动了群众参战，应该说在同盟会10次武装起义中，防城起义是最有群众基础的一次，本来可以坚持长期的武装斗争。可惜王和顺过早遣散队伍，轻易退出革命基础较好的钦廉地区，致使群众武装失去领导，各自为战，被清军各个击破。

钦廉起义枪声未停，镇南关战鼓又响了。镇南关是广西南疆的一个关口，扼中越大道要冲，地势奇险，四周山峰都有炮台营垒，沿线是纵深防御工事。关城西侧的右辅山高入云表，耸立在群山之中，长达二三里，山上有镇南、镇中、镇北三座巨型炮台，拱卫着镇南关，真有一夫当关，万夫莫敌之势。号称边军精锐的陆荣廷荣军，驻守在镇南关、隘口、凭祥一线，这是中越边境最强固的要塞，时人称为第二旅顺口。

河内总机关对广西边境军事活动，1907年春夏就开始了。先派关仁甫以招募滇越铁路筑路工人为名，入镇南关运动驻军管带黄福廷、防营总教练易兴龙、龙州厅幕友陈晓峰以及左江各土司。7月，为了配合王和顺防城起义，孙中山嘱关仁甫在镇南关起事，"易、陈鼓动驻军，不幸事泄被害，第一次起义遂告失败"。

河内总机关复派梁兰泉运动清军。梁原是清军管带，久驻边防，与清军将佐有旧谊。梁兰泉招集流浪在越南的会党七八十人,于8月初企图越境入内地,"经清朝官吏知觉,密告法国官吏,称为劫盗,法国官吏捕获之。讯供皆称欲回广西举义,并非行劫。法国以其系犯国事,一概开释,逼令离境"。越境举事又失败了。

河内总机关探得镇南关附近那模村有一股游勇,首领是黄明堂、李佑卿、何伍,勇敢彪悍,既抗清军,也打法军,法人无可奈何。孙中山派人前去招抚,晓以民族大义,黄明堂等皆诚服,愿听指挥。适王和顺从钦廉返回河内,孙中山便委王为都督,负责攻打镇南关,又命黄明堂从左州拔队出镇南关相配合。11月10日,王和顺离河内慷慨赴战地,到那模村同黄明堂、李佑卿、何伍商定11月18日起事。到时游勇不听指挥,队伍不集,起义发动不起来。

孙中山改任黄明堂为镇南关都督,冯祥为司令,李佑卿为副司令,何伍为支队长,共负镇南关起义之责。王和顺率一支军队攻袭水口关以配合。此外,还发动了内地凭祥、宣化、上思、思州等地革命军响应。右辅山驻有两哨清军,哨长李福南和士兵都接受了革命党人的运动愿为内应,革命军还派了3人进炮台工作。1907年12月2日零时,革命军400人集结在越南那卜出发,据说有越南革命党和菲律宾独立军参加,购置有驳壳枪、电光灯和纸炮等战具,以那模村游勇80余人作先锋,越过国境经弄瑶、弄怀两村,从西面爬登右辅山,革命军翻越悬崖峭壁,攀藤钩树而上,起义官兵到半路迎接,第一梯队顺利进入镇北炮台,第二、第三梯队也鱼贯入据镇中、镇南炮台,缴获16生的大炮4门,7.5生的大炮10门,步枪400余支和大批弹药。革命军占领三炮台时,点燃纸炮投进煤油箱去燃爆,配以鼓角齐鸣和杀声,震惊了静寂的边关,敌人茫然无措。曙光初照,右辅山上飘扬着青天白日旗帜,三炮台互打旗语祝贺,百里边疆一片欢腾,游勇纷纷前来参战。革命军派人拿旗下山令清军管带黄福廷插上镇南关去,黄福廷临阵爽约,杀死军使,据关城和革命军对抗。

预定镇南关起义的当晚,河内总机关的同事们彻夜不眠,焦急地等待消息。孙中山说:"几年的辛苦,如果在这方面成功,那就是将来发展的端绪了。一想到这里,我时时刻刻心里有如听着镇南关方面的炮声。"2日上午接到攻占镇南关的电报,大家呼喊"万岁"。4日,孙中山率黄兴、胡汉民、胡毅生、日人池亨吉、法国退伍炮兵上尉狄氏等,从河内乘火车到同登,骑马入那模村,连夜点火把攀登右辅山。黄明堂列队欢迎革命领袖的到来,孙中山在鼓乐声中检阅革命军,发表振奋人心的讲话,犒赏起义官兵,群情雀跃,想不到在这战火纷飞的山头上有如此热烈雄壮的场面。

5日清晨,孙中山巡视阵地,命令各炮向敌军轰击,数炮就击中了陆荣廷,各炮齐发,清军阵地上浓烟滚滚,木石横飞,毫无还击能力,孙中山情不自禁地参加发炮,并为伤员包扎。他激动地写道:"余自乙未广州失败以来,历十有四年,至是始得履故国之土地,与将士宜力行阵间。"又说,"反对清政府二十余年,此日始得亲发炮击溃军耳!"表现了一位伟大革命家的爱国情怀和战斗热情。

革命军虽然占领了右辅山制高点,但黄福廷盘据着镇南关城,革命军下不了山,陆荣廷、陈炳煜陈兵摩沙、隘口,堵塞了革命军前进的道路。而山上缺枪、缺弹、缺粮、缺水,不能持久作战。孙中山和诸人密商后,决定潜回河内筹款集械,组织援军,嘱黄明堂等将士坚守5天待援。孙中山在返回河内途中被法探发现,法国勒令孙中山离开越南,致使革命军陷入弹断援绝的境地。

6日,清政府下令把广西巡抚张鸣岐交部议处,饬各将领协力进攻,克期收复。龙济光、陆荣廷两部清军4000多人,向右辅山三面迫进(法国不让清军入越南境,故不能形成四面包围),发动了3次强攻,均被革命军粉碎,清军伤毙400多人,革命军牺牲20多人,负伤60多人。陆荣廷派陈灵五上山劝说革命军撤退。血战至9日,坚守5天的期限已到,革命军弹药打光,粮水俱缺,便于晚上全军退入越南境内,集绪在燕子山休整待命,部分将士被法军押送至新加坡。革命军撤退下山时,忘记把炮台上的青天白日旗取下,何伍的徒弟、13岁小战士冯细说,军旗是一军灵魂,不能落入敌手,遂飞身上山,盘旋于杆上把旗取回。然而龙济光、陆荣廷谎报力战攻破炮台,骗取了奖赏和晋升。

镇南关起义以奇兵突袭占领要塞,但不能突破敌阵向龙州、南宁前进,取得内地军民配合,陷于孤军困战,在清军优势兵力反扑下失败了。但是它的政治影响是巨大的,号称雄关天险被革命军一举攻破,少数革命军同十倍于己的敌人血战7昼夜,在同盟会军事史上尚属首次。这种英勇顽强的精神震慑了清朝政府,振奋了全国人民。

钦廉战役积经验　响应首义终独立

1908年3月上旬,孙中山被法国驱逐出越南,移居新加坡,中越边境的武装起义交由黄兴、胡汉民负责。行前,孙中山同河内机关部制订谋取滇粤之策:一路由黄兴筹建军队再入钦廉,取南宁为革命基地;一路由黄明堂、王和顺、关仁甫率镇南关起义之众,攻略河口,图取云南。为什么革命军要重入钦廉?第一,钦廉会党英勇善战,群众基础较好;第二,防城起义余部还隐伏在十万大山中坚持斗争,许多革命村庄还在武装反抗清军;第三,钦防是郭人漳的驻地,黄兴对郭有幻想,郭军中有一批革命同志,可望得到他们的帮助。

黄兴以海防为基地,在芒街设立前线机关,派谭人凤入东兴郭人漳营联络。郭以为革命军财政富足,想一脚踏两船,答应暗助弹药,并约好了交接地点和方法。黄兴向法商购得驳壳枪百数十支,冯自由在香港购得子弹,由海防同盟会员偷运入境,转运到前线装备部队,组织了长枪队、驳壳枪队和炸弹队。革命军装备精良,士气高涨。1908年3月27日,黄兴率黎仲实、梁少廷、梁建葵、詹岐山等防城起义余人和越南华侨200多人,高举青天白日旗,列队吹号,在东兴附近大路村跨过北仑河进入国境,经河舟到那勒,四处张贴中华国革命军南军总司令黄兴的告示,村民燃爆竹欢迎,途中和一队清军相遇,一触即溃。

29日下午,革命军行抵小峰,打着郭军的旗号,清军哨官率队出迎,全部被俘。两营清军闻讯逼近小峰,依山为阵,革命军从后山突破敌阵,清军大溃,600多人只剩下50余名残卒。这是首战小峰获得全胜。

30日,革命军在途中遇清军一营,清军退入村中据宅顽抗,黄兴叫群众出屋,喝令投掷炸弹,伤毙敌军百余,残敌解衣卸械而遁。31日,革命军行抵大桥,两营清军追来,革命军以排枪射击,敌一营官中弹倒地,两营皆溃。自此以后,清军闻革命军之声即偃旗息鼓避开。这些挨打的清军都是郭人漳的部队,郭恼羞成怒,不但不遵约资送弹药,还调兵攻打革命军。

4月3日,革命军列阵于钦州马笃山,清军龙督带率兵三营来攻,革命军居高遥击。清军地形不利,大困,龙督带中弹落马,清军死伤甚众,军官先遁,三营皆溃。阵擒清军80多人,哨官两名,这是入国境以来最大一次胜利。

革命军连战皆捷,声势日盛,正想从大蕖、那楼两处进入广西,郭人漳和参将王有宏率兵3000追来,采取包围式。革命军处境不利。黄兴组织敢死队在黑夜中摸入郭军驻扎的村庄投掷炸弹,清军惊扰,四散逃命,缴获郭人漳的军旗和坐马。黄兴写信给郭人漳说:"君与吾党主义,本表同情,徒以误会而致相战,亦属不得已之举。军旗关于君之责任綦重,敌特奉还,聊表缺憾而申友谊。马则暂请见赐耳。"接着又在钦境大寺龙王岭,那蒙绿留村大挫清军,钦人梁少廷、梁建葵出力不小。

革命军七战七捷,缴获快枪四五百枝,队伍壮大到600多人,从此革命军纵横于隆雁、陈圹、那惧、马路圩、绿柳、凤岗一带,穿插于20000多清军之间,如入无人之境。孙中山赞扬说:"克强(指黄兴)乃以二百余人出安南,横行于钦、廉、上思一带,转战数月,所向无故,敌人闻而生畏,克强之威名因而大著。"

为了配合钦廉方面的军事行动,负责河内机关部工作的胡汉民,对广西清军开展"纸弹"攻势,以南军大营的名义,分别致信给荣军统领陆荣廷及其部将陈炳凰、幕僚赵竹君。致陆荣廷信中略谓:近者中华国革命军已兴于两粤之交,所至人心归附,满清诸将疲于奔命,岌岌自守,此真是大有为之机……"信中劝陆乘机起义,诛龙济光,据龙州、太平,共图光复大业。致陈炳绳和赵竹君的信中,促他们坚定陆荣廷反正的决心,以实践去年输诚的诺言。(按:这两信反映了一个事实,1907 年陈炳烛、赵竹君经梁兰泉介绍,曾秘密到越南会见胡汉民。陈炳绳说:"统领陆公,素有大志,同镇文武,相视莫逆,中国有事,边防之军,必不为天下后。"赵竹君说:"柳州之役,荣军奉命数月延迟,盖革命党真无举动,始肯用武,虽有深心而未遇机会。"又说,"日本留学生以服官满洲者为奴隶,而矢口自许国民,国民、奴隶非目前可定,亦止待判决于将来。"故胡信中有实践输诚诺言之语。)这些书信发出后没有回信,也不见陆荣廷有什么行动。这些军阀没有革命思想,看风转舵,投机取巧,当革命没有明显胜利的时候,他们是不会冒险反正的。这些书信只起到一点作用,陆荣廷为了保存实力和留条后路,和革命军互不相攻,遭遇也不放枪,在整个钦廉战役中保持壁上观态度。

革命军流动作战 40 多天,弹药耗尽,将士疲惫,战斗力渐不如前,初期见敌即扑的勇气减少了,开始出现奔溃逃亡现象。5 月 2 日,当革命军进至小董以北和广西交界之地,前有龙济光重兵截堵,后有郭人漳跟尾恋追,部队天黑迷路,自相惊扰,被敌人冲散数段,溃不成军。黎仲实、詹岐山、梁少廷等各带少数人循着山间小路,昼伏夜行返回越南,越国界时又被法军捕杀不少。黄兴与部队失去联系,带着 30 多人北行,到南宁七圹分散求生,黄兴南下广州湾,乘船到海防,于 5 月 9 日脱险回到河内。这位忠勇的革命家还未洗去征尘,又马不停蹄奔赴河口督师了。

钦廉之役在同盟会 10 次武装起义中,是军事上打得最漂亮的一役。革命军人少械精,锐不可当,数万清军望风而逃,充分反映革命党人以一胜百的英雄主义精神。但他们忽视了以根据地作依托,陷入单纯军事观点和无后方的流动作战,弹药得不到补充,部队得不到休整,以致久战力尽,失败得很惨。这种先胜后败的经验教训,促使同盟会不断修改武装起义的方针和战略。就广西边境三次武装起义来看,规模不大,时间不长,它是资产阶级革命派学习军事斗争的启蒙课,为辛亥革命的成功积累了经验,准备了条件。

失败为成功之母。同盟会在广西边境武装起义的失败,引起革命党人的反思。他们觉得输入式的武装袭击,成功希望甚小,必须深入内地发动革命,才能生根立足。故 1907 年以后,在日本、香港、广州的广西籍同盟会员,纷纷奉派回广西工作,与此同时,大批外籍同盟会员应聘到广西编练新军。在本籍和外籍同盟会员的通力合作下,广西各地建立了同盟会组织,开展了革命宣传,掌握了新军,联络了大批会党武装。1911 年武昌起义和各省独立的消息传来,广西的革命力量闻风而起。10 月 29 日,数千会党和民变武装起于湘桂黔边境,攻占仔远县城,桂林震动,10 月 30 日,同盟会领导梧州市民自动起来宣布独立。10 月 20 日晚上,桂林新军准备起义,因下暴雨水阻而改期。11 月 5 日,浔州五县革命军万人起义,首先攻占平南,向府城集中。广西清吏内外交迫,发现自己坐在火药桶上,被迫接受谘议局的和平请愿,被迫接受同盟会提出的"广西独立,新军北伐"的条件。11 月 7 日广西巡抚沈秉堃宣布广西独立,通电全省和平易帜,谘议局即选举沈秉堃为广西都督,布政使王芝祥、提督陆荣廷为副都督。

辛亥革命安徽起义纪实

革命前,安徽革命党人进行了大量的革命宣传工作和组织工作,使安徽成为"中江革命的策源地"。武昌首义后,安徽各州县纷纷独立,淮上军崛起寿州,光复两淮,阻击张勋北窜,抗击倪嗣冲南犯,为革命作出了重大贡献。

中坚领导同盟会

以孙中山为代表的资产阶级革命派,最先感觉到深重的民族危机,他们在海内外开展了轰轰烈烈的革命宣传活动,建立了兴中会、同盟会组织,为辛亥革命进行了思想准备和组织准备。安徽革命志士也遵循这种革命轨迹,在省内开展了卓有成效的革命宣传和组织活动。

1902年,安庆青年知识分子陈独秀、潘赞化等在安庆北门的藏书楼(图书馆)发起爱国演说会,是安徽革命宣传活动的开端。他们组织青年励志学社,聚集一批爱国志士谈论国事,揭露时弊,探索拯救国家的途径,还以抵御外侮为由,组织该会成员进行军事训练。事为清政府侦知,陈仲甫等遭通缉,藏书楼宣传活动被扼杀。

1903年,全国掀起了波澜壮阔的反抗俄国帝国主义侵占我东北领土的爱国民主运动。安徽陈仲甫等人奋起响应,他们以"皖城爱国会同人"的名义,发布了《安徽爱国会知启》,尖锐揭露了沙皇妄图侵占东北三省的狼子野心,号召一切爱国志士立即行动,投入这场斗争。5月17日,安徽大学堂及武备、怀宁、桐城各学堂的学生和一些爱国志士在藏书楼举行拒俄爱国演说会,适逢大雨滂沱,与会者仍坚持不散,"众情踊跃,气象万千"。这次运动同样遭到清政府的镇压。

创建学校,兴办教育,借此鼓吹革命,培养革命人才,是当时爱国志士进行革命活动的一种重要方式。其中最著名的是位于芜湖的安徽公学。该校创办于湖南长沙,1904 年迁回芜湖。由于创办人李光炯和校务主持人卢仲农都倾向革命,因此当时的一些革命志士云集于此。先后在该校任教的有陈独秀、刘师培、柏文蔚、陶成章、张伯纯、苏曼殊、江彤侯等。他们把公学讲坛作为鼓吹革命的场所,校园里洋溢着浓郁的革命气氛。在这些教师的影响下,学生中涌现了不少革命活动分子,如刘文典、金维系、刘少熙、孙万乘等,后来都成为安徽地区辛亥革命的中坚。安徽公学还同东京同盟会本部及上海、南京、安庆、合肥等地的革命组织保持密切的联系,并影响其他地方的许多学校,如安庆的尚意学堂,寿州的蒙养学堂、芍西学堂,桐城的崇实学堂,合肥的城西学堂等,使他们也成为宣传革命的阵地。这样,安徽公学就不仅成为中江流域新文化的摇篮,而且成为整个地区的革命思想传播的中心。所以冯自由说:"皖人之倾向革命,实以该校为最早。"1906 年清政府拟逮捕公学师生多人,侦察密布于校外,环境非常恶劣,革命党人先后离开公学,芜湖革命热潮为之中落。

　　革命党人在兴办学校的同时还创办了许多报刊宣传革命,其中影响最大的是《安徽俗话报》,由陈仲甫担任主编和重要文章撰稿人。该报以通俗易懂的文字,深入浅出地向广大人民宣传爱国思想。如该报刊登《瓜分中国》一文写道:"……照他们瓜分图上,说是俄国占了东三省,还要占直隶、山西、陕西、甘肃,德国要占山东、河南,法国要占云南、贵州、广西,日本要占福建,意大利要占浙江,这靠着长江的四川、两湖、三江几省,就分在英国名下了。"这张报纸办得极有生气,正像蔡元培所说,《安徽俗话报》"是表面普及常识,暗中鼓吹革命的工作"。

　　在进行革命宣传活动的同时,革命志士着手建立革命组织。1905 年七八月间,建立的秘密革命团体岳王会是安徽第一个资产阶级革命组织。取名岳王会,其寓意是崇拜和效法岳飞精忠报国、抗击异族的精神来奋勇推翻清王朝统治。由安徽公学的教师陈仲甫、柏文蔚联合学生中常恒芳等组成,陈仲甫任会长。后来由于岳王会骨干分子工作变动,该会分为三部:芜湖为总会,陈仲甫任会长,南京分部和安庆分部,分别由柏文蔚、常恒芳任分会长。这三部中,安庆分部较为活跃,常恒芳把新军中不少人吸收到岳王会中来,并成立了外围组织"维新会"。他们经常秘密组织会员阅读《革命军》、《警世钟》、《猛回头》、《扬州十日记》等革命宣传品,越发坚定了大家的革命斗志。后来在几次起义中牺牲的著名烈士熊成基、范传甲、倪映典、宋玉琳等都是岳王会会员,可见岳王会组织是起过很大作用的。

　　同盟会在安徽的发展始于 1905 年,那时安徽留日学生中的同盟会员纷纷回国,在安徽各地发展同盟会组织。安庆、合肥、南京都成立了同盟会的分支机构,发展了一批会员。岳王会会员绝大多数加入了同盟会。寿州成立的信义会、颖州成立的安仁会都是同盟会的分支机构。同盟会在安徽辛亥革命中起了极为重要的中坚和领导作用。

皖籍志士洒热血

1907 年徐锡麟领导的安庆起义是一次影响很大的义举。徐锡麟，宇伯荪，浙江绍兴人，家为富商，又有田产，但他受到革命思想的熏陶，毅然抛弃优裕的家庭生活，投入随时有杀身之祸的革命工作。他在《正气集》中明确表示，要为推翻已沦为洋奴的清朝统治者而献身。他曾参加光复会，原想联络会党起事，后来改变主张，筹款捐了一个道员的官衔，到安徽任职，准备打入敌人内部，取得兵权，相机起义。他初任陆军小学会办不久，改任巡警学堂会办，他与在浙江绍兴的秋瑾相约，皖浙两省同时起义，然后占领南京。不料起义计划泄露，清政府到处搜捕革命党人。徐锡麟遂决定提前在安庆起义。

1907 年 7 月 6 日（农历五月二十六日），安徽省的高级官员都随安徽巡抚恩铭到巡警学堂参加毕业典礼，当徐锡麟以进呈学生名册为由接近恩铭时，突然从靴筒中取出双枪，向恩铭射击，恩铭身中 7 弹，不久毙命，文武官员仓皇逃散。这时徐锡麟大声号召巡警学校学生"快从我革命！"率领革命党人马宗汉、陈伯平及学生数十人冲出学校，进占军械所。很快清军将军械所包围，双方经过激烈战斗，陈伯平当场牺牲，徐锡麟、马宗汉等 20 余人被捕。在敌人的刑场上，徐锡麟威武不屈，慷慨陈词，自称"革命党首领"，"专为排满而来"，"排满有十余年，今日始达目的"，侃侃而谈，大义凛然。当晚徐锡麟从容就义，不久马宗汉也遇害。

徐锡麟壮烈牺牲，许多革命党人书写挽联哀悼。安庆起义失败后，秋瑾很快在绍兴被捕并英勇就义。她在《绝笔书》中写道："虽死犹生，牺牲尽我责任，即此永别，风潮取彼头颅"。徐锡麟领导的这次起义，在清廷引起极大的震动。清廷官吏如同惊弓之鸟，朝野一片惊慌。北京的慈禧接到密电后也惊恐万状，命姜桂题率一营兵马保护颐和圆。

在徐锡麟和秋瑾遇害后的第二年，即 1908 年，熊成基又在安庆领导和发动了一次规模较大的起义。如果说，徐锡麟、秋瑾起义主要依靠会党的力量，则"熊成基是第一个依靠新军士兵来发动一次起义的人。"新军是中日甲午战争后清廷为维护其反动统治开始编练的新式军队。1904 年安徽招募武备练军 300 余人，所选士兵皆身材合格，年少识字者，"青年有志之士，纷纷应征"。熊成基和许多革命党人都乘机投入军中发展革命力量。熊成基，字味根，江苏甘泉（今江都）人，曾先后加入岳王会和同盟会。他加入新军不久就到南京的南洋炮兵学堂学习，毕业后，任炮兵排长，后调安庆新军三十一混成协任炮兵队官（相当连长），并被推为安庆岳王会的主持人。他在新军中加紧革命活动，谋划反清起义。

1908 年秋，清政府调集湖北、江苏、安徽的新军到太湖会操，熊成基等准备乘机在安庆发难，但事泄未成。同年 11 月清帝载恬和那拉氏先后病死，熊成基等准备乘统治集团惊惶失措之机发动起义。11 月 19 日新军中的革命党人秘密集会，公推熊成基为安庆革命军总司令，决定当晚起事，并

1907 年 7 月，徐锡麟领导安庆起义，英勇就义。图为徐锡麟

由熊成基拟定颁发了 13 条作战密令，对起义作了周密的部署。当晚 9 时，在城外的新军炮营和马营 1000 余人按时举火为号，冲出营房，击毙反动军官，杀奔安庆城下。但是，安徽巡抚朱家宝已有准备，他下令紧闭城门，并派重兵防守，以致城内革命党人无法接应。城外起义部队只得硬打猛攻，伤亡惨重。双方激战一昼夜，20 日清水师 5 艘兵轮开抵安庆，向起义部队发炮轰击，义军处于腹背受敌的境地，且已精疲力尽，饥寒交迫。熊成基只得分两路向庐州方向撤退，在清军追击下，起义军抵达庐州时已不满百人。熊成基只得遣散余部，分头逃避。

起义失败后，清军残酷进行镇压，遇害军人和学生达 300 余人。熊成基在起义失败后，到东北继续进行革命活动，在哈尔滨谋刺载洵，因叛徒出卖被捕遇害。在狱中，他慷慨陈词，"吾愿以一腔热血，灌自由之花"、"我愿继我而起者，大有人也"，表现了革命党人视死如归的坚贞气节和浩然正气。

这两次武装起义是在江淮大地上响起的一声春雷，它虽然失败了，但却震撼了摇摇欲坠的清王朝，唤醒了亿万民众，加速了革命进程。辛亥革命前，安徽革命志士在外省还进行了许多可歌可泣的革命活动，其中最突出的是吴樾在北京车站谋炸五大臣。

吴樾，字孟侠，安徽桐城人。早年就读于保定高等师范学堂时曾加入兴中会，后又创办两江公学和《直隶白话报》积极宣传革命。他爱国心切，"每与谈及国亡种削之势，辄仰泣不止"，决心为革命而献身。他在《与妻书》中明确表示"生必有胜于死，然后可生，死必有胜于生，然后可死"。1905 年，清廷为了缓和革命气氛，愚弄人民群众，放出"预备立宪"的消息，并派载泽等五大臣进行所谓"出洋考察宪

政"。吴樾得悉这一消息,怒发冲冠,决心炸死五大臣同时以身殉国。在舍身赴义的前一天晚上,他奋笔疾书,写成 4000 余字的《意见书》,深刻揭露清廷的骗局,表达了自己杀身成仁的原委,妥善地安排了后事。然后从容地怀揣炸弹,奔赴岗哨林立的北京火车站。他夹在仆人中间混进车站,踏上五大臣乘坐的包厢。当他从怀中取出炸弹,燃着引信,正要向车厢内掷去时,不料列车发动,车厢相撞,炸弹震落地下爆炸。"轰"声巨响之后,烟雾弥漫,车穿地陷,吴樾当场壮烈牺牲,五大臣中 3 人受伤,其时正阳门人喊马嘶,一片混乱。五大臣逃回官邸,清廷受到极大的震动。吴樾好友、"北方暗杀团"成员马鸿亮事后撰文道:烈士壮举虽然"未能命中,然而夺祖龙之魄,振志士之气,声闻全国,名震环球……武昌义举遂覆清祚,皆此一弹首发其难,有以速之成也。"著名革命党人、鉴湖女侠秋瑾曾怀着沉痛心情写下《吊吴烈士樾》诗一首,其中有"皖中志士名吴樾,百炼刚肠如火烈。报仇直以酬祖宗,杀贼计先除羽翼","死殉同胞剩血痕,我今痛哭为招魂。前仆后继人应在,如君不愧轩辕孙。"

辛亥革命前,爆发了黄花岗起义。这次起义,孙中山称之为"碧血横飞,浩气四塞,草木为之含悲,风云因而变色","直可惊天地,泣鬼神,与武昌革命之役并寿"。参加此役的江淮子弟就达 97 人,知名殉难者有宋玉琳、石德宽、程良烈士。他们被捕后慷慨陈词,昂首趋赴刑场。程良烈士,年方 28 岁,受审时大声骂道:"余与清奴,无可言者",遂缄口不言,时有"哑党人"的传说。

皖籍志士在省外的革命活动还有万福华刺王之春于上海,孙毓筠刺端方于南京,倪映典率部起义于广州,他们在祖国各地,为了民族独立,国家振兴,前仆后继,英勇奋斗,留下了不可磨灭的影响。

揭竿起义战清兵

1911 年 10 月 10 日,武昌首义取得了伟大的胜利,革命洪流很快席卷全国。这时,皖籍革命党人吴旸谷、王天培、胡维栋、韩蓍伯、李乾玉、史沛然等纷纷聚集安庆,筹划革命起义。他们凭借过去的工作基础,发动新军第六十一标、六十二标及陆军小学堂、测绘学堂联合于 10 月 30 日晚举行起义,但因事机不密,总指挥又临阵畏缩逃走,起义中止。10 月 31 日驻集贤关的新军六十二标在革命党人的带领下,重新发难,逐走统领,夺取子弹,进攻安庆,但因安庆防备较严,义军武器不足,起义失败。

但是,这时革命浪潮风起云涌,全省许多州县已义旗遍举,"安徽巡抚之政令,此时已不能出安庆城门一步"。安徽邻省江西、江苏、浙江也都先后独立。在这种情况下,省谘议局同安徽巡抚朱家宝磋商独立问题。朱家宝原极顽固,但他此时得到袁世凯的密电:"宜顺应时势,静候变化,不可胶执书生成见,贻误大局",因而顺水推舟,表示同意。于是,在11月8日,谘议局宣布安徽独立,推举朱家宝为都督。其间革命党人因不满朱家宝窃踞都督职位,曾将都督大印索去,但不久又被朱唆使流氓夺回,军政大权仍掌握在反动势力手中。

为了改变这种状况,同盟会员吴旸谷亲去九江,请兵援皖。不料派来由黄焕章率领的二千浔军,军纪极坏,来后即勒索巨额军饷,未达目的即纵兵围攻都督府,劫夺军械所,焚烧藩署,洗劫藩库和商店,并枪杀责斥他们罪行的革命党人吴旸谷、毕大怀,引起全省人民极大愤慨,黎元洪致电江西都督,将浔军撤回九江。浔军走后,革命党人组织了"皖省维持统一机关处",维持社会秩序。不久召集临时省参议会,选举孙毓筠为安徽都督,局势稍稍安定。

庐州(今合肥)地处江淮要冲,地理位置十分重要。早年同盟会员吴旸谷曾在此建立同盟会分支机构,奠定了革命基础。武昌首义后,上海同盟会派孙万乘(字品骖)到庐州主持同盟会庐州分会,与当地革命党人相结合,秘密策划庐州光复。他们一方面派人运动西乡自卫队参加革命,开入城内,以壮声势,并号召在外地的学生赶回庐州,制造革命舆论,扬言拥有炸弹,将采取行动,造成革命气氛;另一方面,说服庐州县总团练长袁斗枢去劝说庐州知府穆特恩,庐州县知事李松圃、江防营管带季雨农归顺革命势力。经过晓以大义,明以利害,除穆特恩逃走外,李松圃、季雨农均愿归顺革命。于是1911年11月9日在天后宫召开大会宣布庐州独立,成立庐州军政分府,孙万乘任总司令,方悖言为副司令,下设民政、巡警、财政、参谋、执法5部。军政分府成立后,即推动庐州府属各县独立,并整顿、充实武装力量,准备北伐。

芜湖是皖南地区的政治、经济中心,光复皖南必先光复芜湖。早在1904年,芜湖曾举办"安徽公学",刊出《安徽俗话报》,播下了革命种子。武昌首义后,本省寿州、安庆、庐州先后光复,对芜湖有很大影响,通过报刊宣传和"迪智群"的革命活动,革命气氛热烈。此时,从上海、武汉、合肥等地派同盟会员吴振黄、刘醒吾、阚岚溪等来到芜湖,以江口大方客栈为秘密机关,把"迪智群"等革命组织团结在自己周围。一方面,争取当地青帮势力支持革命,另一方面派人同拥有军事实力的巡防营统领李葆龄谈判,以委任李为"芜湖海关监督"为交换条件,使李归附革命。11月10日芜湖宣布独立,成立了皖南军政分府,公举吴振黄为革命军司令,刘醒吾为参谋长。皖南军政分府成立后即派兵先后光复了宣城(宁国府治)、当涂(太平府治),其他州县均接踵传檄而定。

寿州是皖北重镇,位居淮颖之冲,有"皖北锁钥"之称。辛亥革命前,同盟会员张汇滔以"信义会"名义,程恩普以"安仁会"名义在寿州、颖州(今阜阳)等地开展革命活动,扩大革命力量。武昌首义的消息传到寿州后,淮上革命党人和同情革命的士绅张汇滔、王庆云、袁家声、张纶、王占一、李诱然、岳相如等举行紧急会议,研究寿州光复计划,决定于 11 月 5 日起义。他们一方面把自己掌握的武装在 4 日前分别部署在寿州北门、南门和东门外,作好武力光复的准备,另一方面通过谘议局张纶等头面人物向清政府州县衙门和清军头目进行劝降和分化瓦解工作,争取和平解决。在强大的军事压力和政治攻势下,知州魏业锗、知县孙绍英、总兵李定明于 4 日夜先后弃城逃走,于是革命党人领导的武装兵不血刃,连夜占领了寿州城。11 月 5 日,居民从睡梦中醒来时,寿州城头已遍插革命旗帜,街头巷尾张贴了起义军总司令的安民告示。

紧接着革命党人大力进行扩军,四乡农民闻讯后,剪去辫子,赶来参军的蜂拥而至,一两天之内,革命军即扩充到两万余人。革命党人召开会议,确定起义军改名为淮上国革命军,设立总司令部,推举王庆云为总司令,张汇滔为副司令兼参谋长。全军编为 13 个军统,军统下设支队、营、连。淮上国革命军共有 18 个步兵营,1 个马队营,2 个炮队营。

淮上国革命军经过整编和简单训练后,从 11 月 9 日起即分兵数路,浩浩荡荡,向两淮进击。

一路由袁家声、杨穗九、岳相如等率领进行东征,兵锋所至,攻无不克,先后光复了怀远、定远、凤阳、凤台、蚌埠、五河、泗县、灵璧、天长、濉宁等地。

一路由权道涵、段云、王占一等率领,向南进军。其中王占一、吴寿民所率部队在庐州协助孙万乘消灭一营扰害百姓的清军残兵后,先后攻克棠县、无为、舒城、含山等地,权道涵、段云所率部队也攻克六安、霍邱、霍山、英山等地。

一路由张汇滔、孙多荫率领步兵、炮兵 2000 余人西征颖州。在颖上,粉碎了知县孙镜仁的顽抗,强攻入城。淮上军到达颖州时,程恩普等革命党人已领导淮北革命军在颖州宣布独立。两军汇合,分头出击,先后光复了蒙城、涡阳、太和等地,淮上军势如破竹,革命声威直达河南边境。

在辛亥革命的暴风雨中,淮上军崛起寿州,挥师两淮,以简陋的武器,不足的给养,全凭革命热忱,英勇作战,成为驰骋淮北大地的一支劲旅,连克 22 州县,为革命立下殊勋。接着,他们又在蚌埠阻击北逃的张勋,在颖州扼制南犯的倪嗣冲,喋血沙场,光昭日月。

张勋由于 1917 年企图复辟清王朝而臭名昭著,在以前他一直是清廷的忠实走卒。1911 年南京光复时,他在顽抗失败后率部沿津浦路北逃。淮北军得悉后,派两营兵力集结蚌埠进行阻击,两军在蚌埠小南山附近展开激战,淮上军虽然士气高昂,但终因武器简陋,寡不敌众,伤亡惨重。张勋部也遭受重创。淮上军在此次阻击战中表现了英勇顽强的大无畏气概,后人将阵亡的 88 名将士遗体安葬于小南山,并在山巅修建了"淮上国革命军阵亡将士纪念碑"。

倪嗣冲原任清政府河南布政使。袁世凯在 1911 年 10 月复出后,即疯狂镇压革命,他在派段琪瑞、冯国璋南下猛攻汉阳的同时,派倪嗣冲于 12 月 9 日率武卫军 5000 人入皖镇压安徽革命。倪军陷太和后,违背南北议和协定,围攻颖州城,发炮狂轰颖州城墙,多次发起冲锋,淮上军英勇抗击,奋战 4 昼夜,倪军终未得逞。后来倪嗣冲勾结城内原清廷反动军官,暗开城门迎进倪军。淮上军仍坚持巷战,直至 15 日下午张汇滔方率领残部突围,颖州沦陷。倪嗣冲在破城后,进行疯狂屠杀,凡未走脱的淮上军革命官兵,全遭惨杀。颖州拒倪之战,淮上军牺牲将士达 1700 余人,他们为辛亥革命立下了不朽的功勋。

1911 年 12 月 25 日,孙中山先生南返上海,宣布"革命之目的不达,无和议之可言"。在全国革命形势的影响下,安徽都督孙毓筠发表北伐檄文,分两路进行北伐。

一路由柏文蔚派出的卢慈甫率领的援颖支队,与段志超率领的皖军北伐队等部队会师正阳关,组成联军,沿颖水北上讨伐倪嗣冲。起初曾大败倪部于颖州东乡,后倪部援军赶到,联军不利,败退正阳关。不久双方议定罢兵停战。另一路,由柏文蔚指挥的北伐联军沿津浦线讨伐张勋,先后光复固镇、宿州,2 月 11 日攻克徐州,张勋率残兵逃往山东。南北议和告成后,两路联军均班师。

南北议和后,安徽革命内部经过纷争,先后于 1912 年 1 月和 4 月分别由孙毓筠和柏文蔚督皖。柏文蔚就任都督后曾想有一番作为,在实行议会选举,发展教育事业,改革金融政策等方面有所建树,特别是在全省范围内雷厉风行地进行禁烟运动,取得了显著成绩。孙中山在安庆视察时曾说:"贵省禁烟办法,实可为各省模范也。"

1913 年,为了反对袁世凯企图建立独裁统治的罪恶阴谋,安徽都督柏文蔚联合江西都督李烈钧、广东都督胡汉民、湖南都督谭延闿(史称"讨袁四督")发起癸丑讨袁之役。但不久就遭到失败,柏文蔚被迫出国。倪嗣冲于 1913 年 8 月 28 日率兵进驻安庆。从此,安徽进入了最黑暗的北洋军阀统治时期。

辛亥革命福建起义纪实

福建人民是具有光荣传统的,特别在响应武昌首义的辛亥革命的高潮中,更作出了巨大的贡献,这是与福建人民长期反清斗争分不开的。

反清斗争　可歌可泣

继孙中山先生创立兴中会后,20世纪初年,革命小团体在全国各地纷纷成立,福建青年也积极行动起来。南京水师学堂福州籍学生郑权因痛感祖国沦亡,而具民族自决思想,"尝托名著《瓜分惨祸预言记》及《福建之存亡》等书,冀以大声疾呼,警醒国人之迷梦"。他和福州桥南的至亲好友郑祖萌等人志同道合,经常书信联系,研究如何开通风气事。1902年春节期间,郑权由宁返榕,2月27日以纪念孔子为名,召开演说会,在仓首山古榕书院组织益闻社,这是福建的第一个革命团体。陈雯生等旋往长乐县成立分社,取名益群社,总社和分社都附设阅书报所,供人阅览,进行革命宣传工作。同年,"永泰人黄展云创办蒙学堂于福州,组织励志社"。在教员方声涛的影响下,励志社的10名同学"决心参加革命活动,备用'汉'字为号,作为隐名……称为'十汉'"。

接着,林斯琛和刘元栋等又联络各界进步人士,在福州仓山下渡十锦祠设立藤山文明社,购置书报供人阅读,"实为革命同志与哥老会,三合会交通总汇之区"。为了进一步联系会党组织,进行反清斗争,又派人加入哥老会复明山堂。1903年便自立共和山堂,由邹燕庭、林斯琛分任正副龙头,积极与各山堂联络,进行革命活动。他们弃"复明"而立"共和",用近代革命思想改造会党组织。

1903年,益闻社创办益闻学堂,次年改为益闻两等学堂。"教员多由社员自担义务,而借以灌输革命理想"。这时蒙学堂也改为官立侯官两等小学堂,提倡革命宗旨,与益闻互相应和。不久,蒋筠在福州城内玉山涧办观我学校,吴杰臣等办开智学校,郑忾辰等办铺前学堂,杨子玉等办普文学堂,张海山等办西城学校,这些学堂、学校都是福州的革命摇篮。后来,连清政府所办的高等学堂及师范、法政、武备等学堂,也毫无例外地逐渐成为革命党人的活动场所。1904 年夏,省城的武备、师范、大学、高等、两等各学堂学生千余人在益闻学堂集会,成立了学生联合会,推举侯官学堂学生黄光弼为总代表,林月樨副之,学生们通过组织团结起来了。

1903 年春,林森等人在上海三山(福州)会馆成立旅沪福建学生会,"表面为征求同志,挽回福建权利的集会,而实则革命同志集会及办事之机关"。1906 年该会在福州设支会,并在上杭街设立福州说报社,除展阅书报外,"社员每星期轮流讲演时事,借以唤醒国人","会中所用信笺,不用光绪年号,而用黄帝纪年"。

1905 年春,在古榕书院成立汉族独立会,"所有会员皆各社团、各学校中最急进分子",郑权、郑祖荫分任正副会长,"会章森然,违者杀无赦"。

1906 年夏,同盟会福建支会成立,孙中山任命郑祖荫为支会会长,林斯琛为总干事。"遂将汉族独立会取消,全体会员依同盟会誓词,加入为同盟会会员"。这年是丙午年,福建同志为了便于联络,又创"丙午俱乐部"名称。

同盟会福建支会为了开展工作,1907 年在古榕书院设桥南公益社(简称桥南社),后迁梅坞。该社表面上办理劝葬、戒烟、施医、救火等公益事业,实际上是革命的总机关和策源地。1910 年秋,它曾和立宪派共同创办《建言报》,该报"始终为同盟会福建支部所掌握,是反对清朝统治的宣传工具"。它先由同盟会员张海珊筹办和主持,继由刘通接办,"最多发行量有六七百份"。桥南社还附设体育会,由冯金荣任教练,集合仓前山英华、福音、培元等书院的青年学生,"定期在麦园顶而训练之"。福州起义时的炸弹队、洋枪队、学生军,便是以他们为骨干组成的。

1908 年,革命党人在仓前山天安寺设闽南救火会,由刘元栋负责,这里常成为集会处所。英华书院祁暄等人又组织警醒社,用以联络南洋侨胞参加革命,"曾发刊警醒、民心各报,以资鼓吹"。同年,连江县透堡乡"为农村自卫的需要,组织了广福会(后改称光复会)练习技击,会友计一百五十余人"。第二年推举党人吴适做大哥,"大家开了盛大欢迎会,行摔碗杀鸡盟誓的仪式,此时会友已增至三百余人"。经吴适的宣传教育,大家表示"一致听大哥的命令,参加革命"。

1908—1909 年间,成立了福州社会办事处,"为指挥各社团,遇事一致行动之枢纽"。

当时,清政府在福州的兵力除驻防旗兵外,主要是同光年间左宗棠带领入闽的湘军。清廷改革军制后,福建新军编为第十镇,原湘军将领孙开华之子孙道仁受任统制,日本士官学校第三期毕业生、同盟会会员许崇智为协统。1911 年春,彭寿松加入福建同盟会,"寿松既湘人,又湘军将门后人,有更深渊源,且系哥老会中人"。他认为"革命须靠武力,争取武力必须从军警下手,而同盟会难于吸收会员,乃设军警特别同盟会,运动湘军"。他的侄儿彭荫祥积极配合,由寿松出任会长,"至(农历)九月初,军警全部加入矣"。

省城以外的主要府县,也陆续有党人开展活动,如旅沪兴化府人黄绶、黄纪虽出资设达文社于上海,印行各种新书,曾为郑权出版《瓜分惨祸预言记》和《福建之存亡》二书,又发动兴化人参加旅沪福建学生会。接着,党人回莆田城内马巷创办醒社,宣传革命。又在顶务巷设励青小学堂,在府学明伦堂办兴郡简易师范科和小学堂。1903年更成立癸卯学社。这些都是传播革命的机构。

同盟会福建支会成立后,开始有组织地向全省各地开展活动:厦门同盟会主持人是新加坡归侨施明,以鼓浪屿救世医院为据点。厦门同盟会会员绝大多数是知识分子。1907年他曾介绍王兆培入会。1910年王兆培赴台北医学校学医,吸收同班的台南籍同学翁俊明为会员,两年后台湾同盟会会员增至30余人,它的外围团体复元会则有会员76人。1913年领导台湾起义的罗福星则是1906年于旅途中在厦门加入同盟会的,这都说明闽台之间的亲密关系。泉州同盟会主持人是许卓然,领导机关设在奎章巷内,附有体育会、保安会等外围组织。漳州的主持人是陈兆龙,"由于禁令森严……活动并无成果"。1910年奉孙中山命从菲律宾回国的庄玉夫妇在漳州"共同筹资创办技术专修学校于乌衣巷谢氏祠堂;郑无涯也创办了普及阅书报社和普及业余夜学于南门,作为宣传革命和教育青年的机构"。汀州府的留日学生,同盟会会员康绍麟、丁仰皋等人,专程返汀配合汀郡中学教员刘家驹等开展工作。汀属上杭县各学堂也秘密传播革命思想,济南人李宗尧在稔溪乡开体育社,进行革命活动。

福建各地的有志青年陆续建立革命团体,特别是加入同盟会之后,进行了一系列的斗争。通过斗争,锻炼了队伍,总结了经验,为迎接革命高潮的到来作好了准备。

首先是进行从英国领事馆收回福州仓前山天安寺房产的斗争。1908年,同盟会福建支会决定在福州城台各地筹设救火会,桥南天安铺也于当年4月20日设立闽南救火会,会址设在天安寺内。早在1855年,英领事曾向天安铺居民李光第等租用天安寺附近双江台后面的空旷山园两座,盖造领事署。租约中四至的界址十分明确,与天安寺毫无关系,"中间经过五十四年,双方均照约履行,相安无事"。但住在寺内的英领署职员和听差曹、齐、张三户为谋私利,竟"蒙耸英领事与救火会混争"。英领不顾事实地公然向地方官发出照会,反诬救火会"擅行侵占大英国汉府之租界……犯有极大背约之重罪"。在任的吕观察和马支司一味迁就,出面劝导救火会暂时迁离天安寺或更换名称,以缓和英领的逼迫。

主持救火会的中坚分子是同盟会会员,他们既婉词辩护,又将前后租约绘成图说,呈请有关部门派员履勘,并联名向外务部申诉,指出"以福建之公产,办福建之公益"是合情合理的。当地报纸不断将交涉情况及时披露,而救火会又把全案经过印订成《福州英领事混争天安寺纪实》寄往省内外,请求援助以争回国权。

上海环球学生会派陈丙台为代表来闽协助,省外各福州同乡会也函电交驰,以作声援。福州各社团特别是青年学生、码头工人及商店店员都群情激奋,以罢工、罢市来推动政府进行强硬交涉。全城群众情绪激昂,如决堤江河,不可遏止。英国驻华公使闻讯,不得不派麻穆勒参赞来闽,在事实面前,麻穆勒不得不承认确有侵占行为,并据实报由英公使电令驻闽英领承认"闽南救火会以闽人公产办地方公益,毋庸迁徙"。一场历时一年零三个月之久的轩然大波,终于以中国人民的胜利而告结束。这是在清代对外交涉案件中极为罕见的。

其次是抓住两位福建籍留日学生蹈海事,大造舆论以发动群众。福建师范学堂学生陈海鲲于1903年赴日本留学,他深痛庚子以来国事日非,过沪时与林森等相处数日,对国事忧愤已甚。当舟次马关时,思及《马关条约》,触景生情,疾首痛心,毅然蹈海自尽。福州人陈天听当甲午战败时,曾愤而欲拔剑自刎。1908年5月,他在日本留学法政毕业,乘日轮"博爱丸"回国,听某朝鲜人谈及日本对华的种种箝制,便拍案而起,对在座一日人叱曰:"我不能坐视日本对华侵略,你能杀我则已,不然请与我同死。"要拉其同往船头,日人绝衽而逃,天听即蹈海死。

在日本的福建留学生为二陈召开了追悼会,林觉民用一昼夜时间代陈天听写了一页慷慨激昂的绝命词,陈承泽草拟了大会宣言。1911年春,同盟会福建支会在仓山泛船浦广东会馆为二陈补开追悼大会,彭寿松剪下发辫附挂挽联上,此次追悼影响颇大。

林觉民,福建闽侯人。字意洞,号抖飞,又号天外生。1907年留日,加入同盟会。1911年春回国参加黄花岗起义,后随黄兴攻打督署,受伤被捕,写《与妻书》,感情深挚,痛言为国牺牲"虽百死而不辞",从容就义

再次是海内外福建籍革命党人对辛亥广州黄花岗之役的巨大贡献。1910年广州新军起义失败后,孙中山在槟榔屿召集黄兴等人商议,以"前仆后继,无少馁却"的精神,决定卷土重来,组织先锋队,在广州再发

动一次有组织有准备的十路大起义。福建留日学生闻风而动,议定由林文赴香港参与筹备,林觉民回福州准备响应,二林同船抵香港。嗣黄兴主张取消响应计划,在广州全力以赴,林觉民遂依林文建议回福建召集志士赴粤。经过同盟会支会的动员,闽籍志士40余人(包括连江光复会成员20余人)在林觉民带领下分两批由马尾乘船出发,所用旅费是由闽籍同盟会会员王孝总和陈懋复到台湾请林薇阁应急募捐2000日元解决的。

方声洞原计划留在东京接替林文的工作,但他不愿错过参加起义的机会,借运送弹药赶到香港。他的哥哥声涛、姐姐君瑛及两位嫂嫂曾醒和郑萌,都参加起义准备工作。起义前夕,林觉民和方声洞都给父亲、妻子留下了感人至深的绝命书。这次起义未能按原计划十路同时发动,连名义上的四路也没有实现,只有黄兴率领的一路冲入了总督衙门,终因寡不敌众而遭失败。方声洞当场牺牲,林觉民受伤被俘,在法庭上作了激昂慷慨的演说,然后从容就义。后来在黄花岗七十二烈士陵园中,留有姓名的福建籍烈士便有19人(其中连江9人)。近年经福建省博物馆调查考证,牺牲的闽籍志士应不少于23人,生还的也有十多位。福建革命青年在这次轰动全国的起义中,作出了突出的贡献。

英勇善战　光复福州

黄花岗起义失败后,在闽革命同志既痛亡友,益伤国事,决心继承烈士遗志,以促革命成功。他们派林斯琛赴沪,访谭人凤、陈其美等筹组南部机关,闽藩尚其亨见彭寿松锋芒毕露,"欲以利禄诱之",介绍他去汉口找川粤汉铁路督办大臣端方,实际上是想借刀杀人。彭赴汉后却"与张振武等取得联系,旋向端方托词回闽接眷。即从事运动军队……又运动哥老会各山堂联合为一"。武昌首义震动全国,寿松即偕李质文赴上海有所商议,质文曾学制手掷炸弹,二人旋即返闽。因财力奇绌,影响工作开展,斯琛向总部电借10万元,10月下旬汇到,于是革命进入发动阶段。

福建新军统制孙道仁对革命初甚犹豫,经斯琛托洋行买办蔡展庞通款,孙见全国形势急剧变化,军队几乎全部站到了党人一边,而旗人又对自己产生疑忌,不得不顺从。11月5日,郑祖荫、林斯琛等代表同盟会邀请孙道仁至闽江下游夹板船上研讨起义事宜,协统许崇智也与会。会上研究了起义计划,在城内花巷设司令部,由许崇智担任前敌总指挥,商定孙道仁担任光复后的闽都督。这样,福建新军都成了革命军。

当时的闽浙总督松寿和福州将军朴寿,都是满人,布政使尚其亨则为"尚可喜的后裔,是个最滑头的官僚"。松寿颇庸碌,拿不出主意,朴寿很顽固,坚决反对革命。起义前夕,因城内居民拥挤,为减少伤亡,党人预颁告示力劝满员归降。朴寿统率捷胜营旗兵 2000 名,他一面力谋战备,加紧布防:总督、将军两衙门各集卫兵数百,门口另安置大炮两尊;将枪弹运贮旗人街,并装置巨炮,凡 13 岁以上男子每人给枪一支,弹若干发,女子每人小刀一口,"遇着革命军起事,便和他死战",并派捷胜营分布各城门加班站岗,严加盘诘面生之人出入。一面将所积存的贵重物品装入 16 个大皮箱,雇工抬出城外,赴轮他去。附近的居民为求安全而跟着迁徙,城台各店纷纷停闭,旗兵粮食也开始配给;朴寿见事机已迫,决定先发制人,拟于 11 月 9 日派旗兵一营攻占桥南社总机关。又令"满绅文楷组织杀汉团一大队,兵额 500 名,分成两队,一为大刀冲锋队,一为汽龙洋油放火队",企图"大肆杀戮,为同归于尽之谋",并电调延津巡防统领徐镜清率一团兵力回省垣联防。许崇智获悉,马上寻访与镜清最有交情的湖南同乡贺泽远赶赴洪山桥拦阻劝导。徐对朴寿虽有知遇之恩,但以部下多数倾向革命,只好依从。

革命军为确保胜利,除动员已加入军警特别同盟会的屏山军械库员兵偷凿墙垣,于六七两日晚秘密输送军火外,又组织了学生敢死炸弹队、学生洋枪队、学生体育队、学生商团队、民团联合救火队、民团义勇队及闲散官兵先锋队、整遣队等。总之,敌我双方已一触即发。

10 月下旬,福州流言甚多,居民一日数惊。11 月初,谘议局见革命党人已掌握着主动权,立即作出决议,劝松寿让出政权。党人原定 12 日起事,由于"一切应备之枪弹、旗帜、印信及各种文告,早已惨淡经营,十分周备",便决定提前于 8 日晚间进行。于是,桥南总机关部将盖有红色"公权"二字的白布臂章分发给起义人员,并密传口令"子女"两字,以便联系。许崇智立即严密布置,是晚率队上于山,因"于山俯瞰旗界为必争之地,敌人失此先着,已成为困守一隅之局"。彭寿松也率炸弹队登于山助战。洋枪队则由刘通等统率,分别保卫仓前山领事馆区和外国侨民。于是,朴寿狗急跳墙,派遣旗兵数百名,手持水龙灌上煤油,拥入津门楼、鳌峰坊、军门前、台江河墘及观音井一带,沿街纵火。党人除逮捕处决纵火犯外,派炸弹队数十人冲入旗汛口,掷弹轰击。

9 日凌晨,随着起义号炮的轰鸣,水部城楼起火,将军衙署旋被炮弹击中。北门方向也响起紧密的枪声,革命军及时占领了屏山高地及弹药库,义勇队旋即搬运弹药至于山观音阁使用。"旗兵因革命军占据于山,遂皆埋伏散布在法政学堂前后及洋楼上,从楼内开炮轰击革命军。于山革命军亦开炮回击,战有五六时之久……嗣革命军炸弹队一人直趋法政学堂掷一弹,登时洋楼倒塌,轰死压死旗兵数十人,于是旗民退溃四散",红十字会当即整队入城,在狮子楼武圣庙内设临时医院,进行救护。

起义开始,彭寿松即率炸弹队由水部进城,直扑高节里,策应城内的革命军。驻防长门统领经总机关部电邀,派兵400及大炮4门趁夜入城。炮兵迭向旗界射击,旗营初虽顽抗,后见界内民房起火,兵员伤亡惨重,10日晨便伪竖白旗以求缓和。当革命军停火时,数百旗兵又从九曲亭蜂拥而至,5次企图抢夺大炮,但终被革命军击退。

清军既败,逐渐退却在街上,革命军以布旗大书"弃械者免死"悬各城门,败兵纷纷弃械逃生。总督松寿得知失败,即微行出署,至盐道前高开榜画店吞金自尽。革命军司令部将他殡殓后,新军统制孙道仁以礼祭之。15日,孙道仁又以闽都督身份为他开了追悼会。将军朴寿9日晚战败后,匿于旗员明玉家中,被敢死队员擒至司令部,"厚以饮食,处以洁室,给以役使,告以优待"。但他贼心不死,于10日趁清军抢械放火之机逃走,而重被追获,"遵循士卒之请,即行正法"。朴寿的罪状公布后,清军官兵缴械投降者更多,司令部当即发出"赈米五十石(供煮糖粥、咸粥让降兵食用),每名先给银一元,并许妥为安插。所有投诚清官皆待之以礼,其生命财产均无损失"。旗营都统胜恩、统领德润也具寨投诚,孙道仁予以温慰,事定后资送其全家回籍。战事既定,当晚由桥南总机关部以革命军司令部名义发出安民告示。福建支会选举彭寿松等10人组织参事员会负责领导工作,彭寿松任会长,陈承泽为秘书。

1911年11月9日,福建新军和会党发动起义,占领福州,成立福建军政府和海军总司令部。图为闽省总司令部正门甬道

11 日上午 10 时,同盟会福建支会全体人员,由梅坞桥南社总机关执旗捧印整队往都督府(旧总督衙门),城台沿途居民夹道观看,鼓掌声、欢呼声和花爆声响彻一片,各公司商铺均悬旗欢祝。既入都督府,即开会议定组织军政府,由参事员会会长彭寿松往花巷司令部请孙道仁到府正式担任军政府都督。由参事员会向他授旗、授印,并宣读照会,继而孙都督宣誓。接着,参事员会又议定了各部职员人选。福州光复后,鉴于军警特别同盟会和福建支会属于并行机构,为了统一领导,经郑祖荫与彭寿松协商,决定合并,取消军警特别同盟会,而同盟会会长的职务却让给了彭寿松。21 日下午正式在桥南社召开宣布联合会议。

1912 年 1 月 1 日,孙中山在南京就任中华民国临时大总统后,临时参议院来电通知改用公历,福州于 3 日补行庆祝元旦典礼。21 日撤销参事员会,成立政务院,公举彭寿松为总长,林斯琛、郑祖荫任副长,秘书长陈承泽,下设叙官、法制、印铸、统计 4 局和民政、外交、财政、军务、司法、教育、交通、警务 8 部。闽军政府是由各式人物混合组成的,为首的是旧军阀孙道仁,同盟会会员占多数,还有立宪派人物,但辛亥春刚入籍的湖南人彭寿松却掌握着实权。

登高一呼全省响应

省城福州光复,为全省人民反清革命树立了榜样,基本上形成登高一呼、全闽响应的局面。但各府厅的情况不同,大致可分为三种类型。

第一类是由都督府派员宣抚传檄而定的,有延平、建宁、邵武、福宁和福防四府一厅:福州光复后,彭寿松的侄儿荫祥自恃有功,冲入都督府索求显位,寿松请道仁界以延建邵道之职,他便雄据延平,将所带随员均委为该道属之府县,孙道仁又派延建地方司令官统领巡防各营徐镜清至建宁府,驻扎镇署;叙官局则派张祖汉为邵武代理知事;福宁知府智格(满人)闻风连夜由后港乘船逃走,县令叶湘(南昌人)由陆路逃福州回江西,地方各界推绅士王邦怀暂代霞浦县知事,孙道仁委胡桂高为福宁知府,前福防厅姚步瀛得知革命军起事,即欲潜逃回籍,道仁以其官声素佳,慰留其暂摄海防篆。

第二类是革命党人先已夺权,都督府随即派人宣慰的,有兴化、泉州、漳州和厦门三府一厅:兴化府新军管带万国发(湘人)与党人早有联系,待机而动。福州光复时万在省城,12 日便由其弟鹏程以国发名义宣布易帜。孙道仁旋派炸弹队队长林师肇回莆宣慰，委湘人佘文藻为兴化知府，万国发兼任兴化协镇，后升标统。泉州党人公选林翀鹤、吴增为正副会长。在城乡募集300余人组成保安会，设营搭棚，进行训练，与驻防湘勇对峙。道仁派宋渊源率部赴泉安抚，旋又开赴南安、安溪、永春等地。福州起事时，漳州镇总兵正在北京，汀漳龙道尹何成浩被文案宋善庆迫走。10日晚党人朱润卿等携带铁烟罐伪称炸弹，威胁狱吏开监尽释囚犯。次日哥老会首领张仪率队至道尹公署要清军缴械，漳州即告光复，漳州镇总兵护理刘勋因响应革命得以留任。23日都督府派刘蔚赴漳料理军事，陈培锟任漳州道，管理地方行政事宜。厦门党人起事前，道台庆蕃(满人)和提台都已潜逃。15日，张海珊率领同盟会员和几千群众(左臂均缠扎盖有"革命军"印记的白布条)，冲入道台衙门并占领之。次日军政分府成立，张海珊任统制。28日孙道仁派原鸿逵为厦门道尹，成立参事会。

第三类是革命党人夺取政权后，复遭旧势力反攻，经都督府派员处理才扭转局面的汀州府：汀州的光复和整个汀江流域有密切关系。光复前，广东大埔县人刘家驹任汀郡中学数学教员，涂演凡在上杭兰溪乡立本两等小学任教，都积极宣传革命。汀、杭虽属山城，但早已有同盟会员活动。11月中旬大埔光复后，党人即组织革命军，推举原上杭稔溪体育社教练李宗尧为司令，向汀江上游进发。18日汀州才得知省城光复，次日上杭宣布"独立"，刘家驹即发动青年学生于21日在府城竖起独立白旗。可是一批旧官吏和地主豪绅竟勾结游勇樊彪，煽动旧军人企图篡夺政权，党人急修书邀请李宗尧革命军入城，驻永定公所。12月4日，樊彪等人围攻革命军，巷战4昼夜，刘家驹突围求援，被杀害于水东桥上。后来仅李宗尧等少数人逃逸，牺牲者达52人，合葬于东郊苍玉洞右侧。接着上杭也发生反革命屠杀事件，劣绅们煽动地痞流氓捣乱，炮击大埔革命军驻地百获堂，"被害者四十二人，伤重回家死者四人"，革命军负责人童国珍(梅县人)也被杀。汀州变乱消息传到福州，都督府派刘茂森率部赴汀安抚，樊彪逃往上杭，被当地民团捕获处死，上杭匪首郑传书也被就地正法。汀、杭两县都为死难烈士召开了追悼大会。

福州光复后，开智学堂学生得悉广东、浙江都组织学生军准备北伐，也发出倡议并立即行动起来，各校学生闻讯，踊跃报名。12月20日在东岳庙报到集中，23日正式编队，除淘汰幼弱外，共400余人，编成1个大队，下分4个中队。南京陆军部长黄兴委派吴挺为福建学生北伐军总队长，加紧训练。1912年1月15日，福州各界举行劳军大会，赠送学生军白布大旗一面，上写"祈战死"三字，并送"征东饼"数万块，干粮袋数百个。17日学生军整队出发，将女子北伐炸弹队(有成员十余人)改为红十字女子看护队，至海关埋码头乘船赶马尾。18日，学生军换乘"万象号"商船赴沪，转往南京，改编为南京陆军入伍生队第二营，何浩然任营长，归南京留守司令直接指挥。此后一面调练，一面警卫南京，历时 9 个月才奉令裁撤。

福建都督府成立后，公布了一系列的政策措施。为了安定民心，于 11 月 20 日发表施政方针："一切均以蕲至共和为旨。"并接连两次颁发《告全闽伯叔兄弟文》，宣布"厘金及清宣统二年以前归欠钱粮现已悉数豁免"；提倡"以节俭为宗旨，先从行政长官之薪水公费，减为至薄至轻，而每日办事时间复不能如首此之短促"，将"从前奢侈之习，无谓之费，从此革除"。

在外交方面，照会领袖领事，请其"确守中立，承认本军队为战斗团"，并"通饬各州府县教士及游历人士，即日返省，暂就仓苗山居住，以便保护"，指出"所有闽口新常各海关，应暂由本都督府监督……请其一体查照。"通饬各府县"所有教堂财产以及一切物件，如有造册交地方官看管保护者，应按件点收，妥为保护"。

在内政方面，主张汉满一视同仁，相安无事，希望勿为谣言所惑，颁布八旗户籍登记暂行章程；通饬各府厅州县速将前清所颁关防克日缴销承领新印，裁各府首县及改厅州为县，主张乡村办学普及教育；为延揽贤才特设延贤馆，设立福建银号发行钞票以资流传，宣统年号小洋、银元未经备铸换用以前准一律通用，制止奸商囤积粮米抬价渔利，严禁官吏差役谋为不法并贿赂勒索；严禁私种罂粟私开烟馆，令饬下游各属严禁锢婢恶习；福州城内外交通频繁，南城一门夜间勿庸关锁，其余六城暂仍其旧，通告清帝退位，民国统一，商民合行欢祝，通告定期举行文官考试等等。嗣又颁布了《福建临时议会选举章程修正案》52 条，规定议员名额 90 名，由各州县选出 60 人，侨籍选出 15 人，同盟会福建文会选出 15 人组成（后增外省旅闽专额 10 人）。

福建都督府还转发了孙大总统和南京临时政府下达的命令，一律遵用阳历，一律剪辫，各省都督府所属之行政各部改称为司，各省长官名称改归一律（称为都督），恢复各种人权（如闽粤之疍户、浙之惰民、豫之丐户并优娼隶卒等）；官民称呼勿沿旧习（将大人、老爷改称先生、君）；劝禁缠足，等等。

总之，辛亥革命后，以孙中山为首的南京临时政府为巩固政权颁布了一系列政策法令，福建都督府也以新政权的姿态采取了许多相应的措施，一时福建的面貌和全国一样焕然一新，民主共和观念开始深入福建人民的心中。

辛亥革命广东起义纪实

1911 年 10 月 10 日,武昌起义一声炮响,一场轰轰烈烈的革命运动爆发了,广东人民和全国人民一样,热烈地投入响应武昌起义的斗争中去。

起义烽火　遍及南粤

广东是中国民主革命的策源地。伟大的民主革命先驱孙中山先生生长在这里,并在这里进行过长期的革命活动,传播了民主革命的种子,组织和领导了一系列的反清武装起义,推动了革命斗争的发展,为辛亥革命高潮的到来奠定了基础。

1895 年 3 月 13 日、16 日和 21 日,孙中山、杨衢云、谢缵泰、黄咏商等多次在"乾亨行"秘密聚会,讨论攻占广州城的计划。他们的计划得到改良主义思想家何启、《德臣西报》编辑黎德和《士蔑西报》编辑邓肯等人的支持。8 月 29 日,孙中山、杨衢云、谢缵泰、黄咏商、陈少白、何启、黎德等在杏花楼酒家聚会,讨论起义成功后临时政府的政策,决定由何启担任发言人,黎德答应争取英国政府和英国人民的同情与支持。10 月 9 日,黎德和英人高文代起义者起草致列强宣言,由何启和谢缵泰加以修改。兴中会总部决定当年农历九月初

1895 年 2 月以后,孙中山偕陆皓东、郑士良等人到广州建立兴中会分会。图为兴中会广州分会旧址

九重阳节（阳历 10 月 26 日）举事，利用广东重阳节扫墓的习俗，使起义人员得到掩护，顺利进入广州城内。起义准备工作分两头进行。孙中山、郑士良、陆皓东、邓荫南、陈少白等在广州建立兴中会，设立秘密机关，联络绿林、民团、会党、防营及水师，还设立农学会作为掩护。杨衢云、黄咏商、谢缵泰等在香港筹措军饷、制造舆论、购运枪械与招募会党。孙中山本人则"常往来广州、香港之间"。陆皓东设计了青天白日旗作为起义军旗帜。起义战士每人领红带一条、警哨一个作为标记，口号是"除暴安良"。

翠亨村人陆皓东（广州起义领导人之一）设计、制作的起义军旗

孙中山特别倚重的是汕头起义士兵和香港特遣队。他曾回忆说："一切都准备好了，完全取决于汕头士兵能否越野行军一百五十多哩前来和我们会合，从香港来的一支特遣队又能否及时赶到。"倚重汕头部队的原因在于，汕头与广州相距不远，但两地语言不同。万一其他起义部队中途溃散，此军特征明显，在广州难以存身，只能背水一战。至于香港特遣队，与中日甲午战争爆发后两广总督李瀚章广招士兵有关，停战后他遣散 3/4 的军队，并未妥善安置，许多士兵沦为盗贼。兴中会乘机活动，将若干士兵收为己用。散居于新安县深圳、盐田、沙头等地的退伍士兵 200 名，全数加入了兴中会，由朱贵全带领在九龙集中，构成了香港特遣队的骨干。

10 月 26 日，参加起义的绿林首领、军队首领和民团首领纷纷前往广州农学会总机关领取口号、命令，但孙中山已于 26 日收到汕头部队领导人电报："官军戒备，不能前进。"他临时决定改期，并电阻香港特遣队勿来。此时起义的消息已通过多种途径泄露出去。清廷驻港密探韦宝珊已将朱贵全在港集合队伍的消息电告粤吏。此外，兴中会会员朱洪之兄、举人朱湘恐受连累，亦向省河缉捕统带李家焯告密。两广总督谭钟麟闻讯立即调集军队回省防卫，并于 27 日派人前往革命党人设在王家祠、咸虾栏等处的机关，捕获陆皓东等 6 人。

在香港方面，接到孙中山电报时，枪械已装入 5 个水泥桶伪作货物交省港班轮"保安"轮待运。若将其起回，反易败露。杨衢云只得复电孙中山："接电太迟，货已下船，请接。" 27 日晚，朱贵全、丘四率香港特遣队 400 人登轮启程。启碇后，他们发现船上货物移易位置，藏匿枪械的水泥桶被许多杂货箱积压，一时无法取用。28 日保安轮抵达广州时，南海县令李征庸及缉捕统带李家焯已率兵在码头严密截缉。起义士兵手无寸铁，失去抵抗能力。先登岸者 45 人当场被捕，后登岸者毁弃标志,得以逃遁。

此役殉难者有陆皓东、朱贵全、丘四、程奎光、程耀宸等,他们成为最早为中国资产阶级民主革命献身的烈士。其中陆皓东表现尤为英勇。面对清吏的严刑审讯,他仍在供词中痛陈清朝政府之腐败专制、官吏之贪污庸懦和外人之阴谋窥伺,慷慨悲壮地宣称:"一我可杀,而继我而起者不可尽杀。"

此次举事失败后,南海、番禺两县联合发布告示:"现有匪党,名曰孙文。结有匪党,曰杨衢云。起义谋叛,扰乱省城……"广东提刑按察使兼管全省驿传事务衙门悬赏缉拿孙中山、杨衢云、陈少白等16名革命党人,其中孙中山的赏格达花红银1000元。孙中山、陈少白、郑士良等被迫经香港逃往日本,杨衢云则逃往南非。香港英国殖民当局也于1896年3月4日向孙中山发出"解票"(即驱逐令),宣称:"孙逸仙危及本殖民地的和平与良好秩序","自给票日起计,以5年为期,不准在本港及所属地方驻留。"

乙未广州之役虽然失败了,但它标志着资产阶级革命党人作为中国新兴的政治力量登上了历史舞台,扩大了他们的政治影响。当时日本报纸上出现了"中国革命党首领孙逸仙"等字样,孙中山逐渐成为国内外的知名人物。

惠州地处东江交通要冲,得惠州以取广州,有高屋建瓴之势。兴中会将其作为第二次起事的地点,1899年末和1900年初,郑士良、陈少白、杨衢云等在香港联络绿林、会党首领,筹划惠州起义,工作颇有成效。1900年4月26日,杨衢云东渡日本,与孙中山商议大举。

1900年6月,义和团运动在京津地区如火如荼,八国联军侵入北京。孙中山认为"时机不可失",遂与杨衢云、郑士良、宫崎寅藏、内田良平等乘法轮印度号离开日本,于6月17日抵达香港。因未取消驱逐令,孙中山不能上岸。当日他只得在船旁一小舟召开军事会议。出席会议的有杨衢云、陈少白、谢缵泰、郑士良、史坚如、邓荫南、宫崎寅藏、平山周等人。会议决定郑士良率黄福、黄耀庭、黄江喜等赴惠州准备发动。史坚如、邓荫南赴广州,组织起事及暗杀机关,以资策应。杨衢云、陈少白、李纪堂在港担任接济饷械事务。日本诸同志则留港协助杨、陈、李等办事。会后孙中山乘原船赴越南西贡活动。

1900年7月17日,孙中山乘日转佐渡丸抵达香港。孙中山原拟偕日本志士潜入内地,亲率郑士良等发动起义。因香港水警监视严密,无法登陆,未能成行。次日夜,孙中山在船上召开军事会议,决定此次起事由郑士良任总指挥,原祯、杨衢云为参谋,福本诚为民政总裁,平山周、玉水常次、野田兵太郎为副总裁。7月20日孙中山离港赴日。

惠州起义的根据地为惠州府归善县三洲田,战略地位十分重要。郑士良是归善当地客家人,又是会党中人,在当地发动群众如鱼得水。他很快在三洲田聚集了600名起义壮士,但枪械仅得300支,子弹每人仅30发。1900年7月孙中山抵港时,命令固守三洲田山寨以待后命。

郑士良、黄福静候数月,军粮渐缺,只得将部属分散到附近乡村,仅留80人守山寨。为防止走漏风声,附近村民误入山寨砍柴放牧者,皆予以拘留。一时谣言四起,两广总督德寿据各方警报,命水师提督何长清抽拨新旧靖勇及虎门防军4000人于10月3日进驻深圳,陆路提督邓万林率惠州防军驻扎慎隆,堵塞三洲田出路。郑士良以战机日迫,致电孙中山请求接济。孙中山复电:筹备未完,令暂解散。复电尚未到达山寨,何长清已调前队200人进驻新安县沙湾,哨骑已达黄冈,将进犯三洲田。起义军决定先发制人,振己军气,破敌之胆。1900年10月6日,黄福率寨内80壮士夜袭沙湾,斩敌40人,夺枪40支,弹药数箱,擒敌30人,其余清军惊骇溃逃。

惠州之役打响后不久,起义军即以归善县会党名义,致函香港英文报刊,宣布他们的政治目标是"驱除满洲政府,独立民权政体",呼吁英美日三国"守中立之义,且或资助之",不要重蹈当年英国支持戈登助清政府镇压太平军之覆辙。

起义军原准备10月7日乘胜追击,与新安、虎门同志黄江喜等集合的数千人会合,共同攻打新安城。此时郑士良从香港带回孙中山电报:"若能突出,可直越厦门,至此即有接济。"当时孙中山正在台湾活动。台湾总督、日本人儿玉源太郎有占领厦门、控制福建的侵略计划,阴谋利用孙中山的力量。儿玉指派台湾民政长官后藤新平与孙中山谈判,答应起事以后给予援助,其中包括默许起义军抢夺台湾银行厦门分行数百万元巨款,怂恿革命党人攻占厦门。孙中山亟需经费接济起义军,因而采纳儿玉和后藤的建议,改变了原来的行动计划。

起义军在郑士良指挥下,改向厦门方向挺进,先后转战镇隆、永湖、崩岗墟、三多祝等地,连战连捷,所向披靡。归善县丞兼管带杜凤梧被擒,陆路提督邓万林中枪堕马狼狈逃窜。起义队伍由最初的数百人发展到一万余人。当年10月23日,孙中山在致营原传的信中极其兴奋地写道:"举旗至今十余日,连克大敌,数破坚城,军威大振,人心附从,从来举事成功之速,未有及此也。"两广总督德寿在奏折中也不得不承认:起义军"横厉无比",各路会党"云集响应"。

起义军队伍迅速扩大,战斗不断进行,急需补充大批枪支弹药。孙中山致电宫崎寅藏,请其将菲律宾独立军借给的军械,由日本运往惠州沿海。岂知由于日本政客贪污混骗,购买的这批军械全系废品,根本无法使用。此时又逢日本内阁发生更迭,新任首相伊藤博文奉行保全清政府的对华政策,严格禁止日人与中国革命党来往,并取缔武器秘密运送。

在外援无望的情况下，孙中山致书郑士良称：政情忽变，外援难期，即至厦门，亦无所得，军中之事，请司令自决进止。日本志士山田良政及同志数人携带此信，乘船到香港，经海丰抵达三多祝前线。郑士良接信后忍痛解散起义军队伍，与黄福、何祥等起义军首领于当年11月初退往香港。另有四五百名起义士兵也陆续退往香港，得到香港兴中会的妥善安置。

兴中会的第二次武装起义——惠州之役失败了，但革命党人的英勇行动唤醒了越来越多的群众。孙中山曾颇有感触地说："经此失败而后，回顾中国之人心，已觉与前有别矣。当初次之失败也，举国舆论莫不目予辈为乱臣贼子、大逆不道，诅咒谩骂之声，不绝于耳，吾人足迹所到，凡认识者，几视为毒蛇猛兽，而莫敢与吾人交游也。惟庚子失败之后，则鲜闻一般人之恶声相加，而有识之士且多为吾人扼腕叹惜，恨其事之不成矣。前后相较，差若天渊。吾人睹此情形，心中快慰，不可言状，知国人之迷梦已有渐醒之兆。"

1901年1月10日杨衢云在香港被清吏派人暗杀之后，谢缵泰满怀对清吏的仇恨，着手单独组织夺取广州的战役，即洪全福广州之役。

此役重要人物洪全福，号春魁，字其元，系洪秀全三弟。参加太平军后，转战湘鄂皖浙间，晋封左天将、瑛王，人呼三千岁。太平天国运动失败后，洪全福避走香港，充外轮厨师，航行近40年，始隐居香港悬壶行医。他与谢缵泰之父谢日昌志同道合，时相过从。谢缵泰闻洪全福说太平军旧事，知其有丰富军事经验，并在会党中有潜势力，遂与父亲商量，动员他参与夺取广州。

此役另一重要人物李纪堂，原名李柏，香港富商李升之第三子，1900年4月22日加入兴中会。当年8月孙中山乘船赴港，任命他为驻港会计主任。他曾为庚子惠州之役和维持中国日报社，提供大量经费。谢缵泰策划洪全福广州之役时，李纪堂刚接受父亲百余万元遗产，慷慨允应承担此役金额军饷50万元。

1901年10月30日，谢缵泰、洪全福、李纪堂举行会晤，讨论夺取广州并建立临时政府的计划。会后他们立即分头进行准备。

谢缵泰负责对外联络和舆论宣传，他先后得到《泰晤士报》记者莫里逊，伦敦《香港日报》肯宁汉、史密斯，《德臣西报》编辑黎德，传教士李提摩太等人程度不同的支持。肯宁汉协助谢缵泰起草独立宣言和致列强呼吁书，并帮助秘密印刷。谢缵泰希望容闳在起义成功后担任临时政府总统，并通过李纪堂与他取得了联系。1902年9月21日，容闳从美国来信，表示支持他们起义："一方面我将自己作好准备，另一方面，我将尽我的能力满足你们的需要。请尽早将暗号和密码寄来。"

洪全福负责军事行动。1902年夏，他在香港中环德己立街20号设立革命机关，名曰"和记栈"。他又委任兴中会会员梁慕光、李植生在广州设革命机关二十余处,委任宋居仁、苏焯甫等联络各地会党。广东官府惯例,每年旧历除夕天未明时,广州城中文武大小官员相率齐集于城南万寿宫行礼。洪全福决定利用这一时机,于1903年1月28日晚(旧历除夕)起事,纵火为号,炸毁万寿宫。同时占据军械局、焚烧火药库,分头占据各衙署。此外,又派人组织惠州同志举义响应,牵制陆路提督之兵,运动绿林好汉刘某控制广州北路。1902年12月27日,洪全福和谢缵泰之弟谢子修前往广州召开起义领导人秘密会议。次年1月25日,洪全福、谢子修经澳门再次前往广州,领导实施起义计划。

起义所用枪械,由李纪堂向沙面陶德洋行定购,已交定金十几万元。该洋行后期不能交货,企图吞没枪款,便向捷字营管带杨植生告密。因此,1月25日洪全福等离港后不久,广东官府密探周某即带领香港警察搜查和记栈,拘捕留守人员。周某将搜出的文件抄送两广总督德寿。

在事机泄露的危急关头,洪全福仍千方百计设法补救。他请澳门同志用舢板两艘,满载枪支以煤炭覆盖运往广州。梁慕光又向沙面洋行秘密购买快枪200支,用小艇运出。可惜皆未成功。清军在广州各起义机关和港澳轮码头大肆搜捕,抓获起义志士二十余人,搜获大批军械、旗帜、食品。梁慕信、陈学灵等十余人就义。洪全福改名为浮萍,剃掉胡子,化装逃走。谢日昌因忧虑患病,不久即去世。

为了动员会党群众参加,洪全福广州之役是以大明顺天国的名义发动的。但此役和清初会党反清起义有明显的不同之处。洪全福等在起义告示中明确宣布他们的宗旨是:"专为新造世界,与往日之败坏世界迥乎不同,而脱我汉人于网罗之中,行欧洲君民共主之政体。天下平后,即立定年限,由民人公举贤能为总统,以理国事。"这说明洪全福广州之役和兴中会发动的其他武装起义一样,属于资产阶级革命运动的一部分,目标在于推翻清朝封建统治,建立资产阶级共和国。

洪全福广州之役不是兴中会总会发动的,但此役重要领导成员谢缵泰、李纪堂、梁慕光、李植生均为兴中会会员。此外,李纪堂曾托陈少白将此役准备情况转告正在河内的孙中山,并称一切宗旨与兴中会相同,可勿过虑。待夺得省城时,即迎中山先生返粤。

黄冈城是广东东部重镇,属潮州府隆平县,商务繁盛,为闽粤交通孔道。清廷在此驻有协镇都司守备、左右城守、同知巡检等文武官员。

黄冈之役主要领导人许雪秋(1875—1912)是华侨富商,广东潮安人。1904年,他曾与同志数人联袂归国,在故乡联络会党头目余既成、余通、陈涌波等,准备举行反清武装起义。1906年,他在新加坡加入同盟会,被孙中山委任为中华国革命军东江都督,负责在广东东江各地相机发难。当年冬季,他到香港会见冯自由,介绍同行的余既成、陈涌波加入同盟会,并要求电告孙中山,起义条件渐臻成熟,请派人回国相助。孙中山接电后,曾先后派廖仲恺、乔义生、方汉成、方瑞鳞、李思唐、张煊、方次石及日人萱野长知、池亨吉等赴港协助。

许雪秋决定丁未正月初七(1907 年 2 月 19 日)分头大举,进攻潮州府城。届时因"风雨大作",影响队伍集合,未能成功。许雪秋亲往香港,向冯自由报告起事中途变化情况。孙中山接冯自由请示后,复电指示今后举事应与惠州及钦廉义师约定同举,以便牵制清军。令雪秋万勿孟浪从事,致伤元气。许雪秋因此留驻香港兰桂坊,联络惠州、钦廉各地同志,并静候指令,而由方汉成、方次石等继续驻在黄冈筹备一切。

5 月初,余既成、陈涌波前往香港报告,黄冈同志被清吏捕去 2 人,各同志拟克日举事,以便营救。许雪秋亦跃跃欲动。冯自由、胡汉民再三劝阻,令余、陈 2 人回黄冈制止。同月 21 日,潮州镇总兵黄金福派守备蔡何宗带兵 40 名进驻黄冈。当晚商民演戏,防兵恃势在台前调戏妇女,群众起而干涉。蔡何宗不仅不约束防兵,反而借故拘捕张善、丘保等两名革命党人。清军并拟搜查设在泰兴杂货店的起义总机关,黄冈同志群情激愤。此时恰逢余既成、陈涌波由香港经汕头携款归来,他们主张立即举事,迟则为人所制。陈涌波并说:事发三日内,香港方面,军械财政,自有接济,各属必能会师潮汕。

5 月 22 日晚,余既成等聚众 700 余人在黄冈城外连厝坟侧誓师,随后主攻协署,并分兵攻打城内其他衙署。酣战之中,天忽降大雨。起义军枪械多为旧式鸟枪,弹药受潮,扫射无效,陈涌波纵火焚毁协署左侧昭忠祠,在熊熊火光中,手持青天白日旗,冲锋陷阵。经过一夜激战,起义军占领了黄冈城,都司隆启、守备蔡何宗被迫投降。起义军在旧都司署成立军政府,推选陈涌波、余既成为正副司令。

5 月 24 日,许雪秋在香港得知起事确讯,次日即赶赴汕头。因清军在汕头附近布防严密,他无法赶到战地督战。起义军主帅乏人,对下一步行动计划发生意见分歧,贻误了战机。清军援师四集,义军械劣弹乏,不堪再战,只得于 5 月 27 日宣布解散。余既成等由海道逃往香港。

孙中山原计划潮州、惠州同时举义,以分散清军兵力,因而指派许雪秋、邓子瑜分途发动。邓子瑜是惠州归善人,与家乡会党关系密切,深得众心。他参加过庚子惠州之役,后进往新加坡,在牛车水开设旅馆。1905 年冬,孙中山至新加坡设立同盟会分会,邓子瑜与尤列等率先加盟。

邓子瑜在香港获悉潮州黄冈之役开始后,即向冯自由领款 1200 元,令会党首领陈纯、林旺、孙稳赴归善、博罗、龙门 3 处分路举事。他信心十足地宣称,每路只需经费 400 元,随处有清军防营枪械可取而利用。陈纯等潜入惠州后,因博罗、龙门两处会党不易会合,便在归善县七女湖集中了百数十人。1907 年 6 月 2 日,他们在距惠州府城仅 20 里的著名墟场起事。当地扒船营勇抗拒,被击毙 8 人,尽缴其枪械。义军进攻泰尾、杨村、柏塘等地,所向披靡。各乡会党起而响应,声威大振。清吏胆战心惊,归善、博罗两县城门紧团。6 月 12 日,东路迅防营管带洪兆麟带兵至八子爷地方,林旺率义军敢死壮士 50 人,从山后邀击。洪中枪堕马,所部死伤甚众。清军其他各路亦连吃败仗。两广总督急电水师提督李准,将进攻潮州黄冈之师,从汕头调往惠州。邓子瑜在港购置弹药,原拟亲自押送,从间道入惠接济。此时闻知黄冈义军已败,遂令部属相机解散。义军将枪械埋藏地下,然后解散。此役邓子瑜事前仅领军费 1200 元,事后领善后费用 800 元,仅用区区 2000 元,即获得十分可观的战果,实属难能可贵。

此役主将陈纯等事后避居香港。冯自由因广东密探环伺左右,便将他们安置在新界青山李纪堂农场藏匿,后又出资将其送往南洋谋生。邓子瑜被港督勒令出境,重返新加坡从事革命活动。

革命党人最初若干次武装起义主要依靠会党群众。经过多次失败,他们逐渐认识到:"革命起义,不可专恃会党,今宜采取入虎穴得虎子之法,取得新军,始可成事。"1908 年起,香港同盟会逐渐把运动新军作为工作重点之一。倪映典、朱执信、姚雨平、张醁村等在新军官兵中做了大量发动工作。

倪映典(1885—1910),字炳章,安徽合肥人,毕业于安徽武备学堂。1908 年在安徽任炮兵管带时,曾与熊成基共谋举行武装起义。后因躲避端方缉捕,易名南下。他到香港中国日报社访问冯自由,正式加入同盟会。此后他返回广州,经赵声介绍入新军,任炮兵见习排长。

1909 年夏,倪映典、朱执信等在白云山能仁寺召集革命党骨干会议,推举干事员,决定分工。倪映典在天官里寄园巷 5 号设立机关,负责联络新军。他拟定了《运动军事章程十条》,还从香港中国日报社领取《革命先锋》、《外交问题》、《立宪问题》等小册子数千册,在军队中广为散发。新军士兵大都识字,感化最易,收效甚大。每逢假日,则与同志一起在白云山濂泉寺演说革命,新军士兵趋之若鹜,掌声如雷。他又由香港中国日报社取得同盟会小盟单万张,与同志们一起,吸收士兵宣誓加盟,组织发展空前迅速。

1910 年 1 月,倪映典前往香港向南方支部报告工作,商定农历正月十五元宵节发难。他随即返回广州。南方支部电请孙中山筹款 2 万元应急,并电邀黄兴、谭人凤来港共策进行。黄、谭先后来港,孙中山共汇款 8000 元,不敷发难之用。同盟会员李海云毅然将所营合股商店存款 2 万余元全部献出,解决了经费问题。革命党人士气高涨。他们有的在广州增设机关加紧活动,有的租赁房屋,预备起事时纵火接应,有的在冯自由住宅赶制青天白日旗,藏于卧具密运广东,有的准备密运炸药、子弹,有的协助革命军首领,准备起事时与新军相呼应。

农历除夕(2月9日),新军二标士兵因定制名戳、名片细故,与店主发生争执。巡警上前干涉,与新军发生殴斗,巡警拘捕新军8人。倪映典闻讯急往香港报告,并且说:"余料新军运动已成熟,经此事故,勿论如何,殆难抑制,应提前改期,勿待元宵。"黄兴、赵声、胡汉民等反复磋商,决定提前至初六起义,届时他们将亲赴广州指挥。

2月10日(初一),二标士兵数百人持械入城,捣毁警局多处,伤警吏多人,清吏惶恐不安。协统张哲培等密收士兵子弹,并下令取消士兵年假,驻防八旗兵运炮登城防御。2月11日(初二)晨,一标士兵对取消年假不满,又传言警兵派大队攻营,纷纷闯进炮、工、辎各营搜寻枪械、子弹。下午,守城旗兵在东门射伤出面调解的陆军小学监督黄士龙,新军士兵愈加激愤。

倪映典乘初二夜班轮由香港返回广州,发现局势发展已十分严重,决定立即起事。他对军中同志说:"此时兵士纠合,此等机会,虽有钱亦买不来","只管放心放手做事,香港即时就有接济"。12日(初三)晨,倪映典进入炮、工、辎营,新军士兵欢呼雀跃。8时,炮营管带齐汝汉发表演说,煽动士兵"尽忠报国",为清廷卖命。倪映典连开3枪,将其击毙。倪映典被大家推为司令,率领新军起义士兵向省城进发。

当日晨,水师提督李准,统领吴宗禹率防营士兵2000余人赶至牛王庙设防。新军驻地在燕塘,牛王庙为燕塘至省城之要隘。倪映典身穿蓝袍,手持青天白日满地红旗,驰马督师前进。吴宗禹部管带李景濂(同盟会员)为邀功请赏,设计诱杀倪映典。他假意请倪到该部动员士兵反正,待倪退出该部,即用乱枪将其射死。防营与新军激战约1小时,新军阵亡百余人。新军起义士兵每人仅分得子弹7粒,并无法得到补充,纷纷向燕塘溃退。次日,新军起义士兵退守白云山、石牌、东圃一带,清军四出搜剿。新军起义士兵先后被捕百数十人,逃往香港百数十人。广州新军之役至此宣告失败。

从1905至1910年,革命党人在各地发动了数十次武装起义,都被清政府残酷地镇压下去了。从血的教训中,他们逐渐意识到:"这种彼起此伏、各不相谋的军事行动,力量分散,不能给敌人以沉重的打击,反而牺牲了不少的优秀同志,消耗了革命的实力,实非善策。"他们因而主张:"集中全党力量,发动一次大规模的武装革命,一举而颠覆清朝政府。"

获悉广州新军起义失败后,孙中山由旧金山,取道檀香山、东京,至南洋的槟榔屿(庇能)。1910年11月13日,他在那里召开秘密会议"重谋大举",黄兴、赵声、胡汉民等同盟会骨干及槟榔屿、怡保、芙蓉等地同盟会代表出席。孙中山鼓励大家

"为破釜沉舟之谋","举全力以经营"。会议决定动员全党人力、财力,全力以赴。以"教育义捐"名目筹款 10 万元。挑选同志 500 人任"选锋",任发难之责,领导军队及革命军起义。夺取广州后,兵分两路,一路出湖南、趋湖北,一路出江西、趋南京。

庇能会议后,赵声、黄兴、胡汉民等先后返回香港进行准备。此次战役规模宏大,起义人员来自各省,战略目标为广东及长江流域数省,有必要建立一个统筹全局的机构协调行动。1911 年 1 月底,统筹部成立于香港跑马地 35 号,黄兴任部长,赵声为副。下设 8 个课:

调度课:掌运动新旧军人事,课长姚雨平。

交通课:掌江、浙、皖、鄂、湘、桂、闽、滇各路交通事,课长赵声。

储备课:掌购运器械事,课长胡毅生。

编制课:掌草定规则事,课长陈炯明。

秘书课:掌一切文件事,课长胡汉民。

调查课:掌调查敌情事,课长罗炽扬。

总务课:掌其他一切杂务,课长洪承点。

当年 2 月初,各地爱国华侨捐款陆续汇往香港。有了经费,统筹部即着手在香港、日本、越南等地购买军火。由国外购买的军火,皆先运往香港,然后转运广州。因为炸弹杀伤力大,造价也低,革命党人将其当作一种主要武器。他们在香港摆花街设立实行部,专门制造炸弹,由李应生、李沛基、徐宗汉等负责。喻培伦、方声洞曾在日本研制炸弹,亦前来香港参加制造,并在九龙海边荒滩进行试验。参战选锋初定 500 人,后以不敷分配,增为 800 余人。其中来自闽、苏、皖、蜀各省及南洋、越南等地的,陆续前往香港集中。革命党人还分头进入广州,陆续设置起义机关四十余处,用以办事、联络、住人、藏军械和制炸药。在新军、防营、警察、海军和革命军中的准备工作亦在进行。

各项准备工作大体就绪之后,统筹部于 4 月 8 日在香港总机关召开发难会议,议决分十路在广州发起进攻,赵声为总司令,黄兴为副。此外,增设放火委员,入旗界租赁房屋,以备临时放火,扰乱清军军心。

发难计划确定后,由香港向广州运送军火的工作更加紧张地进行起来。革命党人在香港鹅颈桥开设一家头发公司,在广州设两家分号,用小包饰为头发运送子弹。西贡到港枪械,藏在铁床装台及花盆中运往广州。杨光汉伪装巨商,多次携带枪械闯关。王鹤鸣、杜凤书等人还发明用颜料罐报关运械的办法。

发难日期原订为 1911 年 4 月 13 日。但是,美洲捐款尚未到齐,荷属东印度捐款尚未汇到,从日本、越南购买的枪械多数尚未到港。加上 4 月 8 日发生温生才枪杀副都统孚琦事件,军警加紧搜巡。在广州的革命党人决定将发难日期改为 4 月 26 日。

4 月 23 日,黄兴离港前往广州,住小东营 5 号起义总指挥部。听取各部门工作汇报后,他决定再延缓一日,定于 4 月 27 日发难。25 日,两广总督张鸣岐,水师提督李准调巡防二营回广州,以其中三哨助守龙王庙高地。胡毅生、陈炯明、宋玉琳等怀疑有奸细混迹党内,敌人已有准备,建议改期。黄兴勉从众议,并命外省同志居多的赵声部先行回港。前后退离广州的选锋达 300 余人。当时曾有喻培伦、林时爽找到黄兴,痛陈利害:"花了海外华侨这么多的钱,南洋、日本、内地同志不远千里而来,于今中途缓期,万一不能再举,岂不成了个大骗局,堵塞了今后革命的道路?巡警若要搜查户口,人枪怎么办?难道束手待擒?革命总是要冒险的,何况还有成功的希望。即使失败,也可以我们的牺牲作宣传,振奋人心。现在形势紧急,有进无退,万无缓期之理!"在喻、林的激励下,黄兴决定集中三四十人攻打督署,杀张鸣岐以谢国人。

26 日,陈炯明、姚雨平报告说,李准由顺德调来巡防营三营,泊天字码头,内多同志,欲趁机起事。其哨官 10 人,内有同志 8 人。黄兴认为起义可望成功,决计按原订日期发难,当晚,胡汉民在港接黄兴来电:"母病稍痊,须购通草来。"这是要求同志赴粤参战的隐语。当时在港选锋 300 余人,多数无辫。省港早轮只有 1 艘,晚轮则有数艘。乘早轮赴省城,恐不便登岸。因而赵声、胡汉民决定,次日宋教仁等少数同志乘早轮,他们与多数同志乘晚轮赴省城,并发电报要求展期 1 日。

黄兴将原订的 10 路进攻改为 4 路进攻,分别由他本人、陈炯明、胡毅生、姚雨平指挥。岂知发难时,陈、胡犹豫畏缩。姚领械受阻,3 路皆未出动,黄兴一路陷入孤军作战的境地。1911 年 4 月 27 日下午 5 时半,螺号声声,黄兴率选锋 130 人,向督署发起猛烈进攻。经过激烈枪战,击毙督署卫队管带金振邦,攻入署内。黄兴等找不到张鸣岐,放火离署,遇李准亲兵大队迎头冲来。突围中,林时爽等 6 人中弹牺牲,黄兴右手受伤断两指。黄兴将所部分为 3 路:一路出小北门,拟与新军接应;一路攻督练公所;他本人带一路出大南门,拟与防营接应。黄兴一路行至双门底,路遇同志温带雄所率计划进攻水师行台的防营士兵。因对方未缠白巾做记号,发生误会。方声洞将温击毙,对方亦将方打死。混乱中黄兴所部被冲散,其他两路同志在街巷中奋勇作战多时,终因众寡悬殊,未获成功。次日晨,赵声、胡汉民率留港选锋 200 余人到达广州,起事已经失败。因城门紧闭,胡汉民与众同志不得不分别折回。黄兴欲与清吏拼命,在赵声等同志劝阻下,化装返回香港。

起事失败后,香港同志派人赶赴省城处理善后:抚恤烈士遗属,延医给费治疗受伤志士,设法保存未被发现的军械,迁易旧时机关等。到港起义志士亦酌发川资分散。

此次广州起义发生在农历三月二十九日,因而被称为广州"三·二九"之役。此役被捕后就义者29人,战死者一时无法知其确数。事后收殓烈士遗骸72具,由同盟会员潘达微安葬在广州红花岗。其地潘为之易名黄花岗,因此有黄花岗72烈士之称。后经调查,又陆续发现烈士14人,故此役牺牲烈士至少有86人。

广州"三·二九"之役可以说是武昌起义的前奏,此役在清朝统治者中间引起了强烈的震动。两广总督张鸣岐在审讯被捕革命党人时,被他们慷慨陈词、视死如归的英雄气概所镇慑。他在奏报朝廷的电文中哀叹道:"人心如此,天意可知。"孙中山给予此役极高的评价:"是役也,集各省革命党之精英,与彼虏为最后

1911年4月27日(农历三月二十九日)爆发了震动中外的广州起义。图为黄花岗七十二烈士之墓

之一搏。事虽不成,而黄花岗七十二烈士轰轰烈烈之概已震动全球,而国内革命之时势实已造成。"

包围广州　光复省城

同盟会南方支部(1909年成立,设于香港,胡汉民为支部长)决定在广州和东江、北江、西江及韩江等地区组织6路武装起义。广州地区由胡汉民、朱执信负责,东江地区由陈炯明、邓仲元负责,北江地区由何克夫、徐维扬负责,西江地区由苏慎初负责,韩江地区由姚雨平、张碌村等负责。但事变的发展,远远地超过了这一计划部署。

1911年10月25日,黄兴派同盟会员李沛基等炸毙由北京来粤上任的清廷广州将军凤山,全城清吏震栗,宣布戒严。10月30日,王兴中、叶玉山、张旋乾等起义于新安(今宝安县),清游击吴敬荣及新安知县投降,新安县遂告光复。11月6日

香山县(今中山市)前山新军营长、同盟会员任鹤年率领新军起义,香山亦告光复,并分兵向广州推进。

陈炯明和邓仲元于11月1日在惠州发动武装起义。他们组织了一支革命军叫"循军"(惠州为古循州),陈任总司令,邓任参谋长。这时群众激于推翻清廷的革命热情,旬日之内,参加者即达数千人,除部分枪支武器外,其余使用戈矛、铁棍、扁担、锄头等不计其数。另外,同盟会员王和顺也在东江组织革命军"惠军"起义,拥众数千人。起义军直扑惠州城,同清军展开激战。初时,驻守惠州的清军陆路提督察炳直仍想顽抗,后慑于革命军声势浩大,且驻守惠州城外飞鹅岭的清军巡防营洪兆麟部又反正,只得于11月9日献城投降,其属下的湘军全部由陈炯明改编。仅半月之间,惠州所属各县即先后光复。

与此同时,广州附近及各地革命军纷纷起义。总之,当时革命军起义的烽火已燃遍全省各地,成为燎原之势。革命军的兴起是辛亥革命中群众力量的表现,标志着革命高潮的到来。

同盟会在广州城内秘密设立指挥机关,以指挥和联络革命军包围广州。于是,广州附近各县及东江、北江革命军,在起义后即直逼广州,对广州形成包围之势。

一贯以血腥镇压革命著称的两广总督张鸣岐,在汹涌澎湃的革命高潮面前,初时想负隅顽抗,继则企图利用某些封建士绅和资产阶级上层人物搞广东"和平独立",由他任都督,龙济光任副都督,把持广东政权不放。后"张鸣岐闻革命军声势浩大,微服遁走,同城司道府县以次文武各官员,均先后遁走"。龙济光也"力辞不就",不敢窃据副都督职。接着,同盟会南方支部长胡汉民于11月9日被各界人士推举为广东都督,由港抵穗就职,广东遂告光复。

过去人们喜欢用"兵不血刃"、"和平独立"来描绘广州的光复。事实上,如果没有革命形势的迅猛发展,没有各地革命军的广泛起义,并对两广的政治中心广州形成包围之势,广东地区的清廷统治集团就不会分崩离析。其中最突出的是,一贯以残酷镇压革命而臭名昭著的刽子手水师提督李准,鉴于大势已去,向革命党输诚反正;统制龙济光则表示"无可反对革命军之理由",采取中立态度。在此情况下,张鸣岐乃畏惧弃职潜逃,藏匿于沙面英国领事馆,然后逃往香港。所以,广州的光复,表面看来是"兵不血刃",实质上是革命武装起义的直接结果。

当然,省城广州的光复,又有力地推动了全省各地革命军的起义和驻军的反正,加速了各地光复的进程。由于革命形势的高涨,多数地方的光复是顺利的,但也有不少地方出现了革命党人遭到镇压的事件(如革命党人郭典三在揭阳率起义军迫清军巡防营缴械时,被清军反扑而牺牲;阳江革命党人谭宝桓、庞受群、莫会侯率起义军进攻清朝游府衙署,被清军巡防营统领符开明率部反包围,起义军寡不敌众,谭、庞、莫3人及起义军100多人壮烈牺牲,符开明还残酷地将谭、庞、莫3人首级斩下泄恨,等等),更说明了革命成果的取得是以流血牺牲作为代价的。

从各地革命军的广泛起义,到包围广州,再到广东光复,大批革命军进驻广州(约五六十股,共10多万人),反映了革命力量的不断壮大。

人民群众以极其高涨的热情庆祝了广东的光复。广州"城厢内外各商店,均高揭三色国旗,有书'新汉万岁'者,有书'民国军万岁'者。爆竹如雷,欢声雷动,剪发者尤众。……五羊城中,焕然一新世界矣!"其他地区,均普遍呈现出欢庆高潮。

11月17日,广东成立了以革命党人为主体的军政府,除由胡汉民任都督外,还由各团体代表会议推举陈炯明为副都督,黄士龙为参都督。军政府设八部一处:蒋尊簋、魏邦平掌军政部,李煜堂、廖仲恺掌财政部,伍廷芳、陈少白掌外交部,黎国廉、伍籍磐掌民政部,王宠惠、汪祖泽掌司法部,王宠佑、利寅掌实业部,梁如浩掌交通部,丘逢甲掌教育部,朱执信等17人组成枢密处。

军政府颁布了一系列除旧布新的法令,内容包括了"废除苛捐杂税"、"严禁烟赌"、"兴办教育",等等。

军政府成立后,面临着严重的财政困难和安定社会秩序两大问题。为此,军政府做了大量工作,取得了显著成效。

由于张鸣岐等清吏潜逃时,将省库洗劫一空,还预言:"革命党即得广东,不能守三日也。"故光复之初,广东财政陷入严重危机,形势非常严峻。政府初建,百废待举,且大批革命军云集广州,给养浩大,还要供应北伐军军饷,等等。因此,军政府不得不把解决财政问题列为"第一要政"。当时任都督府总参议兼财政部副部长的廖仲恺,协同李煜堂成立筹饷局,筹得港币80万元,以解燃眉之急。继又召集省城各行业商会首脑会商,力促各商界早日恢复营业,确定货币流通办法,整顿各项厘捐税收,并将原清政府粤省官局库存纸币1200万元,另盖财政部印发行,取得商会的承认通用,还发动募捐(军政府成立仅二月,华侨及各界人士即捐款达74万多元)。这些措施解决了军政府财政困难,使局势得以稳定下来。至廖仲恺解职时,省库收支还略有节余。

陈炯明,广东海丰人。同盟会会员,辛亥广东光复时为副都督、代理都督。1916年为粤军总司令,后为军政府陆军部长兼内务部长。1922年因反对北伐,发动叛乱,炮轰孙中山总统府

光复初期,革命热情与动荡局面交织一起,鱼龙混杂,斗争尖锐复杂。反革命组织阴谋推翻新政权,黑暗势力乘机进行破坏;一时,广州社会秩序混乱,盗匪横生,劫杀案频发。面对这种局面,胡汉民上任之初,即任命陈景华为民政部长兼省会警察厅长。陈景华是有魄力的华侨革命党人,他接任之后,首先建立了一支有素质、有效率的警察队伍,采取严厉手段,打击和镇压了穷凶极恶的"百二友"、"救世军"等抢劫集团和反革命组织,从而使广州社会治安在短期内迅速好转,安定了社会秩序。他还采取革旧布新、兴利除弊的措施,如拆除广州市内街闸,便利交通,美化市容,把街头夜间照明油灯统一改装为电灯,严禁娼妓,创办女子教养院和孤儿教养院,收养了数百名不堪忍受虐待的婢女、侍妾、童养媳、尼姑、幼妓和无父母抚养的孤儿及受拐卖的儿童等,分班受教习艺;建立户籍制度,开始普查人口,等等。他上任一年多的时间,就"把这个非常时期的省会,办理得井井有条",呈现出"地方平静,百废兴举"的气象。

12月16日,建立了临时省议会,成为"代议政治"的主要象征。在120名议员中,具有一定的广泛性和代表性,其中同盟会代表20名,军团协会代表21名,华侨代表12名,师生代表9名,"自治团"代表1名,各地区代表57名。并规定在120名议员中,女议员应占10名。这不仅在中国历史上是空前的,且在当时全国也是唯一的。临时省议会提出了不少福国利民的建议,对政府工作也起了监督、促进作用,反映了一定的民主精神。

人民群众热烈地拥护军政府,并寄以深厚的期望,海外华侨也从人力财力上予以大力支持。社会风尚出现了一系列的变化,如人们自动地剪除发辫,废止跪拜,鄙弃缠足、纳妾等陋习,反对迷信,热衷于兴办实业等等,显示了革命运动带来的变革和新气象。

广东北伐　丰功伟绩

广东光复后,军政府即组织广东北伐军出师北伐,战功显赫,为全国辛亥革命立下了丰功伟绩,这是值得大书特书的光辉篇章。

当时全国革命高潮已形成,东南及西南各省次第光复,但清朝政府仍在作垂死挣扎,起用袁世凯为内阁总理,由袁令其亲信冯国璋率北洋新军南下,攻陷为革命军所占领的汉口、汉阳,情况危急,而苏浙联军又屡攻南京未下,故武汉和上海方面去电广东请求出兵支援。广东军政府乃决定组织广东北伐军北上,以老同盟会员姚雨平为总司令,开赴京沪一带,支援长江下游各省的革命斗争。

1911 年 11 月 9 日,广东宣告独立,成立军政府,并派兵北伐。
这是到达上海的广东革命军一部

广东北伐军是一支兵精、械利、战斗力强的劲旅,在当时各省北伐军中首屈一指。这支军队共约 8000 人,以光复时起义的新军防营为骨干,加上华侨及学生等组成。编制分两旅辖 4 个团及机枪、辎重、工程、卫队各一营,还有学生地雷队、华侨炸弹队(后改为营)、宪兵队、卫生队等各一队。尤其值得一提的是以女同盟会员宋铭黄等 20 多人组成了北伐女子敢死队,亦随军出发。装备有:退管炮 18 尊(当时广东全省只有 54 尊,皆系德国制造的最新式大炮),步枪子弹 800 万发,机枪子弹 50 万发,炮弹一万余发,实力颇为雄厚。其重要官佐除总司令姚雨平外,还有副总司令马锦春、参谋长陈雄洲(到南京后改由张文继任)、高级参谋林震(后调任师陆)、副官长李民雨、秘书长叶楚伧、经理部长邹鲁、军需部长姚海珊、管理副部长姚右军、军法部长陈耿夫、军医部长陈任梁,以及旅长张我权、隆世储、团长张桓杰、吴庆恩、曾伟范、张定国等。

广东北伐军于 1911 年 12 月 8 日由广州分三批乘船北上,军威雄壮,曾发布誓师檄文,表示要发扬太平天国运动"洪军搴帜,蔚郁风云,赤符北指,涤荡胡氛"的革命传统,指出当时革命形势虽已"义师四举",声势浩大,"然北未捣幽燕之巢,南未歼汉襄之贼,吾将士岂能戢矢镉剑,不与中原豪杰共竟斯功耶?"表现了北伐军将士的战斗决心和高昂的革命精神。

广东北伐军由海路抵达上海后,当时南京已告光复,乃改乘火车进驻南京,驻扎于石牌亭巷协统衙门待命。

12月25日,孙中山由欧洲回抵上海,广东北伐军总司令姚雨平由南京到沪欢迎。孙中山向姚询问广东北伐军兵员及装备情况。姚据实以告,并要求补充枪械弹药。孙中山说,革命军队有这样的枪弹实力,已甚充裕,不需要再补充,并列举欧美各国革命军以少胜多的战例予以勉励。还指示姚要督率士卒勤加训练,使其皆能弹无虚发,战无不胜。孙中山这些鼓励和指示,给广东北伐军以莫大鼓舞。

12月29日,17省代表举行会议推选孙中山为中华民国临时大总统,于1912年元旦在南京就职,成立了中华民国临时政府。在此之前,南北双方已于上午12月18日在上海英租界市政厅举行了"南北议和"首次会议。这时被苏浙沪革命联军逐出南京、败退至徐州的清军江南提督张勋,在清军倪嗣冲部的配合下,违反"南北议和"中的停战协定,沿津浦路南犯,大肆烧杀淫掠,严重地威胁着南京革命政府的安全。孙中山乃下令北伐,由粤、浙、镇、淮诸路革命军组织联军,分兵三路北伐。中路由广东北伐军担任,沿津浦路北上迎击清军,设总司令部于长江北岸蚌埠车站,以林震为前线总指挥。

1912年1月25日,张勋由徐州以火车运清兵2000余人突袭固镇车站。时守卫车站仅革命联军镇军部100余人,虽据险抵抗,但张勋部从两翼包围,而联军援军未至,镇军寡不敌众,只好撤退,固镇遂为张勋部所攻占。

27日,广东北伐军和浙军赶到,部署反攻。28日晨,双方激战于三里湾。张勋部用大炮猛烈轰击,广东北伐军英勇作战,以大炮和机枪密集还击,使张勋部伤亡惨重,慌忙挤上火车北逃。

广东北伐军又击毁其机车头,伤毙敌甚多,并击毙敌军一名标统。张勋仓皇败退北窜,退据宿州。广东北伐军及友军遂攻克固镇,获出师初战大捷,缴获敌人大炮一尊及枪械一批。

接着,广东北伐军乘胜追击,2月3日,与清军激战于宿州之东。时清军除张勋部二三千人外,尚有北洋军五镇步兵4营,炮兵1营,骑兵两队,以及山东巡防军千余人参战。清军在装备上,尤以骑兵和炮兵占优势。战斗开始时,清军先用骑兵向粤军两翼冲锋,妄图将粤军压倒。粤军用机枪密集扫射,使敌骑兵纷纷坠地。清军继用野炮进行轰击,由于野炮射程远,不利于近战,不能发挥威力。粤军士气旺盛,频频冲锋前进,且以射程较近的山炮助战,使敌军伤亡累累。是役自拂晓激战至下午3时,清军大败,退出宿州。粤军乘胜北进,追至徐州南面之夹沟。计歼敌千余,俘虏数十人,收降兵百余人,缴获军械马匹甚多。这是广东北伐军出师以来第二次大胜仗,也是最激烈的一仗,是役使清军闻风丧胆,惊呼"革命军(即革命军)不怕死"。

经此一役之后,张勋派徐州知府陈毓崧前来乞和。由广东北伐军总司令姚雨平和浙军总司令朱瑞等电示孙中山后,要求清军退出徐州 100 里以外,始允议和。但张勋仅答应由夹沟退至曹庄,以夹沟、曹庄间成为中立地带,妄图以此作缓兵之计。2 月 10 日双方代表谈判于符离集车站。11 日和议破裂。广东北伐军复挥师北进,一举占领徐州。张勋败走济南,复北走兖州,粤军迫至韩庄(在苏鲁交界处,距徐州约 50 公里)而止。

广东北伐军出师以来,连获固(镇)、宿(州)、徐(州)三战大捷,英名远播,威震京津,有力地拱卫了南京革命政府的安全,给清政府以有力的打击。清廷感到大势已去,遂于 2 月 12 日宣告清帝逊位,延续两千多年的中国封建君主专制制度从此结束。

广东北伐军虽然连战皆捷,取得了辉煌的战绩,但并未能鼓舞革命党人把北伐进行到底,因而未能挫败大野心家袁世凯篡夺革命果实的反革命阴谋。这是革命党人软弱和妥协的结果。

孙中山是较为坚决主张北伐的,他于 1912 年元旦就任临时大总统后,1 月 4 日即电令广东代都督陈炯明继续出兵北伐,在电报中指出:"中央政府成立,士气百倍,和议无论如何,北伐断不可懈。广东革命军,勇敢素著,情愿北伐者甚多,宜速进发。"他并表示:和议一破裂,将亲统大军北伐。并与陆军部长黄兴拟订了六路进军,直捣北京的北伐计划。但当时形势已不容许这样做了。因为早在他归国途中,南北议和已经开始了。南京临时政府成立后,和议更在加速进行。当时同盟会的领导层中,存在一种天真的想法,认为只要清帝退位,君主专制制度废除,便大功告成了。他们对袁世凯存在着不切实际的幻想,而立宪派人更是推波助澜,鼓吹让位给袁世凯,帝国主义则多方威迫利诱,以促成袁世凯上台。这样,"非袁莫属"的妥协空气便占了上风。孙中山在内外交逼的情况下,不得不让位给袁世凯。当然,他初时对袁世凯的反革命本质,也缺乏足够的认识。

于是,广东北伐军在南北议和达成协议后,便退驻南京,更名为讨虏军,以后又改编为第四军(辖第二十二、二十四两个师),由姚雨平任军长。当时南京临时政府已撤销,改设南京留守府,由黄兴任留守,办理政府机关的结束和改编驻守的各省北伐军队。由于财政经济极为困难,军费支绌,拟借外债,而外国银行团又提出苛刻条件,乃由黄兴等发起国民捐,以资救济。广东北伐军自军长姚雨平以下将校均参加减薪捐饷。此举虽表明革命将士为国分忧的高尚风格,但终究杯水车薪,无济于事。而身为临时大总统的袁世凯则借口财政困难,不发给南方革命军军饷,以迫使革命军队解散。革命党人没有看透袁世凯的阴谋,便自行裁兵缩编。广东北伐军本拟"调回广东高州、廉州一带驻防,筹建营房,本已有成议,岂知又为陈炯明所阻挠而中辍"。姚雨平乃于5月12日首先发出裁军节饷的通电,决定解散广东北伐军。黄兴及广东都督胡汉民、江西都督李烈钧等革命党人均表示赞许。胡汉民于5月16日致南京姚雨平电报中说:"裁一分兵,即少担一分饷,亦可少借一分债。……若能全师遣散,解甲归田,不特为吾粤军人之望,且功成身退,高风所在,抑亦全国观感所关。"可见当时革命党人进行裁兵缩编,一方面出于财政困难所致,另一方面亦存在着"功成身退",认为革命已告成功,可以马放南山,刀枪入库的幼稚思想所造成的。而袁世凯等则一方面不断加强其反革命武装力量,另一方面对革命党人自行削弱革命武装感到高兴,假惺惺地对革命党人裁兵缩编予以赞扬。如同年5月23日袁的亲信、陆军总长段祺瑞致电姚雨平称:"公首倡解甲之议,以身作则,敬佩无涯!"可谓老奸巨猾之至。

广东北伐军在南京解散后,当官兵们在下关出发回粤时,孙中山亲到下关送行,同军官一一握别,并赠送每位军官旅费50元,表现了革命领袖对北伐将士的关怀和惜别之情。

当时姚雨平等北伐军将领考虑到"炮兵训练实不容易,乃保留炮兵一营,调回广东,讵知该营回抵虎门时,即被陈炯明派兵缴械。"一支革命

南京粤军阵亡将士墓

劲旅,为革命立下汗马功劳,落得如此下场,实属时代悲剧。

广东北伐军自出师以来,阵亡将士20人,伤病而死者34人。1912年3月,将上述54名烈士葬于南京莫愁湖畔,名曰建国粤军烈士墓,孙中山亲题"建国成仁"四字。广东北伐军总司令姚雨平作有一联,联曰:"渡江军子弟八千,淮上收功,破虏永除专制政;流血数健儿二十,国殇不死,雄风长在莫愁湖。"

辛亥革命四川起义纪实

武昌起义得以一举成功,并得到全国的响应,正如吴玉章所写:"丧权卖国震人心,铁路风潮鼎沸腾。武昌义旗天下应,推翻专制共和兴。"四川革命党人和人民大众浴血奋战,流血牺牲,终于推翻了清王朝在四川的反动统治。

辛亥前夜密谋造反

以保路运动和同志军起义为主要内容的四川辛亥革命,是20世纪初年中华民族与帝国主义的矛盾、人民大众与封建主义的矛盾空前激化的产物,是四川各种爱国力量和革命力量的大汇合,是各族人民此起彼伏的反帝反封建斗争。同盟会在四川的多次武装起义,为它作了历史的准备。

1901年《辛丑条约》签订后,帝国主义各国采取"以华治华"、"扶植满洲政府"等新的侵华政策,企图"托保全之名,行灭国之实",从政治、经济、文化等方面加深对中国的侵略。中华民族的危机更加严重,"大好河山已预备为世界万国公共之牧马场、殖民地,我四亿万伯叔兄诸姑姊妹,亦已为釜底游魂,瓮中枯鳖。"

"四川古称天府,沐天然恩惠,物产丰饶,且地下包藏无限之宝藏,故欧美人无不垂涎",无一不妄图把四川变为自己的殖民地。"俄人既由蒙古、新疆等地以侵入陕甘,则以地势易于南下之故,其必有得陇望蜀之心矣。法人既据有两广滇黔,亦有席卷四川之势,其不肯专让俄人南下牧马可知矣。而英人据有长江流域诸省,蜀为江源,必不肯让诸他人以据高屋建瓴之形势,且其通西藏,志在窥蜀,则此时西上瞿塘峡,东出打箭炉,而四川已在其范围内矣。"20世纪以来,中国门户洞开,帝国主义列强加紧了对四川的侵略,抢夺航运、铁路、矿山主权、开办工厂、洋行、公司,倾销商品,掠夺原料,四川社会经济遭到了破坏。据粗略统计,至辛亥革命前,四川土布生产中使用洋纱(包括国产机纱)的比重已达52%左右,棉布消费中洋布的替代率也达11%左右。四川自然经济结构开始瓦解。与此同时,一个以通商口岸城市重庆为中心的洋货分销网和土货购销网开始形成,从而将四川纳入了帝国主义在中国建立的买办商业剥削网中,成为世界资本主义市场的一环。

帝国主义在四川疯狂侵略掠夺的同时,清王朝也加紧了对四川人民的残酷压榨,各地官吏巧立名目,滥兴捐税,竭泽而渔,朘削民众,骇人听闻。据载:"庚子之变,拨款日增,摊派各省,名曰新捐输。于是,四川于常捐输外又有新捐输……视正赋几十倍矣。"新税增加,旧税加重,四川已是无物不捐。各地官吏借机牟利,肆行贪渎,任意舞弊,勒索追比,大刮民脂。在中外反动势力的压迫剥削下,川省人民"同处黑暗地狱中,久无天日……焚溺于水深火热,弗知何日能拔者"。民族矛盾和阶级矛盾空前激化,四川民众的反帝反封建斗争也日益高涨起来,"一有倡议发难之人,遂成星火燎原之势"。据不完全统计,辛亥前十年,四川民众的自发斗争达220多次。在风起云涌的民众反帝反封建自发斗争的推动下,资产阶级革命运动也在四川蓬勃兴起。

1905年,以孙中山为总理的中国同盟会在日本东京成立,四川留日学生纷纷加入。据《革命文献》所录,1905－1906年同盟会在册会员有960人,川籍会员达127人,占会员总数的13%,仅次于广东和湖南。同盟会成立后,在孙中山的指示下,同盟会总部先后派遣了几批川籍会员回川,发展成员,建立组织,进行革命宣传和武装起义活动。在川籍同盟会员的努力下,1906－1911年间,成、渝两地分别建立了同盟会分会,四川大多数州县也都有了同盟会的分支组织。

同盟会四川分会的活动主要有两方面:一是进行革命宣传活动,一是发动武装起义。

重视革命舆论宣传工作,是同盟会的一个鲜明特点。四川同盟会组织主要从以下三个方面进行宣传工作:1.利用各种场合,进行口头宣传。口头宣传革命,既方便快捷,又生动有说服力,现身说法,往往产生出人意料的效果。如同盟会员谢奉琦被捕后,在狱中和刑堂上也不忘宣传革命,"听者皆各往往泣下。供状慷慨万言,阐排(满)革(命)义蕴尤透"。2.传播、散发革命书刊。四川同盟会员将大批革命书刊(如《民报》、《革命军》等)秘密输入内地散发,对民众产生了巨大的影响,许多人是"读未终,即愤慨填胸,倚天拔地,毅然以推翻满清,光复汉族为己任"。3.创办报刊,撰写文章,如卞斅办《重庆日报》,朱蕴章、杨庶堪等办《广益丛报》。以蜀人言蜀事,用四川人民所受的苦难来激发四川人民的反清革命意志,这在当时起了振聋发聩,促进人们猛醒的作用。

中国资产阶级革命派登上历史舞台伊始,就以武装推翻清王朝,建立资产阶级共和国为职志,把革命战争提上行动日程。中国同盟会成立后,在孙中山、黄兴等人主持下制定了《革命方略》,把资产阶级革命党人武装反清的原则具体化、系统化。四川同盟会根据《革命方略》和孙中山、黄兴的指示,在四川"组织学生,联合会党,运动新军,发动起义"。四川保路运动爆发前,由四川革命党人领导的武装起义达 9 次,有彭县之役,江油起义,泸州、江安起义,丁未成都起义,叙府、隆昌之役,郫县、龙潭寺、崇宁起义密谋,广安之役,嘉定之役,黔江之役。

辛亥前,除同盟会总部所领导发动的历次武装起义外,各省革命党人所发动的武装起义,莫如蜀多,也莫如蜀激。然而这些起义有的未发即败,有的是刚举义旗就遭镇压,有的是虽然占领了城镇,但却不能坚持长久,最后都功败垂成。清政府虽然镇压了同盟会所发动的各个孤立的起义,但却不能遏制全国革命运动的高涨。一个接一个起义的发生,暴露了清朝统治的腐朽和软弱无能。因此,同盟会的起义从战略上不能算完全的失败,因为每一次起义都在思想上扩大了同盟会的影响,在组织上发展了革命力量,推动着全国性革命高潮的到来,为日后四川保路运动从文明争路发展到武装起义准备了历史条件。

保路运动　导致风潮

辛亥革命的导火线是保路运动。

掠夺路权是帝国主义扩大侵略、输入资本的重要手段。从 19 世纪末起,列强就展开了争夺中国铁路建筑权的激烈竞争。四川僻处西南,交通不便,因而各国"均以借款造路为请","蓄意觊觎"四川铁路,"计求强取,百端纷扰"。进步的、爱国的四川知识分子和广大民众,坚决反对外国对四川铁路主权的掠夺,他们认为"四川铁路入他国手之日,即四川全省土地人民永远服属于他国之日也"。因此,他们倡导自办铁路,以抵制帝国主义的侵略和发展民族经济。

1903 年,四川总督锡良奏请自办川汉铁路。次年,"川汉铁路公司"在成都成立。1905 年,铁路公司由官办改成官商合办,1907 年又改成商办,立宪派士绅掌握了铁路公司实权。川汉铁路公司规定"不招外股,不借外债,是以专集中国人股份,非中国人股份概不准入股","倘转售或抵债与非中国人,本公司概不承认,股票作废"。川汉铁路资金来源分为"认购之股"、"抽租之股"、"官本之股"、"公利之股"4 项,而以"抽租之股"为大宗。这样,四川人不论贫富,差不多都与川汉铁路发生了经济联系。

川汉铁路公司的成立引起了帝国主义各国的仇视,它们采取威胁恫吓利诱等办法,企图借清廷之手夺取川汉铁路。1910 年,英、德、法、美四国银行团达成共同掠夺粤汉、川汉铁路主权的协议,并照会清政府,要求清政府以出卖四省铁路主权去换取四国银行团的借款。日暮途穷的清王朝,饮鸩止渴,厝火积薪,于 1911 年 5 月 9 日(皇族内阁成立的第二日),冒天下之大不韪,宣布铁路干路"国有"政策。"举吾国的国权、路权一畀之四国"的铁路"国有"政策一经公布,立即引起中国人民反帝反封建斗争的高涨,湘、鄂、粤三省保路斗争进入高潮,形成群众性的政治运动,四川保路运动也继三省之后迅速勃兴,并日趋激烈。

由于消息闭塞,人们还未了解铁路借款合同的内容,故多数绅商对清政府的铁路国有政策的实质和危害认识不清,从而对清政府存有很大的幻想。他们联名上书,通过护理川督王人文代奏,泣恳清廷收回铁路国有成命。但遭清廷严厉申斥,称要求收回成命是"强词夺理,情伪显然",还指责川路公司"朘削脂膏,徒归中饱,殃民误国,人所共知"。清廷的强硬态度激怒了四川绅商,使他们由温和转而激烈,特别是四国银行团借款合同传到四川后,清廷卖国卖路的罪行暴露无遗,"无异举四省路权、财权送之外人,群情异常悲痛,注意拒债破约",于是保路斗争迅速发展成为群众性的爱国反专制运动。

6 月中旬,铁路借款合同传到四川,报纸争登,各界传阅,舆论益愤,人心悲痛。6 月 16 日,川路公司召集在成都的股东及团体代表开会,"到会者数千人,皆以收路国有,川人可从,收路为他国所有,川人死不能从。"大会决定成立四川保路同志会,"拼一死以破约保路"。

1911 年 6 月 17 日,四川保路同志会在成都岳府街铁路公司正式成立。保路同志会内设参事会,推谘议局议长蒲殿俊,副议长罗纶为正、副会长,常驻议员皆作参事,此系内幕机构,对外不宣布。同志会另设总务、文牍、讲演、交涉四部,各设部长一人。保路同志会实际以立宪派人为领导核心,因而他们力图把运动限制在"破约保路"、"文明争路"的范围内。

四川保路同志会的成立,标志着四川保路运动进入了一个新的阶段,保路斗争开始同群众的反帝反封建斗争结合起来。保路同志会一成立,群众争相入会,不到一月,入会者"不下十万众"。成都各条街道、学校、团体和省城外各州县,纷纷成立保路同志协会、分会,"夏秋间,保路同志会遍布全川"。四川的绅商、知识分子、工人、农民、学生和市民都投入到保路运动之中,连老人幼童、家庭妇女、僧尼道士、伤残病人也加入斗争行列,川西地区的少数民族也群起响应,甚至连许多士兵、警察、官吏也对运动持同情、支持态度。四川各阶层的爱国力量不分地域和职业,不分民族和宗教文化信仰,汇入到了保路斗争的洪流之中。

立宪派人士希望通过发动群众,以"文明争路"的形式给予清王朝以压力,迫使清王朝做出让步。然而反动的清朝统治者决心与人民为敌,他们不仅不"俯顺舆情",倾听民众的呼声,反而指责保路运动的领导人煽动民众酿乱。四川派到北京"叩阍请愿"的代表,尽管四处奔走,声嘶力竭,泣陈川中危局,结果不但未能挽回"天心",反而成为待罪囚徒,被解押回川。严峻的事实表明,"文明争路"行不通。于是保路运动在人民大众的推动下,又发展到一个新的阶段。

革命党人　受命危难

四川群众性的罢市罢课斗争自 8 月 24 日由成都开始。是日,保路同志会将清廷命川督赵尔丰"遏乱萌而靖地方"的电文内容在大会上披露,顿时,"会场一片哭声、喊声、骂声、捶胸顿足声、演说声……满场热焰欲烧"。在群众的强烈要求下,同志会决定立即罢市罢课以抗议。传单一出,成都全城的大街小巷一律闭户,百业停顿,万众一心。成都附近的州县和重庆等地闻讯立即响应,影响所及,"南起邛、雅,西迄绵州,北近顺庆,东抵荣、隆,千里内外,府县乡镇,一律闭户,风潮所播,势及全川"。然而清政府对四川人民的要求一口拒绝,宣称铁路国有政策无可更改,并严令赵尔丰对运动实行弹压。这无异是扬汤止沸。9 月 1 日,川汉铁路公司股东会议和保路同志会决定进行抗捐抗粮斗争,宣布从即日起"实行不纳正粮,不纳捐输","不担任外债分厘","不买卖田地房产"。决议一出,"万众附合",使清廷"二千数百万之岁入顿归无着。四川一切行政固惟束手,而京部、洋偿、解协等款,全无所出,贻误实大。且滇、黔、新、甘、边藏向皆仰给于川者,亦将坐困。川一动摇,中央根本,西南半壁,无不受其影响"。

四川人民与清王朝的矛盾斗争日趋白热化,人民群众进一步冲破了立宪派所划的"文明争路"框框,在一些州县开始出现捣毁清政府横征暴敛机构的行动,甚至在立宪派控制的报刊上也出现了"大泽恨无陈涉起"之类的激烈言论。主张同清王朝进行武装斗争的宣传品也公开出现,有人提出:"倘有那不肖官吏来捕捉,鸣锣发号我们一窝蜂。一家有事百家齐聚合,他的手快我人多。钢刀快砍不完七千万人脑壳,哪怕尸骨堆山血流成河。有死心横竖都战胜得过,战胜了,我们再收兵鸣锣。"这反映出阶级斗争日趋尖锐,四川已遍布干柴,一引即燃,革命形势已经成熟。

保路运动一开始,四川革命党人就清醒地认识到:"与政府言法律是非,政府终不悔悟,不如激扬民气,导以革命"。因此,他们采取"外以保路之名,内行革命之实"的策略,参加到保路运动中。一方面利用保路同志会作为合法的斗争工具,揭露清政府的反动卖国,"使人人知清政府之不可恃,非革命不可";另一方面,又积极联络、组织会党,团练、筹建保路同志军,以发动反清武装起义。1911 年 5 月底,成、渝两地的同盟会代表在成都四圣祠法政专科学堂开会,商议同盟会在保路运动中的立场、态度和对策,会议决定成立保路同志军,发动革命。会后,同盟会派出若干会员分赴各州县,"提挈人民,组织革命军,共同革命"。

同盟会的革命斗争与群众性的保路运动相结合,使资产阶级革命在四川获得长足的进展。为了进一步把保路运动引向反清革命,把同志会改为同志军,同盟会还联络会党于 7 月在新津召开了川东南哥老会四方九成团体首脑会议,初步确定了起义的原则。8 月 4 日,同盟会、哥老会又在资中罗泉井开"攒堂大会",决定了起义的领导人、起义的时间和具体策略。新津会议和罗泉井会议不仅加强了同盟会与四川会党的联合,巩固了同盟会在联合阵线中的领导地位,而且也决定了四川辛亥革命的进程。同盟会以成立同志军的形式,把群众自发斗争纳入到资产阶级革命的轨道,统一了起义的指挥和步调,标志着四川保路运动,开始向武装反清的革命转变。

1911 年 9 月 7 日,赵尔丰囚禁了保路同志会负责人蒲殿俊、罗纶等 9 人,又下令封闭《西顾报》、《启智》各报馆,并四处张贴告示,杀气腾腾地宣称:"只拿首要,不问平民……拥挤上院,格杀勿论",发出了大屠杀的信号。成都民众听说蒲殿俊、罗纶等人被捕,"人心大愤",成百上千的群众,扶老携幼,潮水般地涌向总督衙门,要求赵尔丰释放蒲、罗诸人。嗜血成性的赵尔丰下令开枪屠杀手无寸铁的请愿群众。一时间,子弹横飞,群众纷纷倒在血泊之中。

横陈街头的尸体和淋漓的鲜血暴露了清朝统治者的凶残野蛮,也惊醒了全川人民,他们对清王朝的最后一点幻想也破灭了。这样,以"成都血案"为转折点,四川保路运动由爱国运动发展为反清革命。

9 月 7 日当晚,同盟会员龙鸣剑等人在数百片木板上书写"赵尔丰先捕蒲罗,后剿四川,各地同志速起自保自救"等字样,涂上桐油,包上油纸,投入锦江之中,及时地发出了起义的讯号。华阳、新津等地的同志军闻讯,立即举义,连夜开赴省城,在东郊、南郊一带与清军进行激烈的战斗。"自是西南附近数十州县,更迭起民团赴省","革命党人遂结合同志军呼号而起"。

起义初期,兴起的同志军以成都 16 属为主,进攻的目标是成都,"无论党人(同

盟会员）、革命军与保路军都
以保路同志军为标志","不
及三日,聚集在成都周围的保
路同志军多达数十万人"。
同志军在数日内与清军进行
大小战斗数十百次,规模较大
的有武侯祠之战、虹牌楼之
战、犀浦之战、三渡水之战。
战斗十分激烈,重创清军,迫
使赵尔丰关闭城门,陷于坐困
之地。同志军进攻成都十余
日,但因武器窳劣,力量分散,
缺乏训练,因而不能攻下。于
是同志军主要负责人决定按
罗泉井会议的部署,分兵攻略
各州县,以州县包围成都。经
过调整,同志军开始从分散到
联合,先后成立了东、南两路
同志军总部,上川南同志军总
部等,并直接打出了反清革命
的旗帜,如东路同志军"各军
皆树旗四面,文曰'驱逐鞑
虏,恢复中华,创立民国,平均

1911年秋,保路运动在四川形成高潮。9月7日,四川
总督赵尔丰查封保路同志会并血腥屠杀请愿群众数十人,
酿成震惊全国的"成都惨案"。图为成都"保路死事纪念
碑"

地权',将保路之面具揭去,而树同盟革命军之旗帜"。这时同志军起义从川西地
区发展到川南、川东、川北地区。随着同志军的扩大,与清军的战斗更加激烈、频
繁、残酷,出现了新津保卫战、大相岭阻击战、雅安围城战、自流井之战、犍为之战等
著名战役。保路同志军起义很快从汉族地区燃烧到少数民族地区,松潘、茂汶、汶
川一带的藏、羌人民首举义旗,巴塘、里塘的藏族人民也相继举义,凉山地区的彝
族、回族、藏族人民也纷纷参加同志军,积极展开反清斗争。同志军起义已成燎原
之势,摧毁了清王朝统治的基础,为革命政权的建立开辟了道路。

　　9月28日,在同盟会员吴玉章、王天杰领导下,荣县革命政权宣告成立,建立
了全国第一个资产阶级革命地方政权,比武昌起义早十余日。此后,各州县纷纷效
仿,宣告革命独立,建立军政府。四川同志军起义引爆了武昌革命,随之十余省相

继革命独立。全国革命的形势反过来推动着四川的武装斗争，四川革命形势出现持续发展局面。11月，清朝官吏只能集中兵力镇守成都和重庆等少数城市，各州县革命政权的建立有如雨后春笋。由于各地革命党人和革命群众的力量不平衡，由于各种社会力量对革命的态度不同、发挥的作用不同，因而新建立的政权除成、渝军政府外，可以分为三种类型。

"成都惨案"发生后，四川全省爆发保路同志军起义。1911年9月12日，清政府命令督办川汉、粤汉铁路大臣端方率领湖北新军第八镇一部迅速入川镇压。这是端方入川前与湖北官员及洋员合影，中坐者为端方，左起第三人为第八镇统制张彪

第一种类型是资产阶级革命党人联合会党力量组成同志军，发动武装起义，推翻清朝地方旧政权，建立以革命党人为主体的新政权。此种类型除荣县军政府外，蜀北军政府、涪陵军政府、内江军政府等也具有代表性。第二种类型是拥有地方实力的立宪派和地主士绅，为了自己的生存，顺应同志军起义，捷足先登，或与革命派共同建立新政权。如自贡、威远、东乡、达县、大竹、资中等县新政权。第三种类型是不革命与反革命的政权。辛亥革命时期，在四川一些州县的独立过程中，一批清吏、军官、团练头子也扮演了重要角色。他们在革命前极端仇视革命，不惜采取一切手段来镇压革命。革命爆发初期，他们又拼命抵制革命，扼制革命的发展。然而，当革命以不可抗拒之势横扫一切、清王朝的崩溃已不可逆转时，他们就摇身一变，附和革命，拉起"反正"的大旗，这样，他们居然也成了革命功臣，以首义之士自居，窃据新政权的要职。实际上不过"大清"的旗号换上"大汉"的招牌而已，新政权没有革命的气氛，在一些地区，新政权成了反革命的工具，屠杀革命者、劫掠抢夺、滥杀无辜等事件时常发生。面对这种现象，革命党人或予以反击，或采取妥协。这种类型的新政权有泸州、巫山、奉节、宜宾、邻水、万县等，它们的存在，成为辛亥革命不彻底的障碍之一。

1911年11月22日，重庆的革命党人发动政变，和平接管了重庆。是日建立蜀军政府，选同盟会员张培爵、夏之时为正副都督，通电全国，宣布独立。蜀军政府是同盟会重庆支部建立的资产阶级省级政权，其组织结构是根据同盟会的《革命方略》，按照西方资产阶级政府的模式来建立的，其成员基本上都是资产阶级的政治

代表——资产阶级革命派。

1911 年 11 月 22 日,川东革命党人发动起义,占领重庆,成立"蜀军政府"。11 月 27 日,成都官绅策动四川独立,组成"大汉四川军政府"。1912年 2 月,两军政府合并,在成都设立统一的四川军政府,推尹昌衡为都督。图为重庆"蜀军政府"成立典礼

蜀军政府的建立把四川革命独立推向了高潮,"先是成都未下,各道皆疑惧观望,一闻重庆独立,道、府、州、县相继响应","川东南五十七州县,皆闻风反正"。

全国高涨的革命形势和重庆独立,使在成都的赵尔丰十分震撼。他看到清朝大势已去,与其坐以待毙,让革命党人推翻自己,不如主动把政权交给立宪派,因为后者具有更大的妥协性,行动更加温和。经过双方讨价还价,达成互相妥协的协议。11 月 27 日,赵尔丰宣布将四川政权暂时交给四川谘议局议长蒲殿俊。同时,大汉四川军政府成立,蒲殿俊任都督,原清军陆军统制朱庆澜任副都督。同日凌晨,奉派到四川来镇压人民革命的钦差大臣端方在资州被所带的湖北新军诛杀,起义鄂军带着端方的首级沿着长江返回武汉。消息传到成都,给新政权以极大鼓舞,人们额手称庆。

大汉四川军政府是立宪派与封建势力妥协的产物,毫无权威。因而封建势力趁机兴风作浪,会党徒众的劣性也恶性膨胀,成都陷入一种半无政府混乱状态。12月 8 日,成都发生兵变,旧巡防军官兵和土匪疯狂地洗劫了成都,立宪派所建立的大汉四川军政府只存在了 12 天就在反动派的枪声中寿终正寝了。人们和平的梦想破灭了,民众在劫后余灰中哀嚎、呻吟。在这关键时刻,尹昌衡、董修武等人毅然受命于危难之中,力挽狂澜,重新稳定了局势,建立了四川军政府。

四川军政府是以资产阶级革命派为主的进步力量和全川人民反复辟斗争的产

物。军政府成员中六成都是同盟会员,军政府的重要职务如都督、总政务处长、军事巡警总监、财政部长、参谋部长、外交部长、民政部长都由同盟会员担任。其组织机构也是以资产阶级党人规定的地方军政府为模式。在它存在的几个月内,颁布和推行了一系列有利于资产阶级革命的法令和措施。如平定叛乱,诛杀复辟头子赵尔丰,恢复社会秩序,巩固新生政权,整编旧陆军、迅防军和同志军,发行军用票,废除苛捐杂税,奖励实业,改革教育,破除旧风俗和社会恶习,和平解决满城旗民问题等。四川军政府虽然也有着这样或那样的局限性和弱点,但从总的方面看,它基本上没有违背同盟会的方针政策,而且在关键时刻以毫不留情的革命手段挫败了封建势力的复辟活动,保卫了革命成果,推动了革命的深入发展,表现了较强的资产阶级革命性。

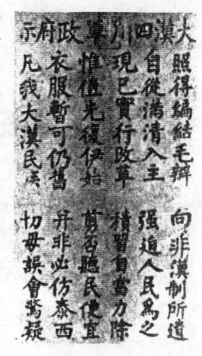

大汉四川军政府告示

1912 年 1 月 27 日,成渝两军政府的代表初步达成合并协议,先后经两军府讨论批准,盖章生效。2 月 17 日,四川军政府致电孙中山等人,报告四川统一经过,四川统一得到南京临时政府的承认。3 月 9 日,中华民国四川都督府正式成立,尹昌衡、张培爵分任正副都督。1912 年 7 - 9 月,袁世凯的走卒胡景伊攫夺了四川的军政大权。四川辛亥革命失败了。

辛亥革命河北起义纪实

1911年10月10日,武昌起义爆发,一场资产阶级革命风暴席卷全国,使腐朽反动的清王朝顿陷风雨飘摇四面楚歌之中。革命的烈火很快燃烧到清朝统治的心脏地区——直隶,这里是封建王朝苦心经营多年统治最为严密之地。早在辛亥革命以前,人民群众与革命党人就在这里进行了各种形式的反抗斗争。为了响应武昌起义,彻底推翻清王朝的统治,他们与垂死挣扎的封建统治者进行了激烈的较量,创造了许多可歌可泣的英雄业绩。

播种点火　危机四伏

1905年,清廷面对日益高涨的革命形势,极为恐慌。为消弭革命,分化欺骗资产阶级,宣布了"预备立宪",而后又于1908年宣布预备立宪期为9年,在中央筹设资政院,在各省筹设咨政局。这使主张君主立宪的资产阶级人士继续对清廷抱有幻想,希图以和平的方式达到变革政治、救亡图存的目的,他们以请愿的方式向清廷要求提前召开国会,速行宪法。1907年,直隶士绅由清末状元刘春霖领衔,向清廷递交了请愿书。1909年顺直谘议局成立后,资产阶级立宪派便以此为阵地,进行激扬舆论,扩大政治影响,组织请愿的活动,将立宪运动推向高潮。

1910年,顺直谘议局联合各省谘议局成立了"国会请愿同志会",直隶省请愿代表团以立宪派中坚人物、谘议局议员孙洪伊领衔,联合绅商学界,连续举行了三次大规模的请愿活动,一再上书清廷提前召开国会,直隶各阶层及报界也给予大力支持和响应。但是结果却仅仅是清廷将9年的预备立宪期缩短至5年的虚假允诺。这使得立宪派大失所望,深感"千气万力,得国会期限缩短三年,心长力短,言之痛心", 对立宪的前途发生了怀疑。年底, 由天津学界和东北请愿团联合发起的第四次请愿活动遭到了直隶当局的镇压, 领导人温世霖被拘捕, 发配新疆。不久, 清廷即成立"皇族内阁", 暴露其根本无意实行君主立宪, 还要继续实行封建专制统治的真实面目。请愿活动的失败, 使部分资产阶级立宪派认识到清廷的冥顽不灵, 要求立宪之路不通, 唯有诉诸革命, 以暴力手段推翻清王朝的统治, 中国才有希望, 遂向革命派转化靠拢。顺直谘议局即于此时确定了要推倒现政府的斗争方针。

在清朝反动统治日益不得人心之时, 资产阶级革命派在直隶日渐活跃起来。首发直隶革命之先声的是保定直隶高等农业学堂的学生吴樾, 吴樾早于1903年便联络南方革命志士杨守仁、赵声等人在保定密组"军救国教育会", 次年又组"北方暗杀团", 并著有《暗杀时代》一书, 主张以恐怖暗杀手段为推翻清王朝统治的革命前声。1905年初在保定创办《直隶白话报》, 以浅显通俗的语言启迪民智, 宣传爱国。是年7月, 清廷宣布"预备立宪", 并派载泽等5大臣出国考察宪政。吴樾认为这是"欲断送汉族无自立之一日, 而为满族谋子孙帝王万世之业也", 遂以暗杀手段阻其"立宪骗局"的实现, 因炸弹提前爆炸, 谋刺未遂, 吴樾也以身殉难。这次事件举国为之震动, 孙中山先生曾评论此事"影响国内外人心者至大"。

随着资产阶级民主革命日益发展, 直隶以其地位的重要性引起革命党人的关注, 一些南方革命党人秘密潜入京畿活动, 以期实行"中央革命", 从根本上动摇清廷统治。而留日学生陆续归国, 更对革命思想的传播以及组织的建立起了积极的推动作用。1905年中国同盟会总部在东京成立, 直隶籍留日学生有35人加入, 并成立直隶支部, 派人回国指导推动革命。1906年, 直隶蠡县人陈幼云从日本弘文书院毕业, 受同盟会派遣回到保定, 建立了直隶第一个革命党人的组织同盟会河北支部。以此为开端, 直隶革命汇入了资产阶级民主革命的主流。

在武昌起义前, 直隶相继建立起一些革命组织, 进行宣传发动工作。保定同盟会河北支部成立后, 秘密输入《民报》、《革命军》、《天讨》等革命书报, 除在学界培养革命青年、发展同盟会员外, 还吸收保定各军事学堂学员多人入盟, 这些人在后来的辛亥革命中对瓦解清军策动起义发挥了重要作用。不久, 以保定学生为主体的同盟会外国组织——实行会、共和会相继成立, 1909年两会合并, 是为保定共和会。该会主要负责人为直隶高等农业学堂学生胡鄂公, 其宗旨为: "推翻满清封建专制, 建立民主共和, 融合种族界限, 发展全国实业。"共和会颇具规模, 会员多达3000余人, 并在京、津等地设有分会。共和会曾发起"断发学潮", 京津保学生起而响应, 剪去标志清朝统治的发辫竟成为一时的风尚。以后又发动京津保学生共同罢课, 积极参加保路保矿和国会请愿活动, 扩大了革命影响和声势。在天津成立了同盟会外围组织克复会,并发行《克复报》,以排满复汉,唤起民众反清救国意识为主旨。

除去上述革命组织外,尚有直隶第一个反清武装团体——丁开嶂的铁血会。1904 年,丁开嶂愤于日俄战争竟然在中国领土上开火,遂广结绿林豪杰,成立抗俄铁血会,在东北袭扰俄军,日俄战后转而反清。1906 年丁开嶂加入同盟会,在其家乡直隶丰润成立北振武社,以为北方革命党人秘密往来集会的场所,铁血会亦更名为"革命铁血会",并在北京周围及关外广泛发展力量,在北方颇具声威。此外,革命党人的势力亦渗入北洋新军中,驻保定的第六镇统制吴禄贞即为同盟会会员,中下级军官及士兵中也有革命党人的活动。另有一些同盟会员分散在天津、张家口、通州、石家庄等地,以不同的形式进行反清斗争。如顺直谘议局议员孙洪伊、王法勤等即为同盟会员,以合法身份领导了立宪运动。

直隶革命党人的活动及革命组织的建立,将革命火种散播到直隶各地,虽然起步较晚,尚未形成强大的革命力量,但却酝酿了日后辛亥革命的风暴。直隶各阶层人民连翩而起的反抗斗争,预示了清朝统治末日即将来临。武昌起义前夜的直隶,对于清王朝来说已是危机四伏,封建专制统治的结束,为期不久了。

滦州兵谏震动清廷

1911 年 10 月 10 日,武昌起义爆发,敲响了封建王朝的丧钟,各地纷纷响应,宣布独立或是起义,革命烈火很快燃遍半个中国。在历史激烈变革的浪潮冲击下,直隶政局一片混乱,统治者惊惶失措,一些官吏纷纷携眷出逃或避入租界,大有惶惶不可终日之势。直隶人民和革命党人在武昌起义的鼓舞下,极为振奋,各种革命团体应运而生,天津共和会、急进会、北方革命总团、共和革命党、女子北伐队、女子革命同盟等,连同原来的直隶革命团体,多达十几个。为了响应武昌起义策动直隶革命,革命党人公开集会演讲,散发传单,奔走于京津保滦张家口等地,或是发动地方民团武装,或是潜入北洋新军,积极筹备武装起义。10 月 16 日,俄国驻天津领事向其上司密报说:"假使革命党人在此起义,天津立刻会到他们手里,因为居民完全站在他们那一方面。"说明了当时革命空气的高涨和人心的向背。

直隶革命这时虽呈高潮之势,但由于武昌起义事出突然,革命党人无论在组织上，还是思想上尚无充分准备，缺乏统一领导和联系，处于各自为战的状态。对此，革命党人也有清楚的认识，受东京同盟会总部派遣回国的王葆真，在武昌起义后以"直隶省革命力量最薄弱最困难，而关系革命成败最重要"，赶至直隶滦州，策动北洋新军起义。天津共和会会长白雅雨毅然表示："拿破仑说过，英雄字典里没有'难'字，北方革命的职责难道要别人来承担吗？"他抛妻舍子，不畏艰险，积极筹划武装起义。在革命党人努力推动下，直隶响应武昌革命的斗争以北洋新军的滦州兵谏拉开了帷幕。

武昌起义爆发后，直隶率先作出反应的是号称清军精锐、清王朝的统治支柱北洋新军的一部分。10月27日，驻滦州的北洋新军第二十镇统制张绍曾，联合北方新军将领蓝天蔚、卢永祥、伍祥桢等人，发动了震动全国的滦州兵谏，以武力逼迫清廷实行立宪，抗拒清廷南下镇压革命军的调遣。滦州兵谏的发生不是偶然的。1911年春，当清廷决定于10月举行三年一次的秋操时，奉调参加的第二十镇统制张绍曾、第六镇统制吴禄贞、第十二混成协统领蓝天蔚，即有"私带子弹，相机起义"之密谋。张、吴、蓝三人不仅在北洋新军中有"士官三杰"之称，而且均为秘密同盟会会员。武昌起义爆发后，秋操取消，清廷急忙抽调各部组成大军南下镇压革命。张绍曾闻知第二十镇被调往前线后，即将所部屯于滦州，急返奉天，与蓝天蔚及第三镇统制卢永祥、第三十九协统领伍祥桢等商量对策。张绍曾明确表示："武昌之变，为除专制，主共和，以此倡义号召天下，凡属同胞谅皆赞助。今吾辈所统各部队，半属北人，虽未预约同谋，应皆晓以斯义，倘冒然而往，胜则自残同类，负亦死无指名。"这时该镇革命军官王金铭、施从云等力促其乘清军南下、京师空虚之时，直捣清朝巢穴。但鉴于北洋新军中反革命力量还很强大，张绍曾在与蓝、卢等人商量后，决定采取"先向清室陈述国事意见，如不采纳，再行发动"的权宜之计，报就立宪政纲12条，要求清廷废除皇族内阁，召开国会，赦免国事犯等。10月27日，张绍曾回到滦州，即命所部"均不前进"，同时派专人将立宪政纲送至北京，上奏清廷，并通电全国。震撼全国的滦州兵谏就此发生。此一期间，湖南、陕西等省相继独立，武汉前线吃紧，清廷一日数电促其拔队南下，但张绍曾抗旨不遵，待机而动。

滦州兵谏发生后，立刻受到直隶及全国各方面的支持与关注。京津革命党人陈之骥、王葆真曾两三次前往滦州，敦促他速举义旗，直捣京师；东北革命党人亦派商震、李德瑚等前往策动游说，促其宣布独立，并推举张为"东三省督府都督"。各地函电也如雪片纷至，力劝其"扫除满清，光复汉室，组织共和，建立民国"。顺直谘议局还专门召开56多人的会议，摧王法勤、孙洪伊为代表赴滦州见张绍曾，表示"第二十镇如宣布起义，经过天津组织政府，顺直谘议局完全担任筹拨军饷，按时供应"。为了扫除滦军举义直捣京津途中的障碍，王葆真积极向天津外国领事团疏通，滦军如果进入天津，不以违背 1902 年撤销天津都境衙门时所订天津 20 里内不得驻有清军的条款对待。在各方面的支持下，更坚定了张绍曾举事的决心。

新军第二十镇统制张绍曾

张绍曾在离京城近在咫尺的滦州拥兵抗命发动兵谏，强烈地震动了清廷，引起了满朝亲贵大臣的哗然与恐慌。经过紧张的计议，决定派第六镇统制吴禄贞前去"抚慰"。吴禄贞早有起事之心，但因第六镇革命力量薄弱，正感孤掌难鸣，此去滦州给了他一个绝好的机会。吴禄贞于 10 月 29 日抵达滦州后，立即与张绍曾密谋组织"立宪军"，以要求入卫京师为名，吴禄贞、张绍曾、蓝天蔚分由保定、滦州入京，打出"维护清室，革新政治"的旗号，控制中央政权，"挟天子以令诸侯"，其他问题就可迎刃而解。密议甫定，传来山西新军于同日起义宣布独立的消息。吴、张极受鼓舞，决定"联晋覆清"的方略，并给山西阎锡山写信要"共组燕晋联军"。派人火速送往山西，同时重新议定，吴禄贞在石家庄与晋军共组燕晋联军，张绍曾仍以立宪军的名义调蓝天蔚部来滦集结，双方准备好后，同时宣布独立进攻北京。而后，吴离滦赴京，向清廷报告张绍曾"并无异志"，要求亲赴石家庄"防剿"，31 日，吴抵石家庄。

清廷此时应付南方革命军已属十分吃力，又在近畿面临东有张绍曾以武力要挟，西有山西革命军的进逼，不得已同意滦州兵谏政纲，于 10 月 30 日下诏"罪己"，继而宣布解散皇族内阁，拟具宪法重大信条 19 条，任袁世凯为总理内阁大臣等。同时又连电张绍曾，声称已同意立宪，令其迅速开赴前线。但张绍曾未为所动，按照既定计划向清廷要求入卫京师，并电约蓝天蔚、卢永祥来滦。11 月 1 日，他又扣留了清廷从东北运往武汉的军火，并分电致武汉革命军政府，表示支持革命，揭露清廷"假行立宪"、"拥护专制"，清廷拟具的重大信条 19 条与原奏不符，袁世凯不是国会公选等。清廷对张绍曾的强硬态度极为恼火，对第二十镇官兵采取了威胁利诱、分化瓦解、加强防备等手段，逼迫张绍曾从速开拔，放运军火，但均遭到张的拒绝。张绍曾继续积极准备进攻北京的部署。

与此同时，吴禄贞在石家庄组织燕晋联军进展顺利。吴于 10 月 31 日抵达石家庄后，即命已进发到井陉的所部第十二协统领吴鸿昌停止前进，向清廷发电假称自己亲赴井陉"督师进剿"等军情,并派人入晋,与山西革命军取得联系。这时清廷已得密报,知其与张绍曾、蓝天蔚、阎锡山欲图起事之密谋。为稳住局势,布置对策,清廷于11月2日任吴为山西巡抚,"令其迅速接任","以解除京汉中段威胁",企图将吴调离石家庄,分化瓦解革命力量。11月4日,吴禄贞赴娘子关,会晤了阎锡山等人,态度明确地表示自己不仅决无做山西巡抚之意,而且愿与"晋军携手,共成推翻清朝之义举"。吴、阎遂商定组成燕晋联军,吴禄贞被推举为燕晋联军大都督兼总司令,阎锡山、张绍曾分别为副都督兼副司令,并决定于11月7日吴、阎、张同时分路起兵,会攻北京,一举推翻清朝。

吴禄贞返回石家庄后,即加紧进攻北京的部署。他先下令扣留了清廷运往武汉前线的军械辎重;而后又公开电奏清廷,弹劾在前线督师的荫昌"誓师无状,纵肆杀戮",应"严行治罪";又以袁世凯为革命之劲敌,派人前往武昌与革命军联系,欲南北夹攻,阻袁北上进京,置其于死地。同时电告张绍曾:"联晋共图大举,希协同动作,以践前约。"张绍曾接令后即命滦军准备出发,电约蓝天蔚"协同前进",并给吴回电告之:"我军整装待发,请即与山西起义军前来会师。"11月8日晚,吴禄贞拟好了给张的电报:"愿率燕晋子弟一万八千人以从。"其时,山西革命军两营也抵石家庄,吴、张、阎联合准备夹攻北京。他们以为颠覆清室的时机已经成熟,革命大功告成即在眼前。

然而就在这关键时刻,形势陡然逆转。清廷和袁世凯为扑灭京畿即将燃起的革命烈火,派人以重金收买了吴的卫队长兼骑兵营长马惠田,于11月7日凌晨将吴禄贞暗杀,同日又解除了张绍曾的兵权,令其"回津养病"。吴的被害、张的去职,使燕晋联军立即解体,夹攻北京的计划亦付之东流,由滦州兵谏引发的北洋新军一系列的革命斗争至此便告失败。

滦州兵谏和燕晋联军之所以失败,最主要的原因之一是吴禄贞及张绍曾虽身为革命党人,但作为清军的高级将领,与清廷有着千丝万缕的联系,对清廷抱有一定幻想,对其阴险狡诈缺乏认识和警惕,以至在整个密谋过程中事机连连泄漏,直接遭致清廷的破坏和镇压。此外,吴禄贞虽为第六镇统制,但由于任职时间短(1910年接任),未能真正掌握该镇实权,而革命势力也未能在该镇植根,以至在紧要关头被自己的卫队长所害,使即将到手的胜利功亏一篑。张绍曾虽有京津关外革命党人及镇中革命官兵的支持,但在吴被刺后即软弱动摇,坐失革命良机。滦州兵谏及燕晋联军尽管失败了,但是它是发生在全国革命高潮中清朝统治心脏地区的革命斗争,给处于众叛亲离分崩离析的清王朝以沉重的打击,牵制和打乱了清廷对革命的镇压和部署,有力地支援了武昌革命,为辛亥革命做出了重大贡献。滦州兵谏及燕晋联军对北方乃至全国政局产生了深远的影响,由于张绍曾发动兵谏,才有了吴禄贞燕晋联军夹攻北京密谋的制订,如果燕晋联军成功,那么清朝的倾覆便是指顾间事,辛亥革命将会出现完全不同的结局。而由于吴的被刺,袁世凯得以顺利入主中枢,以致演成日后南北和议、清廷退位,袁世凯任民国总统的结果。

滦州兵谏及燕晋联军的失败,使直隶一度高涨的革命形势骤然低落。革命党人在"北洋之兵力,顿失重心",保定革命党人原计划配合吴禄贞同时起事,发动各县举行暴动宣布独立,在吴被刺后以力量薄弱采取了"力持慎重"的态度,虽后来尚有为了阻止湖广总督段祺瑞南下而炸新乡黄河铁桥和唐河铁桥之举,但亦未获成功,不少革命党人分投京、津、张家口、包头等地从事革命活动。山西革命军亦放弃了直捣京师的计划,退回娘子关。革命情绪最强烈的第二十镇官兵,亦因张绍曾去职受到极大挫折。

11月下旬,张家口举义又遭夭折。张家口举义酝酿于武昌起义之初,保定革命党人南琴轩、张雨岑等人以张家口位近京畿,是北方之重镇,对推动北方革命极为重要,与当地革命党人,铁血会成员李飞仙、秦宗周等建立联系。山西独立后,11月2日,为配合山西起义军续西峰"出平型关,直捣北京"的计划,他们成立张家口起义司令部,并派人到天津与革命党人王葆真、白雅雨会晤,商洽购买军火之事,得到大力支持,白雅雨亲将第一批军火运至张家口。11月27日,第二批军火由高志清等人前往运回。不料在返回张家口的途中被清廷密探发觉,高等人被捕,张家口起义司令部遭到破坏,李飞仙、秦宗周等十余人被捕,李、秦等7人英勇就义。张家口起义未举便遭失败。

直隶革命力量的薄弱,反动力量的强大,使革命党人深感北方革命的不易,迫切需要支持和帮助。在吴禄贞被害以后,京津革命党人即派人到湖北军政府请援,得到军政府的极大重视,认为北方革命"目前实有迫切需要",派代表胡鄂公、冷公剑等人携款北上天津,与直隶革命党人及各革命团体取得联系,协助北方革命的开展。在南方革命力量的支持和推动下,直隶的革命斗争进入了一个新的阶段。

不惜头颅　屡屡冲杀

武昌起义爆发后仅一个多月,革命烈火迅速蔓延,全国大部分省份宣布独立,清王朝陷入穷途末路之中。然而由于资产阶级革命党人的软弱妥协,在12月初与袁世凯达成了南北停战协定,进行了南北和谈,使得武昌起义后全国性的革命高潮渐趋于低落,中国政局呈错综复杂的局面。但是直隶革命却于此时异军突起,形成局部的高潮,对辛亥革命后期的进程发生了重要的影响。

自从吴禄贞被刺以后,善于投机的政治野心家袁世凯得以顺利入主中枢,就任了清政府内阁总理大臣,立即开始了谋取更高权力的活动。为巩固自己的地位和稳定北方大局,以与清廷和南方革命党人讨价还价,他将军政大权集于一身,一方面伪装同情革命赞成共和,一方面加紧对京畿及北方革命的破坏与镇压。直隶总督陈夔龙秉其旨意,加紧了对革命的防范,"党人有煽动滋事者,一经侦察属实,拿获到案,严惩不贷"。北方形势更加险恶,继张家口举义失败,李飞仙等人被杀害后,11月29日北京革命党人陈雄、高新华、李汉杰的起义亦遭镇压,陈、高、李等多人殉难。12月2日,革命党人、戏剧家王钟声在天津密谋起义事泄被捕,于次日被直隶当局按"行营拿获奸细论罪"处以死刑。在这种情况之下,直隶革命党人为加快革命步伐,加强领导,统一各不统属的革命团体,结束各行其是的状况,于12月1日及12月14日在天津相继成立了同盟会京津保支部和北方革命协会。

同盟会京津保支部以汪精卫和李煜瀛为正副支部长,曾发行《民意报》,鼓吹"中央革命"和"实现共和"。北方同盟会员初时以汪、李之革命声望,纷纷加入,但是汪精卫此时已被袁世凯收买利用,不主张发动武装起义,而以"北方事不易为",以"联袁倒清"为主要手段和目的,以后又不遗余力地为袁世凯南北和议的阴谋奔走。汪的作为,遭到多数革命党人的反对,决定另组新的机构领导北方革命。12月14日,在胡鄂公的主持下,北方革命协会成立,将直隶分散的十余个大小革命团体联合起来,以"协助革命军北伐,崇奉孙中山先生之三民主义"为宗旨,坚决反对南北和议,坚持动摇清廷和袁世凯之根本,彻底推翻清王朝的暴力革命。此前11月底至12月初,胡鄂公已与直隶革命党人策划了在京、津、保、滦、通等地发动起义的部署,并在各地分设起义总指挥部,确定了各部的人选。北方革命协会的成立,各革命团体的大联合,有力地促进了直隶武装起义的开展,将直隶革命推向了高潮。

12月18日,在北方革命协会成立后的第四天,任丘、雄县起义爆发。南北停战后,袁世凯背信弃义,于12月8日派兵入晋镇压革命。次日,津、保革命党人紧急集会,决定在保定四周雄县、博野、高阳、蠡县、任丘等地举义,以牵制袁世凯的西进之军。12月18日,革命党人耿世昌率起义军于任丘娘子村发难,一举夺取县城。直隶总督陈夔龙得报后,即从保定派出淮军两营前往镇压,耿世昌率军奋勇抵抗,突出包围至雄县,与靳广隆领导的起义军会合,打出"北洋革命军"的大旗,继续浴血奋战,抗击清军。由于博野、高阳、蠡县等地起义计划均已泄漏,未能发动,任丘、雄县起义军陷于孤军作战,最后因寡不敌众而战败,耿世昌、靳广隆、冯杰等多人遇难,另有百余人被俘。雄县、任丘之役遂告失败。

在任丘、雄县起义的同时,北方革命协会也加紧了对滦州新军起义的策划。驻滦州北洋新军第二十镇官兵中,早在武昌起义以前就建有革命组织山东同乡会和武学研究会,官兵中反清革命情绪强烈。滦州兵谏失败后,武学研究会和山东同乡会的革命骨干即召开秘密会议,公推第七十九标第一营管带王金铭、第二营管带施从云、第八十标第三营管带冯玉祥主持滦军革命,并派人到天津与王葆真、白雅雨、孙谏声、王法勤等联系,谋划起义。直隶革命党人感到滦军起义对北方大局影响举足轻重,是直隶革命唯一可借助的武装力量,乃全力以赴,不断往来于津滦之间,加强联络。在雄县、任丘起义的同时,北方革命协会会长胡鄂公亦曾亲往滦州面见王金铭、施从云,策动响应,因当时尚未准备成熟而决定延迟。天津共和会亦早派凌钺、于树德等人组成敢死队,潜赴滦州附近,与当地货栈栈主李棠结成"龙山十四郎",并直接打入新军内部,探察动静,与革命官兵频频接触,鼓动革命热情。天津共和会长白雅雨是北方革命协会负责策动滦军起义的主要人物,先后两次前往滦州,与王金铭等谋划了起义的具体步骤。

此时滦州新军第二十镇统制在张绍曾去职后由反动将领潘榘楹接任,他秉承袁世凯的旨意,为严防革命的发生,除将第二十镇第七十九标留驻滦州外,其余各标及骑、炮、工兵等部分调至秦皇岛及关外,以切断各部革命官兵的联系,同时禁止官兵自由往来,严密监视,给起义的发动带来极大困难。为此,王金铭亲赴海阳冯玉祥处,并派人到其他各部及山东、东北进行联络。在北方革命协会和滦州官兵的协力合作下,起义计划逐渐酝酿成熟。12月底,南北和议行将破裂,革命党人决定即时发动起义,以滦州新军七十九标三营为主,联合山东烟台革命军、辽阳商震革命军及冯玉祥等部同时发难,直捣京津。29日,白雅雨带领敢死队员潜入滦州城内,说服了警察所长张注东及知州朱佑保支持革命,滦州城内一时撒遍革命传单,"光复"之声四起。30日,王金铭、施从云、冯玉祥等通电全国,主张共和,以滦州新军为起义之先导,并准备成立北方革命军政府,宣布独立。

就在起义一触即发之际,第七十九标标统岳兆麟将起义计划通盘向通永镇总兵王怀庆告发,王怀庆急电直隶总督陈夔龙并转报袁世凯商量对策。袁世凯借机以此要挟清廷,进行逼宫,同时电嘱东三省总督赵尔巽,严防驻东北第二十镇各部响应,冯玉祥即于此时被软禁起来。而后袁世凯又接受陈夔龙的计策,一面派王怀庆前往"抚慰",化解革命,一面调集北洋新军第三镇一协至滦州雷庄集结,准备镇压。1912年1月1日,王怀庆抵滦州,不但未能进行"劝解抚慰",反在革命官兵逼迫下,不得已伪称同意接受北方革命军政府大都督一职,与此同时却在思谋脱身之计。次日,当王怀庆随王金铭等人入城进行就职典礼之时,他在第三营管带张建功的掩护之下,策马而逃,急返开平,一面电袁世凯请求增援,一面将所部淮军布置于雷庄铁道两旁,并拆去铁轨一段,对起义军进行堵截。

王怀庆逃走后,王金铭、施从云、白雅雨等认为事机全面泄露,事不宜迟,决定立即起义。1月3日,滦州新军宣布起义,成立北方革命军政府,推举王金铭为都督,施从云为总司令,冯玉祥为总参谋长。当日通电全国,正式宣布独立。1月4日,起义军举行誓师大会,发表檄文,声讨清廷统治多年的罪行,号召人民奋起反抗。滦州新军宣布起义,使滦州人民极为振奋,"莫不鼓舞雀跃,咸庆重见天日",代表清朝统治的龙旗被抛掷地上,清朝年号被废止,到处可见"黄帝纪元四千六百零九年一月初三日大汉滦州光复"的标语。天津领事团派出代表至滦州观察动向,正式承认北方革命军政府为"交战团体"。

当日下午,起义军扣留火车,准备直上天津。不料第三营管带张建功突然叛变,据守滦州城向城内外革命官兵发动进攻,王金铭、施从云与之力战后,为避免贻误时机撤出战斗,带领一、二两营700余官兵登上火车西进。张建功遂指使部下在滦州城内大肆屠杀革命官兵,滦州城内外一时血流成河。王金铭等乘车西进至雷庄,与埋伏在此的清军发生激战。战斗正酣,敌军吹号停战,以"和谈"诱王金铭、施从云等前往,到后即被拘捕。次日王怀庆奉袁世凯之命,将王金铭、施从云等官兵三十余人"就地正法"。王、施就义时"意态从容,谈笑自若",大义凛然。几天后,在雷庄突围而至古冶的白雅雨亦被清军抓捕,被王怀庆残酷杀害。白雅雨就义前表现英勇,曾赋诗一首表明革命到底的心志。轰轰烈烈的滦州起义在袁世凯及刽子手王怀庆的镇压下失败了。这是北方地区辛亥革命时期最大的武装起义,使京畿摇动,清廷震惊,对于清帝的退位起了重要作用。

滦州起义后的第十天,由北方革命协会和通州革命党人策划的通州起义,在即将发动时事泄失败,蔡德辰、王丕承、王治增等7人被捕殉难。一次次起义的失败,大批革命志士死难,使直隶革命党人极为悲愤,他们采取了更为激烈的手段对付正在垂死挣扎的清王朝和袁世凯。

1月15日,同盟会京津保支部暗杀团成员张先培等人在北京谋炸袁世凯,未能成功,张先培、杨禹昌、黄之萌被捕,被袁世凯下令杀害。1月28日,同盟会京津保支部军事部长彭家珍在炸伤清廷军谘使良弼的同时,英勇牺牲,良弼亦于次日死

1912 年 1 月，清兵管带王金铭在滦州发动起义，宣布独立并成立北方革命军政府。图为起义参加者冯玉祥 1936 年在北京温泉建立的滦川起义纪念塔

去。同日，天津暗杀团团长薛成华刺杀北洋巡防大臣张怀芝失败，薛成华被捕，于次日被凌迟处死。

1 月 29 日，在天津又发生了直隶辛亥革命期间的最后一次起义。这次起义是胡鄂公从南京回来，奉孙中山"北方革命，固重于目前一切"的指示策划发动的。1 月 27 日，北方革命协会开会，决定刻不容缓发动天津起义，对起义的目标、任务、时间等一一作了周密安排。1 月 29 日晚，正当各路人马开往集结地点之时，负责燃放起义信号的起义人员误将时间看错，提前两个小时燃发了信号弹，致使起义队伍措手不及，部署被打乱，在仓卒中向督署发起进攻，结果很快便在清军的镇压下失败，林少甫、韩佐治、何南屏等多人战死。

就在直隶革命党人不惜抛头颅，洒热血，向着封建王朝发动一次次猛烈冲击的同时，南北妥协大势已成。孙中山表示只要袁世凯迫使清帝退位，结束帝制，赞成共和，他即辞去大总统一职，让位于袁。袁世凯即利用京畿的革命斗争，加紧胁迫清帝退位。尤其是 1 月 15 日黄之萌等人谋刺未遂后，袁即托词不入朝，待良弼被诛，清廷内人人自危，惶恐不安。袁世凯趁机对庆亲王奕劻说："近京畿迭出暴举，足证革命党已及肘腋，此后祸变将防不胜防矣！"清廷迫于大势已去，终于于 2 月 12 日下诏退位，2 月 15 日，袁世凯当选为临时大总统。从此，延续两千多年的封建专制统治寿终正寝。

2 月 17 日，胡鄂公召集北方革命协会各革命团体负责人，宣布即日一律解散。

不久,汪精卫亦携遣散经费,将各革命团体成员资遣回籍。直隶的辛亥革命就此结束。

辛亥革命期间,直隶由于种种原因,未能取得"光复"和"独立",但却在整个资产阶级革命中占有重要地位。由于其特殊的政治地理位置,一方面反动统治严密,防范最甚,革命活动难以展开,易于遭到镇压,不可能形成南方革命那种蓬勃之势;一方面却对整个革命全局有着举足轻重的影响,直隶的革命斗争直接与清朝反动力量短兵相接,从内部瓦解了清政府的统治。直隶人民和革命党人不论是在辛亥革命前、辛亥革命以后以及南北议和期间,以救国救民为己任,不畏牺牲,前仆后继,所进行的一系列的兵谏、兵变、起义和暗杀等英雄壮举,都有力地加速了清王朝的崩溃和垮台。

辛亥革命北京起义纪实

北京的情况比其他省特殊,但也以其特有的方式响应了武昌起义,为辛亥革命尽了一份力量,作出了一定贡献。

愿以国殇 唤醒国人

由于北京是清政府的所在地,为满汉亲贵大臣麇集之所,革命派在此进行暗杀的活动层出不穷。武昌起义之前就曾发生过两起。

一是 1906 年吴樾谋杀清政府出洋考察政治五大臣镇国公载泽、军机大臣徐世昌、户部侍郎戴鸿慈、朔南巡抚靖方和商部右丞绍英。吴樾字孟侠,安徽桐城人,当时正在保定高等师范学堂读书。1903 年,他读了邹容的《革命军》,思想一新。不久读了《清议报》,又推崇康有为、梁启超,"日日言立宪,日日望立宪","人有非康梁者,则排斥之"。后又读了一些革命书报,思想又为之一变,"念念在排满",成为革命者。从此与革命志士交往联系,宣传反清排满。

吴樾认为,排满之道有暗杀和革命两种办法,暗杀一个人就可担当,革命非群力无效,而且要靠暗杀播撒种子。他受俄国虚无党影响很深,声称 20 世纪上半期为暗杀时代,积极鼓吹,并欲冒险实践,确定了暗杀目标。1905 年 7 月,听说清政府将派载泽等出洋考察政治,实行立宪,认为这是利用立宪欺骗汉人,以巩固专制统治,他"决不甘为拜服异种非驴非马之立宪国民",决定剪除载泽等人,遂潜入北京,侦探五大臣行期,作暗杀的准备。

9 月 24 日,载泽等五大臣率随员同时启程,各学堂师生、绅商、官员和驻京公使均前往送行,正阳门车站冠盖云集,锣鼓喧天,观者如潮,煞是热闹。吴樾乔装官方仆从,怀挟炸弹,混入五大臣的专车。正值其准备投掷炸弹时,突然机车与列车相接,车身震动,引发炸弹爆炸,吴樾被炸得肢体断裂,当场牺牲,载泽、绍英仅受微伤。这次暗杀虽然使政府十分震惊,阻延了五大臣的行期,但考察宪政并未因之停止。

二是 1910 年汪精卫等暗杀宣统之父、摄政王载沣。自同盟会成立,革命党人发动了多次起义,其中不少是孙中山、黄兴亲自领导的,然而都失败了。1910 年 2 月,广州新军起义又告失败,许多人包括领导骨干均产生了悲观失望情绪。"举目前途,众有忧色,询及将来计划,莫不唏嘘太息,相视无言。"革命阵营内部也出现了危机。1907 年,同盟会内原光复会领导人陶成章、章炳麟等利用广东起义失败和《民报》经费问题,要求罢免孙中山,改选黄兴,遭到拒绝。1909 年,陶成章等又公开在南洋、日本散发《孙文罪状》和《伪民报检举状》,攻击孙中山和汪精卫。1910 年,陶等进而恢复了光复会组织,与同盟会的矛盾愈趋尖锐。这种状况也使人感到前途茫茫,意气沮丧。

汪精卫,名兆铭,字季新,号精卫,广东三水人,同盟会著名的理论宣传家。1907 年见革命屡遭失败,他就有从事暗杀活动的打算,后来目睹起义旋起旋灭,革命阵营内部四分五裂,益觉"内地全无声响,不见于直接激烈之行动,则人几忘中国之有革命党矣",因此便想"于京师根本之地,为震奋天下人心之举",入京进行暗杀,以鼓舞人心,并向清政府报复泄愤。汪精卫也是一个排满的狂热鼓吹者,认为中国立宪只有先将满人驱逐之后才能实行,绝对不能拥戴"异族"君主立宪。"纵令满洲政府下令组织国会",作为亡国奴的汉人也不应接受。他唯恐清政府立宪成功,革命难以发动,力主革命"持急进主义"。1909 年,他认为"国人之迷梦"未醒,尤感实行暗杀刻不容缓。于是邀约黄复生、陈璧君、黎仲实、喻培伦由日本来京,以在琉璃厂开设守真照相馆为掩护,组织了暗杀机关。

汪精卫在狱中曾以诗言志:"慷慨歌燕市,从容作楚囚;引刀成一快,不负少年头。"后由死刑改为终身监禁。1911 年辛亥革命后出狱

汪精卫等最初计划暗杀首席军机大臣庆亲王奕劻,未能得手。继之准备暗杀海军大臣载洵和军谘府大臣载涛,亦未如愿,最后确定暗杀载沣。

1910 年 4 月 2 日晚,黄复生、喻培伦前往载沣上朝必经之地地安门外鸦儿胡同附近的小桥下埋置炸药时,发现有人,以为事泄,急忙返回,召开紧急会议,决定其

黄复生,原名黄树中,因与汪精卫一同谋刺摄政王载沣而被押入狱,名震天下。1913 年 5 月暗杀袁世凯未果

他人离京,汪精卫、黄复生留下。次日当局接到一个居民报告,经过勘查,认为是革命党人谋炸摄政王,立即布置侦察。不久即将汪精卫、黄复生以及在吏部学制馆的罗世勋逮捕。由于同革命党人有些联系的民政部尚书善耆的回护,载沣也不愿激起更大的革命风潮,所以未对他们处以极刑,判处汪、黄终身监禁,罗 10 年监禁,给予政治犯的优遇。

1910 年,少数革命党人企图搞"中央革命",陆续抵达北京,利用各种职业掩护,从事秘密活动。1911 年春,田桐、景定成等创办的《国风日报》和《国光新闻》社,都是革命党人白逾桓、仇亮、冷公剑、程克、温楚珩、杨时杰等联络聚集的据点。后以《国风日报》为中心组织了同盟会北京分会。他们几次打算发动武装起义,均因力量不足而作罢。

愿以热血　誓死请愿

1908 年,在立宪派的强烈要求和世界大势驱迫下,为了维护统治,同时也为了自救,清政府宣布了预备立宪的基本国策。所谓预备立宪,就是实行立宪的准备阶段,或者由单纯的封建君主专制制度向资产阶级君主立宪政治演变的过渡时期。一旦准备工作完成,即召开国会,颁布宪法,实行立宪。既然如此,政府就不能禁止立宪派所搞的和平合法的运动。

清政府预备立宪是被迫的,最初没有宣布立宪年限。阶级地位的限制和切身利害的考虑使统治者确立了完全师法日本的指导思想,实行君主大权政治,仅对人民开放少许权利,一切循序渐进,速度尽量放慢,而且不时采取专制手段压制人民干预政治。资产阶级立宪派大都主张实行英国模式的君主立宪,君主徒有其名,大权归于国会,并由国会推举内阁总理,组织对国会负责的责任内阁,同时鉴于民族危机严重,要求早日实现立宪。这就不可避免地与政府发生冲突,从而引发尖锐斗争。如果说革命党人所从事的武装斗争是资产阶级民主派反对封建主义的第一条战线的话,那么立宪党人所开辟的合法斗争则是反对封建主义的第二条战线,而北京就是这一斗争最直接最集中的地方。从第一条战线看,北京的地位显得无足轻重,从第二条战线看,北京又格外引人注目。

为了取得人民应享有的政治权利,将来制定民主宪法,立宪派从1907年起就开始宣传进行国会请愿,并派人到京上书要求一二年内召开国会。1908年,看到政

醇亲王奕譞三子合影。左起七子载涛、五子载沣(宣统皇帝溥仪之父)、六子载洵(海军大臣)。宣统年间,他们兄弟三人是最高掌权者

府筹备立宪迟缓不力,在涉外问题上表现出来的妥协退让态度,以及颁布的种种限制人民民主自由的法律命令,立宪派深切地感到召开国会的重要性和迫切性,于是在全国出现了第一次向政府要求政治权利的国会请愿运动。投入到这一运动中来的有18省的人民,各立宪团体、留学生和海外华侨,国内签名者达15万之多,大部分省区都选派了代表到京向都察院呈递了速开国会的请愿书。

北京市民积极地参加了请愿活动。他们原计划与直隶省一起行动,后见直隶动作较缓,恐落人后,始作单独请愿之举。7月,工商各界联合千余人召开大会,公举电灯公司总理冯公度领衔,上书要求三年召开国会。京中的八旗士民受到很大鼓舞,为了尽到国民的天职,恒钧、乌泽声、常文、黄容惠等刊发传单号召,八旗人士踊跃响应,1600余人在请愿书上签了名,提出"以三年为国会之期,以国会为立宪之本"的要求。

此次请愿促使朝廷于8月27日颁布了《宪法大纲》,宣布了9年的预备立宪期限。但因期限过长,《宪法大纲》具有浓厚的封建专制气味,人民应享有的政治权利很少,斗争仍旧继续下去。

1909年10月,各省谘议局成立,立宪派基本上控制了谘议局,有了合法阵地,又开始了同政府的较量。一年以来,立宪派深感政府无立宪能力,不足依恃,加之政府同日本签订新约丧失许多权利,列强统监中国财政消息的极大刺激,认为非开国会不能挽救危亡,由江苏谘议局发起,联合各省谘议局要求朝廷速开国会。12月,16省谘议局代表齐集上海开会,决定成立请愿速开国会同志会,由孙洪伊领衔,率代表团赴京请愿,要求一年之内召开国会。

1910 年 4 月代表抵京,16 日将请愿书呈送都察院代奏。

北京绅商学界和八旗人士分别三次召开大会,热烈欢迎请愿代表,提出设立后援会的建议,八旗士民还参加了请愿,予代表团以有力的支持。

1 月 30 日,朝廷以筹备工作尚未完全,人民知识程度不齐,年内就成立资政院以树立议院基础为理由,加以拒绝。

代表团决定二次上书,在京成立国会请愿同志会,各省设立分会,发动人民签名。

2 月 12 日,由黎宗岳、陈佐清等发起,北京各界人士成立了国会期成会,作为代表团的坚强后盾。继之,国会期成会通告各省谘议局组织分会,公举代表入京请愿。

汤化龙,湖北立宪派首领。1907年在湖北筹组宪政筹备会,1909 年出任湖北谘议局议长、北京资政院议员

6 月 16 日,代表团 80 余人向都察院呈送了 10 份请愿书。请愿书从各个不同角度论述了速开国会的紧迫性和必要性,并逐点驳斥了朝廷拒绝召开的理由。之后,代表分别谒见了军机大臣,上书载沣、政府和会议政务处,指出:人民之所以请愿,就是因为极其厌恶专制,极不信任官僚,争取人民应有的立法权。"政府既不授人民立法之权利,人民即无遵守法律之义务",将来起来造反,推翻政府,都是正义的无可指责的。这次请愿全国有 30 万人签名。清政府执迷不悟,竟然又加拒绝,并不准继续请愿。

二次请愿失败,全国人心愤慨,各省团体纷电代表团不要离京,作第三次请愿。在京参加朝考的留学生和举贡人员亦加入了请愿行列。

经过研究,代表团决定扩大原来仅限于谘议局议员的代表团,凡在京各界代表一律加入,各省府厅州县俱设分会,分头演说发动。第三次直接请愿定于次年农历二月,在此之前,代表团向 10 月即将召开的资政院上书,进行间接请愿,各谘议局和团体也向资政院上书,同时呈请督抚代奏。

正在准备之际,国际上发生了两件大事,一是 7 月 4 日日本和俄国签订了第二次《日俄协定》,并附有关系到中国主权的密约,二是 8 月 22 日日本吞并了朝鲜。立宪派震惊异常,代表团决定将原计划的间接请愿扩大,各省增派代表来京请愿,国会不开,各省不承认新租税,向全国人民发出了第三次请愿通告书。

10 月 7 日上午,代表们刚刚整好队、准备赴摄政王府上书,忽有青年学生赵振清、牛广生等17人来到，交给代表一封信，信中写道，政府已不足依赖，"所赖者，我同胞激发热诚，以爱种爱国之心，出而理天下事"，"吾侪具有天良，何惜此少数之血液，洒书数字，以表示此次将以血殉国会，决不似前之以文字殉国会者之不足动我府也。"并对代表说："与其亡国后死于异族之手，不如今日以死饯代表诸君之行。"言毕，赵振清、牛广生由袖中抽出利刃，欲自杀以明心迹。代表惊骇万分，抓住二人之手，苦苦劝解。代表稍为疏忽，牛广生立即割下左腿上一块肉，赵振清割下右臂上一块肉，在致代表信上涂擦数遍，惨不忍睹。代表感动得涕泪交流，誓死将请愿进行到底。次日又有两名学生将所断手指和血书送交代表团。代表团将请愿书送呈资政院。

全国人民给了代表团以有力的支援，签名者远远超过前次，许多省召开数千数万人的大会，扛着大旗，列队游行到督抚衙门请愿。

11月4日，朝廷被迫作出让步，宣布将召开国会的期限提前三年（1913年召开），再也不准更改，同时下令将代表团解散。

东三省和其他地区的立宪派仍不罢休，继续推选代表入京请愿。政府竟野蛮地采取强暴手段，将奉天代表押送回省，把天津请愿领袖温世霖发配新疆，残酷地镇压了第四次请愿。

国会请愿期间，北京人民组织了几个团体，其中有鸿志、班吉本组织的八旗宪政研究会，文耀等组织的八旗宪政会，文质彬组织的八旗期成公民会，李拮荣等组织的顺天宪政公会，反映了北京人民政治上的觉醒和结社观念的增强。

1910年10月至1911年1月，资政院在北京召开了第一届常会。在统治者眼里，资政院不是立法机关，但民选的议员却竭力把它当作立法机关运用，通过了速开国会议案，弹劾军机大臣，要求开放党禁，赦免康梁和革命党人，极力争取民主权利，同政府的专制行为进行了针锋相对的斗争。

1911年春夏，立宪派出于更好地推进政治民主化进程的目的，在北京建立了政学会、宪政实进会、辛亥俱乐部和宪友会几个政党。前三个都有资政院钦选议员参加，有的甚至起主要作用，唯独宪友会由民间的立宪派所组织，总部设在北京，支部遍及各省，实力最为雄厚。

同年5月8日，清政府成立责任内阁，庆亲王奕劻出任总理大臣，在13名阁员中，满人竟有9名，其中皇族又占7名，人称皇族内阁。依照立宪原则，皇族不能担任国务大臣。新内阁一成立，就签署了实行全国铁路干线国有政策的诏令，同英法德美4国银行团签订了湖广铁路借款合同。凡此均足以令全国人民愤慨万分。

为了筹划救亡大计，立宪派在北京提前召开了谘议局联合会第二次会议。会议首先确定中心议题是推倒皇族内阁，"期为政治上根本之改革"。后来代表谒见某些政府官员,知道要把皇族阁员全部逐出内阁实无可能,遂将斗争的锋芒指向总理大臣。6月6日,联合会上书指出皇族内阁违背立宪制度,要求取消内阁暂行章程,另选总理大臣。朝廷置之不理。联合会再上呈文,同时向全国发表报告书,痛斥新内阁执行的政策都是亡国政策、媚外政策,"名为内阁,实则军机,名为立宪,实则专制",宣告政府已无可救药,号召人民为民主政治奋斗不息。

朝廷非但不接受正确的批评,反而于7月5日发布谕旨说,用人为君主大权,议员不得干预。斥责立宪派违反《宪法大纲》,"议论迹近嚣张",气势汹汹地下令以后"不得率行干请"。

这道蛮不讲理、颠倒黑白的谕旨激起立宪派满腔怒火。联合会代表对政府绝望,发表《通告各团体书》,直接把要说的话诉诸人民,公之于社会:"今日种种恶政治,皆我政府之所铸造。"皇族内阁不废,就无所谓改良政府,亦无立宪可言。接着严厉批判了谕旨,揭露了其"任政治腐败",让人民"俯首帖耳",不得指责攻击政府,不得谈论改良政治的险恶用心,撕破了政府专制独裁的面具。

立宪派在北京开展的每一次国会请愿运动和反对皇族内阁的斗争,都无情地鞭笞了封建专制的黑暗,揭露了政府的腐朽守旧,宣传了资产阶级的自由民主思想,启迪了人民反对封建、争取民主的政治觉悟,使广大人民特别是知识分子和市民阶层对清政府产生刻骨仇恨,统治阶级内部也分崩离析。立宪派更深刻地认识到,只有首先推翻腐朽专制的政府,才能真正救亡图存,也才是真正的爱国,从此与政府分道扬镳,大部分转向革命立场,与革命派合流。所有这一切都使清政府陷于极端孤立的境地,为辛亥革命的酝酿、爆发和胜利创造了有利条件。

热往共和　志士献身

1911年10月10日,革命党人在武昌举义,清廷急派陆军大臣荫昌督率北洋军南下镇压,同时起用罢官在家的袁世凯为湖广总督,督办剿抚事宜。不久,湖南、陕西、山西、云南、江西相继独立,革命烽火燃遍全国各地。清政府惊惶失措,11月任命袁世凯为总理大臣,企图依靠他扑灭革命烈火。但袁世凯出山的目的是为了窃取全国政权,既无意于挽救清王朝的灭亡,也无意于让革命获得最后胜利,因此他对南方革命军实行又打又拉的策略,一方面下令北洋军猛攻汉口,一方面屡次派人试探和谈。

武昌举义后，北京革命党人所面临的基本任务是如何配合南方革命军采取行动，促进共和早日实现，但其力量十分弱小。北京又是清王朝的首都，封建势力根深蒂固，平时有重兵守卫，防范之严、侦察之密均超过其他地方，现在戒备倍加严密，发动革命尤其困难。面对这种形势，北京同盟会推举冷公剑往武昌面见已被革命党人推为湖北军政府都督的黎元洪，请求派人去北方主持革命。黎即委派胡鄂公前往天津组织革命机关，联络分散的各革命小团体，规划北京、天津、保定、滦州、通州（今通县）的革命步骤。

11月6日，清政府释放了在押的汪精卫、黄复生和罗世勋。黄、罗立即离京，汪则应袁世凯电约留下。袁抵京后，汪即投靠袁，与立宪派的杨度共同组织国事共济会，宣言民主立宪党人与君主立宪党人的目的都是成立立宪国家，现在南北重兵对峙，必然造成民生涂炭，财力穷困，双方应该停战，召集国民会议，议决民主立宪与君主立宪问题，制造和谈气氛，以适应袁世凯篡窃国柄的需要。随后他到天津会见了胡鄂公，并成立同盟会京津分会，任会长。

由于有些革命团体怀疑汪精卫投靠袁世凯，不愿合并到同盟会，胡鄂公为团结革命力量，统一指挥，在天津设立总指挥处，于各地设立总司令部，选定钱铁如为北京总司令，邱寿林、李尧衢等9人为指挥，蔡德辰为通州总司令，王丕承、黄之萌等5人为指挥。12月14日又建立北方革命协会，协助革命军北伐，同盟会等革命团体悉入其中。

这时南方各省代表联合会已经同意与袁世凯和谈，汪精卫力主在停战期内不能武装起义，只能搞点必要的暗杀，妄图束缚革命党人的手脚。但北方革命党人多反对与袁议和，主张将革命进行到底，又见袁捕杀革命党人，派兵进攻山西起义军，仍然积极谋划武装起义。12月27日汪精卫秘密接受袁世凯任务南下议和后，北京、通州的革命党人加紧策动驻守当地的禁卫军第四标和姜桂题所部毅军。1912年1月2日，驻滦州军队起义，遭到袁世凯残酷镇压，京津革命党人义愤填膺，决议刺杀袁世凯、良弼和载泽等人。

蔡德辰等认为，通州距京最近，出其不意起事，可寒清廷之胆，促议和成功，迫清帝退位，于是设起义总机关于张家湾。策动毅军工作大致就绪后，议定电请湖北军政府汇款接济，1912年1月17日起义，攻克通州后即趋北京，会合北京同志推翻清王朝。不料湖北军政府一再衍期，毅军中有人动摇，向姜桂题告密。姜立即派兵在15日包围了起义总部，捕去蔡德辰等7人，后被斩决，起义未发即告失败，北京也未发动起来。

对于袁世凯，许多革命党人都认为他是清政府的首脑，革命的最大障碍，为人阴险无信，早就想把他诛锄。只因汪精卫散布袁有实力，如加利用"未始不可促成革命,若去袁则北方实力无统率者,更不易征服",百般阻挠,刺袁计划一直未能执行。及至蔡德辰等被捕,旋又得悉袁次日将去早朝,革命党人遂召开紧急会议,一致决定刺袁。

1912 年 1 月 16 日,革命党人分组布置在袁去故宫的路旁。中午近 12 点,袁乘马车出宫行至东华门大街,革命党人从酒楼上投掷炸弹,毙其护卫管带,袁侥幸未死,在卫兵簇拥下急忙逃脱。革命党人张先培、黄之萌、杨禹昌被捕殉难。袁世凯吓破了胆,忙不迭派人向革命党人致意要"效忠革命,推翻清室"。暗杀对于袁世凯加紧逼宫活动起了重要作用。

同年 1 月中旬,清帝退位的消息传出,部分满族亲贵激烈反对,军谘使良弼尤甚。良弼在亲贵中最有军事才干,立即组织宗社党,保卫清室,反对议和,主张袁内阁辞职,另组皇族战时内阁,派铁良到南方讨伐,甚至自请督师南下,与革命军决一死战,成为清室中阻挠共和实现的一大障碍。革命党人彭家珍(字席儒,四川金堂人)奋然说:"此人不除,共和必难成立,则此后生民涂炭,何堪设想乎!"慨然挺身而出,以刺杀良弼自任。后来良弼在别人劝说下,"知大势无可挽回,方拟游说亲藩,劝令和平了结"。但革命党人尚不知道。彭家珍写好绝命书,交代完其他事,1 月 26 日乘着马车寻找良弼,直到晚上始遇良弼归红罗厂府邸。良弼至门前下车,彭持奉天讲武堂监督崇恭名片往谒,一边说来报军情,一边取出炸弹掷去,炸断良弼一条腿(第三天逝世),彭因弹片反射头部当场牺牲。彭家珍虽然牺牲,但其壮烈行动却使满族亲贵丧胆,纷纷逃匿,减少了议和阻力,促使清帝退位诏旨得以顺利颁发。

辛亥革命爆发后,各省立宪派群起响应支持,在京的一些人也返回本省投入革命。但仍有部分人坚持君主立宪,逗留在京,有些参加了 10 月 22 日清政府召集的资政院第二届常会。他们一方面企图平息革命,一方面又利用强大的革命声势向清王朝施加压力。

10 月下旬至 11 月上旬,资政院通过了一系列议案。他们打倒了违法违宪的内阁大臣和皇族内阁,促使建立了责任内阁,推翻了朝廷不准抗违的宪法钦定原则,取得资政院起草议决宪法的神圣权利,迫使政府取消了不准革命党人组党的专制禁令,答允早开国会。他们起草的宪法 19 信条彻底废除了君主权力,一切权力归于议会,实行英国模式的议会政治,虚君共和,在实质上达到了与民主立宪同等的程度,是中国第一部真正的资产阶级宪法纲领,把清王朝的预备立宪推向了顶点。

辛亥革命山东起义纪实

  1911 年 10 月 10 日武昌起义爆发后,全国各省纷纷响应,相继宣告独立,脱离清廷。山东以知识分子为代表的同盟会员,在武昌起义的影响和全国风起云涌的革命浪潮推动下,一度倡导和促成了山东的独立。尽管山东独立后来受到袁世凯的破坏和镇压,被迫取消,但山东同盟会员在孙中山先生的指导下,仍然不屈不挠,前仆后继,相继发动了山东登州(蓬莱)、黄县、文登、柴成、青州、即墨、高密、诸城等地的起义,促成了烟台山东军政府的建立。山东的独立及各地起义,动摇了清政府的腐朽统治,在辛亥革命史上写下了光辉篇章。

加紧活动　打下基础

  19 世纪末,腐朽的清朝政府在镇压了义和团运动后,与帝国主义列强订立了丧权辱国的《辛丑条约》。从此,清政府事事依赖于洋人,受制于洋人,成为"洋人的朝廷"(陈天华语)。山东受列强瓜分自甲午战争之后就开始了。甲午战后,北洋海军全军覆没,"未几,德租胶澳,英租威海",致使"鲁东父老日以怨清","少年更多感愤扼腕,忧伤时事,自庚子联军陷京师,国人皆知非覆满不足以救亡。"

  为了应付内外交困的局面,挽救摇摇欲坠的封建统治,清政府于 1901 年 4 月宣布推行以废科举,办学堂,提倡出国留学,奖励实业,编练新军等为内容的"新政"。1906 年 9 月又宣布"预备立宪",次年又宣布建立资政院和各省谘议局。

  山东在推行"新政"和实施预备立宪中,以派员出国留学、编练新军五镇、兴办实业、设立谘议局尤为突出。从 1904 年始,山东抚部院派遣各科学生赴日本留学,到 1908 年即达 92 人,留日学生大多数成为以后革命的骨干。1905 年 2 月,袁世凯汰弱留强,增募壮丁,将山东原武卫右军先锋队改编为陆军第五镇,分别驻扎在济南和潍县,该镇一部分中下级军官在山东独立时发挥了举足轻重的作用。

"新政"推行伊始,山东抚部院还采取了一些鼓励农工商务业发展的措施,从客观上刺激了近代民族工业的发展。之后,胶济、津浦铁路的相继通车,进一步促进了山东近代民族工业的发展。据 1911 年不完全统计,民族资本经营的厂矿企业就有 66 家。山东沿海的烟台、青岛,民族工商业的发展更快于内地。随着近代民族工业的发展,山东民族资产阶级登上了历史舞台,开始了反封建、争权益的斗争。1909 年 8 月,山东成立了谘议局。山东资产阶级立宪派利用这一合法阵地,进行了国会请愿,揭露时弊,争取民族资产阶级权益的活动。

清廷推行"新政"和实行"预备立宪"的本来目的,是为了挽救危局,结果却适得其反,进一步加深了封建统治的危机:提倡出国留学,使许多知识分子接触了西方资本主义的思想和制度,从而走上了反帝反封建的资产阶级革命道路;鼓励兴办实业,不仅为民族资本主义工业的发展打开了闸门,而且还造就了封建专制制度掘墓人;开设谘议局,使资产阶级立宪派有了抨击朝政的合法场所;而编练新军,则增加了财政开支,加重了人民的负担,直接激化了阶级矛盾,进一步加深了封建危机。

《辛丑条约》订立后,山东的统治者把大量战争赔款转嫁到了人民头上,封建剥削日益加重,人民生活苦不堪言。德国帝国主义又依仗《中德胶澳租借条约》,加紧了对山东经济、文化、政治的侵略,致使各地"民变"频起,终于酿成了大规模的农民暴动和工人罢工。1905 年 6 月,莱阳县农民在曲待文的领导下,揭竿而起,爆发了声势浩大的抗捐武装起义,从者达五六万人。这次暴动"实因知县征收钱粮,浮收勒折……近又借口新政,勒收亩捐、房捐、人口捐等,民不堪其苦"引起的。莱阳人民的抗捐斗争,得到了海阳农民的响应,在宋煊文的领导下,海阳农民也举行了抗捐抗税斗争。与此同时,山东工人阶级也开展了反对帝国主义工矿主的斗争。1907 年春,德人开设的坊子煤矿矿坑发生爆炸,一百多名中国工人遇难,激起了广大工人的愤怒,罢工持续了数周之久。

在这种形势下,山东革命党人加紧了革命活动。

1905 年,革命先驱孙中山在日本东京创建了中国资产阶级政党——中国同盟会。留日山东籍学生纷纷加入。从 1905 年 7 月到 1906 年 5 月,山东留日学生入盟者即达 53 名,居全国各省同时期入盟人数的第四位。山东籍留日学生首批入盟的有徐镜心、徐镜古、刘星楠、陈保三、杨佩文、傅永昌等人,徐镜心被推为同盟会山东分部主盟人。徐镜心,字子鉴,山东黄县人,廪生,早年肄业于烟台芝罘毓材学堂,1902 年转入济南高等学堂肄业,1904 年赴日入早稻田大学学习,1905 年加入同盟会,后成为山东辛亥革命的领导者之一。

1905 年冬,日本文部省颁令取缔中国留学生,以打击革命势力,激起留学生的愤怒,一部分留学生愤而回国。留学生回国期间,正值清廷废除科举之时,他们乃趁此时机,谋办学校、报馆、书店,以开通风气,宣传革命。

革命党人首先在山东各地创立了十多所公学,作为宣传革命、培养革命力量的阵地。影响最大的有,1905 年同盟会员谢鸿焘、徐镜心在烟台创办的东牟公学,1906 年同盟会员刘冠三在济南创办的山左公学。刘冠三,名恩锡,以字行,山东高密人,清光绪二十八年(1902 年)考入济南师范学堂,1905 年加入同盟会。山左公学建立后任校长。山左公学被清政府查封后,刘冠三到青岛,于 1908 年和同盟会员陈干创办了震旦公学。另有曹州人,留日学生、同盟会员王鸿一,在曹州创立了自新学堂和曹州中学。这些公学,名为学校,实为革命党人往来机关。同盟会员以教学作掩护,大力宣传革命主张,发展同盟会员。经过艰苦的工作,在校学生大半加入同盟会,"致力革命者甚多"。尽管这些学校后来遭清政府及德帝国主义的查封,被迫停办,然而革命思想已普及一般青年。

革命党人除创建公学外,还先后创办了许多揭露时弊、鼓吹革命的报刊。早在 1906 年秋,留日学生,同盟会员丁惟汾就在日本和另一同盟会员蒋衍升创办了《晨钟》杂志,并寄递国内。丁惟汾,字鼎丞,山东日照人,1903 年入保定留日预备学校,次年赴日入明治大学习法科专业,1905 年加入同盟会,并参加了同盟会成立大会。徐镜心回国后,继为主盟人,成为后来山东辛亥革命的领导者之一。1906 年,刘冠三、王讷在济南创办《白话报》。还有陈命官、齐芾南、丁训初、李凤梧在烟台创办《渤海日报》。这些报刊,在宣传革命,启迪民智,倡导民主共和观念等方面发挥了巨大作用,以致数年之间,革命空气弥漫全省。

与此同时,革命党人还建立了许多以研究文化为名的小团体,从事革命宣传。1911 年夏,徐镜心、刘冠三在济南创办戏剧改良社,孙锡纯在烟台创立荟萃图书公司,乐志杰在青岛设书厨刊印嘲讽历代皇帝、仇毁帝制的书籍,广泛传诵。

革命党人的活动,为山东独立和各地起义,打下了坚实的基础。

奔走呼号　独立变味

1911 年 10 月 10 日,湖北新军中拥护革命的士兵打响了武昌起义的第一枪。随后全国各省相继起义,宣告脱离清廷,建立临时政府。山东同盟会员在如火如荼的全国独立浪潮面前,积极响应,力图山东举义。此时,山东籍的留日同盟会成员也纷纷回国,齐集省城济南。他们以济南各高等学堂为活动基地,在学界、商界、政界和新军官兵中开展活动,联合各方力量,准备举事。

山东谘议局中的资产阶级立宪派也加紧了活动。谘议局成立之初,内部就分为两大派,一派是以秘书长张汉章为首的封建官僚顽固派,时称六二党,他们把持了谘议局大权;另一派是以丁世峄(黄县人)、王讷(安邱人)、周树标(青州人)等人为首的立宪派,他们虽不主张实行革命,推翻清政府,但又不满清廷顽固派的专横,特别是不满六二党的专横跋扈,故而能在一定时期内与革命党人结成暂时的联盟,共同反对清廷。他们利用其广泛的社会联系,在绅商、学界、政界上层中积极活动,力促清廷速开国会,早日实行君主立宪。

以山东巡抚孙宝琦为首的封建顽固派则极力反对革命,维护封建统治。孙宝琦,字慕韩,浙江杭县人,出生于封建官僚家庭,早年奔走于李鸿章门下,1900 年为直隶候补道,1901 年受袁世凯保荐,奉旨军机处记名,此后又两次出洋,历任驻法、日、葡等国公使,熟谙洋务,1908 年任山东巡抚。因此,孙一方面与清廷有着根深蒂固的联系,矢志忠于朝廷,一方面又对清朝贵族的腐朽无能深感不满。武昌起义后,孙宝琦从维护清廷统治立场出发,电请清廷"解散现任内阁,另简贤能以维大局","实行公天下,宣布共和……保皇室奕祀之繁荣,"并建议清廷开仓散财"赈济灾黎"。孙宝琦的这些所作所为,在当时各界中颇具迷惑性,就连革命党人对其也抱有幻想。在山东独立过程中,革命党人时时以孙的态度为行动的依据。因而,孙宝琦对革命的态度影响着山东时局的变化。

在酝酿山东独立过程中,革命党人虽积极奔走呼号,联合各界群众,向清政府发起猛烈进攻,但却未能理直气壮地勇挑独立重担。他们非常天真地希望有一位出身显贵,在地方上有名望的人物出面奔走各界,联络和协调各派之间的关系。革命党人的这种想法,深为立宪派赞许。于是他们就把当时尚在北京吏部候补的夏溥斋奉为合适人选。夏溥斋,号渠园,山东郓城人,其父系清朝官吏,官至云南提督。夏本人自幼接受了康梁维新思想,较为倾向革命。在京候补期间,常与一些归国留学生来往,在一起议论时局,抨击朝敌,因此,他便成了山东独立中各派易于接受、众所瞩目的人物。

1911 年 10 月 30 日,济南各派互相联络,以山东省绅商各界和教育会的名义,向尚在北京的夏溥斋发了两次电报,敦促他火速回济"共谋大计,以保桑梓"。11 月 2 日,夏赶到济南,3 日山东各界开会欢迎。夏在会上就国内外形势作了一番演讲,博得与会人员的好感。会后,各派代表纷纷找夏陈述各自的主张,从此夏便穿梭往来于各派之间,扮演联络、维系各界的角色。

11 月初,济南盛传清廷将向德国借外债 3000 万元,以山东土地作抵押,山东当局也准备向德国借款300万。于是民气愤激,一致要求谘议局开会,加以抵制。11月5日,济南各界人士在谘议局召开座谈会。会上,提出了由徐镜心等人事先拟定的《山东实现独立大纲》七则,要求立即组织临时政府,实现山东独立。会后,夏溥斋、丁世峰将《独立大纲》七则改为《劝告政府八条》。夏溥斋、丁世峄、周树标等人又面见孙宝琦,要求孙向清廷代奏,并声明,如三日内不答复,即宣布独立。孙宝琦恐众怒难犯,只得应允代为电达。次日,各界继续开会,众人纷纷指出独立必须马上实现,并推孙宝琦为独立交涉长,孙断然拒绝,并说:"我系清朝官吏,满清一日不倒,我须尽一日之责任。"孙宝琦的顽固态度激怒了众人,矛头齐指事事仰孙鼻息、不办实事的谘议局。会后,各界又发传单,议办民团,并酝酿推翻谘议局。

11月7日,各界代表再次集会,一致要求推翻阻碍独立的绊脚石——谘议局,成立"山东各界联合会"以取而代之。会上,选举夏溥斋为会长,夏又提名原谘议局副议长于普源为副会长,丁世峰为秘书长,联合会乃成为山东独立运动的领导核心。

11月9日,清廷复电山东八条。革命党人鉴于清廷已被迫接受《劝告政府八条》,欲早日促使山东独立,多次与丁世峄等人商议,联合行动。同时,革命党人发动各界群众掀起了更大的请愿浪潮。一连几日,各界代表不断到巡抚衙门请愿,要求宣布独立,脱离清廷,闹得孙宝琦坐卧不宁,一再向清廷叫苦,"近日东省绅商学界倡独立之说,集众会议,汹汹不可遏抑",虽"再三劝告不可独立,而大众不听"。

就在革命党人向各界旧官僚顽固势力发起猛攻之时,驻扎在济南的北洋新军五镇内部也起了变化。在此之前,革命党人就在五镇中宣传革命思想,鼓吹山东独立,一部分中下级军官逐渐同情革命,拥护独立。五镇统制张永成慑于革命声势,告病卸任,部分官兵便拥戴倾向革命的十协协统贾宾卿代理统制之职,贾便成了独立期间的显赫人物。

11月9日晚,五镇参谋黄治坤及其他四位军官一起到联合会找夏溥斋,要求山东独立。夏对五位军官的要求未做明确答复,只答应与"孙抚台商量,再作计划"。孙在听了夏的汇报后,仍顽固地表示"惟有以身殉职,纵令不死,也不能领着大家宣告独立"。孙宝琦虽在口头上如此坚决,但在来势凶猛的独立浪潮面前,也不得不为自己寻找一条出路,在随后发给内阁的急电中表示"琦惟有相机因应,挽搰危局"。此时的孙宝琦对待独立的态度是左右摇摆不定,他一方面表示在"万不得已"的情况下,"拟即组织临时政府",另一方面又屡电请清廷将五镇归其"节制调遣","俾可联络而备缓急",企图以武力对付日益兴起的独立运动。

此时,武昌已独立多日,革命军正急攻南京。山东革命党人利用这一有利形势,抓紧做贾宾卿的工作。11月10日,丁惟汾、周树标、杨明漪、王讷等人赴五镇驻地谒见贾宾卿,劝他立即赞成独立。贾慨然允诺,并表示愿意亲自去劝说孙宝琦,使其赞成独立。贾宾卿的表态,意味着五镇绝大多数官兵转向了革命党人一边,赞成独立的力量大为增强。接着,革命党人又运动立宪派,使其赞成并推动独立。12日晚,谢鸿焘、丁惟汾与夏溥斋、丁世峄反复协商,力主独立。夏、丁(世峄)二人仍左右徘徊,犹豫不定。谢鸿焘对他们二人苦口婆心,晓以大义,双方终于协商一致,决定11月13日召开大会,最后决定山东独立问题。

11月12日,革命党人按照计划召开各界会议,讨论有关山东独立的具体事宜。在各界代表的压力下,联合会负责人终于同意山东独立。在讨论孙宝琦的去留问题上,革命党人则接受了立宪派"仍留孙抚"的主张。最后会议决定,独立时,推举孙宝琦为大都督,贾宾卿为副都督,第二天召开大会,正式宣布独立。当日,革命党人还决定创办联合会机关报《齐鲁公报》,在第二天宣布独立时发行创刊号。

1911年11月13日,山东独立终于实现了。这天一早,各界按计划齐集联合会会场,孙宝琦应邀到会。大会从早上8点开到晚上9点。会上,各界代表先后发言,要求马上宣布独立,而孙宝琦仍一拖再拖,拒不表态。这时,丁惟汾等同盟会员早已将会场各门完全把住,禁人出入。新军代表黄治坤则向夏溥斋大声喊叫,扬言孙宝琦再不同意独立,就要用武力解决。夏无奈,只得台上台下斡旋,孙宝琦也坐立不安。夏趁此劝告孙要认清大势。正在孙犹豫不定的时候,夏溥斋向大众高声宣布:"孙抚台已经承认全省独立了。"当即全场欢声雷动,丁世峄将预先写好的《独立宣言》张贴在台上。宣言内容是:

第一条:自黄帝四千六百零九年九月二十三日(1911年11月13日)山东全省人民与清政府实行断绝关系。

第二条:自黄帝四千六百零九年九月二十三日,山东全体人民加入中华民国军政府。

第三条:关于本省内部组织,分为议决、军事、行政三部,和衷共济,俟北京底定,共和政体成立,实行变更。

全场高呼"山东独立万岁!""中国革命万岁!"接着,大会选举孙宝琦为山东大都督,贾宾卿为副都督。孙宝琦提出以联合会为临时议会,以抚署为临时政府,均为革命党人所接受。山东独立终于实现。

山东独立后,各界"莫不……额手庆贺,奔走相告,欢声若雷",人民"之望独立也,若大旱之望云霓,赤子之慕父母"。不少有识之士纷纷上书联合会,提出建议,要求改革。顽固派对独立极度恐慌,独立的当天晚上,孙宝琦召开司道会议,"旗籍大员都相对无言,枯坐数刻,相率散去,至有大哭者"。独立后,原五镇统制张永成连夜逃走,各衙门的旧官僚、旧官吏不是逃遁,就是辞职。地方豪绅对独立也恨之入骨,旅京山东同乡对独立纷纷责难,并要清廷速派重兵来山东"戡定"大乱。当上都督的孙宝琦也屡电清廷,一再表白自己宣布独立,实属迫不得已,以洗刷"宣布"独立之"罪名"。

尽管独立后的大权被孙宝琦一手包揽,临时政府又是过去抚署的翻版,但在联合会特别是革命党人的敦促下,临时政府还是采取了一些施政措施。其主要措施有:与独立各省联络,通电各地维持秩序,通电各地钱粮饷项及各项公款不得随意动用,布告防止谣言,安抚驻德州、青州两处旗兵,通电德州机器局慎重保管,堵截张勋溃兵。

自山东独立之初,取消独立的逆流即在暗中酝酿着,至袁世凯上台,这股逆流便形成了强大的复辟力量。

11月6日,袁氏内阁组成。袁一上台,就把地近京畿的山东独立政权作为破坏革命的第一目标,密委其心腹山东候补直隶州张广建、候补知县吴炳湘到济南观察动向,监视各派活动,挑拨五镇内部关系。而五镇大部军官多是袁之旧部,袁氏一出山,他们便蠢蠢欲动。独立后,五镇中各级军官皆思升迁,临时政府对其要求则一概拒绝,招致部分军官的怨恨。代理统制贾宾卿虽赞成独立,但因实力不足,有后退之意。张、吴二人便趁此机会,大肆挑拨、煽动,五镇内"拥张(原统制张永成)反贾"呼声一时甚嚣尘上。同时又谣传袁世凯的嫡系张怀芝要来鲁,一部分士兵扬言要杀贾宾卿,贾吓得不敢回营,放弃了对五镇的控制。从此,在五镇内形成了一个以二十标标统吴鼎元、炮标标统张树元为首的反独立派系。贾被迫辞去统制之职,由吴鼎元代理,支持独立的军官和部队全部被孙宝琦调出,五镇完全被袁系军官控制。这时,除五镇外,巡防营统领聂宪藩在张、吴二人的挑拨、拉拢下,也倒向了袁氏一边。

袁世凯一手拉军队,一手拉孙宝琦,利用孙宝琦矢忠于朝廷的特点,对孙恩威并施,又打又拉,使孙对袁俯首帖耳,亦步亦趋地按袁世凯的步调行事。

反动势力调整力量完毕后,乃由五镇中反独立的一派率先发难。11月22日,以吴鼎元为首的顽固派军官联名具察孙宝琦,致函联合会,要求立即取消独立。24日,由顽固派军官一手操纵的"山东全体维持会"大会召开。参加会议的有孙宝琦,原谘议局中的六二党代表,还有济南商会会长汪懋坤以及一批上层绅士,反动军官在会场外架起大炮,"一对对着巡抚衙门,一对对着联合会"。在大炮的威逼下,会议当场决议,取消山东独立,孙宝琦当场表示同意取消独立。就这样,为时仅12天的山东独立宣告失败。

独立取消后,张广建、吴炳湘"即发兵围学校,夺操枪,散学生军,勒令还乡,更布密警,严伺前日之倡率独立者"。12月12日,张、吴派出清兵,袭击了革命党人准备武装起义的据点——"宜春轩"照相馆和"万顺恒"洋货铺,逮捕了革命党人刘溥霖、萧兰池等十余人,当场枪杀了另一革命党人蓝盛九。这一事件称为"宜春轩案"。

山东独立取消的消息传开后,南方"革命军大哗",对孙宝琦出尔反尔、首鼠两端的行为大加挞伐,在孙的原籍,"乡人大愤,议掘祖坟,歼族类,以泄公愤"。孙宝琦本人也自叹:"君亲两负,不可为人。"在此形势下,孙宝琦只得一面电奏清廷,恳请罢黜治罪,一面向袁世凯举荐胡建枢代理巡抚职务。迨张广建、吴炳湘升迁后,孙宝琦更不能过问省中一切事务,只好躲到外国人医院去养病。

山东的独立虽被取消,而革命党人并未就此停止斗争,他们或则南下,联络南方革命军,请教斗争方略,或则奔走于山东各地,与原在山东其他地区活动的同盟会员一起发动一系列震撼清廷统治的武装起义。

广播火种　易帜遍鲁

在山东独立的前一天,革命党人就已在烟台举义,成立了军政府。孙宝琦宣布取消独立,对山东的整个革命形势,并没有多大影响。一是因为当时全国各省(尤其是南方)相继独立,山东各地的斗争,也是此起彼伏,风起云涌,清政府时已朝不保夕,岌岌可危。二是当时的山东同盟会员中的徐镜心等人,对孙宝琦的独立一直认为不可靠,主张再图革命。更重要的是,当时山东革命党人的主要力量和活动中心并不是在省府济南,而是在山东半岛——胶东一带。

在烟台及胶东各县,革命的主要力量仍是从日本回国的同盟会员。山东早年的留日学生中,有相当大一部分是从胶东各地区选派的,这一部分知识分子在日本接受了自明治维新后逐渐发展的西方民主主义思想,痛恨清王朝的腐败统治,矢志寻求废除专制、创建共和的救国之路,在50多名山东籍同盟会员中,就有33人来自胶东各县。同盟会在国内设立了东、西、南、北、中五个支部,其中北方支部的机关部就设在烟台。因而烟台成了当时同盟会员活动的根据地,在山东辛亥革命斗争中,具有举足轻重的地位。

从1906年起,山东胶东各县的留日学生陆续返国,并在烟台一带活动。他们借清政府推行"新政"之机,建立学校,创办报刊,作为开展活动的依托。由徐镜心、谢鸿焘、邹秉绶、李兴斋等人创办的东牟公学,实际上便是这样一个革命组织。

该学校还设立了警察专科,由徐镜心亲任教学监督,培训革命力量。除此之外,齐蒂南、丁训初、李凤梧等还创办《渤海日报》。为招揽商人,支持革命,还开办了图书仪器公司,由孙暇臣主持经营。这些学校和报刊、公司,成为联络同盟会员,培养革命力量,开展活动,传播民主共和思想的基地。

武昌起义后,在山东烟台的同盟会员谢鸿焘、刘冠三、孙暇臣、栾星壑、萧廷枚等人,在徐镜心、丁惟汾的领导下,做了大量瓦解清军,争取独立的工作。他们联络了禁卫军管带虞克昌,统领署秘书倪显庭,《渤海日报》的李凤梧、丁训初,太古船行的吴仲芬,洋行雇员张子龄,天主教徒、水产学堂教员王耀东,尚志学堂教员杨哲甫,防营哨官宫树德等人。宫树德等还借助姻亲关系,对海防营管带董保泰晓以大义,使其同意帮助革命党人的活动,在举义时作为内应。同盟会还在会员杨德盛、李景升的寓所频频密谋举义大事。同时还派人在烟台海军学堂散发传单,在大街上张贴标语,以唤起同胞,创立共和,驱逐清廷。革命党人的活动和宣传,使当时驻烟清军中有很多下级军官和士兵同情革命,愿为革命效力。

革命形势的发展,使得清政府在烟官员惶惶不可终日。登、莱、青兵备道兼东海关监督徐世光(当时清内阁协理大臣徐世昌之弟)日日惊惧不安,以重兵严加防范,同时电召在天津的舞凤炮舰开来烟台,以便随时逃跑。革命党人认为在烟台发动起义的时机已到,便聚集于杨德盛家中,决定了举义日期,并详细制订了行动方案。

1911年11月12日(农历辛亥年九月二十二日)晚10时左右,栾星壑、萧廷枚、杨德盛、张赓丰、丁训初等14人,携带手枪,由毓璜顶李景升家中出发,兵分两路,突袭警察厅所辖第三区署和审判厅。他们先破坏了第三区的电话线,栾星壑等人则在街市中挥旗大呼:"革命党的大军到了!"迅速占领了审判厅,沿途缴枪十余支,法官数人臂缠白布,手举白旗出迎。这时,革命党人在审判厅外举火为号,董保泰等率防营士兵300余人应约前来接应。接着,他们又将所有人员分为5队,分头袭占电报局、邮政局、大清银行和兵备道道署。栾星壑等人先以电话警告道尹徐世光:"革命党大军已到,已经突破防营,防营兵已全部投降。"随后,带队赶到道署,只见大门紧闭,警卒已逃散一空,徐世光也已翻墙遁去。后知徐于当夜携眷逃入海关税务司英国人梅尔的公馆,继又乘"龙裕"轮逃至青岛避匿。奔袭警察厅的一队到达时,厅长赵英汉已逃之夭夭,众警卒见警厅被围,大势已去,纷纷缴械投降。这样,革命党人在一夜之间,兵不血刃,倾刻收复海港重镇烟台。这也说明,此时清廷的统治,早已不得人心,到了一触即溃的地步。

革命党人占领电报局、邮政局后,严稽往来电报、邮函,并将光复烟台之举电告武汉、上海军政府,在大清银行检验计簿,封锁金库,召集各国驻烟台领使照会此事，并布告安民。黎明时分，虞克昌带领士兵80余人在街头巡逻，维持秩序。这一天，在省城济南，革命党人也促成了山东独立。

当日，同盟会倡议在烟台成立山东军政分府，并推举董保泰为司令，董坚辞不就。这时，舞凤舰奉徐世光之命驰抵烟台。山东海军管带、舰长王传炯见徐世光已逃，革命党人已占领烟台，便随机而变，以革命的支持者身份出现，莅会盛赞烟台光复，淆惑众人视听，窃取革命果实。商会董事等社会头面人物又以烟台为水陆商埠，王为海军舰长，宜当此任为由，推举他为司令。在这种情况下，革命党人由于缺少斗争经验，竟也认为应当顺应"民意"，乃同意推举王传炯为烟台军政府总司令。同时还选出万坤山、李星轩为民政官，孙文山、张诚卿为财政官，虞克昌、董保泰为军务科长，倪显庭、孙蝦臣为交涉科长，李钟英、唐用珍、江文臣、王耀东为中文和英文的文案科长。在这些人中，仅有孙蝦臣为同盟会员，其余在光复烟台中有很大功绩的革命党人均被排斥在外，革命政权落入封建官僚、投机分子手中。

军政府于14日致电省府孙宝琦，报告烟台独立及选举情况，称"烟台已于今早联合军学界宣布独立，徐道逃，军政府成立，市面安静"。同日孙宝琦回电云："……烟埠系中外观瞻，其赖执事维持地方秩序，以靖地方，即派员接洽一切……"一来一往之间，虽名为独立，但为朝廷看家护院之态依旧。

王传炯任司令后，并未真心倾向革命，他玩弄两面手法，骗取革命党人信任，肆无忌惮地任用私人亲信，同混入革命队伍中的虞克昌、董保泰等串通一气，排斥革命党人，同时脚踏两只船，同南北政府，皆通信使。至山东独立取消后，他更是迫不及待地向孙宝琦表明心迹："……所谓原有起义之十八人，业已尽行解散……炯于连日推托不得后，始终以镇压地面，保护中外人民，严防匪徒等为宗旨。烟埠独立之与不独立，实际上本绝无丝毫差别，不过徒经十八人之一番扰乱而已。今奏销东省独立，自系都督婉转求全之至意。炯当为东省人民庆幸。"王传炯死保清廷，反对革命及仇视革命党人的面目暴露无遗。

当时革命党人按照原定计划，组成敢死队，请求王传炯出兵西征登莱，王非但推诿不纳，还同孙宝琦密议驱逐同盟会员，迫令其还乡。形势对革命十分不利，甚至有人电请袁世凯："目下，烟台地面无官无贼，若贵大臣及时奏简一道员，迅速赴任，则不烦一兵，唾手成功，而该处亦免土匪之扰。否则长期弃置，万一革命军来占，异日另图收复，岂不费力！"在王传炯的控制下，革命党人备受排挤，革命势力遭到摧残，革命形势日趋险恶。

这时，刚刚由沪经青岛抵烟台的徐镜心，同烟台同盟会的同志们见了面，了解了烟台独立后的情况。

徐镜心是在山东独立后不久即同杨岘庄一起南下赴沪的。徐因清楚地看到孙宝琦在山东独立时暧昧不明的态度,感到山东的独立极不可靠,意欲再图革命。徐镜心这种坚定不移的斗争意志和毫不妥协的精神,遭到一些反动士绅和立宪派妥协势力的忌恨,清廷也阴谋加以迫害。于是,徐镜心乃于 11 月 19 日经青岛去上海军政府商讨进退方略。11 月 24 日,徐镜心在沪联合各省同志,发起组织"中华民国共和急进会",旨在"启发民智、组合政团";30 日又召开了旅沪学界山东同乡会,并通过了 7 项决议,其中有"与沪军政府接洽,请派兵舰北上,以扼清廷北洋运输之路,联北方各部之声气","电青岛刘冠三,合力西征"等内容。徐镜心还与上海军政府都督陈其美及胡瑛商定了山东战略方案:一旦有变,先据烟台,后取登莱,再图济南。徐镜心 12 月 2 日离沪北上,4 日抵青岛后,便从刘冠三处得知了王传炯的恶劣态度以及迫害革命党人、妄图取消烟台独立的行径。

徐镜心同大家研究后,决定立即在烟台设立北部共和急进会,同时派人侦察烟台以西地区清兵驻防情况,筹集款项,在各地训练革命军,准备西征登、黄。在急进会成立大会上,徐镜心、刘艺舟等人发表演讲,宣传南方及京津、东三省各处革命军多次获胜,清军溃败的情况,大家情绪特别高涨。经徐镜心等人的活动,烟台革命形势有所好转,王传炯也假意同急进会接触。

为把烟台军权从王传炯手中夺回来,使之掌握在革命党人手中,急进会建议,改烟台军政府为烟台都督府。王传炯开始并未察觉其中之意,未表示反对,于是议定 12 月 18 日在毓材学堂召开会议。会上,推举王传炯为都督,左汝霖(同盟会员)为司令。同时与会的董保泰、赵英汉等人见军权归了革命党人,立即退出,率兵包围了学校,并开枪射击。这时革命党人已将王传炯扣住,董保泰手下的士兵也一拥而入,欲抓徐镜心。徐镜心临危不惧,厉声喝斥乱兵,声言如有不测,便拿王传炯是问。王传炯此时也只得命乱兵退出,后由日本驻烟台领使桑贞治郎调停平息。这次事件后,共和急进会遭到王传炯破坏,烟台革命形势处于低潮。徐镜心等 40 多人赴大连,联络力量,图谋再举,栾星壑、蒋衍升赴上海见沪军都督陈其美请求援兵,丁惟汾、谢鸿焘到南京向黄兴求援,同时谒见孙中山,请示烟台都督易人之事。

王传炯虽得逞于一时,但全国革命形势的发展却迅猛异常。尤其是孙中山在南京就任临时大总统后,革命党人更是欢欣鼓舞,信心倍增。1912 年 1 月,登州、黄县、龙口、荣成、文登先后独立,王传炯仓皇逃走。为了巩固山东的革命成果,支援黄县战事,孙中山又派胡瑛为山东都督,在烟台设立山东军政府,形成与济南清政府的对峙局面。这时,被孙中山任命为关外大都督的东北陆军第二混成协协统蓝天蔚,也率军乘三艘军舰来到烟台。到烟台的还有纪律严明、战斗力很强的广东北伐十字军。这时的烟台,革命力量已十分雄厚,成为登州、黄县战场的后方和山东革命的大本营。

同盟会领导革命军在蓬莱登陆以及在黄县同清军战斗，在山东革命党人占据烟台，西征蓬黄、再图济南的整体战略中，占有极其重要的地位。辛亥革命烈士徐镜心所著《光复登黄战事纪实》中记述："黄县之光复，在当时特局部中一波荡耳！而其影响之大，直系于南北和局，且促成清帝退位之速。……假使无登黄之光复，则烟台都督府无由成立，北伐军曷由猝莅也。乃以渤海门户已失，恐我军直捣津沽，不得不遄遽退位，此海滨一隅之地，关于全局，盖有举足轻重者矣！"正如徐镜心所述，登黄战役给予清廷以致命的打击，加速了清帝的退位，具有重大的意义。

新军驻奉天第二混成协统领蓝天蔚

徐镜心在烟台时，即同急进会成员定下先取蓬黄，再图济南的进攻方略。在王传炯大肆破坏革命，急进会在烟台活动受挫，迁至大连后，夺取蓬黄的任务就更加急迫。当时徐镜心认为，蓬莱、黄县一经打下，则断了烟台与济南的通路，王传炯困在烟台，也就不足惧了。故徐镜心由烟台赴大连前，曾到蓬莱与同盟会员孙丹林、柳仲乘等联系，命他们在蓬莱联络革命党人，做好举义的准备。

蓬莱为古登州，城北筑有水城，依山傍水，战略位置十分重要，明代抗倭名将戚继光曾在此调练水师。因水城上的炮台前面是较浅的海滩，必须用偷袭的方式，里应外合，用小船接应，才有成功的可能。于是革命党人做了充分准备，并约好了联络地点和电报暗语。然后徐镜心赴大连搬兵，孙丹林、柳仲乘等人则在蓬莱为举义做准备。

1912 年 1 月 14 日，徐镜心、连承基、安静山、姜炳炎、刘艺舟等人率扮成旅客的大队人马约 200 余人乘日轮永田丸出发，孙丹林、丘丕振等 5 人已搭乘另一艘日轮龙平丸先行，次日凌晨三四点钟，抵达蓬莱。夜色中，柳仲乘等人早已准备好舢板，接应革命军上岸。革命军乃分为两路，一路占据北山炮台，一路直扑住在水城的水师练营。这时守军俱在睡梦之中，革命军似从天而降，不发一枪，便全部缴械，并俘虏了水军统领王步青。登州知府光裕（满人）早已闻风逃走，蓬莱知县也避于民舍之中逃走。柳仲乘等人早已内应起义，州府衙门及电报局、自治会皆为革命军占领。至此，蓬莱全县已被收复。

当日，成立蓬莱军政府，众推徐镜心为都督，徐不就，乃推连承基为都督，徐镜心为参谋长，姜炳炎为临时总司令，丘丕振为鲁军司令。军政府分设军事、民政、财政、总务四科,由安静山、柳仲乘、宋赓廷、辛甄甫为科长。军政府当即召开会议,由财政部负责筹饷,主要由当地富室宋某和被俘的王步青负担,刘艺舟、丘丕振留守蓬莱,徐镜心、连承基、姜炳炎则率全体革命军,开赴黄县,以实现西图济南大计。

黄县是山东辛亥时期酝酿革命较早的地区之一,徐镜心等很多山东辛亥革命先驱都是黄县人。同盟会成立后,徐镜心、徐镜古、徐文炳、赵竹容等人相率加盟为会员,后多人回乡,联络王厚庵、张彦臣等人开办教育,宣传革命。他们在本县马亭村育英学校设立师范班,培养力量,为革命打下基础。同时,借口维持地方治安,以"冬防队"的名义,建立民间武装,招募队员,购置武器,加紧训练,为日后的战斗做好准备。

在黄县酝酿革命的阶段以及以后的战斗中,山东省谘议局议员、黄县人王叔鹤起了重要的作用。王叔鹤名治芗,字柜生,黄县菜园泊人,清光绪丁亥以廪贡肄业太学。在家乡开办学校,发展教育,并发起组织教育会,自任会长,后被选为山东谘议局议员,于辛亥春辞职返黄。王叔鹤原准备筹资赴湖北参加革命,但本县革命党人对他颇为推重,挽留其在黄县从事革命活动。

1月15日,登州光复的消息传至黄县。王叔鹤、王曼生、李寅卿、张彦臣等人正在聚会议事,外面忽然有人告以登州有军人到,傍晚方知是登州革命军骑兵军官丘典玉与丘子厚及随从数人。虽然为避耳目,将一行人马暂时藏匿,但市人无不议论纷纷,称革命军先锋已到。在这种情况下,同盟会员们决定将计就计,连夜召开紧急会议,立即电请登州军政府派兵到黄,组织冬防队奔清兵防营缴械,并决定推举县令刘式镛为民政长,王叔鹤为副民政长,以及召开各界人士大会的事宜。

16日晨,接登州连承基复电,"即援兵300人去黄"。消息传开,人心大振,张彦臣、李寅卿等人即同冬防队教官山海滨等十几名队员直奔关帝庙防营驻地,喝令缴枪,防营士兵皆惊惶失措,呆若木鸡,营官穆广胜亦唯命是从。遂将防营士兵20余人、枪械18支交冬防队收编,革命军不战而捷。当晚,革命党人以县议会的名义召集各界人士聚会,商议欢迎革命军之事。至晚9时半,姜炳炎率革命军300余人由登州开赴黄县。1月17日,召开全县大会,宣告黄县光复。

登、黄相继光复之后,远在烟台的王传炯竟电告清廷在莱州(现莱州市,当时为掖县)的总兵叶长盛,透露了革命军力量薄弱,可以轻易攻取的底细。清军得知这一消息后,于20日纠集600兵力,反扑过来,于21日拂晓抵县城外垣,并炮击城中,黄县商民大为恐慌。直至午后,徐镜心、连承基率革命军来援后,清兵才退去。徐镜心等连夜布置军事,准备反攻。

在清军退走之后,姜炳炎竟畏惧清兵势盛,不敢进攻。徐镜心则认为,清兵是害怕才退却,我们有什么可畏惧的?乘胜追击,必可大捷。于是调集兵力,主动进击。但几次作战,均因士兵作战不力,耽误时间而失掉战机。徐镜心十分气愤,后经查询,才知士兵不肯用命的原因在于赏罚不明,战斗后未发犒赏。为平息士兵怨气,遂调姜炳炎回登州,由安静山接替司令。同时,由民政署急电烟台都督胡瑛,请求援兵。经在烟台的徐镜心、邹耀庭等人面见胡瑛,陈述危机,胡瑛始命沪军北伐先锋队刘基炎率兵千余人驰援,于 1 月 25 日到达黄县。鲁沪革命军汇合一处,力量壮大。休息一天后,即与清军于 26、27、28 日三天激战于黄县城北马镇,将清军赶出北马及黄山馆,获得初步胜利。

就在革命军节节胜利的时刻,鲁沪两军首领因种种原因产生的矛盾,发展到无法合力作战的地步。在此关键时刻,刘基炎竟不顾革命大局,下令部队全部撤回,径自开拔东返,连战斗最需要的炮兵也未留下。这时,连承基也以取援兵为名,东去蓬莱。后虽又带炮兵西返,也未发挥作用。而奉命前来增援的兵舰海琛号,停泊了六七日,竟没有士兵登陆,便无声无息地驶走了。在万般紧急的情况下,徐镜心只有自己掌握军队,布置防务,并亲自骑马外出侦察敌情。清军则趁机调遣兵力,反扑过来,对黄县县城形成包围之势。

至 2 月 6 日,大批清军将黄县西、南、北三面围住,用大炮轰击,形势十分危急!黄县军政府驰电南京、上海、烟台、登州告急。民政长王叔鹤特电告当局,历述危急状况,以求援助。求救之急电一日数发,但始终未有一兵一卒来援。革命军在气候严寒、缺少食品的恶劣条件下,英勇抵抗,死守待援。但最后终因夜间守城士兵倦极睡去,被敌人夜袭登城,黄县于 2 月 11 日失陷,徐镜心等退往登州。

清兵入城后,大肆烧杀淫掠,数十名被俘革命军战士遇害。民政长王叔鹤被俘后,坚贞不屈,大义凛然,被清军杀害。王叔鹤临刑前大呼:"我为革命而死,虽死犹生!"

黄县失陷前两天,张彦臣从登州乘蓝天蔚之海容号至烟台,检验所购买的枪械。闻黄县失守,张立刻约邹耀庭、徐镜古面见胡瑛,请求派兵收复黄县。12 日,胡瑛接南京政府电令,乃命刘基炎率沪军西上援黄,但因风大浪涌,未得成行。第二天,刘又率军开拔至登州,由登州向黄县进发。黄县清兵闻沪兵来攻,吓得连夜逃遁,逃跑前将拘捕的 28 名革命党人杀害于城西圩外的吊桥下。沪军光复黄县后,王东垣代理了民政长,2 月 15 日,南京政府电令,南北议和成功,举国罢兵,刘基炎遂未再追击清兵。沪军在黄县驻扎半年之久,于 1912 年秋撤出。

黄县起义不久,文登、荣成两县也相继发动了起义,建立了地方政府。1912 年 1 月 18 日(农历辛亥十一月三十日)夜,在留日归国学生、同盟会员丛变臣和进士林基奎的倡议下,联系学界多人,持少量兵器,进攻文登县署,逼走知县岳宝树,设立临时军政府。军政府一面电告武汉,以示响应,一面招兵募饷,以备抗清。文登起义遭到当地顽劣士绅的残酷镇压,他们抬出进士、度支部主事、从京假归的吕彦枚,当作招牌,大肆煽动,并纠集刁民、地痞、莠兵,围攻县城三昼夜。12 年 2 月 10 日(农历十二月二十三日)拂晓,火焚城东门。丛等人在内无兵力、外无救援的险情下,只得与同仁突出城东门撤走;结果,出城不足 20 里,即被捉住杀害。林基奎亦被杀,同时遇难者计 59 人。直到胡瑛派兵征剿,复辟势力始灭。

荣成举义与文登同时。莱阳人左雨农受胡瑛之派,率光复军开到荣成,推翻了县知事刘文炳,建立了民国县府,推选当时进步且素孚众望的刘鉴清为民政长,曲谓沧为司法长。光复后,左雨农奉命率军回烟台。此时,荣成的清朝地方官吏纠集地痞流氓以及被裹挟的农民一千余人,持土枪、长矛和短刀等武器,与革命势力相对抗。1912 年 2 月 11 日(农历十二月二十四日),土顽劣绅纠集的一伙匪徒蜂拥进城,俘刘、曲二人。13 日,匪徒将刘、曲连同其他被俘的革命志士,拖往城西门外乱葬岗内,绑在柳树上,逐一击毙。经此惨案,荣成革命力量大受损伤。在匪徒生乱之初,赞助革命的李云宁曾赶至城内,要刘、曲二人迅速做好应变准备,并连夜赶赴烟台谒见胡瑛,备陈荣成危局。胡瑛于 2 月 13 日(十二月二十六日)、3 月 5 日(正月十六日)两次派兵开往荣成,剿抚兼施,将匪首擒拿,全县才告安定。

正当登、黄、文、荣激战之时,山东辛亥革命的另一战场——胶济铁路沿线的青州、即墨、高密和诸城四县,在刘冠三、陈干、吕子人等同盟会员的领导下,也先后发动了武装起义。

在上述四县中,同盟会员早就开展了革命活动。青州同盟会员在学界开展了筹备独立的工作。即墨的同盟会员魏殿光、鄞文翰创立了胶莱公学,后又创办了启新工厂、力业公司,从事革命活动。在诸城,同盟会员创办了农林学堂,宣传革命,并组织了献血团、义勇军。武昌起义消息传来后,各县同盟会员起而响应,从过去的宣传、密谋,走上了武装起义、推翻清廷的道路。即墨同盟会员听到武昌起义的消息后,急欲在本县独立,推举魏殿光及另一同盟会员周敦恂主其谋,积极做好发动起义的准备。他们制造炸弹,筹备粮糈,并组织精壮青年成立武装队伍。同盟会员的活动,为各县的独立打下了坚实的基础。

此时在青岛的刘冠三等人也开展了力促各县独立的准备工作。首先,他们选择诸城作为根据地,并派同盟会员王麟阁到诸城发动革命。王受阻后,刘冠三及其他同盟会员重又计议,最后决定兵分三路,在青州、即墨、高密起义,待三县独立后,会师诸城。其次,刘冠三先后派人到即墨、诸城,与当地同盟会员商议独立的有关事宜。省城济南独立取消后,在青岛的同盟会员公推刘冠三为山东都督。他们又与各县同盟会员加紧联系,并积极筹募饷械,发动武装起义。

同盟会员把起义目标首先定在青州。初在青岛酝酿时,会员赵象阙(山东寿光人)认为："青州为本省心膂,下青州,西可直捣济南,东可控引胶沂,一举而全鲁俱震",建议"率锐先往取之"。众深以为然,公推象阙为光复司令,王长庆为副司令,率革命军袭取青州。革命军来到青州城外,轻而易举攻下南城。再拟攻北城时,清兵早已做了防备。1912年1月18日,赵象阙遭清兵杀害。时已进城的王长庆势单力薄,只得退走。青州独立,未得起事,即遭扼杀。

青州独立失败后,即墨、高密同盟会员分别在同一天(1912年1月27日)夜间发动起义,十天后(2月8日),胶西重镇诸城也宣布独立。独立后,即墨县同盟会员推举邑人孙毓坦为民政长,周敦恂理财,宋兆鳞司军事。高密则推同盟会员班启瑞为临时司令。诸城成立了军政分府,推王长庆为司令。

接连不断的独立活动,不但使清抚张广建坐立不安,同时也引起了德国帝国主义的极大恐慌。当时的即墨属德国势力范围。即墨宣布独立不到两天,在青岛的德国人便借口即墨"与外交极有关系,不能驻兵",派马队130余人抵城中,迫革命军出城。同时电告济南清抚,要其从速派兵,攻取即墨。张广建乃派张树元率清军前来攻城,革命军只得且战且走。清兵入城后,"逐户拽,举城惊骇,鸡犬不宁,前后捕杀十人,悬首示"。即墨攻陷后,张广建又急电张树元由即墨移得胜之师,前往高密进媚,高密革命军只得弃城而走。而在诸城,未逃走的知县吴勋与天主教堂神父顾恩得相互勾结,向清防营密报城内革命军虚实。张广建又派沂州驻防营清军分三路攻诸城县城。革命军虽奋力抵抗,终因清军内外夹攻,力不能支而失败。2月12日,城陷。清兵入城后,俘杀军政分府参谋贾振琨、民政处长臧汉臣等300余人。当时城内"尸积成丘,血流为渠,乱兵暴掠"。刘冠三等人在青岛经营数年,选精储锐,至此皆被清政府摧残殆尽。诸城城破之日,正是清帝宣布退位、南北共和之时,革命志士的鲜血没有白流,推翻清廷,建立共和的愿望终于得以实现。

辛亥革命河南起义纪实

辛亥革命期间,河南省虽未取得独立,但大批革命党人在响应武昌首义前后,都作出了巨大的牺牲与贡献。

密谋反清大造舆论

1902年,即光绪壬寅年,由于北京贡院被八国联军焚毁,以及《辛丑和约》规定凡毁教堂伤洋人的地方均罚停科考,故清廷补行之庚子、辛丑恩正并科会试改在河南省城开封举行,一时文士聚会,此为新文化输入河南之始。南书店街设立一家开明书店,贩卖各种报章,如《政艺通报》、《时务报》、《新中国白话报》、《清议报》等,新书如《日本三十年维新史》、《法兰西革命史》等,从此河南士民知识大启。是年,刘积学(群式)、车钺(翰如)、朱炳麟(奋如)等人在开封创办了一所半日半夜学堂,除讲授普通课程外,兼传播革命思想,密谋进行反清活动。

1904年,光山县人曾昭文(可楼)由北京练兵处考送日本留学,即参加兴中会,奔走革命极为热心,与孙中山、黄兴等交游甚密,与各省同志联系亦多。1905年同盟会在东京开成立大会时,曾君为筹划者之一。豫籍留日学生最早参加同盟会者有曾昭文、朱炳麟、车钺、程克(仲渔)、杜潜等。杜潜原先在河南大学堂求学时名振亚,字扶东,因演说革命被开除,遂改名潜,继续鼓吹革命。像他这样用名字表示胸怀大志的爱国青年,当时不乏其人。同盟会总部成立后,河南人朱炳麟曾代理庶务之职。同盟会总部命各省籍会员组织本省支部,河南会员推举曾昭文为河南支部长,刘基炎(庄夫)、杜潜、刘积学等分任干事,以后刘积学代理过支部长。

1906年冬,萍乡义师起,刚从日本法政大学毕业回到开封的车钺,兼程潜赴江西参加义军,为清吏所捕杀。车钺在日本时,特意留发辫不剪,盘于头顶,对友人言:"留这条猪尾巴,以便来日混迹会党屠狗中,有所为也。"他常自誓愿为一无名革命英雄,虽牺牲性命,亦无所惜。车钺在赴江西之前,曾致函河南留日同乡会长万余言,极言革命之不可稍缓,留日同乡大为感动,遂集资创办一杂志,名曰《豫报》,以为宣传阵地。

《豫报》出版至第四期,同盟会员鉴于社中杂有保皇党人,发表言论甚感不便,乃将《豫报》停刊,于1907年12月另行创刊《河南》杂志。该杂志由张钟端任总经理,刘积学任总编辑,潘祖培、曾昭文、王传琳、陈庆明(伯昂)、李锦公(炯斋)等分任编辑发行等事。《河南》杂志的《发刊之旨趣》宣称:"须思中国者非政府诸人之所专有,国民各个人俱其分子之一,政府特其执行者耳。政府之建设,非由于政府,实由于国民。政府之不良,国民应有改造之责。"鲁迅的论文《人之历史》、《摩罗诗力说》、《科学史教篇》、《文化偏至论》、《裴彖飞诗论》与《破恶声论》,都是在《河南》杂志上发表的。冯自由在《革命逸史》中称赞《河南》杂志"鼓吹民族、民权二主义,鸿文伟论,足与《民报》相伯仲。""留学生界以自省名义发行杂志而大放异彩者,是报实为首屈一指。"《河南》杂志出至第十期,清驻日公使以其言论过于激烈,特请日本政府勒令停刊,并将总经理张钟端拘留数日,使馆且电请清廷学部革脉张钟端之留日官费学籍。

《河南》杂志之刊行,在财力方面端赖河南女界先进刘青霞女士之资助。青霞原姓马,安阳人,是先后任广西、广东巡抚马丕瑶之女,翰林院侍读马吉樟之妹,嫁与尉氏县巨富刘耀德为妻,遂改姓刘。青霞自幼喜读书,能吟诗作文。其夫刘耀德不知读书,嗜鸦片,早死,青霞20余岁孀居,抱养耀德姊所生婴儿为己子,以支撑门户。时有尉氏留日学生潘祖培、罗文华、刘恒泰(刘耀德近支孙辈)回县,拜会刘青霞,谈及清廷腐败,国势衰弱,列强欲瓜分中国的形势,青霞颇为动心。适逢其兄马吉樟奉派赴日考察学务,青霞为开眼界,遂以"赴东洋调查女学堂及各项实业、学堂规则"名义,由马吉樟具呈学部转请外交部发给护照,于1907年下半年携子随兄东渡。到日本后,青霞将幼子鼎元送入幼稚园,自己家居两月,放足后始外出活动。留日女生朱珍吾、唐群英常到她的住所拜访。河南留日同乡曾开会欢迎马氏兄妹。青霞在日本游历考察,接受新思想,加入了同盟会。张钟端向刘青霞面陈欲创办《河南》杂志的宗旨以后,青霞慨然捐助白银1.5万两。刘青霞在日本还捐资7000元给别号炼石女士的燕斌创办的《中国新女界杂志》,使之能按期出版发行。该杂志由燕斌、刘青霞任撰述和编辑,朱炳麟任发行人。以后同盟会河南支部派李锦公、刘醒吾、罗殿卿回开封开办大河书社,销售《河南》杂志及各种新书报,并作为革命联络机关,青霞亦捐有巨资。至1911年12月河南革命党人准备在开封发动武装起义时,刘青霞又捐银3000两,以助活动经费。刘青霞积极赞助革命活动的精神,堪与南方献身革命的鉴湖女侠秋瑾女士相辉映。

豫籍党人　冲锋陷阵

河南有过一位与秋瑾并肩奋斗并同时被逮牺牲的革命者,为修武县人程毅。程毅原名秀申,字翘轩,1906 年在天津北五省师范学堂求学时结识思想激进之友人胡瑛,遂以联络同志,鼓吹革命为己任。程因自斩发辫,被罚退学,乃浮海抵沪,改入中国公学,并易名毅,以示坚不向恶势力妥协之决心。他在上海与革命党人于右任、秋瑾等相往还。1907 年,秋瑾就任绍兴大通学堂督办,聘程毅任学监兼大通体育会教员。程毅协助秋瑾召集各会党首领密议起义准备工作,并令在体育会学习兵操,前后相继至者有百余人。徐锡麟刺杀安徽巡抚恩铭之后,绍兴知府贵福微服赴省城杭州请兵掩捕秋瑾;大通学生劝秋瑾速避,秋瑾决心赴难,只令学生将枪械匿藏,并遣散最后一批同志,程毅等数人坚不肯去,甘同进退。程率学生抵抗清兵,因寡不敌众,与秋瑾等 6 人被捕。秋瑾慷慨就义后,清吏用各种酷刑对程毅拷讯,逼他供出同党;程被审讯 17 次,虽体无完肤,而坚不吐露秘密。经友人与同志营救,清吏本已允许以 100 家店铺作保(后又增至 400 家店铺作保)可释放程毅出狱,而密告秋瑾谋反之绍兴绅士胡道南惧怕程毅出狱后报复,竟贿通狱吏在饭中暗置毒药将程毒死。东京《河南》杂志第八期载有《烈士程毅小传》。光复会领袖之一陶成章也为程毅作传,写下了"我心匪石,不可转也,我心匪席,不可卷也;程毅有焉!"的赞语。

河南与湖北毗邻,张之洞在湖北募练新军,南阳一带人前去应募,在营伍中充当下级军官与士者颇多。1911 年 10 月 10 日武昌起义时,陆军第二十一混成协之共进会联络员,炮队士兵徐万年与同志蔡汉卿等连夜拖山炮 8 门进城,占据凤凰山、蛇山与楚望台 3 处高地,向总督署开炮,轰击之声震动三镇。炮队参战后,不独起义官兵士气大振,各标营尚未反正者亦由党人率队前往会合。徐万年字寿亭,南阳人,曾在汉水上下游经商,所结识多豪侠少年,1906 年经刘公介绍入共进会。徐在军中七载,鼓动革命,舌敝唇焦,倾囊倒箧不少惜。1911 年夏,谭人凤到武昌,由徐万年集合各营同志商议起义计划。鄂军政府成立后,徐负责管理全军粮饷,后改任军令部调查科长。汉口炮战中,曾任临时指挥、前卫司令和督战长。新野县人马云卿是第八镇士兵、文学社成员,为人果敢豪爽,在武昌首义之夜进攻总督署的战斗中奋勇当先,左臂负伤,负盛名。军政府成立后,黎元洪慰问受伤将士,向马云卿致意:"兄弟受苦了!"云卿答曰:"大丈夫死不惧,何惧小伤!"黎讶其慷慨。云卿又问黎:"长官和弟兄们可好?战局在握否?"黎感其不畏战,不患伤,唯虑军伍,是个人才,不久即委以稽查长之职。时豫籍官兵以本省尚未归诚,特在中州会馆开会,决组河南旅鄂奋勇军北上。马云卿受任为奋勇军标统,筹军 2000 余众,由襄阳北上,与安襄郧荆招讨使季雨霖部在新野会师,人民壶浆相迎。云卿顺道至青羊村老家,在幼年住过的碾房与打谷场上过夜,以表明志向。清南阳镇总兵谢宝胜以办交涉为名,派人到奋勇军刺探情况,云卿训示来使:"你回去告知谢老道(谢宝胜曾出家做过道士),教他速把南阳腾了,若有迟误,我这开山炮十台有余,花眼机关枪一营,区区南阳,只须三炮,恐鸡笼无存。"谢慑于奋勇军威力,复疑部下不稳,遂逃至方城县自戕,奋勇军手不血刃而光复南阳。另有河南信阳人李亚东,湖北将弁学堂毕业,曾充鄂军二十九标一营左队队官,以革命嫌疑被免职;继任某师范学校体操教官。1905 年日知会成立即为会员,每逢星期日登坛演讲,慷慨激昂,听者动容。1905 年谋响应萍乡起义被逮。下汉阳狱,对簿时,按察使梁鼎芬令鞭其背,而亚东抵死不屈。在狱中继续联络同志,组织湖北军队同盟会,党人常借探监为名向亚东请教革命活动方略。武昌首义之翌日,四十二标发难于汉阳,标代表胡玉珍、丘文彬派同志带队迎亚东出狱,公推为汉阳知府,以后又任革命军季雨霖部高等顾问,季部克荆州后,亚东代理荆州知府。经李亚东介绍入日知会之信阳学生刘化欧,武昌起义时任四十二标三营之文学社代表,曾组织本营士兵及铁路工人、农民、帮会弟兄计千余人在京汉铁路南段与清军作战,破坏交通,焚烧弹药库,阻扰清军南下,其事迹详于《辛亥革命回忆录》第二集《辛亥首义阳夏光复纪实》一文。

　　1911 年 10 月 22 日陕西起义领导人中有张钫(伯英)者,是河南新安县人。其父先后任陕西鄜州、乾州州判,钫十余岁随母到陕西父亲任所,先后入陕西陆军小学、保安陆军速成学堂求学,在保安加入同盟会,西安举义前任陕西新军混成协炮兵营右队排长。起义那天,他和同志党仲昭等首先带队冲进军装局(即军械库),使起义官兵夺到大批枪支弹药,复经一日夜激战,攻下旗人聚居的满城。起义成功后,张钫任陕西革命军东路征讨大都督,率部与西犯的清军在潼关和河南灵宝函谷关一带鏖战。东征军侦探队长李紫恒,是河南沁阳县人,原在陕西徽剧班里扮演武生,艺名小红,驰名豫西和关中。他听说张钫带兵东征,便带领几十个人赶至潼关,面见张钫,要求说:"我在戏台上打了几十年的假仗,今天来投军,要打真仗,显显本领!"并说,"豫西人都喜欢看我的戏,我对这里山川道路非常熟悉,我来投军打头阵,必能旗开得胜。"张钫命他当侦探队长,他便一面带人前进向民众宣传,一面侦探敌情,每到一处,必有一次报告,所报情况甚为清楚详尽。后来在保卫潼关的战斗中，李紫恒发现东征军防线上兵力不敷分配，他便请缨亲临火线对敌；敌方以十倍的兵力进攻，李紫恒和他所带的百余名士兵同敌人激战半日之久，最后全部壮烈牺牲。共和告成，三秦父老曾为李紫恒作传，并有诗词记述他殉难的情形。

11月18日上海起义之前夕，适有河南留日学生刘基炎、张国威等由日抵沪，陈其美力邀刘基炎等相助。攻打江南制造局之役，河南同志担任先锋，冲锋最为勇敢，张国威等曾以木棍解除守兵武装，深受人们称赞。接着又有河南留日陆军学生30余人抵沪，当时正值沪军都督府成立，故都督府中重要职务多由河南同志担当，刘基炎任参谋处长，潘祖培任军事科长，李捷生任军械科长，田辅基任军务科长。不久，山东革命军请求同盟会总部派兵支援，陈其美派刘基炎为沪军北伐先锋队司令官，带领沪军3000名，随同代理山东都督杜潜乘招商局之海船前往，并由数艘海军舰艇护航。杜潜、刘基炎率部在烟台登陆，当地局势为之一变。张国威则担任北上援助河南革命之威武军司令。威武军之命名，是陈其美取张国威之名与字合成。张国威字芳武，开封人，在日本士官学校求学时，参观靖国神社，曾愤而砸坏日人陈列之甲午战争胜利品，学校将他开除，而日人甚佩服张之勇敢行为，称他为中国男儿。威武军团长以下干部多半为河南人，士兵中河南人亦多。

屡战中原　血写共和

河南省内有组织的革命活动，在开封半日半夜学堂教习刘积学等人赴日留学之后，继之者有刘积学的同县人（河南新蔡人）刘纯仁在开封的活动。刘纯仁字粹轩，举人出身，任过省视学和开封师范学堂及河南高等学堂学监，博览中外历史、地理、宪法、理财等书，景仰孙中山之为人。他常叹西贤卢梭、华盛顿等辈，以一布衣，志之所至，使民权伸张，河山新造，为何吾侪中原男儿不能步其后？1906年，刘纯仁在省城联络同志，成立河南学会，密谋进行革命活动。适有东京之同盟会河南支部派曾昭文、杜潜回省建立国内之同盟会河南支部，众推刘纯仁为支部长。刘纯仁与刘镇华（雪亚）等于次年在开封南关设立中州公学，作为同盟会之秘密运动机关。该校初由刘镇华主持，至1909年又请杨源懋（勉斋）任监督。杨源懋是偃师县人，18岁中举，19岁成进士，分发法部任主事数月，愤于官场腐败，弃官回省办教育。杨源懋和中州公学学监暴式彬（质夫）先后担任庶务的刘镇华、马静生，教习杨名西、段温恭等都参加了同盟会。开封之法政学堂、优级师范，豫北汲县之河朔中学堂,豫西之洛阳中学堂,豫南新蔡县刘积勋(字芬佛,刘积学之兄)所办的学校,都成为革命联络点。

　　河南同盟会活动当时主要在学界进行。河南之新军不同于江南,学生当兵者甚少,,同盟会在军界只联络有个别下级军官。1908年,同盟会员王庚先(叶三)、周维屏(凌卓)谋在省城军警中建秘密团体,筹划革命,事被官府侦知,王庚先被监禁。1911年武昌起义爆发,鄂军政府发布《檄河南文》,略谓:豫州古称文明之区,先祖先宗典章文教萃聚于此,自明之亡,每有会党揭竿起义,而大梁又为四战之地,京汉铁路交轨于湖北。倘能与我同心协力,趁此时机,河南守其枢纽,黼北壮其声援,西则陕西,北则山西,东则山东、安徽,不难一鼓而应也。"

　　河南革命党人为谋取河南独立,曾派人策动驻汴之陆军第二十九混成协协统应龙翔(黎元洪的表弟)反正。应龙翔正在犹豫之际,被河南巡抚宝棻软禁起来,派应龙翔部下一名标统代理协统。革命党人又四出活动,计划联络仁义会等会社组织及绿林武装,分别攻取省城以外几个州府,然后合力攻取省城,或趁省城兵力空虚时在省城起事。由于北洋军顺京汉路源源进入河南,在铁路线及各重要城市加强防守,以上计划未能实现。至1911年12月,河南党人以为清军在南边火烧汉口,在西边重新占领潼关,皆因河南未能独立所致。

　　为声援秦鄂,尽豫人之责任,河南革命党人决定趁原任巡抚宝棻辞职、继任巡抚齐耀琳刚刚到任之际,组织敢死队,并联络巡警与会社组织,破釜沉舟,在省城大举,"成则促虏廷之命,败则为共和之魂","以稍洗河南之耻"。起义时间定在12月22日夜间。但这一行动计划被巡防营派遣之暗探侦知。当河南革命军司令部正在开封优级师范学堂发布命令,起义即将爆发之际,遭到巡防营掩捕,革命军方面有数十人被捕。河南革命军总司令张钟端、革命军敢死队总队长王天杰等11人在12月23日、24日相继遭到杀害。他们在受非刑拷讯和临刑时俱表现了大无畏的精神。审讯官对张钟端讲:"你们引匪聚众,放火暴动,若不认罪,以大刑处之。"张钟端答道:"自由幸福莫不由流血换来,吾人不流血,谁复肯流血?"临刑时,张钟端执同志周维屏之手痛言道:"吾等今日系生离死别之时,愿君生一时负一时之责任,勿忘今日,我在九泉之下,当相助完成大业。"王天杰为敢死队总队长,受讯时,审讯官问:"敢死队作何事?"天杰答:"杀死汉奸,保全同胞,建立共和民国。不幸被汝等拿获,唯有一死报河南。"1912年12月25日,开封《自由报》(河南国民党人办的报纸)在纪念开封辛亥起义一周年的一篇文章中写道,河南非无健儿也,非无豪士也,所可恨者,地处专制淫威之下,重兵压境,以致起义屡起屡仆。

　　在开封起义遭到镇压前后,河南革命党人在省城以外也组织进行了几场英勇的斗争。

在豫西,由同盟会河南支部长刘纯仁和洛阳一带的同盟会员杨源懋、石言、蒋峨(我山)、刘镇华、任境海、冉新甫、吴沧洲等联络豫西绿林武装,与张钫率领的陕西东征军结合,同清军在潼关和函谷关一带进行了激烈的战斗。参加这场斗争的绿林武装,主要是在嵩县杨山结盟的"杨山十大弟兄"。杨山地势险峻,易守难攻,民间传说杨六郎曾在此出家,所以称为杨山。十弟兄中有张治公、柴云升、憨玉琨等,而众推结拜时排行老六的王天纵为首领。王天纵是嵩县鸣皋镇附近人,早年在鸣皋镇当团勇,为替朋友报仇杀了地方上一个大绅士,乃结伙上山当起"杆首"。王天纵对本杆有三条规定,一禁奸淫妇女,二禁在百里以内抢劫,只在远处官道上派精悍小股截劫官府钱粮和富商财物,三禁私吞财物。因此地方上对他没有恶感,倒还获得好评。王天纵精拳棒,枪法极好,人称"神炮王天纵"。一次他与南阳镇总兵谢宝胜作战,双方隔一条山沟,天纵高喊:"谢老道,你要明白,只因有我们弟兄在,朝廷用得着你,才有你的官位,你要知恩感德,不要逼我太甚。若再逼我,小心你的脑袋!"话音未落,砰的一枪,弹穿谢的风帽而过。王又说:"留你一命,交个不死的朋友,如还不服,举起你的马鞭试试。"谢隐身举起马鞭,王又砰的一枪,把谢的马鞭击断。

除王天纵等杨山弟兄外,刘纯仁等人发动的还有永宁(今称洛宁)县的丁老八即丁同升,宜阳县的赵长荣、王修己等股,合共万余人,马数百匹。丁同升到的最早,其余各股相继至。丁同升的营盘原在永宁西部深山中,一向不在永宁西半部作案。他的口号是劫富济贫,替天行道,得财不伤主。他对穷人表同情,曾在积雪盈门时到古庙中给穷人送粮食。丁同升约束属下不准奸淫妇女。当地流传有"只要你采花,难瞒丁老八"、"只要一采花,脑袋就搬家"这样两句话,丁同升有"戴花英雄"的美称。

这几股绿林与陕西东征军会合后,张钫统一编制,合称察陇豫复汉军,也叫秦豫联军,由张钫统一指挥,河南去的同盟会员刘纯仁任总参议,杨源懋任秘书长,其他人或司文牍,或作宣传工作,或办理粮草供应。绿林豪侠王天纵任第一标标统兼先锋官,其他首领分任标统、副标统或营长,憨玉琨年纪最轻,任骑兵第二标标统兼童子军营长。他们作战都很勇敢。丁同升率部一到潼关,马未卸鞍,即参加东征军第二次攻取潼关的战斗,为攻下潼关出了很大力。王天纵在攻打灵宝县城的时候,飞马直至函谷关山头,指挥部队作战,他上前将函谷关的关门开放,放一排枪后再退回隐蔽,稍停再上去放一排枪。事后他说,当了十几年的山大王,也没有攻打灵宝县这5天中打的子弹多。攻下灵宝之后,王天纵率张治公、憨玉琨等部追击毅军和第六镇第十二协协统周符麟的兵,敌人慑于王天纵等的威名,在数日内败退400余里,一直退到洛阳才稳住阵脚。后来敌方增调援军,在人数和武器上都占压倒优势,秦豫联军始后退,但仍与敌人在豫陕边境相持一个多月。至南北和议告成,张钫同敌方将领赵倜、周符麟亦在潼关签订和约。在两军相持阶段中,同盟会河南支部长、秦豫联军总参议、议和代表刘纯仁被突然进袭的敌军俘获后杀害。

在豫南,有新蔡县同盟会员阎子固、任芝铭、刘积勋组织的一支起义队伍,与安徽革命党人张孟介领导的一支武装配合作战,称为淮上北伐军,曾光复商城、固始,进入新蔡境。由于袁世凯派倪嗣冲率军乘虚攻占阜阳,威胁其后方,又适南北议和告成,乃罢兵。

在豫东,有鄢陵县同盟会员姚黄充当军师的黄道会起义。参加这支起义军的民众有千余人,以豫东黄道会首领查天化为大帅,麻天祥、曹金川为副帅,提出的口号是:"大户财物分净,良民丝毫不动,灭掉清廷鞑子,平分土地免征,黎民有吃有穿,天下永远太平。"行军作战区域达鄢陵、太康、杞县、通许数县,曾在几个大村镇分了富豪的财物,杀了民团的反动头目。义军的武器多是刀矛棍棒,最后被省城派出的洋枪队打败,义军大部战死。

辛亥革命甘肃起义纪实

1911年10月10日武昌起义激起的革命浪潮,涌到甘肃,激起了波澜。

西宁三陇　反清暴动

西宁在清朝是甘肃所辖的一个府治,清廷在此设有办事大臣。西宁道辖三县四厅,即西宁、乐都、大通三县,丹噶尔(今青海湟源县)、巴燕戎(今化隆)、贵德、循化四厅。这一带的人民,不堪忍受清朝官吏、地主和洋商的剥削压榨,在1910年秋,就有抢盐局等风潮。

湟源人李旺,做过盐贩,参加过抢盐局。当时到西宁活动的义和团成员裴道人,介绍他到山东裴老三(裴道人之弟)处习练反清灭洋的神术,并鼓动他在村中创立黄表会(亦称黄标会,俗称黄会),联络村民200多人。他们曾散发《讨满檄文》等传单、文告,其中有"推倒满清"等语。

1911年6月,李旺将一个十三四岁的小孩李占云供为"皇上",约定七月十五(农历)起事。丹噶尔厅同知康敷镕得悉,一边申报西宁道和西宁镇总兵,一边纠集英、法、美、德十余家洋行的30多人,以及厅属巡警局警兵百余人,由洋行用新式武器装备起来,镇压李旺率领的群众。李旺、裴道人等被捕。西宁知县也欲镇压,激起李通云、董蜡匠等拥李占云起事,李占云、李通云等亦被捕。陕甘总督派西宁镇总兵马福祥会审,李旺、裴道人等或处死或判徒刑。

其后,黄会在西宁做联络工作的乔寿山,继承李旺"兵马大元帅"名义,哥老会大爷任得慧继承"兵马副元帅"名义,在1911年10月,提出口号,"响应革命军起义,推翻满清,杀尽洋人",并且联络董福祥部的兵士孙大旗(麻子)等人,聚众一千余人(亦说三千余人),在西川石灰沟、元山尔起义。

三陇泛指甘肃各地,在陇东。1911 年 11 月,灵台县佃农蔡誓明(哥龙会党)在西安光复后的第七日,发动陕甘边境会党 60 余人,会同五矩沟农民 20 多人,在胡家店揭竿起义。他们攻进陕西麟游县天堂镇北寺的盐局,捣毁了仓库屋舍,打死了局长,击散了缉私队。后因内部分裂而失败。

1911 年 11 月初,陕西革命军石得胜部占领长武。甘肃宁州(宁县)帮会首领彭四海、汪兆黎等聚众数百人在早胜镇起义,宁州知府周凤勋派人送三百串助饷,并请彭、汪等入城主持州府军政事宜。彭等依托宁州,率众攻破合水,进攻庆阳,被驻军击溃,退往长武途中,又被马国仁、陈正魁等部围击,义军败散,彭四海因力竭被擒,遭到杀害。

在陇南。1911 年 11 月文县北乡人民集合数千人,在马连乡贡生王洪巽领导下,围城三日,捣毁厘金局和税局,经理人叶树声事先脱逃。

是月,碧口、宕昌等处的厘税局均被民团胁迫停闭。

1912 年 1 月 28 日(农历十二月初八),阶州(今武都县)农民何成海乘周围各县攻打厘税局之机,与姚永福、周天柱、何大旗集合群众数千人,围攻州城,要求撤销厘税,实行自治。知州谭焯与游击何宗普指挥城中兵勇,乘夜出城袭击,杀死群众数百人,姚永福、周天柱当场被杀,何成海逃往四川中坝,6 月被捕杀。

在河西。酒泉北闻家圈农民听说武昌起义成功,在革命党人祁得隆鼓动下,聚众四五百人,编五个营,制五色旗两面,上书“革命军”三个大字。他们的口号是:先杀州,后杀道,官钱局里闹一闹。预定腊月三十举义。不幸,消息走漏,被官兵镇压。祁得隆被击毙。搜出旗帜、檄文及刻有“分办革命军”五字的印信。

张掖、武威亦因农民抗花税(即种鸦片税)聚众数千人起事。

辛亥革命前后,反清火焰燃遍西北各地,清王朝四面楚歌,朝不保夕。顽固保皇派长庚、升允倚仗尚能控制的甘肃一隅,进攻陕西,血屠宁夏,企图挽救摇摇欲坠的清王朝统治。

长庚升允　疯狂镇压

1911 年 10 月,武昌、西安相继起义,各省纷纷响应,唯独甘肃在顽固保皇派长庚、升允策动下,不到一个月时间,就组织起反动武装,向陕西革命军进攻,战争延续了五个多月,给陕甘人民造成重大灾难。

长庚(满洲正黄旗人)1909年冬由伊犁将军调任陕甘总督,接替升允,执掌军政大权。升允(蒙古镶黄旗举人)光绪三十一年(1905年)清廷任命为陕甘总督,因在宣统元年上书反对立宪,说新政足以亡国而被罢黜,闲居西安城北草滩。西安起义,先破满城,升允闻讯后进至平凉,电请长庚调集甘军,"速为收拾,恢复陕疆"。长庚电请清廷起用升允为陕西巡抚,督办军务,统率攻陕各军。

长庚为了攻陕,改编、扩充了甘军。他采纳力主攻陕的提法使彭英甲的建议,倚重马安良所统的回军。在军事会议上,马安良说:"几个学生娃娃闹事,有什么了不起,我军一出,保能一马踏平。"长庚特命扩充所部镇南马队为西军精锐军,募足步骑十六营。马部11月5日抵兰州,接受长庚检阅。长庚将左宗棠所遗留的来福枪2000支,从德国新购进的毛瑟枪5000支,一并拨交马安良"援陕"。马安良的精锐军和经过改编的陆洪涛部振武军,孙恭部恭字三营,组成攻陕东路军,马安良为总统,由升允亲自率领,先行出发。彭英甲自告奋勇,请赴前敌效力,经长庚电奏清廷,改授陕西布政使,以东征军总营务处名义随军前进。

马安良、陆洪涛部进入陕境之前,因原提督张行志的壮凯军统领马国仁,已于11月21日攻占了陕西的长武。陕西革命军第五标第二营管带石得胜被俘。甘军进占冉店桥等处。陕军首领张凤翙调兵马都督张云山率部西行,迎击甘军。马国仁部不支,退回长武。12月13日陆洪涛部到达长武,与陕军鏖战数日,击败陕军,再占冉店桥。升允又督陆部追击陕军,捕杀陕军苟占彪、杨九如等,12月19日占领邠州城。陆部进窥永寿,被陕军第四标统邱彦彪击退。马安良的帮统马麒组织敢死队,与邱激战。邱部八千人,牺牲了七千,永寿被占。

其间,陕军仍占陇州、固关,甘肃的华亭、平凉吃紧。长庚令张行志总统南路军。崔正午所部五营四军,称骁锐军,属南路军。崔部于12月17日攻占固关,进攻陇州。南路只有陈正魁、吴连升攻占天堂寺,拟约会崔正午夹攻凤翔。升允等奏请奖马国仁、陆洪涛、陈正魁等人。

1912年1月1日,马安良进永寿谒见升允,请求攻打乾州。1月3日,陕军张凤翙从河南毅军赵倜手中第二次收复了潼关,挥师西进,驰援乾州,与清军激战于铁佛寺。三天中,经大小十数次血战,双方死伤均极惨重,形成对峙状态。马安良分兵袭击三水(旬邑),占了县城,被张凤翙部陈殿卿、李长兰、胡景翼赶出三水,逃返邠州。陕西革命军见陵坡空虚,攻占了陵坡,马安良率护卫马队去救,被革命军包围,所穿马靴上打了个弹孔。升允率队赶到,才救出马安良,夺回陵坡。马部攻乾州两个多月,用了火攻、挖地道、扒城墙、诈降诸法,都不能破张云山坚守的乾州城。甘军被扼。

铁佛寺战后,升允率陆洪涛、马国仁部向醴泉推进。1912年2月17日(农历除夕夜),陆洪涛攻陷醴泉,率部向咸阳逼进。

2月12日,清帝溥仪宣布退位,长庚保密,不予公布,仍促攻陕。张云山将此消息用黄纸印成大幅传单,从乾州城上撒给围城的清军,使马安良部军心浮动,陆洪涛部闻讯也开始动摇。升允技穷,困于乾州十八里铺大本营。陕甘紧张的战事,急转直下,趋于缓和。此时,攻潼关的毅军和陕西革命军签订了停战协定。3月2日,甘陕双方议和,3月6日陕西张云山在城外古庙中会见了马安良。马要求送回升允眷属,张云山如约办理,马安良遂解乾州之围,率部回甘。彭英甲按照袁世凯的电令,转令陆洪涛及南路张行志部,向甘肃撤军。一场由顽固保皇党发动的镇压辛亥革命的战争,历时五个多月,终告结束。

在这场战争中,东路军在各战场俘虏的革命军不少,皆被升允一律斩决。连黎元洪、张凤翙派出的议和代表,也一并被升允杀害。

黄钺再起　施行新政

黄钺是湖南宁乡人,同盟会员,受黄兴指派,以候补道资格来甘肃传播革命,相机起义。其父黄万鹏有功于清室,得赐世袭男爵,曾作过新疆提督,与陕甘总督长庚有旧交。故长庚委黄钺为督练公所总参议,陕西起义,升允电商兴师攻陕。黄钺闻讯,谒见长庚,痛陈利害,劝阻出兵。而署法司彭英甲、联合藩司刘谷孙、巡警道赵惟熙,劝业道张炳华怂恿长庚从升允计,举兵向陕。黄钺无奈,乃借长庚扩兵之机,要求驻扎陇南,名为堵截陕西革命军,实则准备夹击升允。长庚允许黄钺成立新军十营,名为骁锐军。兰州道彭英甲老奸巨滑,觉察黄钺的意图,向长庚进谗言:黄钺是革命党,不宜握重兵久居省会。长庚半信半疑,又不便收回成命,只令黄招步兵一营,拨崔正午的五营归黄统率布防。彭英甲、赵惟熙暗中指使崔正午防范黄钺。黄钺在秦州虽欲起义,无奈兵力只有数百,实力单薄,只得一方面派员与西安张凤翙、张云山及成都尹昌衡等联系,请求外援,另一方面由他的营长张晚松联系当地的进步青年董戒、肖润生、张衍荪、汪剑平、张锦堂、马鼎五、朱仲穆等准备起义。

1912年3月11日(农历正月二十三日)晨6时,黄钺在秦州起义,以秧歌社火队为掩护,兵分三路入城。一路人游击衙门,游击玉润(满人)发枪抵抗,被击毙,黄令礼葬,并保护其家财产;一路入贡院,内驻新成立的地方部队,拥有开花炮3

门,单响毛瑟枪200余支等新式武器,当即缴械收编;一路入州衙,知州张庭武被俘虏。黄钺单刀直入道署,约巩(陇西)秦(天水)阶(武都)道尹向燊起义,向同意,即在道衙成立了军政府,发布了《甘肃临时军政府檄文》。黄钺任甘肃临时都督,向燊为副,刘文厚为招讨使,魏绍武为使署一等参谋官。都督署设立八大处,分理军政民财教育等事,董戒、肖润生、张衍苏等人相佐治。组织了敢死队,杜汉三任队长。黄钺治军严明,除玉润外,未伤一人,市面秩序井然。黄钺制订颁发了《甘肃临时军政府法约》五章三十五条、《甘肃临时军政府行事章程》十八条、《甘肃临时军政府及总司令部职官名录》等。并成立了区、社、村、甲等民主政治建制和教育会,革除旧的司法、财税制度,创立新的平等民主的体制。黄钺独立仅三个月时间,就推行了上述各项措施,可谓是一次真正的革命。可惜,革命被袁世凯支持的保皇党和反动派所扼杀。

黄钺在秦州所为,被清朝的忠实走卒、知州张庭武觉察,他暗派心腹向长庚禀报。长庚即派马福祥保荐的马忠孝为统带,周务学保荐的刘文绣为统带,组成"讨逆军"向天水进兵。马忠孝所带的一营兵正好在黄钺反正的第二天到达距天水城2里的王家磨,扬言攻城。地方人士张世英、哈铸恐人民遭涂炭,征得黄钺同意,出城劝告,请其退往天水郡,相安无事。这时,四川同志军李树勋部由陕南来到徽县,黄钺得到支援。

如何对待黄钺独立,在省城兰州出现两种截然不同的意见。一种主张用武力讨伐,以赵惟熙、马福祥、周务学、潘龄皋、张林焱、刘尔炘等为代表;另一种反对用兵,主张和平解决,以临时议会议长李镜清为代表。

1912年3月15日,甘肃布政使赵惟熙代表全省官吏,谘议局议长张林焱代表全省绅民,致电北京袁世凯,承认共和。3月19日(农历二月初一日),兰州正式宣布共和,甘肃始挂中华民国国旗。长庚见大势已去,将陕甘总督的银质关防和王命旗牌12面,命公署朱幼华用綵亭抬送给护理藩台赵惟熙。长庚用赵从藩库董福祥存饷中借给的2万两作路费,由黄河顺流而下,经绥远回到北京。兰州虽换了国旗,可一切旧制未改,翎、顶、花袍、马蹄袖盖,官场往来,依然如故。赵惟熙乘甘肃官绅们观望之际,投机袁世凯,被袁封为甘肃都督,于3月24日在兰州就职。赵惟熙惟恐黄钺独立在他之前,有碍于他的权位,故意颠倒黑白,硬说兰州承认共和比天水早。他一面电京肆意污蔑,一面发布文告,指斥黄拥兵倡乱,行同土匪。并以甘督名义,令崔正午五营移驻清水接应,刘文绣由陇州星夜移驻南河川、三阳川扼其北,马忠孝在王家磨,坚家河扼其西,李宗纲由凤县移至马跑泉二十里铺扼其东,罗平安由凤翔进驻天水皂郊铺扼其南。兰州潘龄皋、大绅刘尔炘和张林焱等发函指责黄钺独立。袁世凯听信赵惟熙的一面之词,责令黄钺取销独立。后经黎元洪、谭延闿等辩白,秦州人汪剑平、周尚志二人赴京上书,中央政府才电告黄钺结束秦州军政府,去京另候任用。秦、兰两方相持将近三个月,始终未以兵戎相见,与临时省议会议长李镜清拍案相争,力主和解,极端反对动武有关。黄钺提出 14 条解决条约,向燊又与赵惟熙商讨优待条件,马福祥代表兰州,周昆代表秦州,于 6 月 7 日议定取消军政府,向仍任陇南道,军政府士兵归向接管,新政交地方人士接收。黄觉得至此是非已经大白,决计去职,应湖南谭延闿之邀南归。

军政府自 3 月 11 日成立,到 6 月 7 日取消,总共支银 70000 两,主要用以发放军饷,执事人员只酌发伙食费,未支薪水。经费来源是旧有公费、秦州丁粮和附近各县应解旧款,从未向地方和人民摊派勒索。

革保不容　血火洗礼

1912 年初,马安良围攻乾州不下。此时,清廷下诏,征求民意,甘肃谘议局长张林焱召集全甘在省绅士议事。会上,多数人主张继续东征,反对共和。兰州刘尔炘首先发言称,"清统万世,有议异者共诛之"。镇原慕寿祺、张掖王之佐等相继发言驳刘。后投票取决,仅二票主张共和。刘怒目视王、慕许久。张林焱、刘尔炘致电内阁总理大臣袁世凯并转伍廷芳:"查我中原民族休养于专制政体之下者,四千余年,服教畏神,久成习惯。今改用君主立宪政体,已越开明专制之梯级,尚恐难于急救范围。……公如能采及刍荛,确定君主立宪政体,某等自当惟命是从,共襄新政。倘力持共和主义,则某等虽至愚极弱,实万不敢随声附和,肝脑吾民。亦惟有联合陕甘新三省及他省同志,共图保境,遥戴皇灵。"张林焱还将王之佐等致谘议局的停战书,出示长庚。刘尔炘则要长庚"以大逆不道之首正典刑"。长庚欲将王处死,后未实行,逼得王之佐与炮队管带梁国璋等在邓宗家密谋反正。后清帝退位诏下,王之佐、慕寿祺、水梓、邓宗等 28 人,又议决举代麦谒长庚,请求宣布共和,电止东征军攻陕。长庚不见。后由马福祥征得长庚同意,才以地方名义,由布政使赵惟熙领衔电呈中央,承认共和。

之后,由王之佐、邓宗、水梓、慕寿祺等筹备组成甘肃临时议会,推李镜清为议长,刘尔炘、张林焱为副议长。候补道陈万言鼓动李镜清列举十大罪状弹劾赵惟熙。宁夏人民向议会控诉马麒在宁夏奸淫掳掠,惨杀无辜,李议长咨请赵督追究。赵借机挑拨关系,马麒即怂恿马安良刺杀李镜清。马部先在街上散发传单,说议会若不解散,将有轨外行动。刘尔炘仓卒到议会,要李走开。李说:"议长乃公民所举,弹劾官吏是其职责,若因军人一纸恫吓而走,不但负全省之托,个人人格亦所关联,至演成流血,有国法在,以身殉职,光荣莫比,绝不能移兰州一步,更不能移议会一步。"刘愤然曰:"你流血到城外流去!"李与刘有师生之谊,迫于无奈,即日召开议会,宣布辞职,单骑回临洮原籍。尽管如此,李仍未逃脱马安良的毒手。

8月下旬,马安良授意马麒指派马麒的营长、他自己的盟弟马同及兵痞5人,由兰州潜赴临洮,化装成乞丐,探明李的住处,于7月17日深夜,扑入李的寝室行凶。李惊觉后急抽壁刀格斗,砍死一人砍伤一人,终因寡不敌众,被乱刀砍死,年仅41岁。杀手截取李的一只右手,回报马麒。

李案发生后,激起甘肃省临时议会议员的公愤。赵督迫不得已,将临洮县长撤职,遣散了驻该县的崔五马队,通缉凶手多日未获,只枪决了一个嫌疑犯。议会推议员李步瀛专程赴京,面见袁世凯,声泪俱下控诉马安良、马麒。袁虽感动,却无任何惩办措施,兰州仍为马安良控制。临时议员人人自危,相继星散。为缓和局势,马安良重新恢复了议会。然而,议长是张林焱,进步人士王之佐、邓宗、水梓等均被排斥在外。

省议会议员后来多成为国民党员。国民党人先期来甘肃,多是秘密活动。樊玫、焦桐琴、王洁、胡登云等自湖北回甘,宣传革命,曾被政府一度监禁。到1912年8月,周之翰受国民党本部委托,会同同盟会员王之佐、慕寿祺、王国柱、王辅政等筹办党务。之后,同盟会与五大政党合并,改名为国民党,派马邻翼、蔡大愚、周之翰、王之佐、慕寿祺、邓宗等特派员组织。1912年11月28日,在兰州召开国民党甘肃支部成立大会,党员300余人。邀西军统领马安良为部长,周之翰为副部长,王之佐、慕寿祺、孙鸿年为正副评议长,邓宗为政事部主任干事,王辅政为财政部主任干事,许季梅为调查部主任干事,柴桂芬为交际部主任干事,金翼乾等20余人分头担任各部干事。并在30余县成立了分支部。

1913年6月,赵惟熙请假进京,内务司张炳华护理都督兼民政长。11月,袁世凯下令解散国民党,取消国民党籍议员的资格。张炳华勒令解散了国民党甘肃支部,封闭了党报《大河日报》,主笔聂守仁入狱,总编辑郑浚被通缉。

1914年春,北京政府调张广建来甘,接替赵惟熙,任陕甘筹边使,结束了赵在甘的统治。

赵惟熙当了甘肃都督。此人力主攻陕,亲手扼杀了黄钺革命,长庚自觉自愿地将陕甘总督印信交于他。

马安良总统甘肃军事大权。

屠宁剑子手马麒、马麟兄弟窃据了青海军政大权,建起宁海军,为害甘青近40

年。并将升允供养在西宁,任其公开搞复辟活动,升允为马麒亲书"赤胆孤忠"横幅,褒扬他为清室效力。

彭英甲踊跃攻陕,谗言黄钺,被赵任为布政使。

封建遗老、保皇党张林焱,复被马安良扶植为议会议长。

其余军阀亦多摇身一变,跻入革命行列,加官晋职。张炳华任护理甘肃都督兼民政长,张行志任陇东镇总兵官,马麟任凉州镇总兵官(后调甘肃提督,继又为甘州镇守使),马国仁任秦州镇总兵官,马福祥任宁夏镇总兵官,吴桐仁、裴建准任肃州、河州镇兵官(后改称"镇守使")。张广建来甘后,孔繁锦继任陇南镇守使,陆洪涛由陇东镇守使升任甘肃督军兼省长,马安良的三儿子马廷助任凉州镇守使,形成了陇上八镇的分裂局面。

而陕西革命军遭甘肃东征军攻打,长达五个月之久,宁夏起义被血腥镇压,黄钺独立被取消,黄钺本人被迫离甘南归,李镜清因反对武力征讨黄钺,要求弹劾赵惟熙和追究马麒屠宁的罪责而遭刺杀,一些进步人士,如王之佐、水梓、邓宗等人均离散。辛亥革命在甘宁青经过了共和与保皇、进步与守旧、革命与反动、起义与镇压等血与火的洗礼。

辛亥革命辽宁起义纪实

东三省是中国北方的屏障，也是列强角逐的战场。其地域囊括白山黑水，地理位置极为重要。奉天（今辽宁）又是东三省的政治、经济、军事的中心，在响应武昌首义中起着举足轻重的作用。

举义前夜　志士谋划

辛亥革命前夜，清政府的腐败无能已暴露于光天化日之下，为四亿中国人民所不满。列强对东三省的侵略更加激起人民的痛恨。东三省的有识之士，认为中国的贫穷和软弱，不在列强之强，而在清政府之弱。他们为了挽救中国的危亡，立志推翻封建专制的清朝政府。同盟会成立后，革命党人分赴东北，建立革命机关，组织民众，进行反清的武装斗争。

东三省是清王朝的发祥地，这里一旦爆发革命，势必危及京师，动摇根基。清政府为了维护其统治，极为重视对东三省革命运动的防范，在交通要冲派有重兵镇守。

东三省的反清革命活动，发端于日俄战争之际。那时，清政府可耻地宣布局外"中立"，在自己的领土上"一听交战国之蹂躏，绝无措置以为保存主权之方法"。清政府的卖国行为激起东三省人民的强烈不满，爱国之士纷纷奋起自救。1904年日俄开战，战火连天，遍及辽东，大好山河，惨遭破坏。爱国青年张榕、丁开嶂等人发起救亡组织，创立爱国机关。

张榕（1884－1912年），字阴华，奉天府（今沈阳市）人，青少年时期，勤读文史，"兼耽骑射"，以图济世救国。他目睹甲午、庚子之役，中国惨败之状，救亡图存的思想逐渐萌发。1903年，张榕考入京师大学堂译学馆学习俄文，结识了丁开嶂等人,日俄战争爆发,他们弃学回到东北发起爱国救亡活动。

张榕发起组织"关东独立自卫军",公开名称是:东三省保卫公所。他联络抚顺县王阁巨的乡团武装,"先从兴京(今新宾县)、海龙府属实行倡办"。关东自卫军发表宣言声称:"内则调练乡军,捍御侮患,外则折冲樽俎,挽回主权,保全生命财产;国土存亡,端赖此策,事成固善,即不成,亦足挫强邻之野心,为政府之后援"。张榕的爱国救亡活动,不但没有得到清政府的支持,反而引起清政府的恐惧。清政府认为张榕这种举动,是肇起事端,"屡电盛京将军增祺查办",勒令解散。张榕爱国壮志未酬,不得已避走北京。张榕到北京后,开始创办秘密刊物,用以鼓吹革命。在此期间他结识了桐城人吴樾,两人一见如故,成了生死之交。

1905 年 9 月 24 日,吴樾、张榕在北京前门车站炸出洋考察宪政的五大臣,吴樾当时以身殉难,张榕逃走。此案震惊中外,清政府派出大批警察进行搜捕,警察在吴樾衣袋里搜到一张张榕的照片,追索 10 日,将张榕逮捕。经直隶总督袁世凯亲自审讯,未获"罪证",而以过去张榕曾组织关东自卫军定为"叛逆罪",判处终身监禁,关押在天津北洋监狱。张榕"在狱中四年,益刻意为学,博通群籍,而于兵符、政法尤宜,究得其精奥"。张榕在狱中,写出《行政法新义》等书,并在监牢的墙壁上题写了"一声霹雳困龙起,震灭人天诸不平"的诗句。他下狱后,和典狱长王璋(又名王绍臣)结成莫逆之交。王璋是一个见义勇为的豪侠之士,素有爱国之志,曾是义和团的首领。1908 年夏,王璋带领张榕一起越狱逃亡到日本东京。到东京后,张榕见到了孙中山先生,加入了同盟会。在东京他与奉天的同盟会机关时常通信联系,时刻准备返回奉天发动反清武装起义。

和张榕同时从事爱国救亡活动的还有丁开嶂(1870 - 1945 年),原名作霖,字小川,河北丰润县人。当日俄开战于辽东之际,他"愤帝俄之凶顽,乃化名开山,潜赴关外,联络绿林中有志之士,创抗俄铁血会,到处扰乱俄军,大小百余战,或负或胜,俄军病之,卒以败绩。"1905 年,又"组织华北救命军于边外",发表宣言,传檄国内,要求政府召回追捕之维新领袖,停止科举,革除弊政。该组织广泛吸收爱国群众参加,从河北至关外,声势很大,"北方之有革命武力实自此始"。张榕、丁开嶂发起的爱国救亡活动,是资产阶级民主革命在东北的萌芽。

除此之外,还有另一个重要人物宋教仁,字钝初,号渔父,湖南桃源县香冲人,是一位著名的资产阶级民主革命家。1904 年,他开始从事革命活动,与黄兴等在长沙创立革命团体华兴会,后因谋划湖南起义失败而逃亡日本,留学东京。1905 年 5 月,他创办《二十世纪之支那》杂志,不仅促进了同盟会的成立,而且还为发动革命做了大量组织和宣传工作。1905 年 8 月 20 日,中国同盟会在东京成立,孙中山被推选为同盟会总理,黄兴被推举为执行部的庶务,宋教仁被选为司法部检事长。同盟会正式成立后,《二十世纪之支那》社移交给同盟会总部,不久改为《民报》社,成为同盟会的机关刊物,宋教仁担任《民报》编辑。

宋教仁和同盟会的领导人孙中山、黄兴相比,比较注重北方革命的发动工作。

宋教仁在 1905 年 5 月,曾撰写过《二十世纪之梁山泊》一文,强调指出东北绿林武装"满洲马贼"可以成为革命力量。他认为东北因为"清政府不纲,国力削弱,不惜以祖宗巢穴拱手赠人,遂使我数十万神明华胄之同胞流离转徙,无地可脱,无家可归,乃不得不效稗官野史中所谓宋江、吴用辈之仁义,与鲁达、武松辈之豪杰,以藏身而保命,其事甚奇,而其心亦甚苦矣"。

1907 年春,宋教仁"见同志俱在南方运动,北方尚未动手,乃奋起偕白逾桓、吴昆及日本人末永节赴东三省,立辽东支部,运动马贼,谋占奉天,与南方响应"。宋教仁潜赴东北,试图从南北交攻,实行"中央革命,联络北方军队,以东三省为后援,一举而占北京,然后号令全国"这样一种战略决策。宋教仁这一决策,得到同盟会总部黄兴的支持,于是,宋教仁与日本人末永节、古河(即古川清)等,于 1907 年 3 月 23 日,自东京起程,"由马关坐船至朝鲜釜山,再由釜山经京城往义州,渡鸭绿江抵安东县(今丹东市)而止。"4 月 1 日早 8 时,抵鸭绿江口,"下午二时抵安东县,清检行李登岸"。4 月 3 日,宋教仁写信致李逢春,派人送往大孤山。8 日,"往大孤山送信之人夫回,携有李逢春之复信,拆视之,谓现因事不得来安,请余等往商云。余与古川遂拟日内即赴之。"宋教仁在 4 月 9 日的日记中写道:"与李逢春、朱二角、金寿山、王飞卿、杨国栋、孟福亭、蓝黑牙等书"。这封以中国同盟会孙文、黄兴名义致大孤山马侠李逢春等的书信,是研究同盟会革命活动的珍贵文献。信中高度称赞他们:"扶弱抑强,抗官济民"的侠义之风,鼓励他们把辽河东西、黑水南北的各地义军联合一气,指出"西渡山海关则永平不守,南出喜峰口则北京告危"的战略地位。

宋教仁等代表同盟会表示说:"仆等向在南方经营大业,号召党徒,已不下数十万众,欲扶义师久矣,而山川隔绝,去京绝远,欲为割据之事则易,欲制清廷之死命则难,视公等所处之地,形势不及远矣,欲与公等通好,南北交攻,共图大举。"这里说的"欲为割据之事则易,欲制清廷之死命则难",实际是针对孙中山在南方发动边地革命屡遭失败而言的。李逢春接到信后,邀宋教仁等上山面谈,表示赞成同盟会的宗旨,愿意一致行动。于是,宋教仁等即组织同盟会辽东支部。

宋教仁等到辽东以后,便分头进行活动。宋教仁在日记中写道:"白楚香(即白逾桓)偕小长谷起行,往凤凰城去。……余等遂拟不日往大孤山一行"。又据黄一欧回忆:白逾桓则赴凤凰城一带进行调查,搜集资料,经过一番筹备,成立了同盟会辽东支部,作为领导起义的机关。邹鲁在《中国国民党史稿》中写道:"丁未春

（1907年），（吴昆）与宋教仁、白逾桓密赴关外，集合李逢春、金寿山诸马侠，设同盟会支部于辽东。"参证上述史料可以确定，同盟会辽东支部创建于安东、凤城县一带。有些历史学者认为，同盟会辽东支部设在大连，笔者认为这种说法是不确切的，也是没有根据的。

同盟会辽东支部的建立，对关外革命运动起了巨大的推动作用。1907年夏天，关外革命势力日益发展壮大，同盟会辽东支部乘势发动武装起义，"欲袭据辽宁，逼榆关，窥燕京"，但因白逾桓在碱厂（今本溪县碱厂堡）招兵起义，被清军击败。他"潜入沈阳举事，又被徐世昌所捕"。宋教仁鉴于辽东之役受挫，乃与吴昆等人密赴长白山一带作实际考察和联络革命党人，以作他日用兵的准备。

宋教仁到长白山下会见了韩边外（名显忠，号瑞臣）的孙子韩登举。韩登举继承祖父的联庄会首领之职，所辖地区以夹皮沟金矿为中心"东西长二百里，南北广百里，东以古洞河（界敦化县）为界，南以头道江南山为界，西以那尔蓑大鹰沟为界，北以牡丹岭为界，面积约二万余里，人口约五万余"，并拥有武装数千人，宋拟运动其加入革命。"宋往见韩，韩待之颇殷勤。"宋与韩谈话获悉，日本政府见延边地带朝鲜人居多，欲将此地变成间岛，划归日本领土，乃由日本陆军参谋部策划组织侵华团体，一为"长白山会"，一为"黑龙会"。长白山会专门造假证据，以证明延吉为间岛，不属于中国领土。宋教仁认为此事关系国家领土主权，决定亲往延吉探其究竟。是时，"日本革命党人片山潜也在延吉，宋与他在日本相识，由他函介，宋易名贞村，打入长白山会"。宋因而尽悉该会所造将延吉变为间岛之假证据，并拍照携归。"是时，吴禄贞正在延吉筹办边务。吴昆、白逾桓都是湖北留日陆军士官学校学生，他们和吴禄贞关系很好。宋教仁等人此次东北之行，主要任务是联络"马贼"，运动新军，求得吴禄贞等同盟会员的支持，谋划在东三省发动武装起义。关于这一情况，柏文蔚回忆说，1907年，"冬十月，吴昆来延吉。吴为宋教仁、白逾桓之同侣也。是时清政府正在大搜缉桃源宗介等。盖桃源宗介者，宋教仁之化名也。余告吴昆，应注意避开，此间工作由余负责联络。筹费三百元，吴绶卿（吴禄贞号）亦赠五百元，交吴昆由海参崴转赴日本。"而宋教仁则取道朝鲜返回东京。宋教仁等回东京后，同盟会辽东支部的工作转由吴禄贞、蓝天蔚、张绍曾负责领导。这就是宁武说的"宋教仁以创办实业为名，于1907年春在奉天成立同盟会辽东支部，新军人吴禄贞、蓝天蔚、张绍曾等是辽东支部的主要负责人"。

宋教仁在返日本的途中，"又赴汉城图书馆翻阅有关书籍，将证明延吉并非间岛之一切资料录出。复往东京帝国大学图书馆查阅书籍，核对自汉城图书馆所获之资料。旋著成一书，名曰《间岛问题》，以确凿之证据，证明延吉为我国领土，对日人之侵略阴谋，为有力之揭露。"后来吴禄贞等办边务与日本谈判，日方所造的假证,都在宋著《间岛问题》一书予以揭穿,日本的阴谋未能得逞。

响应鄂事　争先发动

1911年秋武昌起义,消息传到奉天(今沈阳),东三省总督赵尔巽异常恐慌。赵尔巽在1911年10月13日甫到齐齐哈尔视察,当天接到武昌起义的电报,慌忙于14日由齐返奉。

10月15日晚,赵尔巽回到奉天,立即召集各司、道官员开会,"磋商维持治安一切事宜。"翌日,发出"剀切训谕",称:"此次革乱关系重大,殊深轸念,若办事稍涉魂虞,恐贻误大局。"赵尔巽深知新军支持革命,一面严加防范,一面拉拢收买新军中的高级军官,传见第二混成协蓝天蔚、伍祥桢、标统聂汝清等,"面加勉励"。17日又将驻省城各协、标、营以上军官召至公署,亲自讲演,劝慰"军人宜知忠君爱国之大义","切勿轻听浮言,擅自无理之暴动"。讲演完,设宴招待,尽欢而散。

赵尔巽通令各地封锁消息,不许人民了解武昌起义真相。奉天《大中公报》发表了武昌起义的新闻报道,赵督以其"摇惑人心,扰乱治安"为借口,将该报馆封闭。并通告各地称:"报纸乱造谣言,万不可信,《大中公报》已封禁","通告人民万勿自扰"。黑龙江也因武昌起义,人心浮动,"禁止人民在各街粘贴各种报纸"。赵尔巽对东三省政治、经济、文化的中心奉天省防范尤为森严,他给民政司、营口道的札文强调:"本省滨海临边,铁路轮船交通极广,难保无匪徒阑入潜谋,煽惑勾结,自应不动声色,广布侦探,防患未然"。

那时驻奉天北大营的新军第二混成协和潜伏在东北各地的革命党人,有响应武昌起义的举动。赵尔巽处境危急,心中恐慌,欲效忠清朝,又怕革命势力难以抵挡,于是召集亲信幕僚密议,征询对策。这时投机政客奉天谘议局副议长袁金铠向赵督贡献上、中、下三策。

上策:整军保境,镇慑革命,袁金铠认为保皇派势力一定能压倒革命势力。根据是,"袁项城再起,统兵南下,以袁之久握北洋军符","胜负之分在指顾间耳"。"关外朝廷发祥重地,倘若沦陷,岂独为朝廷根本之忧,亦公负世代食禄之思。为今之计,充实本兵(新编五路巡防营,赵尔巽为统帅),联络客军(指驻北大营的第二混成协),使市面不惊,地方安谧,使革命党人无隙可乘,东省可保无虞。"袁金铠对五路巡防营的情况,分析道:"除中路由公自兼外,右路马龙潭系书生出身,城府太深恐不为我用",东边道又处山林地带,"更须镇慑,不能轻调。一后路吴俊升系行伍出身,嗜利无厌,而洮南居近蒙旗,若不以重兵镇之,恐有蠢动"。前路张作霖、左路冯德麟,均系土匪出身,"脑筋简单,公但示以优遇,勉以忠义,必能出力。此二路距省较近,易于调遣,请公调伊等来省以资拱卫"。

中策:途作勤王,静观事变。

"公可将巡防营集中省垣,公亲统之,进驻榆关,遥作勤王之师,后方令地方士绅倡办团练,保卫东土。倘袁项城得手,公以勤王之故,不失为忠臣,若革命军得势,公可奏请朝廷东迁,可当偏安之元勋,不失臣节,策之中也。"

下策:响应革命军,甘居叛逆。

袁金铠的上策被赵尔巽采纳,赵赞同说:"君之上策,尽可行之;但中策,距离尚远,可半行之,再次,非我所思矣。"赵尔巽计策确定之后,立即采取措施,急令张作霖率部来省。张作霖认为这是争夺权力的最好机会,于是,他亲率精锐五百骑兵,由驻地洮南日夜兼程,直奔省城。其余所部由依钦保率领,3日后也开进奉天。张作霖到省城后,经袁金铠介绍会见了赵尔巽,张向赵表示愿效犬马之劳。赵尔巽在危难之中,见张作霖忠心保护他,便引为护身符。不久,任命张作霖为奉天巡防营务处总办,以监视新军的动向,袁金铠伪装与革命党人合作,实际是给赵督探听消息,采取对策。

蓝天蔚与谘议局议长吴景濂联合密议驱逐赵尔巽,宣布奉天独立。事成后蓝天蔚为奉天都督,吴为民政长,袁金铠任副职。吴将此事告知袁,袁阳为赞成,暗中向赵督告密,因此,而有谘议局会议之事变。

蓝天蔚在北大营召开秘密会议,准备发动第二混成协官兵进城占领督署,宣告独立。张榕拟通过政治手段,由奉天谘议局召集各界人士开会成立国民保安会,逼走赵尔巽,以期革命成功。但机密泄露,赵尔巽得到密报后,不动声色,在召开国民保安会的前夕,邀张作霖、袁金铠等人密商对策。确定以武力镇慑革命党人,逼蓝天蔚出走,拉拢和麻痹张榕,对革命势力各个击破。由赵尔巽发号施令,袁金铠、张作霖分头行动。

1911年11月12日(农历九月二十二日)下午,赵尔巽到省谘议局参加各界代表会议,"挟张作霖、袁金铠以自重"。张作霖带领一批打手随行。除了随从武弁外,又把当时在陆军讲武堂学习的张景惠、汤玉麟、孙烈臣、张作相、叶景全等亲信调来,共20余人分布在会场各处,以武力相威胁。开会时,张作霖紧跟在赵尔巽身后,首先由议长吴景濂说开会的意义,接着赵尔巽讲话说:"东三省是处于日俄两强之间,稍有异动,深恐前途不堪设想",主张"静观时局演变"。他的话还未讲完,同盟会员赵忠鹄、张榕等发言强烈反对,要求"立即宣布独立"。正在双方僵持之时,张作霖跳上讲台,掏出手枪,恫吓说:"今日之会,我们一定要服从大帅的主张,如有反对的,即使大帅容许,我这支手枪是不允许的。"同盟会员和各界代表手无寸铁,在武力威胁下,纷纷退出会场。会场内只剩下保皇派和立宪派的代表人物,袁金铠以副议长身分宣布继续开会,在武力威逼下通过了"保安会"章程,选举赵尔巽为会长,伍祥祯(第三十九协协统),吴景濂为副会长,张作霖任"保安会"军事部副部长,奉天国民保安会的实权都被保皇派所把持。第二天,赵尔巽向东三省发布成立奉天国民保安公会及通饬办理保安分会的札文:

"钦差大臣尚书衔东三省总督兼管东三省将军奉天巡抚事赵为通饬事:案照奉天省为维持公安,设立事天国民保安公会,业于本月二十二日(1911年11月12日)成立,公推本大臣为会长,所有副会长,公推伍协统祥祯,吴议长景濂,参议总长公推袁金铠,参议副长公推蒋方震、张榕。一切章程,并经议决公布,除通饬办理保安分会外,合行抄粘章程,札仰诼道,即经查照,迅将分会成立,并将办理情形具报。此札。"

这是一个具有欺骗性的文告,实际上是保皇派镇压革命派的法令。张榕、蓝天蔚原想成立保安会宣布奉天独立,逼走赵尔巽。然而适得其反,保安会的大权被赵尔巽、张作霖、袁金铠所夺取,使革命党陷于被动。赵尔巽立即把成立保安会的经过情况报告清廷和袁世凯,并要求解除蓝天蔚的兵权,逼蓝出走。清廷和袁世凯复电照准,电称:"蓝天蔚著开去统领官,交赵尔巽差遣委用。"1911年11月14日,赵尔巽玩弄软硬兼施的手段,委派蓝天蔚赴东南各省考察战事,并邀蓝到督署面谈,赵说:"奉省筹设国民保安公会,以尊重人道,保全中外民命财产,静待大局之定为宗旨。惟对于各省意见,必须考察明确,以供保安会之参考。"又说,蓝统领"志趣正大,识见明敏,堪以派赴东南各省考察此次战事之实情,并传布奉省保安会宗旨,以谋国民之幸福"。并劝蓝尽快起程,又赠旅费二千元。蓝天蔚就是这样被解除了兵权。赵尔巽逼走蓝天蔚,另委聂汝清任第二混成协协统。

蓝天蔚在关外革命党人中威望很高,公推他为关外大都督。但是他作事少主张,易为人所摇。蓝被逼走后,奉天革命党的势力削弱,士气低落,力量涣散。张榕为了挽回颓势,联合各方面力量与赵尔巽操纵的保安会作斗争。张榕与张根仁、柳大年倡建联合急进会。

1911年11月17日,"联合急进会"正式成立,各界人士踊跃参加,推举张榕为会长,张根仁、柳大年为副会长。该会的宗旨:"厚集势力,近遏赵尔巽辅清之谋,远窥北京,以促共和之成。四方豪杰入会者十余万人。"势力迅速壮大,东三省各地都有革命活动。但张榕等"联合急进会"的领导人没有及时在奉天省城起义,误失良机。张榕与赵尔巽谈判,要求奉天独立,"速悬白旗,以静民心",赵尔巽"始则含

糊,终竟拒绝"。谈判破裂,奉天省城革命与反革命的斗争顿成剑拔弩张之势,急进
会秘密议定,"分派同志赴奉天、吉林所属各县积极策动地方起义,以壮声势。遂推
定商震、程起陆、祁耿寰等赴辽阳,孙祥夫、杨大实等赴开源,石巨夫、张寿仁等赴昌
图,宋少侠、房怀远等赴法库,刘桐阶、杨麟、赵元寿等赴长白、吉林,张根仁、柳大年
等赴锦西、北镇。"还有许多会员分赴各地联络地方革命人士,争先发动,促成各县
独立。只留下张榕等少数人居省调护,掌握机关工作,其余人员分赴各县运动军
警,组织革命军,策划武装起义。张榕等人的设想,是先在各地举行起义,引诱赵尔
巽等派军队出动"讨伐",然后乘虚占领省城。

张榕被害 革命受挫

赵尔巽窃取了"保安会"大权后,立即撕下中立的伪装,露出了镇压革命的真
面目。他以"保安会"会长名义发布号令,诬蔑革命党人为"扰害治安之公敌",严
饬各地军警"随时查拿,按律惩办,决不姑宽"。

蓝天蔚的兵权被解除后,聂汝清任第二混成协协统,从此,蓝天蔚所率领的这
支军队,竟成为赵尔巽所掌握的武装力量了。蓝被迫离开奉天赴大连,又转赴上
海。但东三省的革命党人仍以关外大都督蓝天蔚的名义发布文告,任命革命党人
的职务,联络各地革命军等。

1911 年 11 月 26 日,关东大都督蓝天蔚发布檄文称:"本都督奉军政府之命,筹
谋恢复关东一带,已经一月有余,一切布置,均臻完善。兵力到处,足以保护本国人
民及外国人民之一切生命财产。"革命的目的是推翻清政府,"建立共和民国"。当
这份文告发布之时,蓝天蔚正在上海招募革命军,准备渡海北伐。东三省总督赵尔
巽深恐张榕和急进会在奉天省城起义与蓝天蔚里应外合,便召袁金铠密商对策。
袁提出两个办法:一是,对张榕施加压力,令其出面,遣散革命党人,"以和平劝谕,
使之即去,另一个办法,用极严厉手段,出示晓谕,驱逐出境,稍有逗留,即行法办"。
这种阴狠毒辣的诡计被赵尔巽采纳。袁金铠向张榕伪献殷勤,"榕年少性爽,坦然
不疑,并以袁可与同谋,遂委袁为急进党部参谋部长,所以党内机密袁尽知之。另
一方面,赵尔巽命令张作霖派军警严密监视张榕的活动。

急进会机关设在张榕住宅沈阳北关容光胡同。赵尔巽发布告示称:"督宪以张
某自组织该会以来,各县人士之入会签名者为数已众,与之反对者亦复不少,恐因

之激起冲突,致生事端,故昨日饬警务局派警士在张某宅,昼夜加添岗位,安为保护云。"名为保护,暗中在严密监视党人活动。在赵尔巽指使下,袁金铠与张作霖密谋杀害张榕之策。此时,张作霖发表一通针对时局的冠冕堂皇的谈话,略谓:"革命党中人,鉴于政府之腐败,故起革命之举动,以期改良政治,巩固国基,予亦深表同情。"又谓:"东省大局与内省不同,胡匪偏地隐伏,若革命一旦在东省起事,胡匪亦必乘机而起,大局不可问。故予不得不竭力严防革党起事,实为保全东省计也。"张作霖已表示与革命党誓不两立的架势。

1912 年 1 月 23 日晚,袁金铠邀张榕、张作霖同到小西门德义楼赴宴。席散,袁金铠兴辞而去,张榕与张作霖同出德义楼。事先张作霖密令便衣侦探于文甲等,埋伏在外见机行刺。张榕行至平康里路口,被密侦开枪击中要害,张榕中弹后,大声怒斥赵尔巽等:"咄!鼠辈胡无信至此,吾竟以守约死矣。"至死怒眦尽裂。时年29 岁。

张榕被害之时,正是革命军代表与清廷代表在上海议和之期。赵尔巽与张榕订约,东三省的事情,静待国会解决,在此期间彼此不得开战。张榕信守南北议和的停战协定,不搞军事举动。当时急进会交通部长洪东毅已组织四千余人的武装力量,准备在抚顺发动起义,因奉张榕电令而停止。

赵尔巽却背信弃义,撕毁协约,乘停战期间屠杀革命党人,镇压各地武装起义。张榕被害之夜,张作霖派出大批军警,搜查张榕住宅,将张榕之兄张焕柏刺毙,将家属逮捕,财物掠夺一空。同夜同时,有军警数十人,突入大东关宝崑住宅,时宝崑已就寝,即由床褥中将其拖至楼下,用刀刺死。国民画报社编辑田亚宾,此夜宿在张榕宅内,也被杀害。张榕的授业之师,辽东宿儒张振声也在此夜被捕,怒骂不屈,被杀于万泉河畔,露尸三昼夜。一时间,奉天城陷于血腥恐怖之中。

张作霖的军警在城内挨户搜查,滥杀滥捕,"凡剪发易服之人,无一幸免","陈尸累累,惨不忍睹"。革命党人遭其残杀者不下数百人,无辜群众被杀者,则无法计算。

张作霖屠杀革命党人的历史,将永远受到正义的谴责。前不久在台湾病逝的齐世英曾评论说:"张作霖防卫省城,应付了兵变(指蓝天蔚起义)。他的前途也于此奠定。但是蓝天蔚是个革命党;如果从革命党眼光看,对张作霖当然是另一种看法了。这是东北鼎革之际一个关键性时刻。革命党人在东北起义人数很少,有些人被抓了,有些人被杀了,摆在那里,我亲眼见过。"

张榕被暗杀,奉天省城的革命力量遭到摧残,但各地起义军仍在活动,庄河革命军在辛亥年 11 月末宣布独立,辽阳刘二堡革命军准备攻打辽阳,凤城县联庄会与巡防军激战薛礼站,铁岭、开源、兴城、海城、营口等地都有革命军起义。

1912 年 1 月底,蓝天蔚得到南京临时政府电令,进兵北伐。北伐军在庄河一带登陆后,于 2 月 3 日与庄河、复县革命军会师,6 日占领瓦房店,10 日关外革命军协统邵兆中率部攻占庄河厅,受到城内商民欢迎,悬挂白旗庆祝。其他各地革命军也因蓝天蔚的北伐军登陆士气大振。而清军则"兵心瓦解",陆军、巡防队、巡警多有"脱营逃亡",甚至还有参加革命军起义者,东三省革命军实力壮大。正在准备向省城进攻之时,清朝皇帝宣统于 1912 年 2 月 12 日宣布退位,革命党人不惜牺牲流血而争取的中华民国名义上总算实现了。

列强干涉　政变无声

赵尔巽、张作霖、袁金铠敢于以残暴手段屠杀革命党人,是与各国驻奉天总领事馆的暗中支持分不开的。武昌起义的革命烽火在东北大地点燃之后,列强表面上声明"严守中立",实际上暗中支持清政府和赵尔巽。列强唯恐革命胜利,失掉他们的既得利益和特权。列强对东北辛亥革命的干涉采取狡猾的两种手段,一种以经济的外交的手段支持赵尔巽,一种以武力威吓对付革命党。

1911 年 10 月 26 日,赵尔巽秘密会见驻奉天总领事小池张造。赵言称,当地形势颇不平稳。革命党已潜入本地,正在进行某种策划。希望日本警察与清国警察合作,以防变于未然。拟尽可能不采取逮捕手段,仅从侧面加以威吓,以使彼等自行退去。日、清两国警察若能通力合作,彼等必不敢冒然采取行动。无论如何,希尽量予以协助。小池答应,在可能范围内给予援助。

日本政府对小池张造与赵尔巽的密谈,极为关注。10 月 28 日,内田外务大臣复电称:对于赵总督所提要求,我总领事答以尽力协助加以取缔,当然无何不可。但为清政府效劳而向革命党人施加压力,如逮捕或引渡革命党人之类活动,我国政府不愿参与。希能按此精神适宜处理。但防止我铁路附属地以内及其附近地区发生扰乱,为我方自卫之所必需,自应向关东都督发出训会,使其设法增强当地警察力量。至于当地驻兵问题,现正准备在近日内以新兵接替原驻部队。未经调练之新兵,其实力当然不能与老部队相比,因此正在商讨推迟接替日期。我总领事可利用上述增强警察力量及维持现有兵力两项措施与赵总督适宜周旋。

日本大资本家大仓喜八郎由于经营本溪煤铁公司,在奉天曾向清政府捐款 15 万元。基此缘故,赵尔巽约定向大仓赠送勋章。以上事实表明,日本朝野都在暗中支持东北地方的保皇势力,但因中国时局不定,胜败谁属,很难预料,日本不愿涉足太深,所以对赵尔巽的支持也是秘密的有限度的。

赵尔巽在与日本领事保持秘密联络的同时,还与英国关系密切。英国对赵尔巽的支持主要是在经济上和出谋划策方面。

1911 年 11 月 9 日,东三省官银号发生挤兑现象。英美烟草公司给予援助,缓解了金融紊乱状况。英国领事唯一希望赵尔巽能控制局势,尽力把革命风波平息下去。

1911 年 11 月 12 日,奉天国民保安会成立,赵尔巽当选为会长后,奉天海关税务司穆厚敦致函总税务司安格联写道:"总督(赵尔巽)间接地通知我说,他同意您提供给他的意见,当前唯一明智的办法是稍微顺着革命运动的潮流走,只有这样做才能把它约束在范围之内,不至于一发而不可收拾。总督还表示,在这紧要关头接到您的意见,他有说不出的高兴,……总督继续控制局势的发展,还大有希望,只要他的明智措施能够在这里实行,局势就可以平静地发展下去。"可见赵尔巽不仅有张作霖给他充当打手,而且还有帝国主义者做他的后盾。

穆厚敦在信中还写道:"总督要我尽可能随时把得到的消息通知他。我向他提起,您指示我秘密地征求他对大连汇解税款的意见。他表示了谢意,并且说,希望您指示大连关照常汇解税款,一部分给黑龙江作补助军费之用。"赵尔巽得到外国的经济援助,立即密令张作霖镇压革命党人,张就刻不容缓地行动起来,暗杀了张榕等大批革命党人,接连捕杀了好几天。张作霖的暴行引起革命党人强烈愤慨。英国、德国、法国领事深恐这种残暴行动,招致革命党人的激烈反抗,而使局势恶化,便警告赵尔巽说:"如果总督不采取步骤,令出必行,禁止捕杀,安定人心,结果必将招致大祸。"欧洲国家的共同利益,是消除日、俄两国对中国的武装干涉,防止日、俄再次瓜分中国领土。由于帝国主义之间的利害冲突,互相牵制,致使日本不敢公开出兵干涉。另外,日本国内也有困难,"日本人民差不多有一半以上很同情革命党的。"

英国考虑到,辛亥革命的中心地区长江流域,恰恰是它的"势力范围",它在那里有巨大的经济利益。因此它不敢冒着丧失重大利益的危险,公开地站在清朝方面同革命党人为敌。

美国政府也从它的利益着想,不赞成日本实行武力干涉,所以日本实行武力干涉的强烈欲望,遇到了来自英美方面的严重阻力。辛亥革命过程中,英国政府为了防止日本乘机谋取独占性的侵略利益,曾再三警告东京当局,不得在中国采取单独的干涉行动。同时,美国也在德国支持下提出列强在华"一致行动"的原则来牵制日本。当时日本帝国主义羽毛尚未丰满,无论在财政上或国际政治上都还处处需要依赖西方国家,首先是英国的支持,与美国也有着密切的经济联系,尤其是刚刚缔结的第三次英日同盟条约,对于加强日本在远东的地位具有重要作用,因此它决不敢因为在中国的冒险事业而轻易触怒这两个国家。法国忙于准备欧洲方面即将开始的厮杀,也希望在远东方面保持原来的"均势"。

当时无论是国际形势或中国国内的形势,都迫使帝国主义无法对辛亥革命采取大规模的武装干涉行动。更重要的是,辛亥革命虽具有深刻的反帝性质,但所采取的毕竟是国内战争而不是民族战争的形式,内部矛盾在当时表现特别尖锐。同时,资产阶级革命党人自始就对帝国主义抱着妥协的态度,幻想因此获得它们对于革命政权的"同情"和"帮助"。以关外大都督蓝天蔚名义致驻奉各国领事的照会说:"武昌起事之后,全国响应,义师到处,行动文明,各友邦外交团,均先后宣布中立。本都督为联合同胞,恢复关东三省,共图推倒清政府,辅助军政府,建立共和民国,同时对于外交各邦,重敦睦谊,期以维持世界之和平,增进人类之幸福。所有民国军对外行动,先时知照,免致误会。

(一)所有清政府前此与各国缔结之条约,皆继续有效。

(二)所有外债,照旧担任,由各省按期摊还。

(三)在军政府占领地城内居留之各国人民及其财产教堂,均一律保护。

(四)各国之既得权利,一律保护。

(五)此次照会后,清政府再与各国订结条约所许之权利、所借之国债,概不承认。

(六)各国如助清政府妨害军政府,军政府当以敌相待。

(七)各国如供给战争物品于清政府,查出悉数没收。"

从军政府这些条件来看,虽然具有一定反帝性质,但很不坚决。它的妥协性和软弱性是很明显的。承认不平等条约继续有效,所有外债担任,由各省按期摊还。这说明辛亥革命不敢彻底反帝国主义,对列强的态度比较温和。因此,帝国主义列强也感觉到可以采取间接的方式而不必采用直接进行武装干涉的方式来达到破坏革命的目的。因此,侧重于政治阴谋活动的干涉形式,愈来愈为帝国主义所重视,而实际上列强破坏辛亥革命的重要手段,就是利用革命党人的幼稚和软弱,在"中立"的幕布后面,暗中加紧扶植袁世凯上台,并通过它们精心策划的"和平"谈判,诱使革命党人向袁世凯交出已经得到的斗争果实。

1912年2月12日清政府宣布下台,过了两天,孙中山不得不将总统职位让给袁世凯,正如列宁指出的,袁世凯的所作所为表现他是一个"野心家、卖国贼、反动势力的朋友"。奉天辛亥革命的进行也是不彻底的,正如当时奉天关税务司穆厚教所说的"这里并没有真正发生政变"。一切权力仍然掌握在反动的官吏和军阀手里。

但从全国和中国历史来看，"统治中国将近三百年的清朝帝国，曾在辛亥革命时期被打倒"，结束了几千年的中国封建专制主义统治。正如列宁所说："地球上1/4 的人口已经从酣睡中清醒，走向光明、运动和斗争了"，开始了近代中国革命史的新阶段。

奉天辛亥革命，革命党人的力量是比较强大的，由于组织松散，没有坚强有力的领导核心，最后被国内外的保守势力所绞杀，但辛亥革命烈士的功绩，将永存史册，激励人民为祖国的昌盛富强而英勇奋斗。

辛亥革命吉林起义纪实

　　1911年10月10日，武昌起义的消息震动全国，吉林、长春等地的革命党人、青年学生大受鼓舞，为响应武昌起义，实现吉林独立，积极进行宣传鼓动。

延边重镇　　活动中心

　　1907年3月23日，著名的同盟会领袖宋教仁在孙中山及黄兴的赞同下，先到辽宁活动。大约在6月，宋教仁亲自访问了割据吉林省桦甸、敦化、抚松、安图一带的拥有数千武装的团练首领韩登举，在韩的驻地受到殷勤接待。这时传来了惠州起义的消息，宋教仁有心组织韩登举及东北绿林"袭据辽宁，逼榆关，窥燕京"，但由于清政府举荐韩登举为参将，并授予南山一带团练总领，宋教仁策动他反清失败。又因与宋教仁同来东北的白逾桓在沈阳被捕，宋教仁感到无法完成联络东北"马侠"的起义任务，不得不离开东北。他化装成日本人，还取个日本名字叫桃源宗介，途经朝鲜清津结识了革命党人卞秉灿，并在清津对数百名被日本招来修建码头的山东籍工人宣传革命思想。在他影响下，工人领头人陈启顺曾数次召开小组会，准备在吉林发动反清起义，同时渡过图们江与境内绿林武装及革命党人、边务处帮办吴禄贞取得联系。宋教仁在朝鲜大约居留两个月。

　　宋教仁走后，东三省同盟会的革命活动由吴禄贞、蓝天蔚、张绍曾负责。

　　吴禄贞，生于1880年，湖北云梦人。1907年7月，随东三省总督徐世昌到奉天（今沈阳）。8月，由于日本挑起了所谓"间岛问题"，造成延边局势紧张，徐世昌派吴禄贞率周维桢等前往调查。吴禄贞先到省城吉林市查阅了有关资料，然后到延边实地考查，纵横行程2600余里，费时73天。时值盛夏，终日跋涉奔波于崇山峻岭,常露宿山林,受蚊叮虫咬,克服难以想象的困难,测制了 1/500000 的延边地图。又历时 4 个月,搜集大量古今中外资料,于 1908 年 4 月编辑成《调查延吉边务报告书》,为对日交涉准备了充足证据。考查途中,吴禄贞顺路拜访了韩登举,对他晓以民族大义,韩登举表示:"愿听从吴大哥的命令。"

1907 年 10 月,吴禄贞到延吉,以韩登举的团练武装为后盾,与率兵入侵延边的日军中佐斋藤季治郎交涉,他据理力争,终于使日军后撤。曾为吴禄贞留日时教官的斋藤感慨道:"中国尚有人,如吴禄贞,不可欺也!"

1908 年冬,吴禄贞遭吉林巡抚陈昭常排挤,离任回京。后因与日交涉屡遭失败,清廷不得不再次起用吴禄贞,并任命他为边务督办。1909 年 5 月,吴禄贞返回任所,1909 年 9 月,日方最后不得不承认延边自古以来为中国领土。

吴禄贞在延边兴学校、办医院、建军营,经营农林牧矿等业,延边民众深受其惠。在他任职期间,不少革命党人进入延边地区开展工作,都得到他的悉心掩护,如廖仲恺、高宜权、孙师武、吴昆、方培良等。他们在吴禄贞管辖区域内,进进出出,四处活动,联系"马侠",发展革命组织。清统治者虽未掌握真凭实据,但也认为吴禄贞有"革命嫌疑",终以"经费支绌"为借口,撤销了边务公署,1910 年 2 月 17 日,吴禄贞离开东北。

与此同时,在延边从事革命活动的还有柏文蔚。柏文蔚,安徽寿县人。因谋炸两江总督端方,避祸东北,1907 年随吴禄贞到延边。1908 年冬,他到汉城从户部朴尚书之子处购得《大东舆地全图》,为对日交涉提供了证据。1909 年冬,吴禄贞派柏文蔚到绥芬大甸子调查,准备在那里垦田屯兵,柏文蔚带 200 士兵踏雪前往。后因吴禄贞被调走,屯田计划未能实施,推测此举也应与同盟会北方起义计划有关。吴禄贞离开延边返京不久,柏文蔚也调到奉天督练公所参谋处任二等参谋。1910 年冬,他沿中俄边境调查,并在哈尔滨会见绿林首领"天边羊"(姓赵),去伯力访晤数年前震撼东北的抗俄武装首领"老刘单子"(刘永和)。此行所访绿林豪杰不下 20 人,均表示待机揭竿反清。因经费困难,柏文蔚又赴呼兰向"天边羊"求助,"天边羊"慷慨赠 500 卢布,帮助柏文蔚和革命党人解决了困难。1911 年 10 月 10 日武昌起义后,柏文蔚被陈其美召回南方。

大约在 1907 年夏,参与发起同盟会的程家柽不顾 5 月被清廷唆使日人殴伤留下的脑震荡后遗症,与白逾桓(白逾桓从东北脱险后回京)、程梦余来延吉。离北京前,程家柽对程梦余说:"青年人应该参加革命,在清廷做官是没有前途的。现在东北新建行省,那里的新军里有很多革命人物,其中力量雄厚、立场坚定的要数延吉边防督办吴禄贞。在那里清廷的控制力量薄弱,革命活动比较容易。"

　　程梦余随程家柽经奉天到延吉,不仅结识了吴禄贞、柏文蔚、辜天保、柳大年、刘艺舟等革命党人,而且他本人也经程家柽、柏文蔚介绍,在延边参加了同盟会。当时决定辜天保、柳大年在延吉办《边事日报》,刘艺舟则专搞新戏。程家柽不久返回北京,程梦余与白逾桓也于 1907 年 12 月回北京办《国风日报》。

　　1907 年至 1911 年,吉林省延边地区曾是同盟会在东三省的重要活动中心之一。

吉林长春　党人殉难

　　早在 1906 年,同盟会即派有"革命党员三人由铁岭赴吉林"开展工作。1907年,林伯渠被同盟会派往东北调查边疆、联系绿林,他通过姑夫汪德植,面见新任吉林巡抚朱家宝。因林伯渠是师范毕业,又留学日本,当即得到朱家宝的重视,并作为其随员同往吉林。到吉林不久,便以"学务精通"被委任为"劝学总所兼宣讲所会办",负责创办新学,同时主持师范传习所及四关小学。他常以查学为名,各处活动,并与绿林武装频繁来往。他曾去桦甸拜访韩登举,受到热情招待,并被介绍前往哈尔滨、长春等地找著名"马侠"首领接洽。他也积极参与反对日本吞并延边的斗争。在此期间,尽管接到妻子司马殿凤暴卒的噩耗,但他并未消沉,继续从事革命活动。

　　1909 年林伯渠视察伊通、磐石、桦甸等地学务,行程中日落无店可投便宿住民家,与乡亲们讲解教育的重要。10 月他又到敦化视察,他向知县谢祖萌提出敦化教育存在的四个问题,并强调说:"君子之德风,小人之德草,是在地方贤有司之善于提倡耳。"然后与谢祖萌一起订出《整顿敦化学务办法六则》,经他这次视察督促,敦化教育有了新的起步。林伯渠在吉林教育界任职 4 年多,1911 年八九月间,被召回湖南。1907 年前后,在吉林政法学堂还有革命党人姚剑泉、张根仁、刘芳等任教,吉林陆军学堂中也有革命党人方剑飞、范国才充任教员。他们借执教机会,在广大师生中传播革命思想,发展革命组织。

　　1908 年,同盟会领导的南方几次起义都失败了,孙中山设想组织北方起义。何香凝回忆:"1909 年,他(孙中山)再派廖仲恺到营口及吉林秘密作策反的地下工作……并以在吉林巡抚陈昭常幕下作翻译作为公开职业来掩护,仲恺与林伯渠同志就是在这个时候在吉林时常过从的。"

除林伯渠、廖仲恺在吉林从事革命活动外,具有"关东三杰"之誉的商震、蒋大同、陈干也先后在长春、吉林活动。他们三人原以辽阳为基地,计划建立一个培植革命人才的中心,后遭官府忌恨,陈干、商震被诬而于 1907 年夏离开辽阳。

商震辗转到达长春,在东关龙王庙小学担任教员。所谓小学,学生也大多是接近成熟的青年,有的甚至年过 20 岁。商震也是满怀壮志的热血青年,尽管生活清苦,他还是披肝沥胆地鼓吹革命。商震回忆:"那时候连饭也吃不上,有时一个烧饼分两半,你一块,我一块。"

1910 年,在营救熊成基失败后,商震在长春街上遇见同乡刘锡侯,他对商震说:"你奶奶在家把眼睛都哭瞎了,无论如何你得回去一趟。"可年轻的商震却在锦州下车,继续投身革命。

蒋大同,名卫平,字大同,化名蒋健,河北滦县人。他离辽阳后,在中俄边境考察被侵占的国土时,一度被俄军逮捕,释后于 1908 年秋到长春,11 月他联系房宾、高鸿飞、齐希武等人发起筹办《长春日报》,得到长春绅商周裕臣、毕维垣等 39 人的赞助。1909 年 4 月 3 日《长春日报》正式出版,成为宣传民主主义思想的一支嘹亮号角。由于帝国主义的干涉,清政府压力,加上经费困难,只办了两个月被迫停刊,编辑徐竹干遭逮捕。不久,蒋大同也因熊成基一案被通缉,他不得不北上黑河,1910 年 8 月 5 日被沙俄惨杀。身后留一孤女蒋光坤,1928 年被商震收留并送其上学。

陈干(陈明侯)1907 年离辽阳赴日,后回青岛办震旦公学。1909 年初,他再次到东北,并以长春为活动中心,发起组织"旅长山东同乡会"。当时辽宁新民第二十镇山东籍军人甚多,陈干便寄去山东同乡会简章,二十镇军官王金铭等组织了新民山东同乡会,成为关外最具实力的革命团体,并在后来的滦州起义中充任先锋。陈干还曾结识朝鲜义士安重根。1909 年 10 月 26 日安重根刺杀伊藤博文之前,曾身怀炸弹作血书留影一幅赠予陈干。安重根殉难后,陈干题诗悼念这位伟大的朝鲜爱国英雄。此期间著名的同盟会骨干徐镜心在吉林创办建筑公所以掩护其革命活动。

革命党人仇鳌回忆:1909 年他到吉林时,"党人赵缭、江海宗等也先后到达吉林,筹划在边远地区建立革命基础。这一计划本是孙中山先生和黄克强(黄兴)所决定。"熊成基就是担负来东北联络绿林、建立北方活动基地的使命。这是继宋教仁等人之后,同盟会第二次派重要人物来东北活动。

熊成基是 1908 年 11 月 19 日震惊全国的安庆起义领导人,清廷悬赏白银 5 千两缉捕他。1909 年 3 月,熊成基第一次由东京经沈阳到达长春,就住在《长春日报》社。他与商震、蒋大同等人商议决定,在人烟稀少的吉林省蜂蜜山(今属黑龙江省密山县)从事开垦、存粮购枪,建立根据地伺机起义,并联络新军、"马侠"。这是同盟会举行北方起义计划的一部分。可是由于缺乏经费,一时难以兴办,熊成基于当年 6 月返回日本东京。

在东京,同盟会从会员孙元(号竹丹)处得到了日本对俄军事行动的机密书籍十余册,决定将该书卖给俄国,一方面换得重金充作革命经费,同时期望激起日俄冲突,以便乘机举事。商议后,熊成基、孙元自愿承担此事,分别到吉林、北京联络售书。不少同志劝阻被清廷通缉的熊成基不要回国,但他不顾个人安危,踏上了归途。

1909 年 9 月,熊成基第二次来到长春。他化名张建勋,住在长春臧贯三家里,不慎向臧泄露了真实姓名。当他去哈尔滨寻找俄人兜售图书时,见利忘义的臧贯三向清政府告密。1910 年 1 月 29 日,熊成基在哈尔滨宾如栈被捕,1 月 31 日押赴长春。吉林巡抚陈昭常为邀功请赏,揑奏熊成基欲谋刺海军大臣载洵,并不顾年关封印的规定,急令将熊成基转送省城。2 月 2 日,长春巡警局用 5 辆大车将他押送吉林省城监狱,"由长春头道沟出南大门,观者塞途",而熊成基却是"谈笑自若"。

审讯中,熊成基巧妙地回避了清官吏的深究,保护了其他同志。他痛斥清政府反动统治,畅述个人革命胸怀。由官方笔录而成的《熊成基供词》虽只有 7 页,却是光明磊落,正气凛然。2 月 13 日,他又亲笔写下《熊成基自书供词》,当陈昭常叫他在上按押时,他执笔写下"革命"二字代替手押。

1910 年 2 月 27 日,熊成基被押赴吉林省城巴尔虎门外刑场,他不断向沿途群众申明:"诸君、诸君,勿疑我为盗为好为杀人之凶徒,我固一慈善之革命军人!"并向大家说:"今生已矣,我死,愿中国之富强日进一日,庶几瞑矣。"

临刑前他仍然高声宣传革命宗旨,刽子手"使之跪,熊不屈",就义时年仅24 岁。

现存一幅熊成基牺牲前身负手铐脚镣,气宇轩昂的照片,那视死如归、慷慨赴义的神情,令人肃然起敬。熊成基的壮烈殉难,实践了他所说的"牺牲一身,以利社会"的壮志。

在熊成基被捕入狱的消息传出后,活动在东北的同盟会成员曾多方设法营救。当时在陈昭常幕下当翻译的廖仲恺曾设法救助,商震等人计划劫狱未成功,革命青年钱来苏也曾密谋劫狱,被任吉林高等审判厅丞的父亲大杖驱逐出门。

1907 年至 1911 年,大批同盟会成员或受派遣、或避祸,抵达吉、长两市从事革命活动,使吉林、长春成为革命党人在东北重要活动中心之一,从而在吉林省内形成吉、长两市与延边地区遥相呼应,中心城市与边远区域的战略配合。

视死如归以血反清

众多外省籍的著名同盟会领袖、骨干身负危难,不畏苦寒,远走关外,渐次推动民主革命在吉林省的开展。而吉林省也不乏志士仁人投身革命,如松毓、金鼎勋、王樾人、文耆(杨策)等人就是其中代表人物。

金鼎勋生于1878年,吉林省九台市二道沟乡金家屯。他从省立师范毕业后,到日本留学并结识孙中山先生,不久加入了同盟会。1906年冬,由朱霁青、金鼎勋等人集资,在奉天创办了《刍报》,意在唤醒国人,奋发革命的决心。此期间,金鼎勋在吉林省积极进行革命宣传活动,联络各界人士,为反清作准备工作。1911年黄花岗起义失败后,同盟会在黄河以北一路的宣传工作,决定由王葆真和金鼎勋负责。他与王葆真在4月底由日本回国,在奉天创刊《国民报》,宣传民主革命、抨击清政府。金鼎勋是对吉林省辛亥革命颇有贡献的同盟会早期会员之一。

松毓,字秀涛,满族。生于1863年,吉林市温德河子人,曾被孙中山以“满人贤哲”相推许。松毓出身于没落官宦家庭,青年时曾是秀才,任过黑龙江省绥化兵备道、花翎二品衔吉林特用道,“善书法,喜交游,颇为上层人士所推重”。

在同盟会员的推动下,松毓联合文耆、庆康、庆山、孙树棠、李芳等热心维新的士绅和留日学生,于1907年1月6日成立了“吉林地方自治会”,松毓被选为会长,他还是第二任的吉林商务总会会长。1907年2月,松毓赴日和中国南北各省考察新政。回到吉林后,创办《公民日报》宣传维新思想,启迪民智,并揭露帝国主义的侵略行径。

1908年夏,吉林爱国士绅、商民、青年学生组成了“吉林公民保路会”,公推松毓为会长,群情激愤地反对日本攫取吉长铁路的筑路权。他们集股筹款,各界热烈响应,“甚有闺阁之中,典簪脱珥,童幼之子,倒箧倾囊”。短短几个月中,筹集筑路股本210多万两,表达了吉林人民的爱国决心。

吉林自治会成立不久,入会者已达700余人,会员遍及全省,自治会的权力几乎与官府相近。1908年11月,新任巡抚陈昭常受东三省总督徐世昌指使,以“破坏政权"的罪名,免去松毓一切职务,并将吉林自治会改为官办的吉林府自治局,吉林省的自治运动半途而废。

武昌起义后,1911 年 11 月 17 日,为对抗赵尔巽与立宪派成立的"保安会",同盟会辽东支部派赵元寿等人来吉林成立了"联合急进分会",松毓任会长。1912 年初,他致书孙中山,提出有关东北革命的策略,孙中山先生称赞松毓是"率一族人参加民族革命于旗下"的"满族豪杰"。

除松毓外,吉林另一位革命骨干文耆也是满族,这表明了广大满族人民拥护革命,奋勇投身于反帝、反封建的斗争。

王樾人,原名树堂,又名荫槐,字樾人。1885 年农历五月初八生于吉林市下二台子,1900 年迁居海龙县山城镇。他出身书香世家,十几岁随父到海龙府所属平安川(今属辉甫县)兴办私塾。他目睹清政府勾结沙俄屠杀百姓惨状,愤然出走。先到北京东三省中学堂求学,后在天津结识著名的东北革命党人张榕。1911 年秋,随张榕返回东北,在奉天与柳大年、张根仁等组织了"联合急进会",准备武装起义。11 月,他被派回海龙,名曰创办东三省保卫公所,实则创建"关东独立自卫军"。王樾人回乡不久,便在山城镇西南的杨树河发展乡军数百名,加紧训练,拟在兴京(今新宾)、海尤一带举行武装起义,以响应南方,牵制清军入关"勤王助剿"。谁知"出师未捷身先死",王樾人惨遭官府杀害,他的发妻梁氏夫人哀念亡夫,终生未再嫁。

大约在 1908 年前后,吉林省城的大街小巷,清晨经常出现一个手执木梆的人走到住户窗前,打六下木梆后,说:"五更过去了,你们还沉睡呢,快快醒醒吧!"还有一个手执铜铃的人,身背一方白布,布上歪写一个"国"字,下面画有一支棍撑着,他嘴里大声吆喝:"国要倒塌了,快快救国啊!"原来他俩是自治讲习所的宣讲员李六更(敬修)、陈卓艇,当他们沿街宣传时,群众蜂拥围观,很受欢迎。这个"木铎金声"的事迹生动地反映了反帝反清斗争在吉林逐步展开,和吉林人民的日益觉醒。

1911 年 5 月 1 日,吉林省城学生听到帝国主义酝酿瓜分中国的消息,由陆军小学堂学生发起,在北山庙里召开各校学生代表会,会上学生代表纷纷演说,号召"为国而忧"。有的学生痛哭涕泣,有的割指血书,观者无不感动,会场气氛颇为热烈。青年学生不顾清廷禁令,集会请愿,表现出积极参与社会政治生活的态度。吉林省 1906 年到 1911 年,自发的广大群众反抗风潮和觉醒的民族民主斗争此起彼伏、持续不断,这一切都预示着革命风暴即将来临,"大清帝国"的末日在吉林也为期不远了。

吉林巡抚陈昭常、驻军二十三镇统制孟恩远闻讯武昌起义,一面向武昌等地派遣密探侦窥情况,一面切断对外联系、封锁消息。同时又在交通要道加岗布哨,到客栈明查暗访,以防革命党人"潜行来东"。11月16日,陈昭常召集省城各界代表,准备仿照奉天模式,成立吉林国民保安会,以维护封建统治,遭到革命党人、青年学生坚决反对,强烈要求宣布脱离清廷独立。双方争执不下,争辩激烈,学生代表慷慨激昂地说:"保安会学界绝不赞成,假使刎颈流血之祸,即在眉睫,非学界之所畏也!"但在反动派操纵的军队支持下,省保安会得以成立,部分府、厅、州、县也成立了保安分会。11月20日,省城各学堂学生一律罢课,以示反对。

1911年12月,革命党人段右军、朱霁青到长春与杨子厚密谋在长春起事,因泄露而失败。1911年12月19日,驻长春第二十三镇军官庆恩(化名陶雨春)与日本人木村好太郎商议,联络西北荒"马侠"100余人,以长春府游击马队长李松山为内应,计划武装起义,因被告密而失败。

1911年12月初上海光复后,黄兴、陈其美密派李征五、臧士新由沪乘轮船抵达海参崴,找到同盟会著名骨干张西曼。经由张宗昌牵线,张西曼不顾艰险两次深入吉林境内绿林"刘单子"(刘玉双)的驻地,终于动员他率千余人分批乘轮悄然南下,支援关内革命军。遗憾的是这支武装在关内被张宗昌裹胁、整编瓦解,"刘单子"如失水蛟龙,郁郁而终。

1912年1月17日,吉林省城各街巷忽然贴出署名"民党"的传单,号召满汉各族人民参加"推倒政府"、"改革政体"的斗争,传单写道:"共和目的,期达而已。南省联军,指日来吉。此间志士,五百有奇。正事布置,相机而起,君主威福,有朝无夕!"可是,1912年1月23日,东三省总督赵尔巽指使张作霖派人杀害了同盟会辽东支部负责人张榕。顿时东三省乌云翻滚,吉林省的革命党人也遭摧残和镇压。

1912年2月,在长春南满铁路附属地内,曾聚集了百数十人"分匿于各宿店,约期举事",因遭官府勾结日本侵略者的压迫而被迫解散。2月18日,李贵、杨八等人率百余人占领公主岭,宣布独立,结果也被"给资遣散"。

最大规模的武装起义发生在哈尔滨,革命党人梁廷栋、梁廷樾与刘乾一、商震等密谋,以哈尔滨为根据地,从背后猛击清廷。他们率领由"马侠"和反正巡警组成的200余人起义军,于2月16日夜起义,占领了电报局、自治会。19日清军统带么佩珍率队围攻起义军,梁廷栋、梁廷樾、陶遇春、王泽臣、李范五等十余人壮烈牺牲。

1912年3月7日,驻吉林省山城镇巡防营管带李秀峰奉命围剿海龙县杨树河子村革命党人王樾人领导的乡军。3天以后以革命党的罪名,将王樾人刀砍于山城镇西门外。据在场人回忆:樾人殉难时,高呼口号,怒视敌军,人头落地,双目不瞑。时年28岁。

3月15日,陈昭常就任民国的吉林都督,其他封建官僚多数也摇身一变,成了民国的达官显贵。"无量头颅无量血,可怜购得假共和",辛亥革命在吉林省流产了。

辛亥革命黑龙江起义纪实

　　1911 年 10 月 10 日,武昌起义爆发,这一消息迅速传遍黑龙江各地。革命党人闻风而动,响应武昌起义,要求独立,革命与反革命两种力量开始短兵相接,激烈相搏,使黑龙江地区的辛亥革命运动急速发展。

起义前奏

　　在黑龙江地区人民自发进行反抗清王朝封建专制统治斗争的同时,资产阶级革命党人也开始了秘密的革命活动。他们传播民主革命思想,进行革命的发动和准备工作。

　　孙中山等资产阶级革命家重视并加强对东北及黑龙江地区的革命发动和准备工作。中国同盟会成立之后,孙中山等资产阶级革命家一方面出于东北物产丰富、清政府在一些地方统治薄弱,适合作为革命根据地的考虑,另一方面又特别鉴于南方起义连续失败的具体情况,而"想改在北方筹划起义"。为此,孙中山"计划在哈尔滨建立据点,指挥同志",廖仲恺、宋教仁、商震等一批资产阶级革命家先后来到黑龙江地区。从此,黑龙江地区的革命运动同全国的革命潮流息息相通,遥相呼应,随着全国革命形势的发展而发展。

　　革命党人吴禄贞利用任吉林边务督办之机,进行革命根据地和武装方面的准备活动。他"计划驻兵地点拟在绥芬大甸子(今东宁县境),屯兵五千以上",并命任屯田营管带、革命党人柏文蔚前去勘查。尔后,吴禄贞"即着手布置,""不意冬十一月,清政府疑吴有革命嫌疑,将边务根裁撤。吴绥卿既去,余之屯田营亦即结束。吾人所经营与希望虽告停顿,而在吴绥卿之领导下,所有革命种子分散各地,以后在关内外革命中起到很大作用。"

策动绿林参加革命是资产阶级革命党人进行革命准备的一项重要活动。柏文蔚离开屯田营后，又任奉天督练公所参谋处二等参谋。他趁"赴俄边调查俄人军事"之机，"沿东清线经哈尔滨、满洲里西抵伊尔库茨克，折回至伯力、驯马、虎林厅、海参崴、宁古塔、依兰、九站，回至哈尔滨"。途中，他"革命运动未有稍间，在伯力访晤老刘单子，在哈尔滨访晤天边羊，皆绿林之最有力者，其他如依兰东沟、宁古塔、虎林、驯马不著名之绿林，晤谈者二十余人，皆得机揭竿者也"。1911 年，柏文蔚"对同盟会宣传组织工作更积极进行"，当同盟会经济困难、革命党人生活困苦之际，他又"亲往呼兰等处筹款接济"。

匡一，湖北省罗田县人，1905 年 8 月 30 日参加同盟会。在日本东京同盟会总部，黄兴为庶务，他任内务。当时，"克强行，则孙少侯（即孙毓筠）、匡一等更代之"。1908 年前后，他来到黑龙江省城齐齐哈尔，担任了黑龙江省地方审判厅厅长。1909 年至 1910 年期间，他和革命党人孟继周、管冰洋、关肖权等以齐齐哈尔中学堂为活动中心，联络革命党人，建立了中国同盟会黑龙江省支部。当时，"匡一被选为支部长，孟继周为推事，管冰洋、关肖权分别担任同盟会组织、宣传等职务"。他们在军政、邮电和学界中进行秘密活动，散发传单，宣传革命宗旨，先后发展会员三十多人，其中有省立中学的邓觉民、刘吁伯、李铭新等 13 人，农业学堂的邓振镛，师范学堂的耿瑾文，以及李席珍、宋云相等。由于他们的宣传鼓动，革命之势蒸蒸日上，规模渐大。

揭竿风云

武昌起义的枪声，使东北当局十分惊恐，正在齐齐哈尔巡视的东三省总督赵尔巽急忙赶回奉天坐镇。黑龙江省巡抚周树模一面委派补用知县王振铎、候补府经历余诚准速赴武昌侦探军情，一面下令"禁止人民在各街粘贴各种报纸"，妄图封锁革命消息，遏止革命形势的发展。为此，哈尔滨电报局还按照邮传部的指令，无论官商学报各界，凡关于"鄂乱"之电，一概不准接收，不准发送，对兵营来往的一切信函亦严加取缔。11 月 2 日，黑龙江省民政司使宋小濂又设立"侦探队"，严防"贼匪窜入"。

然而，革命潮流势不可挡。数省先后宣布独立，脱离清政府统治。东北三省革命党人也采取行动，要求独立。老奸巨猾的赵尔巽为了应付革命党人，控制局势，维持苟延残喘的统治，组织了奉天国民保安公会，并自任会长。黑龙江、吉林两省也照葫芦画瓢，如法炮制，于11月16日、17日分别成立了吉林省和黑龙江省国民保安公会，"仍是旧日之行政官担任会事"，即由陈昭常、周树模担任会长。革命党人对竭力维持旧秩序的国民保安会十分不满，并作了坚决的斗争。

张榕等在奉天成立了"联合急进会"，密派同志分赴东三省各地建立分会，发动起义。其中，"赵元寿以组分会名义赴吉游说。他派赵中鹄至海城，陈青州至营及黑，张亚馨至长春、京津一带，皆为分会作用。"这时，黑龙江地区的革命党人的斗争已由秘密转向公开。在他们的策动下，黑龙江省中学堂学生四处奔走，散发传单，并发动各学堂公举代表二人，于12月17日组成了"黑龙江省国民联合会"。次日，"即用全体名义，要求黑抚周树模宣告独立，并传知军界赞成。"接着，又"即开第二次会议，并拟定通告书及联合会简章，决计实行，无稍假借"。通告书中说："为今之计，急宜合满汉回蒙及索伦达呼哩各族，化除私见，共矢公忠，要请巡抚，驰电郡国，宣告独立"。与此同时，黑龙江省巴彦县的秦广礼也奔赴齐齐哈尔，在被誉为"虎胆铁血英雄"的爱国人士文璞及省议会进步议员的支持下，联络各学校，选出代表，成立了"新民爱国委员会"，与保安会相对抗。

当时，黑龙江地区的革命党人谋求"独立"的愿望是十分迫切的，但斗争是非常无力的。其原因是，他们害怕帝国主义、不相信民众，幻想通过不流血的和平请愿的方式来取得胜利。正像他们在通告书中说的那样："江省地处极边，内有种族之猜疑，外有强敌之偪处，设有不慎，祸乱突兴，而胡匪乘之，而饥民乘之，而俄日乘之，则大祸重至矣。……吾人处此，诚不能不筹自全之策矣。"因此，毛泽东在批评中国资产阶级软弱性时指出："他们缺乏远见，缺乏足够的勇气，并且有不少人害怕民众。"他们的这些弱点，也是当时阶级力量对比的反映：黑龙江地区的资产阶级革命派的力量，无论人数还是社会基础，都不及其他一些省区；与反动当局的力量比较，相差更为悬殊；加之，又面临着虎视眈眈的俄国随时可能进犯的复杂的国际环境，它的力量就更显得弱小，弱点也暴露得更加突出了。

尽管如此，黑龙江省地方当局及一些官吏也非常害怕，他们一面纷纷送家眷逃离，"各衙署已将龙旗尽撤，以待音讯"；一面对革命党人大肆镇压。周树模不仅"密令士兵乘夜往捕"奉天联合急进会派到齐齐哈尔"扩充会务"的会员，而且还发出"晓谕"称：省城"少数学生年轻无知，散布传单，倡言独立，当由保安会特开临时会切实开导，立时解散"，并以"筹办灾赈，公款无着"为名，"暂将各学堂停办三个月"，被遣散的学生"如有散布谣言，分送传单，鼓吹独立及其他秘密集会不法情事，扰害公安者，劝谕无效，准即拿送地方官，斟酌情形，分别处理"。在反动当局的高压之下，黑龙江"省垣外表似稍前安靖，然实则各界党人，日夜在各处集会私议，未曾绝迹,且与该处巡警等校联络一气",省立师范学堂、法政学堂和中学堂等校学生"仍驻留省城,纵论政治,不知忌惮"。

1912 年 1 月 1 日,孙中山在南京成立中华民国临时政府,并就任临时大总统。当时,北方各省大都未能宣布独立,仍置于清政府的控制之下,革命党人不断受到残酷的镇压和迫害。黑龙江省同盟会支部长匡一及孟继周等逃往京津,孟继周在北京被捕遇难。

南京政府成立后,孙中山决定北伐。在北伐之前,黄兴、陈其美就曾秘密派革命党人到黑龙江地区的中俄边境一带,说服并招募绿林队伍,将其编练为革命骑兵,为北伐作准备。当时,革命党人的"唯一目标就是大名鼎鼎而横行中俄边境大山中的刘单子",经过协商和黄兴、陈其美批准,"刘单子等率同大队部属安全地分批搭轮南下上海了"。1912 年 2 月,北伐革命军在辽东半岛登陆,黑龙江地区革命党人在其鼓舞下,发动起义,又掀起了新的斗争高潮。

东荒,指省城齐齐哈尔以东放荒拓垦地方,即今拜泉、明水等县一带之统称。革命党人在这一带联合"红胡子"首领刘献芹,聚集千余人,举行起义。起义军一度攻占了拜泉县城。这支队伍接受革命党人领导后,"一举一动,大非昔比,到处受到商民欢迎",清军中的革命分子也前往参加。它还得到"俄国之'虚无党'暗相帮助"。最后,这次起义以失败而告终。

安徽同盟会会员梁廷栋、梁廷樾潜入哈尔滨后,曾和革命党人刘乾一、商震等密议,以哈尔滨为根据地,"密结军警为助,收编绿林为军",进行发动起义的准备。因此,他们还"暗约著名匪首天边羊(即拜泉县境内'匪首'张嘉徽)同时到哈举火起事"。这样,在起义之前,"有革命党人约四百名到达本地"。1912 年,梁廷栋将起义队伍分为两部分,一部分在傅家甸(即今哈尔滨市道外区)鼓动官军参加革命运动,并于当晚 11 时举事,"夺据滨江厅及电报、邮政各局所,假自治公所设立机关部",还"以中华民国关东临时都督印章出示布告","其内容,与汉口方面所贴告示完全一致";另一部分"革命党人约二百名,各以百名分成两队,于二月十六日分途向双城堡及阿什河两地进发",并誓师攻打吉林。

起义开始之后,滨江关遭李家鳌施"缓兵之计",亲率滨江厅林也翰、巡警局长以及商民代表等到"议事堂(即自治公所)与革命党方面代表梁某举行会谈",并"宣布共和各电,解释割切辩驳",还劝令革命党人解散,竭力麻痹、分化和瓦解革命军。反动当局在做好武力镇压起义的准备以后,于 2 月 19 日 9 时,趁革命军不备,突然包围其指挥据点。于是,双方展开激战。由于革命党人孤军奋战,弹尽援绝,梁廷栋、梁廷樾和自治会长王泽臣、巡长陶遇春等 7 人牺牲,13 人被捕。革命军失利之后,撤离傅家甸,退往柞树林及阎家冈一带,革命党人"被杀者不下三十余人"。

旧官夺权

1912 年 3 月 10 日，袁世凯窃夺了中华民国临时大总统的最高权力之后，东北三省旧官僚赵尔巽、陈昭常、宋小濂也乘机摇身一变，拥护共和，并被袁世凯分别任命为东三省都督和吉林、黑龙江都督。他们"官名虽更，职权照旧。"因此，孙中山在总结辛亥革命的历史教训时尖锐指出："武昌起义，全国响应，民国以成。而反对革命之人均变为革命之人，此辈之数目多于革命党，何啻数十倍，故其力量大于革命党。乃此辈反革命派即旧官僚，一方面参加革命党，一方面又破坏革命党，故把革命事业弄坏。"

这些旧官僚攫取政权之后，马上下令解散革命团体，遣散革命党人。黑龙江省都督宋小濂订出三条具体办法，并宣称："今者政体已定，更无革命可言。建设方新，岂容秩序之紊乱？倘再意图破坏，扰害治安，即属国民之公敌，为天下所共弃。"他的这种态度是得到袁世凯支持的。宋小濂曾密电在京参加南北军界会议的黑龙江省代表刘德权和寿庆，请示处置革命党人的办法。刘德权、寿庆向袁世凯报告了黑龙江省辛亥革命情形后，袁世凯说："我曾屡次向党人恳切说过，国内各省都可以革命，因破坏以后还可以重新建设；惟独东三省不能破坏，破坏就不能建设啦。我就下令给你东三省，如有人企图破坏，便照土匪处理。我还要再向党人方面切实告诫，你们可以复电宋都督知照。"

由于反动当局的迫害，革命党人的下场是很悲惨的。"临时稽勋局为发给流离京师之关东起义诸人护照俾令还乡里事给赵尔巽的咨文"中说："现在民国成立已近一年，侧闻贵属各地方官吏，尚多未除禁网，以致起义诸人流离四方，穷蹙无归者，在京师一隅，已闻有百人之多，长此羁旅，其情可悯，其志可悲。"

辛亥革命新疆伊犁起义纪实

1911 年 10 月 10 日,武昌首义的消息传播开去,很快各省纷纷响应,清廷不支,势将崩溃。当时新疆巡抚袁大化、伊犁将军志锐、亲王载澜、甘肃都督长庚等曾密议企图在库伦或阿尔泰临时建都,迎接宣统前来,以偏安于一隅并对抗革命。这更促使了新疆响应辛亥革命的活动爆发。先是有些人联名劝袁大化起义以扼清帝之西来,袁氏不仅不为所动,反而视革命党人为土匪,依清廷为干城,而其手下一干人等则以侦察革命党人活动为能事,以向袁报告所获情报为升官晋级之道。袁大化遂大肆捕杀革命党人,先后被杀害的革命首领及志士计有刘先俊、唐小云、陈光模、陈菊芳等 143 人之多。

运筹再三　烽火终燃

伊犁辛亥革命起义,是近代史上发生在新疆的重要革命事件。

1906 年秋,武昌日知会为清军所破,时有革命党人冯一(即冯特民)、冯大树等均为重大嫌疑人物,清廷索之甚急,不能匿居武汉。冯等与另一革命党人杨缵绪过往甚为密切。1907 年,伊犁将军长庚奏请调南洋陆军一部来伊犁作为练兵基础力量,湖广总督赵尔巽奉命委任杨缵绪负责挑选官兵,组织队伍。冯等既遭清廷通缉,在当地无法立足,乃随杨缵绪选调之官兵开赴伊犁。他们就是后来伊犁革命的领导骨干力量。

杨缵绪毕业于日本户山学校,在日本时即已加入同盟会。回国后虽任职清廷,却暗中从事革命活动。

杨所挑选的官兵是湖北陆军第八镇的人员,计选有官长、学兵、士兵等 800 名,编成陆军步队、小炮队、野炮队、工程队。编成后于 1908 年 1 月 7 日由武昌出发，到同年 7 月 15 日抵达伊犁，作为训练示范队伍。在伊犁的锡伯、索伦、蒙古新兵则编为步、骑、炮、工、辎混成旅，升杨缵绪为旅长。

随杨缵绪来伊犁的革命党人除冯特民、冯大树外，还有郝可权、李克果、方孝慈、徐叔渊、辛泽宏、周献臣、李英、蓝少华、万长风、刘岐山、邱玉成、谭钟麟、黄云峰等，行至西安时李梦彪加入。他们成了伊犁革命的基础力量。

伊犁虽处西北一隅，但与俄国接壤，地位重要，加之气候煦和，物产丰富，人口较多，清初即为军事要地。乾隆平定准噶尔之后即置九城，驻重兵，故开化较早。清末将军长庚驻守伊犁，正值清廷面临戊戌维新运动之际，康、梁虽然失败了，但清朝也推行了一些所谓"新政"如兴学校、办工厂、辟道路、通汽车、安设电灯电话等，风气渐开，人心向往革新运动。革命党人抵此之后，通过种种活动，接受其主张、赞成其行动者日益增多。

混于军中随同杨缵绪来到伊犁的革命党人，被杨缵绪安置在军队和各机关中，分头进行革命的宣传组织工作，影响逐渐扩大开来，这当然引起清朝的文武官吏所忌恨。当时的府尹许国桢、镇台周玉魁即曾借口发生在绥定的群众赌博斗殴一事为由，报长庚称革命党人闹事，将程鹏飞、周启发枭首示儆，党人万象春亦因此去迪化躲避。但革命党人并未因此而松懈斗志，减少活动。他们创办汉、满、蒙、维 4 种文字的日报《伊犁白话报》，并筹设学校作为宣传阵地。

1911 年 10 月 10 日，辛亥革命在武昌爆发，当时武昌方面曾约冯特民响应。时冯任协统部书记，势力尚不强大，未敢贸然行动。后虽有李梦彪运动陕籍军人，李辅黄运动鄂籍军人，冯大树运动当地民众绿营官兵，但准备仍不成熟。当迪化刘先俊起义时，冯特民曾拟策应，杨缵绪则主张慎重行事，由于认识不一致，故未行动。刘先俊在迪化起义失败后，伊犁形势骤然紧张起来，经过几年酝酿的伊犁革命有一触即发之势。

伊犁将军长庚调任陕甘总督之后，志锐继任伊犁将军之职。志锐原任杭州将军，1911 年调任伊犁将军。他上任时，正值长江流域革命形势高涨，伊犁在全国形势影响下也人心思动，革命之火已在蔓延。志锐看到伊犁军队中有从南洋调来的官兵，他们与内地有千丝万缕的联系，日滋疑虑，终于采取措施，将杨缵绪协统及所属团营官兵全行解散，并计划将这些人遣回关内，以绝后患。在遣散时要求士兵将所穿的皮衣皮裤全部交回存库。杨缵绪以天气严寒，士兵不穿皮衣皮裤，势必于途中冻毙，恳求志锐先准士兵将皮衣皮裤穿至故地再行缴库。志锐却于士兵离开营地后，暗派四领队大臣率队于士兵经过之各个要道加以拦阻，强行将士兵身上之皮衣皮裤全部剥下,致使士兵挨冻而行。对遣回关内的军官,志锐又迟迟不发旅费。

在此情况下,杨缵绪请求辞职,所有官兵怨恨至极,并同时引起平民百姓的同情与不满。杨缵绪乘此派党人冯特民、郝可权、李辅黄等积极活动,而管理南军火库之黄立中亦暗中加入革命行列,形势十分有利。冯大树、马凌霄等则联络当地宗教及少数民族上层人物,韩玉书联络哥老会首领四川人徐开泰(字三泰)、李辅黄联络伊犁新军,杨缵绪利用尚未交上的协统关防,秘密委任徐开泰为义勇军团长(当时军标、镇标、绿营官兵中,入哥老会者大有人在)。这样,伊犁各军除新、旧满营外都运动成熟。宗教界及少数民族中的头面人物,经过宣传解释,逐渐同情于革命。伊犁革命运动至此已基本酝酿成熟。

在这一时期,革命党人每晚集合于李辅黄家研究形势,部署工作,原定于 1912 年元月 12 日起义。正在加紧部署行动之时,传言四起,市民不安,而 1912 年 1 月 2 日兰州又发生军变,形势更加动荡,乃提前于 1 月 7 日在南门外炮营开会。到会的有 69 人,定名为铁血团,决定当天夜晚 12 时发动起义。当时公推统领杨缵绪为总司令,教练提调冯超为参谋长,冯特民任外交,冯大树任内政,黄立中主财政,陈金胜任联络,周献臣、李辅黄、谭钟麟、刘岐山等任军事。不意会场中有二锡伯族士兵逃走,恐事泄露,又改为 9 时起事。分工如下:郝可权攻将军署,冯特民攻北库,李辅黄为总指挥,负责占领东门,指挥北洋军官所带的城外军队入城响应(时新军驻于惠远城外 2 里左右,驻城内仅山、野炮各 1 队,兵力单薄,故派士兵百余人化装携手榴弹秘密入城为内应)。

当革命党人准备起义时,志锐不断接到报告。但志锐以城内外都是蒙兵驻守,又有军标 50 余营,认为镇慑有余,态度镇静。及至 1 月 7 日潜逃锡伯士兵与军标陈甲福、都司司云亭先后入告后,开始加以防备。志锐一面向城内务旗兵发枪,一面令陈甲福转告各官兵,许以发薪饷,分别部署于各要隘严加防守。并调蒙兵千余,屯驻于伊犁河岸以加强控制。

1912 年 1 月 7 日晚 9 时,正值周献臣任标值日官,即命号兵吹号集合。时周任伊犁陆军步一标一营督队官,利用这个条件,率所属官兵先头出发攻入南门,占领南军械库,该第一营管带为满人,闻风而逃,李辅黄也占领了东门,队伍陆续逃城。由于占领了军械库,各路军队得以从库中领取弹药,故实力充足。郝可权率队攻入将军署,志锐由后花园越墙而逃到东街马协领衙门。军标及各营房知大势已去,相约保护市街,各不侵犯,但北库在新满营正蓝旗协领蒙库泰管辖范围,不肯交出,并想据栅栏进行反击,周献臣、刘岐山被清兵击中身亡。革命军攻北库不下,而旧式军械火药皆在库中存放,如城外驻扎各满蒙练军及绥定镇标防营的众多清军联合起来攻城，并取得库内军火，则革命军将处于危险境地。且城内居民多属旗民，城外居民多属维族及索伦、额鲁特、锡伯、察哈尔四部人民，他们对清朝的正统观念较深，对革命意义则不甚了解，若起而反抗，革命军将面临腹背受敌的局面，势不能敌。幸志锐事先未及作好准备，故未敢动作。守北库的新满营的清军与革命军双方激战不已，相持不下。当时冯特民等主张用伊犁最大的 24 毫米口径后膛炮袭击，加以用煤油焚烧栅栏。杨缵绪则认为革命事业，首先在于得民心，用火炮、火攻的办法于巷战，势必伤及民众，对满营士兵也不宜多加杀戮，故主张仅向霍尔果斯方向发射几炮，借炮声威力，使其慑服投降。炮弹射出之后，惊动了边界对岸驻扎的俄国军队，他们原欲效同治年间借口干涉"回乱"，出兵占领伊犁之故伎，派兵一联队，由霍尔果斯河向伊犁暗中推进。而炮弹恰恰落于其部队之中，俄军以为我方早有准备，遂自动撤退。革命军乃得专心专力对付新满营。

在北库之新满营久攻不下的情况下，革命军乃研究另取对策，决定由杨缵绪亲至卸任将军广福处，请其出为临时都督，仗其威望，促使新满营停火。

广福是锡伯族人，平时深为各方推崇。当时既老且病，推之再三，不肯就职。经杨缵绪等恳求，又不忍人民遭受战争的损害，于是答应出面维持。次晨，向众宣言和平解决。新满营素来信仰广福威望，当即停火。同时组织了汉、满、蒙、回、藏五族共进会，推杨为会长，宣布五族共和之意义，战争遂告结束。接着以广福、杨缵绪名义召集都统及四领队大臣、新满营协领、佐领、革命军各首领、地方法团等在商务会开会，决定命新满营交出军装，命驻伊宁之锡伯营缴械。新满营在广福的保障下听命执行。锡伯营虽率学生 400 人，士兵千余拟由伊宁、惠远两面夹攻革命军，终因锡伯营领队大臣在革命党势力影响之下而听命。杨缵绪遂提议，公推广福为临时都督。

1912 年 1 月 8 日广福就职于商务会。所有新旧满营及四营部落诸长官均仍其旧，军标、镇标名义撤销，改编为新伊陆军第一师，师长由杨缵绪兼任。一面电南京政府，一面组织临时政府，并照会俄国领事。冯特民起草照会，于当日 11 时发出。文称："照得敝国革命军起义，响应武昌，推倒满清专制政府，改建共和国，系孙逸仙先生领导下整个革命。满清政府与各国所订条约继续有效，革命军对于外国人生命财产一律保护。"俄领事复照承认革命军。于是宣布五族共和，出示安民，大局遂定。

但当时志锐尚在逃，临时军政府司令杨缵绪乃出榜悬赏捉拿。榜示内容为：照得革命军起义，为响应武昌，推倒满清专制，改建共和，今将军志锐、副都统希贤、吕巡捕、旗官春竹铭、孝昌等在逃未获，如有知情报信者，赏银十万两，获拿志将军解送军政府者,赏银二十万两,倘知情匿藏不报者与其同罪。志锐当时匿于乌协领处,乌恐受连累,其婿郑巨川在军政府充步兵团长,乃嘱其告密。冯特民、马步云带队前往捉拿,在乌协领衙门大堂东夹道内抓到志锐,拖至鼓楼东侧官钱局门前枪毙。春竹铭、吕巡捕亦于 20 日午后被拿获斩首示众于鼓楼。副都统希贤被冯特民、蔡大发等于当晚查获,革命党人本优待俘虏政策,将其释放并给以川资,经西伯利亚返原籍。

锡伯营领队富勒祜伦、索伦营领队奎禄、额鲁特营领队穆得春、察哈尔营领队博贵、老满营左翼协领勒西春、右翼协领德克奇吐、新满营左翼协领蒙库泰、右翼协领诺尼春、军标协陈金甲、都司马高陆等,均至都督府表示拥护新政府。尤以旧土尔扈特额王帕勒塔、伊犁维吾尔族首领玉山巴依等拥护最力。

计自起义至停战,革命军死亡者 50 余人,其中有督队官周献臣、队长刘岐山等。

军事停止之后,伊犁临时政府成立,前伊犁将军广福任临时都督,杨缵绪任总司令部军务部总长。

副司令:周德胜,安徽人,绥定县镇台。起义后入火药库放火自炸身亡,以示效忠清廷。

参谋部部长:贺家栋,伊犁知府,兼将军署文案。

参谋部副部长:徐心武,湖北人,哥老会首领。革命时欲联络汉、回乘机扰乱,被杨缵绪收抚参加起义。

财政司长:贺家栋兼。

财政司副司长:黄立中,安徽人,后补知事,军械局总办。

军务部部长:郝可权,湖北人。

军务部正庶务长:郑巨川,后充任步兵团长。

军务部副庶务长:李梦彪,陕西人。

外交司长:冯特民,湖北人,白话报总编辑。

外交司副司长:王纬彤。

民政司长:冯特民兼。

民政司副司长:黄希正,伊犁绅士,将军署文案。

平政院院长:冯大树,湖北人,日本警察学校学生。

前敌总指挥:李辅黄,湖北人,模范营步兵督队官。

第一标统:马凌霄,河南人,伊斯兰教徒,模范营步兵队官。

陆兵步兵旅旅长:陈金胜,湖北人,炮兵团长。

骑兵旅旅长：姜国胜。

炮兵团长：邓佐臣，湖北人，炮兵营长。

步兵第一旅第一团团长：邵端云。

步兵第一旅第二团团长：王题云。

义勇军步兵团团长：徐三泰（即徐心武、徐开泰）。

辎重队长：刘虎臣。

工程营长：张立山。

临时都督府一等秘书官：曾嘉桢。

临时都督府秘书科科长：曾一鹗。

血战强敌　据理驱逆

伊犁革命起义时，迪化仍在清朝巡抚袁大化控制之下。伊犁革命政府为了统一新疆，完成西北革命大业，须作进一步进取的步骤。于是在报告南京政府的同时，电袁大化促其响应共和。但袁大化顽固不化，死忠于清廷，认为伊犁革命是叛变，骂杨缵绪为匪徒，干的是杀官劫舍的勾当。杨等面对这种局面，对袁乃不抱幻想，组织东进支队，准备应付战争。袁大化复电表示愿以兵戎相见，即派旅长王佩兰率队向伊犁进攻，伊犁革命政府获此消息亦派兵迎战。

伊犁起义时，伊犁将军广福已被清廷调任杭州将军，尚未赴任时起义爆发。广福于事变后于1912年1月8日电清廷内阁称："……广福虽已交卸请假，因事机紧迫，万难坐视，出为排解，当即停战。查双方共伤毙三十人。志锐已被戕，印信遗失。中外国商民均未扰及，现在筹商善后方法。惟待饷殷迫，恳饬部由道胜银行拨二十万济急。"

新疆巡抚袁大化亦于1月9日致电内阁称："……当嘱省局电问细情，即无人应。已电饬精河参将飞速捷报，并派陆军马队一营前往侦探，候得确耗再派全队往援。但兵少饷绝，省库空虚，若有变端，不堪设想，能否拨数万金，添招数营镇扎，以支危局……"

清廷内阁复电："……多派营队驶往救援。至请拨款添营一事，现在部库竭异常，万难兼顾，着该抚勉为其难，先行就地筹措，暂救目前之急，一面电商长庚（注：

当时长庚任陕甘总督)设法陆续接济。"(1912 年 1 月 10 日,宣统三年十一月二十二日)

同日,又将道尹潘震电报转至内阁,其内容有:"……惠远陆军旗多于汉。广(指广福)既能出调停,即知其无能为。独立之说,借广为招牌,满兵必不认。饷械无出,岂能久。"认为拖以时日,临时政府将维持不下去。但袁暗中却积极备战,一面致电陕甘总督长庚、塔尔巴哈台参赞大臣额勒浑请取消独立都督称号,一面密召文武各官员,称不能为广福所惑,调集各军听候攻讨。

经过电报往返周折,清廷电长庚、额勒浑、袁大化:"对伊犁问题速商办法,如能和平了结,固属甚善,倘不服劝导,即派队前往,剿抚兼施,以保治安而消反侧。"

当时的实际情况是:统治甘肃而效忠于清室的长庚,只能对陕西的革命起到牵制的作用,根本无力向西出兵支援新疆的袁大化。塔尔巴哈台参赞大臣额勒浑则自顾不暇,他在致电清廷内阁的电文中,诉苦说:"塔城素无军队,虽有旗绿各营及满蒙各兵,仅可保守城池,且并不能征战。即现行招募,亦缓不济急,又无饷,又无械,如此情形,何以措手?领队尚未到任,无人接办,以目下论之,援变乱之伊犁而忽完全之塔城,非计之得也。再四思维,勒浑有守土之责……"至于阿勒泰,清廷为了安抚当地人民,发表土尔扈特部郡王帕勒塔为阿尔泰办事大臣。袁大化闻知发密电袁世凯加以反对,说:"帕勒塔曾游学东洋,性情未定,若仍忠王室固属有益,倘稍慕独立,大局愈难设想。"其实阿尔泰的局势并非任谁为办事大臣就能得到加强,那里的兵力仅能维持地方治安,甚至连这一点也难以完全做到。

伊犁临时当局已看到袁大化对伊犁的封锁及塔城的空虚这一形势,同时由于粮饷、军火与群众情绪等都不允许久处一隅,坐而受困,因此决定出兵东征,伊、新之间战争于是正式展开。

时袁大化已派王佩兰等率兵前来进攻,伊方乃任李辅黄为东进支队长兼步兵团长,吴炳乾、高怀忠、贾汉三为支队参谋,率步骑兵各一团、炮兵一营及轻重队出发迎战于精河。伊军在精河与清参将刘海龙激战 6 小时,将刘军击败。刘军东逃退守固尔图,革命军队攻下精河厅(今精河县),革命军前卫独立骑兵团由钱广汉率领,乘胜率兵直迫固尔图。此时钱广汉与李辅黄意见不合,且有叛变趋向,伊犁得知此一情况后,杨缵绪即亲赴前线指挥。杨刚到精河,钱广汉与蔡乐善、李益顺、王永兴、郭锦章等率所统马队三营降敌,参谋吴炳乾、贾汉三、副队长秦又山等牺牲。钱广汉叛变后,会合王佩兰的军队将李辅黄所率东进支队全部包围于固尔图。但炮队因行动不快,未能如期到达固尔图,尚在包围圈以外。王佩兰、钱广汉闻知杨缵绪已到精河,即派骑兵一队由南山边向精河移动,企图将杨军包围。王、钱所派骑兵到达沙泉子时被伊方炮队发现,遭巨炮轰攻,乃不得不退却。这时杨缵绪身边仅有卫队200人左右,李辅黄及所率队伍又情况不明,形势极为险峻。当时署伊犁将军额尔浑则于1912年2月24日致电内阁报捷,文称:"探得二十四日(1912年2月11日)早八点,新疆陆军协统王佩兰督军在四棵树迤西古尔图地方与伊犁贼匪接仗,官军异常英勇,战约四时,毙贼数百,伤贼无数,生擒百余,夺获枪械马匹甚多……官军伤亡不多……我军大获全胜。"并提出了下一步作战部署:"期早除灭。"在额尔浑当时看来,已经胜券在握了。同月,袁大化也在二十八日(公历2月15日)自迪化致电清廷内阁:"……擒获伪东进支队司令李仁同,正法枭示,余贼窜去,现饬王佩兰乘胜追剿。署伊犁镇周得全军亦赶到,俟过精河,再令周得全出登勒斯口,王佩兰出果子沟,察哈尔两翼并额勒浑兵出头台山路,三路进攻,贼必内溃。……又密招匪回队作内应,逆首贺家栋、杨缵绪不逃必成擒。预请饬下外部照会俄使,贺杨二逆俄国不得收留,余可从宽。"袁大化、额尔浑又进了一步,已经在料理胜利之后的事情了。

上述电文中所说的情况很可能被额、袁二人夸大了,但从这个侧面也可以看出伊犁革命军的确处境相当危险。当时虽有炮队退守精河,但要防御清军进攻,显然力量不够充足,于是众向杨缵绪建议退守伊犁。杨则认为如果退却将无法收拾,甚至有前功尽弃之可能。为了取得进一步的胜利,杨除一面急令察哈尔总管调旗练马队1000名,武装支援,并限9日内到达精河,一面令炮队严阵以待,又亲自率卫队骑兵在精河通往伊犁的要隘黑山头收容由前线溃退的官兵,计一昼夜收得1000余名。队伍集合之后,稍事休息,后杨缵绪向官兵宣讲革命的意义,前一段作战的经验教训,号召大家建立新功,并表示愿与大家共同奋斗,直到战死,决不回头。因之士气大振。杨将这千余人编为4个大队,每大队分为2个小队,每个士兵发给内包糖饴之棉花一团,进退以灯为号,晚间口衔棉花团视中央绿灯为记,向沙泉子急进,出敌不意,猛烈袭击。

王佩兰等当时判断错误,以为革命军在固尔图覆没,精河兵力单薄无力出击,因而对精河方面毫无戒备。不料革命军突然进攻,仓促之间应付不及,只得且战且退,奔至固尔图。革命军则一鼓作气,追至固尔图。此时察哈尔马队亦赶到,王佩兰等无力抵抗,乃向迪化方面逃窜。这一仗,袁大化方面伤亡甚重,革命军重要骨干方摩慈阵亡,马队营长李仁同、步兵营长李得胜、邱不成、参谋官高怀忠等数十人死难。

至此,双方军事形成对峙状态。

袁大化对于此次失败并不甘心。除派兵增援外,还派刺客企图暗杀革命领袖人物,同时又煽动各少数民族起来破坏革命阵营。杨缵绪因后方不靖,将前方防务布置妥当之后,返回伊犁坐镇。

革命军占领精河时,杨缵绪、冯特民曾向临时革命政府报告伊犁革命的经过,并请求中央政府劝袁大化毋轻启战端,承认伊犁革命政府并允许向俄方购买枪炮。黎元洪接电后致袁世凯,略谓:"……伊犁我军倡议,九城皆已光复,惟种类甚杂,故依人道主义,推前将军广福为都督以息兵端,新抚极力反对,等因,如伊、新战祸一开,关系甚大,恐牵动大局,理合电达恳请转电新抚与伊犁,彼此妥为接洽,免起冲突,大局幸甚!"(民国元年2月21日)。袁世凯于1月22日复电称:"……尊见所虑极是,已电致新抚与前将军广福接洽,务弭战祸,以保大局。"2月23日黎元洪又电袁大化:"北京已宣布共和,南北统一,以增进民国幸福,阁下领袖西北,自不忍涂炭民生,招致外侮。且阁下亦为吾族俊杰,民国初立,尤需长才。闻伊犁已数电就商,愿及时有为,以安大局,特此忠告,希即谅察。"

袁大化在战不能胜,又有上面督促议和电报的形势下,不得不通电伊方要求议和。时杨缵绪已回到伊犁。

伊犁方面派冯大树、李辅黄、贺家栋、郝可权、徐建国、陈锦等为全权议和代表与袁大化议和代表开谈判会议于塔巴哈台。

经过谈判,双方代表皆趋向共和。袁大化迫于形势,于1912年3月8日通电正式宣布共和并电易帜,请求辞职,同时密保喀什道尹袁鸿佑任新疆都督。4月,北京临时政府发表袁鸿佑任命。

袁大化之所以密保袁鸿佑接任己职,是想使新疆继续控制在保守的旧势力中。因当时在新疆的旧官僚如布政使陈际唐、提学使杜彤、提法使宋敬熙等都先后离新东归,所以他想到了袁鸿佑。袁鸿佑接到任命电报后,在赴省城迪化上任途中,被哥老会首领魏得喜、边永福等杀死,原拟解往迪化的饷银20万两也被会党瓜分。

袁大化因袁鸿佑被杀,既不能离职脱身,也不能立即从迪化走掉,于是一面密保杨增新任都督,一面继续与伊犁谈判。但暗中却仍在进行破坏活动,唆使益恒山等煽动伊犁察哈尔左翼蒙古总管鄂王泰、副总管苏木彦等于4月暴动。杨缵绪速派炮队统带陈金胜、马队统带姜国胜进剿平息。

5月13日,袁世凯主持的北京政府下令将广福改任为伊犁镇边使,任命杨缵绪为伊犁镇统兵,贺家栋为伊犁道尹。同月17日塔尔巴哈台参赞额勒浑电呈辞职开缺,任命毕桂芳为塔尔巴哈台参赞,毕未到任前由塔城领队大臣文琦兼署。同月18日任命杨增新为新疆都督,尚未离开新疆的前任都督袁大化则委以督办南疆剿抚事宜的重任,所有省垣及南疆军队均归其节制调遣。这种措置使伊犁革命政府十分难堪,因为不仅降低了广福、杨缵绪的职位,而且大大加强了反动势力袁大化的权势,当然引起他们的极力反对。

5月23日,伊方致电上海各报馆转黎副总统,指控袁大化"于共和政体始则仇视,继则隐匿,旋又假认,终乃巧避,夸诈徘徊,毫无宗旨。即如国旗未改,顶戴未除,公文犹多都督、巡抚部院,外表如此,其他可知"。及至上述任命公布之后,贺家栋、冯大树、李辅黄又于5月31日在上海《民生报》上,公开指责政府措施不当:"各报馆鉴:近日国务院对于新疆诸事较满清政府的尤谬,分揭于左:塔城本系伊犁副都统分驻,今忽任命参赞大臣,谬一;此缺本可俟伊新协商统一后再议,乃不顾边局安危,骤易生手,谬二;兼署之文琦去腊到领队后,即有贪款不洽舆情,新任桂芳亦未必来,太生枝节,谬三;南疆事多系因袁大化不实行共和,反诬为匪徒,谬四;官吏被戕,满清时亦必查共平日居官如何,分别劝惩,一概准奖,毫无公理,谬五;……伊犁都督系众公举,不待协商,遽改边使,谬七;伊犁道早已取消,今忽任官,谬八;旧制只有伊塔道,今忽改为伊犁道,谬九;……"同时揭露袁大化之丑恶面目,指出袁:"初闻宣布共和,大骂项城(注:指袁世凯)不忠,继知事去,遂假认,希图割据。后因人心离散,又欲由塔城赴俄道脱逃。"并指出国务院之所以采取上述荒谬任命,皆因袁大化一面之辞,呼吁舆论制止国务院受袁大化一人之愚弄。同日同报刊登贺家栋通电北京大总统、国务院、参议院、武昌黎副总统、各省都督、各报馆、各团体,既指责北京政府又揭露袁大化,表示拒绝担任伊犁道尹职务。

袁大化被起用负责南疆剿抚事宜的这一举措,不仅受到伊犁革命党人的强烈反对,而且引起伊、新各族人民的坚决抵制。

1914年8月15日,上海《民生报》报道新疆各团体对国务院公开偏袒袁大化,认为是"大拂舆情,贻笑邻国……共和初基,尤胜专制"。

新任塔城参赞毕桂芳尚未到任,1912年7月间,塔城发生纷乱,前任参赞额勒浑逃走俄国之买卖城。毕桂芳要求北京拨款15万前往赴任,其理由是阿勒泰事少反而拨16万,塔城地位重要仅只有13万经费,"恐难措置裕如"。袁世凯批准酌量增加,企图以塔城牵制伊犁革命势力。

在舆论压力和伊犁方面坚决反对的情况下,加之1912年6月3日夜蔡乐善所带陆军十八标第二营哗变溃散,袁大化于6月5日辞职离开迪化东行入关。袁东行之后,虽野心不死,仍继续活动,但已无关大局了。

伊犁共和　毁于复辟

　　杨增新既于 1912 年 5 月 18 日被北京政府任命为新疆都督，在袁大化离开迪化的当天即行接印视事。杨增新上任之后，表面上主张共和，愿以和平方式解决新伊之间的争端。伊犁革命政府为了保存革命力量，亦不得不以和平手段来达到革命目的。

　　1912 年 6 月间，省方派朱瑞墀、司得全为代表，伊方派贺家栋、李辅黄、黄立中为代表，经过反复谈判，于 7 月 8 日达成协议 11 条，内容主要是：新疆承认共和，伊犁首倡共和之军队及所有人员为中华民国共和党员，全疆统一，阿尔泰、塔城在新疆范围之内，公认杨增新为新疆最高行政官，重新组织全省机关，两方人员皆可推荐，广福都督将来辞职后，予以优待，将钱广汉、蔡乐善、李益顺、王永兴、郭锦章等作为公敌，不再留于新、伊军界，伊方战争中牺牲的人员加以抚恤，因参与共和而被新省拘禁者，一律释放等。以上条款亦称"塔城协商条件"，7 月 28 日经伊方签字交杨增新，新、伊议和至此告一段落。

　　议和达成协议之后，在政府组织和人员安排过程中，杨增新表面上大讲新、伊一家，赞助革命党人，实则运用各种阴谋诡计，将革命党人分到各地，使其势力分散，然后逐个解决。

　　经过双方几个月的谈判，最后的人事安置如下：

　　1912 年 10 月 27 日北京政府公报称：任命杨缵绪署理喀什提督，到任前杨德胜暂行兼护。经杨增新电催，1912 年 12 月 13 日，杨缵绪将伊犁陆军师长及伊犁镇总兵备印信及文件卷宗交给广福，即日启程南行喀什就职。伊犁陆军师长的遗缺，1913 年 3 月 6 日经杨增新电呈北京政府请令广福兼任。

　　伊犁民政司长贺家栋调任新疆民政司长。1912 年 8 月 15 日，北京政府公报任命贺家栋为新疆民政司长兼南疆宣抚使。贺因受伊方少数人攻击，又以丁忧，遂请假并要求回原籍。9 月 9 日北京临时大总统令：新疆民政司长贺家栋丁忧，着改为署任兼充南疆宣抚使。贺实际上并未上任，即辞职回籍。杨增新当然乐于同意，上报大总统批准，并给银 10000 两作为路费。伊犁财政司长黄立中任新疆省财政司长，北京政府于 1913 年 1 月 6 日发布命令，黄于 5 月 4 日到职，7 月 1 日即辞职交卸，后东行入关。

　　谭钟麟调任塔城副将。

姜国胜调任哈密副将。

郝可权请假回原籍，杨增新发给3个月薪饷，旅费1000两，令其赴湖北考察军政并电黎元洪量才录用。

徐三泰发往甘肃交张巡抚使委用。后徐亦请假回原籍四川，杨增新也发给旅费，交四川将军量才录用。

伊犁革命的重要领导人冯特民则任伊塔视察使兼伊犁镇边使署政治顾问。伊塔镇台则委李辅黄担任。

这样，杨增新就把伊犁革命力量分散到各地，使之无法发展。伊方对杨增新的种种瓦解手段，虽然心中有数，但已无力加以抗拒了。当时全国革命形势，由于南北谈判达成，孙中山辞去临时大总统职务，让位于袁世凯的协议，整个形势急转直下。袁世凯于1912年3月就临时大总统职，窃取了辛亥革命的果实，北洋军阀的黑暗统治从此开始。处在西北一隅的伊犁辛亥起义运动，既失去了北京政府在上面的支持，又受到杨增新在新疆的破坏，基本上已成了难鸣的孤掌，完全、彻底地被杨增新所消灭，已经是迟早的事了。

未被调走的冯特民、李辅黄仍拥护广福为都督，在伊犁苦苦支撑（当时，广福的都督已被北京当局取消，改为镇边使，都督署已经改为镇边使署）。原设之军务部改为师团部，取消了参谋部，于镇边署内设军务厅，其他民政、财政、外交、参事务司、院仍然照旧存在，表面上为新疆统一，实际上保持着独立局面。但是，这种局面是很难维持下去的。伊犁历来依靠内地支持，并不仰仗本地财力，现在协饷断绝，全靠自己发行纸币，这种空头钞票当时已达200万之巨，情况十分严重，几乎已到无米为炊的境地。在争取北京政府支援已属无望的情况下，冯、李为了伊犁的生存，不得不设法谋取外援。于是以允许俄国在境内开矿、采木为条件向俄国借债500万。

杨增新对于伊犁的独立状态，当然如鲠在喉，不能允许。他一方面拉拢塔城、阿尔泰的文武官员以孤立伊犁，同时暗中监视冯、李的行动，曾以密电请北京政府调冯、李等去甘肃任道尹，又以重利诱惑他们去迪化任职，均遭冯、李拒绝。后发现伊方拟向俄国借款，乃抓住此事，于1913年2月16日向北京发电控告冯、李破坏新疆统一，别有用心，称："现在伊犁军队只有一千数百人，是以暂能相安，令若五百万之俄款一旦借成，则以此巨款添兵购械，新疆二次革命之举动即在目前。……查伊犁人员，并无尊重中央之思想，其所以勉奉中央之命令，尚未显然反对者，以兵饷望中央接济，赖有此以为之操纵耳。今一旦借获五百万之俄债，不第新疆不能统一，即大总统命令亦有不能行于伊犁之时，关系新疆安危，实非浅鲜。……真俄款借成,伊犁益将有恃无恐,益与新疆为敌,边祸日亟,乱无宁日矣……"杨增新请北京政府不予批准伊犁对俄借款。与此同时,杨增新还采取了以下的手段来对付伊犁:

首先是收买伊方人员为其所用,从内部进行分化离间活动,同时向杨随时密报。在这些人中最重要的是匡时。匡时,湖南人,伊犁政府初成立时,李辅黄等聘其到伊犁参与工作,后趁被派往迪化时被杨增新收买。在新、伊谈判期间,他一方面挑拨伊方主要人员,进行离间,另一方面又鼓动冯、李与迪化对抗,从而削弱伊方力量,孤立伊方。这次向俄国借款一事,也是匡时刺探后密报杨增新的。

其次是派许国桢为伊犁道尹兼交涉员与伊方谈判改变伊犁独立局面,归属新疆,并进一步统一塔城、阿勒泰。

最重要的一手是,派马得元一营兵力至距惠远城很近的绥定驻扎,待机行事。杨增新得到北京政府批准"冯、李横行不法,请除去之"以后,即命令马得元动手。1913年12月间,马奉令乘清晨开城门时潜入城内,将冯、李等于睡梦中拽至街头枪杀。

杨增新达到目的后,即于1913年12月14日通电南疆文武官员,内称冯、李"包藏祸心,意存破坏,并有潜谋暗杀情事,经广镇边使电告中央,奉令依照军法枪毙,现在新伊业已实行统一,地方安静"云云。

冯、李被杀害后,广福于12月28日又电国务院取消冯大树、武庆荣的伊犁驻京代表资格。

冯特民、李辅黄被杨增新采取卑劣残酷手段杀害后,伊犁的问题并未完全解决。杨增新进一步采取措施改变体制,裁减军队,安置人员,整理币制,以达到伊犁完全置于他的统治之下。

当时伊犁尚有广福维持的过去军政人员,虽然于1913年5月8日任命的新疆都督参谋长杨飞霞调赴伊犁任宣慰使,1914年1月北京政府又令将镇边使改为镇守使归新疆都督统辖,但杨增新因广福还有一定威望,未能立即动手改制。杨于同年1月24日致电北京政府:"……广镇边使德威素重,各界归心,虽在病假,暂请勿庸开缺,借资镇慑。如该镇边使实在病重,万一不起,再请照大总统令实行改设伊犁镇守使一员,专管军队……"

广福于1914年2月1日病故,袁世凯于2月8日令以陆军上将例给以优抚,发给治丧费1万两,灵柩回籍时,着沿途地方官妥为照料。

广福死后,同年2月6日在新疆与北京政府往返电报之后,北京政府明令撤销伊犁镇边使改为镇守使,并将旧属伊犁将军的职权归新疆都督兼领,正式任命杨飞霞为镇守使并加副部统衔。2月8日又令该处军队统归镇守使节制,并办理各旗营及蒙哈事宜。

杨飞霞于1914年2月正式接职视事,除裁减军队,将伊犁陆军一师改为混成一旅外,并进行改组机关等方面事宜。从此,伊犁完全置于杨增新的统治之下。新疆归于统一,杨飞霞代表杨增新在伊犁以镇守使的名义开始了他的统治。

辛亥革命台湾起义纪实

辛亥革命对台湾老百姓的影响是很大的。当台湾人民获悉武昌起义推翻清朝统治的消息后，无不欢欣鼓舞，奔走相告。著名台湾爱国学者陈文彬教授曾经说过，当时上海发行了对开的和四开大的孙中山、黄兴等人的画像和武昌起义的图片，在台湾城市和乡村都很畅销。他说当时他8岁，在家里看到一张彩色图，他母亲告诉他："唐山起革命，清朝已经倒了，咱祖国没皇帝了，是个共和国了。"并说了孙中山的故事，"这在我幼小心灵中留下了很深的印象，直到半个世纪后还能明显地回忆起来。"台湾文化协会领导人王万得先生也说过：当时台湾社会各阶层人民，连一般家庭妇女和儿童都知道辛亥革命了，人们把这个重大事件概括成三句话："唐山发生了革命，'漩桶'已经退位，孙逸仙做了大总统。""漩桶"和"宣统"二字谐音，是"尿桶"的土语。台湾人民故意把"宣统"读成"漩桶"，以表示对清朝统治者的痛恨和蔑视。他还说台湾的中文私塾小学生很喜欢念上海新出版的《新三字经》，这书开头四句是："我中华，民主国；黄龙旗，变五色。"从这些情况中可以看出辛亥革命不仅对台湾百姓的鼓舞很大，而且对于台湾此后几次较有组织的反日武装起义也有深远的影响。

从1911年到1915年的四年间，台湾打破了过去10年的暂时沉寂的状态，连续爆发了9次武装反日斗争，即1912年3月，刘乾领导下的林杞埔起义（竹山）；同年6月，黄朝领导下的土库起义（嘉义）；1912年10月到1914年3月，罗福星领导下的大规模的抗日斗争（即苗栗事件）；1912年11月，以陈阿荣为首的抗日活动（台中南投）；1913年4月，张火炉领导下的大湖反日活动（新竹）；1913年6月，李阿齐领导下的关帝庙反日活动（台南）；1913年12月赖来领导下的东势角起义（台中）；1914年5月罗阿头领导下的六甲起义；1915年7月余清芳为首的噍吧哖起义；同年7月，又爆发了响应噍吧哖起义的杨临新庄反日活动。此外高山族同胞也参加了这个时期各地人民的反日斗争。所有这些斗争再一次形成了武装反对日本、收复台湾的新高潮。

同盟会员罗福星　慷慨就义为革命

　　辛亥革命的胜利,给予台湾人民的抗日斗争以极大的影响和鼓舞,仅仅在1912年至1915年的四年中,较大规模的抗日运动就有9次,而这9次抗日斗争有一个共同特点,即斗争目标都是"驱逐日寇,收复台湾",并且每次斗争都直接或间接地同辛亥革命有联系。

　　其中,罗福星为首的抗日运动是在同盟会直接领导下进行的。罗福星是广东省镇平县高思乡人,少时随祖迁居台湾,在苗栗牛栏湖庄居住。罗曾在苗栗公学校读过书,因不堪日人歧视和压迫,于1906年回到祖国大陆,在厦门加入同盟会,之后被派去爪哇、巴达维亚、新加坡等地担任中华学校校长,并组织华侨参加孙中山先生领导的革命运动。他与同盟会领导人黄兴、胡汉民、赵声等过往甚密。1911年黄花岗起义时,他从南洋赶往广东参加,在进攻广东督署时左手受伤,脱险后与胡汉民等前往南洋活动。辛亥武装起义时,他接到黄兴通知,要他在南洋招募义军回国。他召集了2000人回国,经过广州乘战舰北上到苏州,因南北议和而解散,自己转任为一所乡村学校的校长。1912年,他接受孙中山等人的指示回台组织抗日活动。在苗栗通过同学旧识罗璧壬、罗庆庚、邱义质等,开始在苗栗等地秘密发展革命组织。先后发展苗栗的谢德香、黄员敬、傅清风、江亮能和台北的黄光枢为骨干,通过这5个主要骨干及谢阿鼎、梁芳、刘温通、简金山等人为招募员,分别以华民会、三点会、同盟会、革命党各种名义,招募党员,并以江亮能为司令军长,按旅、团、营、队、排、班进行军事编制。在苗栗设立支部,并在台北、桃园、彰化、台南、基隆及宜兰等地设立分部。他还令吴觉民在台北大稻埕大瀛旅馆设联络总站,作为同盟会指挥中枢。罗福星自己时常往来中北部。当时,台胞深受辛亥革命的鼓舞,革命党人又以"驱逐日人、光复台湾"为号召,于是革命组织发展很快。据罗福星称,由彼募集者,总计1500余人,被捕时从他身上搜出的党员名册合计231人。黄兴还先后两次派人到台湾了解革命活动进行情况。

　　1912年11月间,罗福星在台中县东势角徐香家中,设革命机关,命徐香为募集员,共招集陈阿荣等85人,准备继续扩充实力,预定于12月间举事,先攻占南投,策应南北各地抗日革命起义。因事机不密,陈阿荣等重要干部遭日警逮捕,革命运动因而失败。

　　1913年3月15日,罗福星为扩大台湾抗日民族革命,在苗栗召开各地抗日志士大会,发表革命宣言,痛陈日本治台的虐政和台胞所受的痛苦,号召台湾人民团结起来配合辛亥革命,举行全省大起义,赶走日寇,收复台湾。宣言发表后,随即积极展开行动,受到台湾人民的拥护和响应,据说参加革命组织的达到9万余人。4月间,策动张火炉在台中组织革命机关,派黄炳贵、纪硐等为募集员,在大甲、铁砧山脚、下罩兰、大湖、南湖一带展开活动,募集志士,联络山胞,准备由台中厅之大甲和新竹厅之大湖同时发难,呼应全岛共同推翻日本暴政。不料被人告密,致第二次革命行动又失败。

同年4月,罗福星又于台南策动李阿齐组织革命机关,并以五甲庄为基地,招募同志,结合山胞,参加者甚多,预定在农历十月举事,计划经关帝庙向台南进攻,罗福星则发动中、北部同志响应,预期一举推翻日人的统治。终因事机泄露,日警先发制人,将李阿齐等主要人物逮捕,以致抗日民族革命运动再次失败。

罗福星虽连遭失败,但并不气馁,继续在台中策动赖来发动民族革命。赖来在1912年曾和谢金石到上海停留数日,看到祖国革命成功,非常兴奋,是年回台湾,加入罗福星所领导的革命组织,暗中在台中进行抗日活动。1913年12月1日,赖来等数百人在葫芦墩(今之丰原)起义,由赖来仕指挥,詹墩任副指挥,向东势角支厅进攻,砍死了两个日警,但赖和詹都先后阵亡,第四次革命行动又告失败。

台湾总督府得讯,异常震惊,下令逮捕革命党人。是年12月18日,罗福星在淡水被捕,同时被株连的达1200多人。1914年3月3日,罗福星等革命领袖在台北监狱英勇就义。在他被捕时,为敌人搜去的《手记》里充分表达了他慷慨激昂的爱国情绪,如"为国家雪耻,为同胞报仇";"今我为革命而死,何妨杀身碎骨,我一人虽死,尚有十二志士为我报仇,可断言,今后日人无宁日也!"在就义那一天,他神色不变,从容高歌《祝我民国词》和绝命词,其《祝我民国词》内容如下:

1912年10月奉孙中山命到台湾组织抗日最终被日本侵略军处绞刑的罗福星烈士

中土如斯更富强,华封共祝着边疆;
民情四海皆兄弟,国体苞桑气运昌。
孙真国手著先唐,逸乐中原久益彰;
仙客早沾灵妙药,救人千病一身当!

此词每句的第一个字连起来读,为"中华民国孙逸仙救"。

抗暴斗争遍宝岛　驱逐日寇洗雪耻

1907 年北埔起义之后,经过 5 年的革命低潮,终于 1912 年 3 月又爆发了林杞埔起义。领导人刘乾,是南投厅沙连堡羌仔寮庄人,因受辛亥革命成功之激励,决心从事革命,与林启祯结合乡民数百人于 3 月 23 日袭击距林杞埔(今南投县竹山镇)约 10 里之顶林派出所,杀日警 3 人。终因日警搜捕,刘乾与林启祯等 8 人被捕处死。

黄朝,嘉义大埤头庄人,与同志黄老钳同为受人雇佣的苦力,早有结合同志推翻暴政之念。辛亥革命成功,立刻把他们的革命行动向前推进一步。1912 年 6 月 27 日,黄朝鼓动信徒起事反日,不幸因被人告密而败露,黄朝等遭日军逮捕,后被处以死刑。

罗阿头(又称臭头),嘉义县店仔口支厅南势庄人,素具民族意识,仇恨日人,与罗狮、罗陈兄弟等结盟,募集同事,准备于 1914 年农历七月起事,不幸革命行动为日警侦悉,罗阿头以事急乃于 5 月 –7 日夜率同志进攻六甲支厅,途中与日警发生枪战,终因弹尽援绝,自杀于山中,被捕者多人。

余清芳,原是阿猴(今屏东)人,家道清贫,少年时代曾当学徒挣钱奉养母亲,后来一度任过日本的巡查补(即下级警员)。因受到辛亥革命和孙中山先生的影响,又亲身体验到日本殖民主义对台湾人民的野蛮统治和残酷奴役,于是愤然辞职,搬家到阿公店(今冈山)后乡居住,和一些同志们密谋驱逐日寇,光复台湾。他的主要同志有台南竹头崎庄江定、由大陆回台的罗俊(接受辛亥革命影响,带 6 人回台)、台南苏有志、大潭庄郑利记、阿店程庄张重三,还有苏登科和苏东海等人。经过长期的酝酿,于 1915 年 2 月,余清芳和江定才正式拟定了起义计划,除由罗俊、苏有志、郑利记出面,以修建台南市的"西来庵"为名,向台湾各地的"菜堂"(即斋堂)募捐,作为起义军费外,并发动台湾人民群众,准备和日寇斗争。余清芳被推为大元帅,以"大明慈悲国"的大元帅名义,并暗中以孙中山先生为最高领袖,秘密发表文告。文告发表后,台湾各地,特别是台南、台中、南投、嘉义、阿猴等地人民,纷纷参加起义组织,声势浩大。1915 年 5 月 25 日,苏东海身份暴露,为日警逮捕,接着罗俊在嘉义山中被捕,余清芳得此消息后,立即带领同志们到台南东北部山中噍吧哖(今玉井)提前发动起义,进袭日警支厅和派出所,毙日寇近百人。起义军占领了噍吧哖附近的虎头山高地与日军对战，终因武器不如，形势不利而失败。据日本殖民主义者发表的材料中说，余清芳等被处死刑者达 866 人，但实际不只此数。日寇竟然惨无人道地把噍吧哖附近的二十几个村 3000 多居民，不分男女老幼，全部屠杀，死状极惨！此役义兵死难者达万人以上，是日本统治时期台湾所发生的一次最惨烈的抗暴斗争。这也是台湾同胞永远不能忘怀的一次起义斗争！

台湾志士爱国心　中山先生思岛情

　　台湾同胞在辛亥革命的影响下，不仅在台湾与日本统治者展开武装斗争，同时也十分关心并积极支持或参加祖国大陆的革命运动。

　　在台北的同盟会员林薇阁、蔡法平关注大陆的革命。1910 年，同盟会第十四支部部长林文（时境）应黄兴电邀，决定率领 19 名同志由日本前往广东参加起义，但无旅费，乃派人前往台湾请林、蔡二位同志设法，林薇阁立即捐献日币 3000 元。有了这笔款，林文、林觉民等志士才如期赶到广州参加了轰轰烈烈的黄花岗起义。

　　除了捐款之外，台籍志士并奋勇参加革命战斗。根据已发现的文献资料证实，最少有两位志士参加过黄花岗起义。一位是罗福星，另一位是台南籍的许赞元，他是台湾著名爱国诗人许南英的次子，著名作家许地山（笔名落花生）的胞兄。当时 22 岁的许赞元积极参加了这次起义，被捕后得救出狱，被称为"黄花岗生还的义士"。

　　武昌起义的消息传到台湾后，当时在日本帝国主义统治下的台胞非常兴奋。10 月 19 日，澎湖渔民章吉辅最先驾危舟，突破日军游弋耳目，渡海投效祖国革命。其后继之而投效祖国者，日有数起。

　　武昌起义后，黄兴在南京发起"国民捐"，台盟同盟会员翁俊明等号召台籍同志慷慨解囊，很快捐到了 2000 元。1913 年，翁俊明偕杜聪明北上，计划毒毙袁世凯。事虽未成，却显示了台胞对保卫辛亥革命胜利成果的热烈响应。

　　林祖密是台湾台中望族，雾峰林家子弟，当日本帝国主义占领台湾后，他登舟内渡，回到了祖籍福建漳州。此后他一方面创办华封疏河公司，为地方建设作贡献；另一方面秘密赞助革命运动，如对辛亥福建的光复及"民四讨袁"之役，均曾有所赞助。1917 年，孙中山率领一部分国会议员及海军南下广州，倡导护法，各省响应。林祖密决意在闽南响应。经过联络，孙中山正式委任他为闽南军司令，负责闽南护法军事的进行。林受命后即设秘密机关于鼓浪屿,派人到各县布置,组织革命军,并组织了两个县的起义,使粤军进军闽南建立了新的革命基地。1921 年,林被调任为大本营参议,随孙中山入桂,参与戎机。1922 年,林祖密被任为福建省水利局长,后辞职回闽养病。1925 年 7 月 2 日,由于他是坚贞的革命信徒,被北洋军阀孙传芳部下张毅围捕,于同年 8 月 23 日慷慨就义。

林祖密虽是为革命捐躯,但他的子嗣继承了他遗志,继续参加了革命。"一门忠勇"的革命世家,正是伟大爱国精神的反映。

有些回到大陆定居的台胞也参加了各地的革命活动,有的还加入了各地同盟会。如日本占领台湾后迁回厦门的徐明山加入了同盟会,在厦门同文书院任教的徐屏山,由于"受他哥哥徐明山的影响和鼓励,有意识、有计划地在编写讲义、讲课,甚至与学生接触时,向学生灌输革命思想",并积极支持反对帝国主义奴化教育的学生运动。厦门的台湾同胞郑友福、泉州的台籍同盟会员陈春木,以行医为掩护,积极参加当地革命活动,民国初年还积极参加了反袁斗争。

台湾爱国史学家连横与爱国诗人丘逢甲,在宣传反清爱国思想方面也起了一定的作用,有人认为他们"都对同盟会的活动作了桴鼓之应"。

辛亥革命前后,台湾人民同大陆人民在爱国与革命运动中是互相支持、战斗在一起的。这些历史事实充分表明了台湾与大陆人民有着休戚相关的共同命运。

孙中山先生是非常关怀台湾人民的命运的。他曾于 1897 年派兴中会会员陈少白到台湾开展革命的宣传和组织活动。陈少白到台北后,首先找了老兴中会会员杨心如,并吸收了五六个会员,成立了兴中会台湾分会,秘密进行了宣传和组织活动,并筹集了一笔革命经费。

台湾光复初期梅屋敷改为国父史迹纪念馆,图为其正门

1900 年义和团运动期间,孙中山认为"时机不可失",决定发动惠州起义。他于 9 月 28 日抵达基隆,在台北新起町(今长沙街)建立起义指挥部。他在台湾筹措军械,指挥起义,并且经常与兴中会台湾分会同志接触,在台湾播下了革命种子。当时《台湾日日新报》也刊载了革命活动的报道,指出惠州起义的首领是孙中山。由于起义未成,中山先生在台停留 42 天后只得离开了。

辛亥革命后的 1913 年 8 月 5 日、1918 年 6 月 14 日,他又两次到过台湾。1924 年 11 月离黄埔北上时,又曾停泊基隆港过夜。据随行记者回忆:"这时我们的总理有一个计划,就是到台湾,想和台湾同胞见面,发表他的意见,宣传他的主义,唤起民族意识,鼓舞爱国精神。"由于台湾总督府的多方阻挠,愿望无法实现。尽管如此,中山先生生前四次过台,在台胞中却留下了不可磨灭的印象。他在病危时,尚"念念不忘台湾同胞,关心注意台湾同胞的革命事业"。

孙中山逝世时,台湾同胞一起沉痛哀悼。当时在北京的台湾同胞在挽联中表达了悲痛心情及决心:"三百万台湾刚醒同胞,微先生何人领导?四十年祖国未竟事业,舍我辈其谁分担!"在上海的台籍同胞于孙中山逝世后的第二天,在发给台湾民报的《哀悼中山先生》的通讯中表示:"中山先生虽死,中山主义决不死;中山先生虽亡,民众运动决不失败。"在台北,爱国台胞冲破日本殖民当局的种种阻挠,于 1925 年 3 月 24 日隆重举行了 2000 多人参加的追悼大会,在悼词中号召:"中国的同胞啊!你们要坚守这位已不在了的导师的遗训——革命还未成功,同志尚须努力啊!"第二年,又举行了更大规模的逝世周年纪念大会,由著名反帝爱国政治活动家蒋渭水先生支持,最后他宣传孙中山先生临终时的遗愿时连呼:"和平,奋斗,救中国!"这表明孙中山对台湾同胞的影响及台湾同胞对中山先生的崇敬是非常深刻的。

辛亥革命宁夏起义纪实

武昌起义胜利，西安首先响应，后即以鸡毛传贴促使宁夏会党响应。刘华堂当即与各山主（帮会首领）及会友高士秀、马跃川、普子久（满族）、邹愚极、夏梓、马四虎（回族）、了照（北塔和尚）等聚议联合陕西，响应武昌起义，并秘密联络宁夏镇标营军官刘复太、袁宗刚、续备左旗号官黄连升等约期起义。时宁夏县（现银川市）知县陈元骧闻风昼夜巡逻，帮会行动不谨，被发觉，于九月十九日（农历下同）李麻花、吴说书、罗大辫子、贼狮子等十余人逮捕下狱。二十六日邹愚极率众暴动，亦被标营千总李敬忠率队镇压，邹臂部受伤溃散。一时城内戒严，谣言四起，居民纷纷迁移乡间避难，市面顿呈混乱状态。

光复宁夏城 建立军政府

李麻花等被捕后，灵武帮会首领高士秀、高登云等以事机泄露，迫不及待，乃于九月二十七日晚在灵州（灵武县）起义，率领群众1000余人，先攻灵州守备衙门，夺取枪械；继而围攻州署，知州余重基和守备潘某均逃匿民间。革命军打开监狱，释放犯人，灵州随以光复。城内只有剥削穷人的三家当铺被群众抢掠一空，其余商店、居民财物均无损失；唯渠工委员常幼臣经常剥削农民，侵吞材料，素为农民痛恨，即时被群众枪杀。

九月二十七日灵州光复的消息传到宁夏府城，全城人心惶惶，纷纷逃往乡村，风声鹤唳，一夕数惊，市面秩序异常紊乱。是时，宁夏镇总兵张绍先晋省述职未回，镇台的职务由中营游击贺明堂代理。文武官员惊惶失措，城内虽有标绿各营旗约一两千人驻防，但当局怀疑与帮会有勾连，不敢调用。因即召开秘密紧急会议，特请新城满营副都统常连带领驻防旗兵2000余人，全副武装，于九月二十八日中午开到府城,在东西大街示威游行,借资弹压。二十九日晚7时,刘华堂同夏梓、王俊等30余人点放纸炮,沿街喊出杀声。当时宁夏府巡警局巡官刘照藜、镇台衙门教官刘复太亦系哥老会党,分别率领警士和卫兵一百几十人向空放枪响应。城内贫民约四五百人相随而起,首先将剥削穷人最残酷的19家当铺打开,并放火焚烧,一时火光冲天,喊声四起。这时刘华堂带领部分革命军首先围攻中营游击衙门,要求代理镇台贺明堂反正,协助革命军起义,贺拒不应承,当被革命军枪杀。继即围攻驻防城内的续备左旗部队营盘,该旗营官牟宪章见革命军气势正盛,即派人与刘华堂谈判,愿以帮会义气,不阻挠革命军活动,等大事成后,即参加革命。因此,双方商议妥协,互不侵犯。另一部分革命军由刘复太率领围攻宁夏县衙门(即现在东花园),打开监狱,将逮捕的会友李麻花等和监狱内所有人犯一齐放出,并放火点着县衙头门。是时,县知事陈元骧率领衙役和他的随从开枪迎击,刘复太腿部受伤。相持约半小时,陈元骧见革命军声势强大,力不能支,遂同其堂弟陈铁生缒城逃命,星夜奔至城北40里地通义堡贡生王赞兴家中隐藏,被李岗堡革命军发觉,遂将陈元骧兄弟抓住,绑到李岗堡南门外乱刀砍死。当革命军围攻宁夏县衙门时,宁夏道台孙廷寿和宁夏府知府庆隆看到城已失陷,均各自逃匿民间隐藏。唯宁朔县(宁夏、宁朔两县设置均在府城内)知事高彝亦系陕人,素与帮会相近,见大势已去,随即和全城文武官员及汉、唐、惠、清四渠委员,投降革命军。

平罗县帮会首领马跃川等于十月初一日晚响应府城起义。当时城内大乱,平罗参将谭华亭、守备、千总和县知事均逃匿民家,未动刀枪,即行成事。除官府仓库和当铺被群众抢取外,其余商店居民则未受任何损失。平罗县北30里之黄渠桥为平罗县的大镇市,驻有宁夏骑兵部队一营,被平罗革命军包围。营官侯明俊顽强抗拒,不肯交械,激战后,被革命军俘获枪杀。宁夏府城光复后,刘华堂等首先于四鼓楼最高处竖立大白旗一面,上书"支那革命大元帅孙",以表示拥护孙中山的领导。

翌日(农历十月初一日)即在道台衙门成立革命军政府,开军事会议。因会党素无主政经验,以原宁夏道台孙庭寿平日为官较好,公推为宁夏军政府都督(孙始终未任事),刘华堂为总指挥,掌握宁夏府一切军政事务;刘复太为宁夏镇台,黄连升、牟宪章为标统,统领宁夏各路革命军部队;刘照藜为总参谋,原宁朔县典史张伯铣(即张少棠)为行军总稽查,掌握革命军全军营务事项;又以本地秀才王俊、王之滨分任宁夏、平罗两县知县,以曾任练军某部文案之胡宝森办理全军总文案事;并招集各衙署职役及部分学生到军政府襄办文书事宜;即日刊发各机关印信,分掌职责。军政府刻有五寸见方大印一颗,文曰"宁夏革命军政府印"。当即出示安民。宣布革命军起义是响应孙中山革命,推翻清室;并晓喻革命军部队官兵不得搜劫讹诈,骚扰百姓;大小商店公买公卖,照常营业,不得扰乱秩序,违者军法从事。同时令城乡各户本门悬挂红色三角旗一面,上写"顺南"二字,表示响应武昌革命。自此市面秩序逐渐恢复。

十月初八日晚,军政府召开秘密会议,原城守营都司多伦岱、理事厅同知文升均是满族,有与满营通信嫌疑;宁夏县典史曾善全、汉延渠局长王文郁均是会党,通过会内关系,泄露军政秘密,于是夜夜半,分别逮捕正法。同时还有市民张姓、杨姓二人手拿城隍庙令箭,乘机向民间借搜查武器为名,讹诈人民财物,亦经军政府查获,绑赴玉皇楼(现银川市图书馆)街口正法,悬首示众。自此城乡秩序安静如常。知府庆隆虽是满族,但平日事母至孝,为人诚实,这次对于革命军革命起义尚无危害罪行,经军政府允许免究,保护他的生命财产。军政府成立时值初冬,适为宁夏冬灌时期,立即命令河西汉、唐、惠、清四渠总绅张昉,会同四渠委员带领各渠办理水利人员严厉督促冬灌。因此民国元年春季,宁夏各县农田都能够得到饱墒,春播顺利,夏粮得到丰收。

满城未攻下　壮举成悲歌

军政府成立后,军事方面由总指挥刘华堂主持。那时府城虽为革命军占领,但是离府城 10 里路的满营(新城),尚有驻防旗兵 2000 余人,他们武装齐备,实力雄厚。军政府考虑,如果满营这部分武力不能迅速解决,革命取得的胜利就得不到保证。于是首先决定派田某前往西安接洽,取得军事联络;一方面号令城乡起义的同胞,凡能自行招集群众参加革命军 100 人以上者为连长,二三百人者为营长,招集的革命军统由标统牟宪章、黄连升二人编制训练。官兵均用白布包头,以作标记,武器方面除旧式枪支和土抬枪外,其他全部刀矛饬令铁匠连夜赶造,为攻打满营作好准备。另一方面采取先礼后兵、和平谈判方式,派遣军政府总文案胡宝森(胡与满营都统常连甲有旧交)前往新城劝说满营官兵缴械投降。当时满营将军台布、都统常连答以双方各守城池,互不侵犯,借词推却。

军政府见满营拒绝投降,遂决定采取军事行动,于农历十月十九日下午由刘先智自告奋勇,率领革命军 1000 余人进攻满营。常连甲率领旗兵 1000 余名出城迎战,双方激战约两小时。革命军方面因系临时招集未经训练的民兵,指挥不灵,并且所持武器多是刀矛,因此甫经接触,即行溃败,伤亡三四十名。当晚刘先智又重整旗鼓,连同宁夏镇属陕秀全(原前营游击)带领的标营官兵 3000 余人,继续围攻。

会友张兴、唐开选、马四虎、吴说书等亦前往参加,并准备云梯爬城。自是昼伏夜攻,双方激战 10 日。革命军首领刘先智在此次战役中弹牺牲,总计伤亡 200 余人。满营方面连作战和赴中卫领饷中途被杀官兵只死 13 名。革命军方面既无战斗常识,又因刘先智之牺牲,缺乏坚强指挥,旷日持久,迄未攻下满城。

宁夏府城光复后,满营方面火速派员向甘肃省方求援。那时陕甘总督长庚即派前往攻打西安的西军(宁夏一带一般称回军为西军)分统马麒、马麟,率领马、步六营回族军队驰赴宁夏。军政府得此消息后,于十月二十九日召开紧急秘密会议,首领们意见分歧,同时亦感觉革命军均系临时召集,无法接战,只得急将围攻满营的革命军连夜撤退,保守府城,希图西安方面的救援。但是革命军士兵听说"官军"大兵压境,军心涣散,自行瓦解。军政府首领们见大势已去,无法挽救,刘华堂等遂亦各自出城逃走。这时标统牟宪章为个人立功赎罪计,即将黄连升、李麻花、夏梓逮捕斩杀。叛变革命的满族会目普子久在被满营利用后,是时亦被副都统绰哈太捕杀。西军进城后,革命军首领张伯铣等四人均被捕壮烈牺牲。宁夏人民响应辛亥革命的壮举,终归失败。

辛亥革命内蒙古起义纪实

辛亥革命前后,内蒙古社会政治出现了较大的动荡。

中国的资产阶级民主革命运动兴起以后,在区内外或海内外读书的内蒙古青年首先接触到了民主革命思潮,并通过他们向内蒙古地区传播。同盟会在日本东京成立的时候,也曾拟定在其北部支部下设立分会,但是一直没有成立起来,不过同盟会已经注意到了在内蒙古发展工作的问题。最早由山西分会派王建屏、李德懋等来内蒙古西部以归绥、包头为中心开展工作,主要在清军汉族官兵、地方绅士和青年学生、乡村会党势力以及破产农民中进行宣传鼓动,发展会员。在归绥、包头、五原、丰镇、萨拉齐等城镇发展了一批同盟会员,开展了一定的革命活动。但是在蒙古族中加入同盟会者仅有云亨、经权等极少数蒙古族青年知识分子。在内蒙古东部地区,在沈阳读书的一部分哲里木盟的蒙古族学生,曾以蒙文学堂的代表参加过奉天省的学生代表大会,请愿召开国会。他们还在寒暑假回到家乡宣传民主进步思想,表露了反清意识,但无大的举动,也没有发现有人参加同盟会及其领导的革命活动。在北京等大城市也有部分就学的内蒙古青年也接触了民主进步思潮,但是,他们在内蒙古的活动也极为有限,影响甚微。

武昌起义爆发后,同盟会员云亨、王定圻、杨云阶等相继从北京、太原等地回到内蒙古西部地区,组织这里的同盟会员和革命力量,积极筹划反清起义。11 月 9 日,清朝驻归绥以汉族官兵组成的口外八旗后路巡防,在同盟会的影响和策动下,由哨官张琳、曹富章等领导发动了兵变,沿大青山向西开往包头东北的石拐沟。这时,云亨、王定圻、杨云阶、郭鸿霖、经权等也到达包头,一方面在萨拉齐、包头、五原一带策动反清起义,一方面设法迎接归绥起义军进驻包头。当义军进入包头以后,五原厅同知樊恩庆及当地军政官员佯装欢迎革命军,于 12 月 24 日以宴请革命军为名,设下鸿门宴,杀害了张琳、曹富章、郭鸿霖等,云亨等少数人侥幸脱逃。绥包起义失败。

与此同时,晋北地区的起义军,在革命党人弓富魁率领下进入大同。丰镇一带的农革命军受同盟会的影响,按弓富魁的指示,在农革命军首领张占魁、武万义(蒙古族)、马有才(回族)带领下,于隆盛庄附近宣布起义,12 月初向丰镇进军,12 月16 日攻入丰镇。22 日大同清军赶往丰镇,24 日清军占领丰镇,大批革命党人和起义者惨遭杀害。起义军撤出丰镇后仍到农村流动作战,但已失去革命党人的领导而归于失败。与此同时,在陶林、兴和、凉城等地虽然也发生过一些反清起义,不久也被清军和蒙古马队镇压下去。

　　1912 年 1 月,山西革命军在太原受挫,阎锡山率革命军撤出太原,经晋北、陕北辗转进入内蒙古西部。丰镇、包头等地的革命党人前来加入山西革命军。1 月 12 日,王定圻、李德懋等引导山西革命军进入包头,受到人民群众的热烈欢迎,遂成立管辖包头、后套、伊盟地区的临时性政权机构包东州,使内蒙古西部的革命形势略有好转。1 月 15 日,革命军占领了萨拉齐,26 日乘胜东进,拟取归绥。但在革命军东进途中,在刀什尔村与清军遭遇,经过激战,革命军受挫,遂撤到托克托厅。2 月下旬,阎锡山放弃攻取归绥的打算,率军返回太原争夺山西督军位子。至此,内蒙古西部地区的反清起义全部失败了。

　　同盟会在内蒙古西部地区开展革命活动,在武昌起义后又发动了几起规模不等的反清起义,使内蒙古地区对于资产阶级民主革命活动和辛亥革命有了积极的反映。

附录:辛亥革命大事记

(1905年7月至1913年9月)

1905年(清光绪三十一年·乙巳)

7月19日(六·十七)　孙中山于6月11日离欧洲东返,是日抵日本,开始筹建资产阶级革命政党。

自5月兴起的反对美国虐待华工苛约的抵制美货运动进入高潮。上海、广州、北京、湖州、苏州、天津、南京、汕头、潮州、杭州、武汉、福建等地相继集会,议拒美货,成立各种拒约团体。各地华侨纷纷声援,迅速形成全国规模的反美爱国运动。上海绅商集议抵制美国虐待华工苛约,议决不订美货。次日,各帮商董签允并电35埠照行。抵制美货运动迅速在全国展开。

7月下旬孙中山首次与黄兴会晤于东京中国餐馆凤乐园,共商筹组"革命大同盟"事。孙建议兴中会与华兴会联合,黄极衷赞同。

7月28日(六·二十六)　孙中山与宋教仁、陈天华等会晤于《二十世纪之支那》杂志社,并提出结束各革命团体之间"不相联络,各自号召"的局面,建立统一组织。

7月29日(六·二十七)　黄兴召集在东京的华兴会员集议,讨论与兴中会联合问题。

7月30日(六·二十八)　孙中山在东京赤板区桧町三番内田良平住所召开中国同盟会筹备会,出席会议的有兴中会、华兴会、光复会和科学补习所在日本的成员黄兴、陈天华、宋教仁、田桐、吴春旸等,以及留日学生共计70多人。日本志士宫崎寅藏等与会。会议确定"中国同盟会"为会名,通过孙中山提议的"驱除鞑虏,恢复中华,创立民国,平均地权"16字纲领。举行宣誓加盟仪式,推举黄兴、陈天华、宋教仁、马君武、汪兆铭等8人起草同盟会章程。

8月13日（七·十三）　由黄兴、宋教仁等发起,在东京麹町区富士见楼隆重举行欢迎孙中山大会,到会1,300多人。孙中山发表长篇演说,号召"流血革命",驳斥保皇党谬论,预言中国将出现前所未有的大进步,"突驾日本",赶上和超过西方。

8月20日（七·二十）　中国同盟会在东京赤坂区灵南坂召开正式成立大会,通过同盟会章程30条,正式确认16字纲领,暂定东京为同盟会本部所在地。大会根据黄兴的倡议,选举孙中山为总理,下设执行、评议、司法3部,并决定以《二十世纪之支那》杂志为机关报。是日到会100余人,全体加盟。

8月28日（七·二十八）　《二十世纪之支那》杂志遭日本政府查封。

8月29日（七·二十九）　清政府出使美国大臣梁诚与美国合兴公司签订收回粤汉铁路合同,中国人民胜利收回粤汉路权。

8月31日（八·二）　湖北、湖南、广东三省官绅议决自办粤汉铁路。

9月5日（八·七）　日俄战争交战双方在美国朴茨茅斯签订"和约",沙俄背着中国,将前所掠夺南满的种种特权让与日本。

9月8日（八·十）　孙中山派遣冯自山、李自重赴香港、广州、澳门联络同志,主照接收会员,筹建同盟会支部和分会。11月,香港兴中会首先改组为同盟会分会,陈少白任会长。

9月23日（八·二十五）　光复会员徐锡麟在浙江绍兴创办大通学堂。

9月24日（八·二十六）　爱国志士吴樾在北京前门车站谋炸清政府派遣出洋考察宪政5大臣,伤载泽（镇国公）、绍英（商部右丞）,吴樾当场死难。

10月26日（九·二十八）　清政府改派尚其亨（山东布政史）、李盛铎（顺天府丞）会同载泽（镇国公）、戴鸿慈（户部侍郎）、端方（湖南巡抚）出国考察政治。12月初启程,分赴日本、美、英、德、法、比、奥等国。次年7月回到国内。

11月2日（十·六）　日本文部省（教育部）徇清政府要求,颁布《取缔清韩留学生规则》,对留日学生进行种种无理限制。

11月26日（十·三十）　中国同盟会机关报《民报》在东京正式出版,以宣传同盟会纲领为宗旨,每月一期。孙中山在《发刊词》中第一次揭示"民族、民权、民生"三大主义,号召民族民主革命,主张"举政治革命、社会革命毕其功于一役"。

12月4日（十一·八）　中国留日学生8,000多人,为抗议日本政府颁布《取缔清韩留学生规则》实行总罢课。8日,陈天华愤于日本报纸对中国留日学生的诋毁,在东京大森海湾蹈海自杀,以示抗议。

1906 年(清光绪三十二年·丙午)

春　湖北革命党人刘敬安(静庵)在武昌建立革命团体日知会,孙武、张难先、曹亚伯等百余人入会。

△　同盟会本部派刘道一、蔡绍南返回湖南"运动新军,重整会党",宣传同盟会纲领。刘、蔡在长沙约集革命志士,计议联络湘赣交界萍乡、浏阳、醴陵一带会党,择机起义。经蔡绍南、魏宗铨等人积极活动,各派会党相继并入洪江会,拥龚春台为"大哥",宣誓遵守"中华民国宗旨"、"灭满兴汉",拥众达数万。

△　同盟会湖南分会在长沙成立,禹之谟任会长。

△　邓家彦受同盟会本部派遣,在成都建立同盟会四川分会,举黄复生为会长。

4 月 28 日(四·五)　《民报》第三号发行号外,刊登《民报与新民丛报辩驳之纲领》12 条。自此,革命派与保皇派的大论战全面展开,斗争前后持续两年之久。

5 月　同盟会本部派余诚回鄂组织同盟会湖北分会,日知会全体会员加盟,举刘敬安为总务干事。

△　广东商办粤汉铁路公司成立。

6 月 29 日(五·八)　因苏报案被囚于上海西牢的章炳麟,服刑期满出狱。孙中山派代表迎章赴东京,旋加入同盟会。8 月,接任《民报》主编。

7 月　同盟会员蔡绍南与洪江会首领魂宗铨等在湘赣交界处秘密会议,筹划萍浏醴起义。

8 月 10 日(六·二十一)　同盟会湖南分会会长禹之谟,因 5 月间倡导公葬革命烈士陈天华、姚宏业,在长沙组织万人大示威,后又领导湘乡学界抗争盐商浮收捐税,于是日被捕。次年 1 月 5 日在靖州就义。

9 月 1 日(七·十三)　清政府为抵制革命,诏颁预备仿行宪政(即"预备立宪"),宣布"大权统于朝廷,庶政公诸舆论",开始"官制改革"。

9 月 5 日(七·十七)　宫崎寅藏等为声援中国革命,在东京创办《革命评论》半月刊,章炳麟为封面题字。1907 年元旦曾发行"支那革命号"特集,专门介绍中国。3 月,因内部意见分歧而终刊,前后共 10 期。

12 月 2 日(十·十七)　《民报》创刊年纪念大会在东京神田锦辉馆举行,到会近万人。孙中山发表题为《三民主义与中国前途》的重要演说,系统阐述三民主义、五权宪法思想。

12 月 4 日（十·十九）　由同盟会员刘道一、蔡绍南等策动的萍浏醴起义爆发。洪江会首领龚春台以"中华国革命军南军革命先锋队都督"之名檄告推翻专制政体，建立共和民国，实现地权平均。数日间，起义军连克浏阳县境文家市、萍乡县境上栗市和桐木、宜春县境慈化等地，众至 3 万余人。清政府急调鄂、湘、赣、苏 4 省军队和当地驻军 4～5 万人进剿。起义军转战两旬失败，蔡绍南、刘道一、魏宗铨、廖叔保等义军首领数十人死难，惨遭杀害的群众达万人。

12 月 16 日（十一·一）　东南各省绅商和立宪党人在上海组织第一个立宪团体预备立宪公会，举郑孝胥为会长，张謇、汤寿潜为副会长。后杨度在湖南设宪政公会，汤化龙在湖北成立宪政筹备会，丘逢甲在广东成立自治会。

秋、冬　孙中山、黄兴、章炳麟等在东京共同制订对内对外纲领性文件《革命方略》，以备各地革命党人武装起义时应用。

△　革命党人在东京先后创办《复报》、《云南》、《鹃声》、《直言》等刊物。

1907 年（清光绪三十三年·丁未）

1 月 11 日（上年十一·二十七）　孙中山与宋教仁、胡汉民等晤商，坚决拒绝梁启超提议《民报》与《新民丛报》休战要求，坚持将论战进行到底。

1 月 13 日（上年十一·二十九）　湖北日知会因准备响应萍浏醴起义而遭封禁，刘敬安、朱子龙、胡瑛、李亚东、季雨霖、张难先等 9 人被捕。

1 月 14 日（上年十二·初一）　秋瑾在上海创办以宣传妇女解放为宗旨的《中国女报》月刊。

1 月　改良派刊物《中国新报》在日本东京创刊，杨度主编，主张实行君主立宪，要求召开国会。

2 月 13 日（正·一）　康有为将保皇会改组为国民宪政会（又称帝国宪政会）。

3 月 4 日（正·二十）　孙中山被日本政府无理驱逐，赴越南。旋于河内甘必达街 61 号设立领导粤、桂、滇武装起义总机关。

△　黄兴代理同盟会总理职务（后黄兴离日赴越南，此职务由刘揆一代理），旋在中国留日陆军学生中组织"丈夫团"，以培养军事骨干。

3 月 23 日（二·十）　宋教仁自东京赴辽东策动革命。4 月建立同盟会辽东支部，联络当地反清武装"马贼"，期与革命党人配合，"南北交攻，共图大举"。事泄，返回东京。

3~4月上旬　江苏、浙江、安徽、广东省许多州县,相继爆发"抢米"风潮。

4月2日(二·二十)　《神州日报》在上海出版,于右任为社长。该报以干支纪年,不用清朝年号。

4月10日(二·二十八)　川汉铁路改归商办,以乔树楠为总办。

4月25日(三·十三)　《民报》发行临时增刊《天讨》一书,同盟会以"中华国革命军政府"名义发表《讨满洲檄》、《谕保皇会檄》等革命文件。

4月　孙中山函召黄兴、胡汉民等回国联络新军、会党,准备发动两广潮、惠、钦、廉四府同时起义。

△　章炳麟等与印度革命志士在东京发起组织亚洲和亲会,以团结亚洲各国共同反对帝国主义,争取民族独立。越南、缅甸、菲律宾、朝鲜等国志士相继加入。

5月22日(四·十一)　革命党人在广东发动潮州黄冈起义,拥同盟会员(原三合会首领)陈涌波、余既成为革命军正副司令,檄告除暴安良,免除苛税,因起事仓促,伤亡过重,于27日失败。

6月2日(四·二十二)　为响应黄冈起义,同盟会员邓子瑜领导会党200多人,在广东惠州府归善县七女湖起事。战斗十余日,失败。

6月10日(四·三十)　女子复权会机关报、中国第一个宣传无政府主义思想的杂志《天义报》半月刊在东京创刊,何震主编。该报"以破坏固有之社会,实行人类之平等"为宗旨,提倡女界革命和种族、政治、经济革命。

6月22日(五·十二)　吴敬恒(稚晖)、李煜瀛(石曾)等在法国巴黎创办《新世纪》周刊,介绍巴枯宁和克鲁泡特金的学说,主张实行"倾覆一切强权"的"社会主义革命",鼓吹无政府主义。1910年5月停刊,共出121期。

6月　章炳麟、张继、陶成章借潮、惠起义失败和《民报》经费等事,大肆攻击孙中山,催逼代行总理职权的刘揆一召开大会,罢免孙中山,改选黄兴继任,遭到刘揆一的拒绝。黄兴亦在越南复函表示反对。

7月6日(五·二十六)　光复会员徐锡麟率巡警学堂学生数十人在安庆举义,击杀安徽巡抚恩铭,占领军械所,旋失败。徐被捕英勇就义。

7月14日(六·五)　秋瑾谋响应安庆起义,被清廷侦悉,是日在绍兴大通学堂被捕。次日凌晨,壮烈牺牲于轩亭口。

7月30日(六·二十一)　日本与沙俄签订第一次《日俄密约》,擅自将中国东三省划分南满和北满,规定北满为沙俄势力范围,南满为日本势力范围;沙俄承认日本在朝鲜的侵略地位,日本则承认沙俄在中国外蒙古的特殊利益。

8月18日(七·十) 《英俄条约》订立。英国将波斯(今伊朗)权利让与俄国,俄国则承认英国在中国西藏的"特别利益"。

8月20日(七·十二) 新加坡同盟会分会创办《中兴日报》,成为南洋革命党人反对立宪派和宣传革命的主要阵地。

8月22日(七·十四) 清政府命令各省督抚设法解散革命党,严密查拿革命党人。

8月 一些会党首领和一部分与会党有联系的同盟会员张百祥、焦达峰、刘公等近百人,在日本东京成立共进会。宣布以同盟会纲领为宗旨,但将"平均地权"改为"平均人权"。谋在长江流域策动起义。张百祥、邓文翠、刘公先后任会长。

9月1日(七·二十四) 同盟会员王和顺率200余人在广西发动钦廉防城起义,5日攻占防城,杀县令,张贴《中华国革命军都督王告示》,宣布"扫专制不平之政治,建立民主立宪之政体,行土地国有之制度"。后又攻袭钦州、灵山等地。中旬,起义军退入十万大山。

10月17日(九·十一) 梁启超、徐佛苏、蒋智由等在东京创设立宪团体政闻社。拥护君主立宪,反对民主革命。革命党人张继、陶成章等率众1,000多人大闹会场。是月,蒋智由在上海主编《政论》月刊,作为该社机关报,标榜"改造政府","实行国会制度,建设责任政府"。

11月 江苏、浙江、安徽三省绅商学界和东京留日学生纷纷召开"拒款大会"、"保路会",要求收回被帝国主义劫夺的铁路路权。

12月2日(十·二十七) 同盟会员黄明堂率乡勇80多人在广西镇南关起义。4日,孙中山、黄兴、胡汉民由河内赶赴战地参战。起义军与数千清军血战七昼夜,最后失败。

是年 中国留日学生在东京创办《中国新女界杂志》、《四川》、《河南》等革命刊物。

1908年(清光绪三十四年·戊申)

2月 清政府议定再加20万金的赏额,通令全国缉拿孙中山。

△ 政闻社本部由东京迁上海,旋在各省建立分支机构,会员遍及十数省。

3月27日(二·二十五) 黄兴亲率越南华侨中的同盟会员200多人,在广西发动钦州马笃山起义。坚持40余日。5月3日,退回越南。

4月30日(四·一) 黄明堂、王和顺、关仁甫在云南河口起义。5月5日,孙中山电委黄兴为云南国革命军总司令,命即赴前线督师。清廷急令滇、黔、川、桂各省会师围剿。5月26日,河口失陷,起义军退回越南。至此,孙中山在西南边境领导的武装斗争完全失败。

6~7月 预备立宪公会发动国会请愿运动,电请于提前召开国会。

7月26日(六·二十八) 原日知会员任重远等400多人,在武昌成立湖北军队同盟会,拟以武汉为中心,策动腹地起义。

夏、秋间 孙中山与胡汉民等集议,总结革命斗争经验,商讨今后革命方略,开始把发动群众的重心,从会党转向新军。

8月13日(七·十七) 清政府命各省查禁政闻社,严拿社员。

8月27日(八·一) 清政府宣布自本年起于第九年召开国会,实行宪政。

9月 清政府颁布《钦定宪法大纲》,规定君上大权14条,臣民权利义务9条。用以巩固君权,欺骗国民。

秋 孙中山在新加坡亲自领导《中兴日报》与保皇党的《南洋总汇报》进行论战,并以"南洋小学生"笔名,多次发表驳论文章,批判改良派所散布的"革命必召瓜分"等谬论。与此同时,黄兴、胡汉民、田桐、林时爽、汪兆铭等也撰文参加论战。

△ 在南洋英、荷所属各埠纷纷建立同盟会分会的基础上,孙中山设南洋支部于新加坡,委胡汉民为支部长。次年5月,南洋支部迁槟榔屿,邓泽如主持会务。

10月19日(九·二十五) 日本东京警视厅循清政府所请,封禁《民报》。《民报》自创办以来,历时两年,共出24期。1910年又在日本秘密出版两期。

10月25日(十·一) 清政府以《新世纪》杂志"语多悖逆,昌言革命",严禁在国内发行。

11月14日(十·二十一) 清光绪帝载湉死。次日,慈禧太后那拉氏死。立醇亲王载沣子溥仪为帝,载沣以摄政王监国。

11月19日(十·二十六) 熊成基率马、炮两营士兵千余人发动安庆新军起义,旋失败。熊成基赴日本。

12月2日(十一·九) 溥仪即位,改元宣统。

12月13日(十一·二十) 同盟会员杨王鹏等在武昌将湖北军队同盟会改组为群治学社。

是年 同盟会河南分会在开封成立。

1909 年(清宣统元年·己酉)

1 月 2 日(上年十二·十一)　清载沣亲贵集团鉴于袁世凯(时任军机大臣兼外务部尚书)权势日盛,难于驾驭,以袁患有足疾为由,命其"回籍养疴"。

3 月 1 日(二·十)　同盟会员佘英、熊克武等联络哥老会在四川广安起义,旋失败。

4 月　孙武、焦达峰在汉口法租界设立共进会鄂部总会,设分机关于武昌,联络长江中下游各会党,组织"中华山",策动起义。8 月,焦达峰在湖南长沙建立共进会机关。

5 月 15 日(三·二十六)　于右任在上海创办《民呼日报》,宣布"实行大声疾呼为民请命之宗旨",8 月被迫停刊。10 月 3 日,改《民呼日报》为《民吁日报》,继续出版,后因揭露日本侵略朝鲜和中国东三省事,在日本驻沪领事的干预下,于 11 月 19 日被判令永久停刊。

5 月 19 日(四·一)　孙中山离新加坡赴欧洲筹款,委黄兴、胡汉民负责国内革命运动。

6 月 6 日(四·十九)　张之洞与英、法、德三国银行团订立《湘鄂境内粤汉铁路与鄂境川汉铁路借款合同》。

9～10 月　同盟会、光复会之间的派别纠纷加剧。章炳麟、陶成章在南洋、日本等地大肆攻击孙中山,公开散发《伪"民报"检举状》、《孙文罪状》即《七省同盟会员意见书》等文件。

10 月 4 日(八·二十一)　清军机大臣、粤汉川汉铁路督办张之洞死。7 日,清政府命将该铁路事宜归邮传部接办。

10 月 14 日(九·一)　清政府各省谘议局(除新疆省缓办外)经过长达一年的筹备,正式成立并宣告开议。

10 月　同盟会南方支部在香港黄泥涌道成立,成为指挥南方革命的总机关,胡汉民任支部长,旋即着手准备以新军为主力的广州起义。

11 月 5 日(九·二十三)　湖北留日学生代表张伯烈、夏道南及谘议局议员等组织"湖北商办铁路协会",举刘心源为会长。

11 月 27 日(十·十五)　江苏谘议局发起,邀约 16 省谘议局代表在上海开会,议决组织代表团进京请愿,要求缩短立宪年限,迅速召开国会和设立责任内阁。

1910 年(清宣统二年·庚戌)

1 月 16 日(上年十二·六) 各省谘议局代表在北京组织"请愿国会代表团",向清政府发动第一次请愿,要求一年内即开国会。清政府以"筹备既未完全,国民知识程度又未划一"的借口相拒绝。后立宪派组织"国会请愿同志会",准备发动更大规模的请愿。

1 月 28 日(上年十二·十八) 黄兴于 23 日离日本,是日抵香港,主持广州起义筹备工作。

1 月 30 日(上年十二·二十) 熊成基因奸徒告密在哈尔滨被捕。2 月 27 日遇害。

△ 清廷诏准黎大均等呈请商办鄂境粤汉、川汉铁路。3 月 24 口,邮传部批准在湖北设立粤汉、川汉铁路公司。

2 月 12 日(正·三) 广州新军起义,举倪映典为司令。起义军 3,000 人分路进攻广州城,遭清水师提督李准镇压,倪被诱杀,起义失败。

△ 英、法、德三国驻华公使照会外务部,无理抗议中国商办湖广境内粤汉、川汉铁路。

2 月 光复会于同盟会之外另行恢复组织,在东京设总部,以章炳麟、陶成章为正副会长。旋在南洋英、荷所属各埠设立分会。

3 月 孙中山致函黄兴,提出广州再次发动起义的计划。

△ 孙中山为加强对美洲华侨革命力量的统一领导,成立"美洲三藩市(即旧金山)中国同盟会总会",通称"美洲同盟总会"。8 月,创办机关报《少年中国晨报》。

4 月 2 日(二·二十三) 喻培伦、黄复生、汪兆铭在北京谋炸摄政王载沣,事泄。4 月 16 日,黄复生、汪兆铭被捕入狱。

4 月 13 日(三·四) 长沙发生"抢米"风潮,14 日数万饥民焚毁巡抚衙门、外国洋行和教堂。旋被镇压。

春 江苏、浙江、江西、湖北、湖南等省相继爆发"抢米"风潮和抗捐斗争。

5 月 20 日(四·十二) 同盟会通告驻北京各外交使团,呼吁各国在中国人民即将推翻清王朝的斗争中保持中立。

5 月 21 日(四·十三) 山东莱阳农民曲诗文率众 5,000 余人大举抗税、抗捐并包围县署,要求减免捐税钱粮。斗争三起三伏,持续一个多月,起事群众一度发展到五、六万人。

6月16日(五·十) 各省请愿同志会和澳洲、南洋华侨请愿代表向都察院递送10份请愿书,发动第二次请愿,要求速开国会。27日,清廷发布上谕,严厉训示立宪派以后"毋得再行渎请"。立宪派于是议决扩大请愿代表团,俟资政院开会,继续请愿。

7月4日(五·二十八) 第二次《日俄密约》于是日签订。日、俄双方重申第一次密约中划分中国东北地区"势力范围"的界限,并相约为宰割我东三省实行军事同盟。

9月5日(八·二) 安徽涡阳、蒙城、凤台3,000多饥民起事。12日,增至4万多人。

9月18日(八·十五) 湖北革命团体群治学社更名为振武学社,推杨王鹏为社长。

9月23日(八·二十) 清政府自1907年9月20日诏设资政院以米,经过长达两年的筹备,是日正式开院,与会者钦选议员和民选议员(各省谘议局选派)各半,近200人。10月22日,资政院将请愿代表团第三次上书转奏。

10月11日(九·九) 于右任创办的《民立报》在上海正式发刊。

11月4日(十·三) 清政府宣布缩短预备立宪期限,于宣统五年召开国会,国会未开以前,先厘定官制、设立内阁。同时下令各省请愿代表"即日散归,各安职业",不得再行请愿。

11月上旬 同盟会员邓佐治在美国旧金山谋刺考察宪政的清海军大臣载洵,未果,被捕入狱。

11月13日(十·十二) 孙中山、黄兴、赵声、胡汉民以及槟榔屿、怡保、芙蓉和国内东南各省代表在槟榔屿召开重要秘密会议,决定在广州再次发动新军起义。计划占领广州后,黄兴率一军出湖南趋湖北,赵声率一军出江西趋南京,长江流域各省举兵响应,会师北伐。会后赵声潜往香港联络新军,黄兴、胡汉民、邓泽如分赴南洋各埠筹款。

12月6日(十一·五) 南洋英殖民当局以孙中山活动"妨碍地方治安"为名勒令出境,是日离槟榔屿赴欧美筹款,以资助革命。

12月24日(十一·十三) 汉口《大江白话报》发刊,1911年春改名《大江报》,詹大悲任经理。

12 月 20 日(十一·十九)   直隶、奉天学界联合谘议局、商会、县董会,在天津召开 3,000 多人的请愿大会,要求再次缩短期限,提前召开国会。23 日,清政府密令进行"弹压","查拿严办"。

12 月 24 日(十一·二十三)   清政府下令将东三省在京请愿代表押送回籍。立宪派的请愿运动至此完全失败。

1911 年(清宣统三年·辛亥)

1 月 18 日(上年十二·十八)   黄兴抵香港,受孙中山委托负责筹备广州起义。随即分派专人负责联络新军、会党和绿林。月底,在香港成立同盟会革命军统筹部,以黄兴、赵声为正副部长。

1 月 30 日(正·一)   湖北振武学社改组为文学社,举蒋翊武为社长,以《大江报》为宣传机关。

2 月 4 日(正·六)   黄兴电邀谭人凤至香港,共商联络中部各省策应广州起义。次日,谭即赴湘鄂活动。

2~3 月   同盟会革命军统筹部分派郑赞臣、方君瑛等分赴苏、浙、皖、桂等省进行联络。又命各地同盟会负责人作好起义准备,以策应广州起义。

春   同盟会员田桐、井勿幕在北京创办《国光新闻》,程家柽创办《国风日报》,反对清廷伪立宪,鼓吹"中央革命"。

春、夏   孙中山在美国域多利、芝加哥、旧金山等地,先后成立"革命公司"、"中华革命军筹饷局"(亦称"洪门筹饷局"),号召华侨认购股票,踊跃捐资,以助革命。广大华侨积极响应,有的华侨工人慨然捐出一、二个月的工薪,域多利致公总堂抵押堂址,变产赴义,各地竞相仿效。

4 月 8 日(三·十)   同盟会革命军统筹部在香港召开重要会议,制订广州起义作战计划,预定 13 日发难并任命赵声、黄兴为革命军正副总司令。

△   同盟会员、华侨工人温生才在广州刺死广州将军孚琦,温被捕,15 日遇害。此举使广州清军严加戒备,故广州起义未能如期举行。

4 月 23 日(三·二十五)   黄兴自香港潜入广州,在小东营 5 号建立起义总指挥部。

4 月 27 日(三·二十九)   广州起义(亦称"黄花岗之役")爆发。黄兴、朱执信亲率"选锋"(敢死队)进攻两广总督署,总督张鸣岐逃走。起义军奋战一昼夜,后因孤军奋战,方声洞、林时爽、林觉民、喻培伦等 80 余人死难。事后收殓烈士遗骸 72 具,合葬于黄花岗,史称"黄花岗七十二烈士"。

5 月 3 日(四·五) 广州起义失败的消息传到湖北,共进会等革命团体于是日召开紧急会议,议定今后以两湖地区为"中国革命之主要中心",积极筹划起义。

5 月 8 日(四·十) 清廷"皇族内阁"组成,庆亲王奕劻任总理大臣,大学士那桐、徐世昌任协理大臣。

5 月 9 日(四·十一) 清政府宣布将粤汉、川汉铁路收归国有。

5 月 10 日(四·十二) 湖北文学社召开代表会议,决定在武昌小朝街 85 号设立起义领导机关。次日,与共进会代表筹商合作,共同起义。

5 月 18 日(四·二十) 清政府任命端方为督办粤汉、川汉铁路大臣。

5 月 20 日(四·二十二) 邮传部大臣盛宣怀与英、法、德、美四国银行团签订《粤汉、川汉铁路借款合同》,将路权出卖给帝国主义。

5~7 月 湘、鄂、川、粤 4 省绅商学界和工农群众,相继集会、游行,呼吁保路,进而罢课、罢市,反对铁路国有。保路运动迅速兴起。

6 月 1 日(五·五) 湖北文学社召开代表会议,正式决定与共进会联合。

6 月 4 日(五·八) 各省谘议局首脑孙洪伊、雷奋、汤化龙、谭延闿、林长民、蒲殿俊等在北京组织宪友会,以尊重君主立宪政体、促成责任内阁相号召。

6 月 17 日(五·二十一) 四川谘议局铁路公司股东会在成都发起组织保路同志会,推立宪党人蒲殿俊、罗纶主持会事,以"拒借洋款,废约保路"为宗旨。自此,保路同志会在四川各府州县普遍建立,拥众数十万人。

7 月 14 日(六·十九) 川汉铁路公司宜昌分公司 4 万多工人奋起斗争,反对铁路收归国有。

7 月 26 日(闰六·一) 黄侃为汉口《大江报》撰短评《大乱者救中国之妙药也》,反对改良,疾呼革命。清政府以"淆乱政体,扰乱治安"的罪名,于 8 月 1 日查封报馆,并将主编詹大悲、何海鸣逮捕入狱,酿成震动全国的"大江报案"。

' 7 月 31 日(闰六·六) 宋教仁、谭人凤、陈其美等人在上海组织中国同盟会中部总会,作为策动长江流域各省起义的领导机关。举宋教仁、谭人凤、陈其美等五人为总务干事,设本部于上海,设分会于苏、皖、湘、鄂、川各省。

8 月初 同盟会员龙鸣剑、王天杰等在四川联络哥老会,成立保路同志军,发动反清起义。

8 月 13 日(闰六·十九) 黄兴派遣东方暗杀团成员林冠慈、陈敬岳在广州炸伤清水师提督李准。林当场身殉,陈被捕于 11 月 7 日就义。

8 月 24 日(七·一)　四川铁路公司股东会和保路同志会在成都发动罢市、罢课,全川响应。

8 月 25 日(七·二)　清政府命川督赵尔丰严行弹压保路运动。9 月 2 日,又派端方率兵前往查办。

9 月 7 日(七·十五)　赵尔丰诱捕四川谘议局正副议长蒲殿俊、罗纶和铁路股东会、保路同志会首领颜楷、张澜、邓孝可等人,成都立时聚众万人,齐集督署请愿,赵竟下令开枪,酿成数十人惨遭枪杀的"成都血案"。

9 月 8 日(七·十六)　四川保路同志军在各州县相继起义。全川震动。

9 月 16 日(七·二十四)　湖北文学社、共进会召开联合会议,成立起义统一机构,举蒋翊武为总指挥、王宪章为副总指挥、孙武为参谋长。

9 月 24 日(八·三)　文学社、共进会再次集议起义计划,决于中秋节(10 月 6 日)举事,后展期至 10 月 9 日。

9 月 25 日(八·四)　吴永珊(玉章)、王天杰等在四川荣县宣布独立,建立革命政权。

10 月 9 日(八·十八)　孙武在汉口俄租界宝善里配制炸药失慎爆炸,革命秘密机关暴露。清政府根据沙俄驻汉领事馆所抄获之革命党名册,在武汉三镇大肆进行搜捕,彭楚藩、刘复基、杨洪胜被捕,翌晨遇害。

10 月 10 日(八·十九)　是日晚,新军工程第八营熊秉坤等鸣枪起义,占领楚望台军械库,新军各标、营革命党人纷纷响应,迅速攻占湖广总督衙门。清总督瑞澂、提督兼第八镇统制张彪弃城逃命。辛亥革命爆发,史称"武昌起义"。

10 月 11 日(八·二十)　起义军占领武昌,攻克汉阳。

△　中华民国湖北军政府正式成立,迫新军协统黎元洪为都督。革命党人张廷辅、蔡济民、邓玉麟等组织"谋略处",主持军政事宜。

10 月 12 日(八·二十一)　汉口光复。湖北军政府通电全国,宣告武汉三镇光复。电促黄兴、宋教仁速来湖北,并请转电孙中山从速回国,主持大计。

△　孙中山在美国欣悉武昌起义,决定放弃筹款计划,转赴欧洲从事外交活动,然后返国。

△　清政府派陆军大臣荫昌,率北洋新军南下,进攻湖北革命军。

10 月 14 日(八·二十三)　清政府起用被罢黜的袁世凯为湖广总督,督办"剿抚"事宜。袁托病不出。

10 月 15 日(八·二十四)　胡石庵在汉口发刊武昌起义后全国第一份革命报纸《大汉报》。次日,张樾在武昌创办湖北军政府机关报《中华民国公报》。

△　立宪派赵凤昌、雷奋、沈恩孚等在上海赵宅惜阴堂集议,商讨时局前途,确定拥袁策略。

10 月 17～18 日(八·二十六至二十七)　帝国主义各国驻汉领事和驻京公使,相继宣布"严守中立"。与此同时,英、德、美、日、俄、奥等国兵舰在武汉江面集结,阴谋进行武装干涉。

10 月 22 日(九·一)　湖南新军、会党响应武昌起义,宣布独立,举焦达峰、陈作新为正副都督。

△　陕西新军起义,次日宣布独立。

10 月 27 日(九·六)　清政府授袁世凯为钦差大臣,所有派赴湖北进剿革命军的海陆各军及长江水师,均归袁氏节制调遣。

10 月 28 日(九·七)　黄兴自香港经上海到达武汉,指挥汉口保卫战。

10 月 29 日(九·八)　太原新军起义,成立山西军政府,举标统阎锡山为都督。

10 月 30 日(九·九)　昆明新军起义,11 月 1 日成立云南军政府,举协统蔡锷为都督。

△　清政府为消弭革命,以摄政王载沣名义,下诏罪己。

10 月 31 日(九·十)　南昌新军起义,次日成立江西军政府。

△　湖南发生反革命兵变,举立宪派头目谭延闿为都督,原正副都督、革命党人焦达峰、陈作新同时被害。

11 月 1 日(九·十一)　奕劻皇族内阁解散。清廷任袁世凯为总理大臣,负责组织责任内阁。同时诏令所有开赴湖北陆海备军及长江水师,仍归袁节制调遣。

11 月 2 日(九·十二)　北洋军陷汉口,焚劫市区。

△　湖北军政府召开紧急会议,正式举黄兴为中华民国军政府战时总司令。次日,黎元洪在武昌阅马厂举行"登坛拜将"仪式,亲将印信、委任状、令箭授予黄兴。

11 月 3 日(九·十三)　清政府颁布《宪法信条》19 条,仍然规定"大清帝国皇统万世不易","皇帝神圣不可侵犯"。

11 月 4 日(九·十四)　上海光复。6 日成立沪军政府,举陈其美为都督。

△　贵阳新军起义,成立大汉贵州军政府。

△ 新军第六镇统制、新任山西巡抚吴禄贞(革命党人)与山西都督阎锡山计议组织燕晋联军,直取北京,推翻清廷。事泄,袁世凯派人于 6 日在石家庄将吴刺死,华北新军起义受挫。

11 月 5 日(九·十五) 苏州宣布独立,成立军政府,原清江苏巡抚程德全自称苏军都督。

△ 杭州新军起义,成立浙江军政府,举立宪党人汤寿潜为都督。

11 月 6 日(九·十六) 清政府将谋刺摄政王载沣之汪兆铭、黄复生等释放出狱。

△ 梁启超离日返国,拟假手资政院采"和袁慰革,逼满服汉"方针,实行君主立宪。行至奉天,因计划落空,15 日折返日本。

11 月 7 日(九·十七) 广西宣布独立,改巡抚衙门为军政府、谘议局为议院,桂军为国革命军,以原清巡抚沈秉堃为都督。

△ 上海中华学生军组成,支援北伐。在此后的两三个月里,上海工、商、学、妇女各界及各省旅沪人士自发组织起 25 个军事团体,誓期北伐,光复幽燕。

11 月 8 日(九·十八) 福州新军起义,次日全城光复,11 日组织福建军政府。

△ 安徽谘议局议决宣布独立。

11 月 9 日(九·十九) 广东独立,举胡汉民为都督。

△ 湖北都督黎元洪通电各省,请派代表来鄂组织全国统一政府。

△ 黄兴以战时总司令名义函复袁世凯,敦劝归诚起义,倒戈反清。"以拿破仑、华盛顿之资格,出而建拿破仑、华盛顿之事功。"

11 月 11 日(九·二十一) 苏督程德全,浙督汤寿潜致电沪督陈其美,建议由各省旧谘议局和新成立的军政府各派一名代表来沪,商组建立临时会议机关。

△ 江浙联军在镇江组成,举徐绍桢为总司令,筹划进攻南京。

△ 袁世凯遣刘承恩、蔡廷干赴武昌,谋与黎元洪"议和"。20 日,双方代表在汉口俄领事署会谈,未达成协议。

11 月 12 日(九·二十二) 苏、浙两督联名通电各省,建议派代表来沪,议设临时会议机关。次日,沪督陈其美也发表通电,要求各省速派代表来上海,建立中央临时政府。

11 月 13 日(九·二十三) 山东假独立,巡抚孙宝琦自封临时政府大总统。旋于 24 日自行宣布取消独立。

11 月 15 日(九·二十五) 各省军政府代表在上海集会,成立各省都政府代表联合会,筹组临时政府。旋于 21 日议决,承认武昌为中华民国中央军政府,以鄂督执行中央政务。24 日又议决,各省代表改赴武昌开会,但留一人于上海,组成通讯机关,以便联络。

11 月 16 日(九·二十六)　袁世凯在北京组织责任内阁,分设 10 部,以梁敦彦(外务)、赵秉钧(民政)、王士珍(陆军)、萨镇冰(海军)、张謇(农工)、梁士诒(邮传)、严修(度支)、唐景崇(学务)、沈家本(司法)、达寿(理藩)为各部大臣。

11 月 26 日(十·六)　湖北入川新军在资州反正,杀署理川督、川汉铁路大臣端方。

11 月 27 日(十·七)　成都宣告独立,成立大汉四川军政府,举谘议局议长蒲殿俊为都督。至此,有 14 省宣告起义"独立",脱离清廷统治。在清廷新练陆军 14 镇、18 协中,起义、溃散的计达 7 镇、14 协。

△　汉阳失守。黄兴主张放弃武昌,进取南京,遭否决。次日,黄兴离汉赴沪。

11 月 29 日(十·九)　汉口英领事插手南北议和,向南北双方提出议和三条件,停战、清帝退位、举袁世凯为大总统。

11 月 30 日(十·十)　14 省代表在汉口英租界集会,筹备成立中央临时政府,举谭人凤为临时议长。

12 月 1 日(十·十一)　黄兴抵上海,表示"此行目的,在速定北伐计划,并谋政治之统一"。

12 月 2 日(十·十二)　江浙联军经过 10 天奋战,于是日攻克南京城。

△　汉口各省代表会议议决"如袁世凯反正,当公举为临时大总统"。

△　南北双方在武汉首次达成停战协议,宣布自 3 日起武汉地区停战 3 日。6 日又约定延期 3 日。9 日再展期 15 日。武汉战事自此停止。

12 月 3 日(十·十三)　汉口各省代表会议制定《临时政府组织大纲》21 条,以法律形式确认共和政体诞生和封建制度灭亡。

12 月 4 日(十·十四)　汉口各省代表会议议决以南京为中央临时政府所在地,同时确定会议移至南京举行。

△　上海各省都督府代表联合会留沪代表举黄兴为大元帅、黎元洪为副元帅。次日议决由大元帅主持组织中华民国临时政府。黄兴坚辞,表示"愿领兵北伐,誓捣黄龙,以还我大汉河山"。

12 月 5 日(十·十五)　北伐联合会在上海成立,举程德全为会长,以联合各省都督会同北伐,统一军机,共谋光复为宗旨。

△ 汉口各省代表会议通过"推翻满清政府、主张共和政体、礼遇旧皇室、以人道主义待满人"的《议和纲要》4条,同时议决以汉口为议和地点,准备与清政府开议。

12月7日(十·十七) 黎元洪通电反对上海举黄兴为大元帅,要求"声明取消"。

12月12日(十·二十二) 14省代表自武汉齐集南京。15日议决暂缓选举临时大总统。17日改选黎元洪为大元帅,黄兴为副元帅。同时议决由黄兴代行大元帅职权,组织临时政府。

12月14日(十·二十四) 同盟会员胡鄂公联合华北各革命团体,在天津成立北方革命协会,以协助革命军北伐、崇奉三民主义为宗旨。

12月18日(十·二十八) 南北议和代表伍廷芳、唐绍仪在上海英租界市政厅首次开议。

12月20日(十一·一) 各省代表会议致函黄兴,诸"即速来宁,组织临时政府"。22日,江浙联军代表李燮和等赴上海,欢迎黄兴莅宁筹组临时政府。黄兴以孙中山即将回国,坚辞赴南京履职。

△ 江浙联军在南京召开军事会议,议决北伐,举徐绍桢为北伐总司令。

△ 驻沪英、日、德、法、美、俄6国领事分别向南北议和代表递交各该国政府照会,促请双方必须尽速达成协议,以终止现在之冲突。

12月25日(十一·六) 孙中山自美国经欧洲回国,是日抵达上海。在答中外记者时表示:"革命之目的不达,无和议之可言也。"

12月26日(十一·七) 孙中山在上海寓所召开同盟会最高干部会议,与黄兴、宋教仁、胡汉民、陈其美等共商组织临时政府方案。众举孙为总统,黄为内阁总理。由于孙中山主张总统制,旋决定暂不设总理一职。

12月27日(十一·八) 黄兴、宋教仁赴南京。黄兴向各省代表会提议,政府组织取总统制,并请速举孙中山为临时总统,以一事权。

△ 各省代表会通过《临时政府组织大纲》,议决29日选举临时大总统。

12月29日(十一·十) 17省代表和华侨列席代表共45人在南京召开会议改选举临时大总统。每省一票,孙中山以16票的绝对多数正式当选中华民国临时大总统。

△ 孙中山根据各省代表会议决定,致电袁世凯,表示对总统职务"暂时承乏,虚位以待"。

1912 年(中华民国元年·壬子)

1 月 1 日　中华民国宣告成立。是日晚 10 时,孙中山在南京宣誓就任中华民国临时大总统职,发表《临时大总统就职宣言》和《告全国同胞书》,竭诚表示将"尽扫专制之流毒,确定共和,以达革命之宗旨"。

△　北洋军将领冯国璋、段祺瑞等 48 人发表联名通电,叫嚣"誓死拥护君主立宪,反对共和政体"。

1 月 2 日　孙中山以临时大总统名义通电全国改用阳历,以 1912 年 1 月 1 日为中华民国建元之始。

1 月 3 日　中华民国南京临时政府正式成立。孙中山任命各部总长:陆军黄兴、海军黄钟英、外交王宠惠、财政陈锦涛、教育蔡元培、实业张謇、内务程德全、司法伍廷芳、交通汤寿潜。

△　各省代表会选举黎元洪为中华民国临时副总统。

△　章炳麟脱离同盟会,在上海另组中华民国联合会,以章炳麟、程德全为正副会长。发刊《大共和日报》。3 月 2 日,更名为统一党,举章炳麟、程德全、张謇、熊希龄、宋教仁为理事。

1 月 5 日　南京临时政府发布《告友邦书》,宣告承认清政府在革命前与各国所缔结的一切条约、所借外债、所认赔款及让与权利继续有效。

1 月 11 日　孙中山组织鄂湘、宁皖、淮扬、烟台、关外、山陕六路北伐军,拟同时发动,取道河南、山东、直隶,会师北京。下旬,开始北伐,但均进展不大。

1 月 14 日　光复会领导人陶成章在上海广慈医院为沪督陈其美所暗杀。

△　张謇致函黄兴,主张同盟会"销去党名",并以此为实现全国统一"最要之前提"。

1 月 15 日　孙中山电南方议和代表伍廷芳,宣告如清帝退位,宣布共和,则将正式辞临时大总统职,"以功以能,首推袁氏"。

1 月 16 日　革命党人杨禹昌谋炸袁世凯不中,被捕牺牲。

△　各省代表在南京开会,通过"临时政府组织大纲修正案",改总统制为责任内阁制。

1 月 20 日　官僚政客张伯烈、孙发绪、谭延闿等拉拢湖北革命党人孙武、刘成禺等在上海发起组织民社,拥黎元洪为首领。强调建设"统一共和新国家",反对革命"破坏"。2月20日,发刊《民声日报》。

△ 南京临时政府向袁世凯正式提出包括不废清帝尊号、支付岁用等清帝退位优待条件。

1月22日 孙中山提出辞职5项条件,包括清帝退位、袁世凯宣布赞成共和并誓守参议院所定宪法等。

1月26日 同盟会员彭家珍在北京炸伤宗社党头目良弼,越二日死。彭当场身殉。

△ 为逼迫清廷向袁世凯交出政权,北洋军将领段祺瑞等46人联衔电奏,吁请清帝即日退位,立定共和政体。

1月28日 南京临时参议院成立,举林森为议长。

1月 列宁领导的俄国社会民主工党第六次(布拉格)全国代表会议通过"关于中国革命"的决议,衷心祝贺中国革命所取得的成就,高度评价辛亥革命的世界意义,严厉斥责沙俄政府的侵华政策。

△ 江苏昆山、青浦、奉贤和浙江石门、海盐等地相继爆发抗租斗争,苏督程德全、浙督汤寿潜、沪督陈其美分别出示严禁并派兵镇压。

2月12日 清宣统帝溥仪下诏宣布退位,持续两千多年的封建帝制最后终结。

2月13日 孙中山向临时参议院提出辞职咨文,在所附3条件中强调临时政府设在南京、新总统到南京受任和遵守临时参议院所颁布的一切法制章程。同时推荐袁世凯继任临时大总统。

2月14日 临时参议院接受孙中山辞职。通过临时政府改设北京的提案,孙中山等极力反对,要求复议。次日,议决临时政府仍设南京。

2月15日 孙中山率临时政府文武官员谒明孝陵,以昭告清帝退位,民国统一的完成。

△ 临时参议院选举袁世凯为第二任临时大总统。

2月16日 上海工商勇进党宣布成立,"以振兴工业、扩张商务、扶持工商业之建设为宗旨",期以"驾美凌欧,执全球之牛耳"。接着,中华民国工业建设会、农业建设会和各省实业协会等实业团体亦相继建立。

2月18日 南京临时政府迎袁专使蔡元培偕欢迎员魏宸组、宋教仁、汪兆铭等8人离上海北上。27日抵京。

2月21日 广东各界拟举孙中山长兄孙眉为都督,孙中山立即致电孙眉,劝其勿任,认为"兄宜专就所长,专任一事,如安置革命军、办理实业之类,而不必当此大任"。

2月24日　孙中山令南京临时政府内务部通告全国,取消"大人"、"老爷"非分称谓,改以官职相称,民间则以先生或君相称。

△　日本神户、大阪华侨千余人召开中华民国共和纪念会,入夜提灯游行庆祝。

2月25日　黄兴等147人在南京联衔发起组织陆军将校联合会,冀以"结成一大团体","共济时艰",以与北洋"军界统一会"相抗。举黄兴为会长。

2月28日　湖北"群英会事件"爆发。是日,由原文学社员组织的改良政治群英会联合湖北军界数千人在武昌暴动,反对黎元洪和孙武所把持的湖北军政府,起事于当日平息,亦号称"湖北二次革命"。

2月29日　为胁迫南京临时政府打消迎袁南下就职的决议,袁世凯怂恿第三师师长曹锟于是晚发动北京"兵变"。北洋军将领旋又联名通电,坚持"临时政府必立设于北京,大总统受任暂难离京一步"。

3月1～4日　通州、高碑店、长辛店、黄村、三家店、保定、天津、小站、蔡村、杨柳青、沧州、大直沽等地纷起"兵变"。

3月2日　迎袁专使蔡元培等将北方"兵变"、袁世凯不能南下等情况,急电南京,请对袁迁就。6日,临时参议院议决同意袁在北京受职。

△　孙中山令内务、司法二部通饬所属,今后一概不准使用刑讯,销毁一切刑具,以重人权;禁止买卖人口,以示一律平等。同时严禁栽种和吸食鸦片,否则剥夺一切公民权利。5日,又限令于20天内将发辫一律剪除。11日,下令禁止体罚。

3月3日　中国同盟会本部在南京召开会员大会,制订新纲领,宣布以"巩固中华民国,实行民生主义"为宗旨,举孙中山为总理,黄兴、黎元洪为协理。自此,同盟会由秘密转入公开活动。4月25日,同盟会本部迁北京。

3月10日　袁世凯在北京宣誓就任临时大总统。13日,任命唐绍仪为内阁总理。

3月11日　孙中山颁布《中华民国临时约法》,共7章56条。规定"中华民国由中华人民组织之","中华民国之主权属于国民全体",人民享有各种自由和政治权利。申明在正式宪法未制订以前,其效力与宪法相等。

3月17～28日　南京临时政府继续颁布一系列有关政治和社会改革的法令,如解放疍户、惰民、丐民、义民、剃发者及优、倡、隶、卒等一律平等;禁绝贩卖"猪仔"（契约华工）；赈济灾民；严禁官吏违法；鼓励华侨投资，保护工商业等。

3月18日 黄兴、宋教仁、蔡元培等在南京成立拓殖协会，举黄兴为会长，以开发东北、新疆资源，实践民生主义。29日，孙中山批拨经费30万元，以资鼓励。

3月23日 台湾志士刘乾在南投组织"台湾革命党"，是日率众百余人起事，进袭林杞埔支厅，激战7日，失败。6月，嘉义、南投等地农民群众为响应辛亥革命，起而开展抗日斗争。

3月30日 袁世凯任命各部总长：外交陆征祥、内务赵秉钧、财政熊希龄、陆军段祺瑞、海军刘冠雄、教育蔡元培、司法王宠惠、农林宋教仁、工商陈其美、交通唐绍仪（兼）。

3月31日 袁世凯拒不任命黄兴为陆军总长，改任为南京留守，以统辖、裁遣南方革命军。

4月1日 孙中山正式宣告辞去临时大总统职。

4月2日 临时参议院议定临时政府迁北京。4日，议决该院迁北京。

4月3日 孙中山离宁赴沪。随后历游武汉、福州、广州等地，致力宣传民生主义，鼓吹发展民族工商业和铁路交通事业，阐述平均地权学说。6月22日回到上海。

4月11日 统一共和党在南京成立，以"巩固全国统一，建设完美共和政治"为宗旨。举蔡锷、张凤翙、王芝祥、孙毓筠、沈秉堃为总干事。

4月18日 苏州同盟会员、北伐先锋团员秘密组织洗程会，图谋驱逐程德全，"举陈其美为江苏都督"。事泄，被程镇压。

4月29日 黄兴倡议劝募国民捐，以减少外债之输入。

5月1日 孙中山发表10万英里铁路计划。

5月9日 统一党、民社、民国公会、国民协进会、国民党（1912年2月间由潘昌煦等人在上海组成，非同盟会改组后之国民党）等团体在上海联合组成共和党。以"保持全国统一，采取国家主义"为党义，支持袁世凯独裁统治。举黎元洪为理事长，张謇、章炳麟、伍廷芳、那彦图为理事。

5月 刘师复在广州组织晦鸣学舍，此为国内最早成立的无政府主义团体。

6月14日 南京留守府因袁世凯所谓的"有碍行政统一"被撤销，黄兴辞职。

△ 章炳麟所属统一党宣布脱离共和党而独立。

6月16日 国务总理唐绍仪因袁世凯无视内阁职权，宣布辞职。一个月后，同盟会阁员王宠惠（司法）、蔡元培（教育）、宋教仁（农林）、王正廷（署工商）相率辞职。

6 月 18 日　英、美、德、法、日、俄 6 国银行团在巴黎正式成立,筹划向袁氏政府举借"善后大借款"。

6 月 27 日　同盟会驻沪机关部倡议组织完全政党内阁,以反对袁世凯专制。

6 月 29 日　陆征祥出任国务总理。

7 月 8 日　俄、日签订第三次《日俄密约》,把势力范围进一步扩大到内蒙古地区。

8 月 8 日　黎元洪借口《大江报》(是年春在汉口复刊)鼓吹无政府主义,擅造妖言,图谋不轨,派出军警查封报馆,通缉该报主任何海鸣、编辑凌大同。9 月,凌惨遭杀害。

8 月 12 日　孙中山、黄兴联名电同盟会各支部,就同盟会改组为国民党事向全党征求意见。

8 月 16 日　湖北革命党人、军政府军务司副司长张振武和将校团团长方维,在黎元洪、袁世凯合谋下被杀害于北京。

8 月 18~20 日　黄兴迭电袁世凯,就处决张、方事严词诘责。东南各省都督胡汉民、李烈钧、柏文蔚、谭延闿等亦纷电谴责。

8 月 24 日　孙中山应袁世凯邀请,由上海抵京。在京一月,与袁晤谈 13 次,宣布"十年不预政治",愿以在野身份兴办 20 万里铁路。9 月 11 日,黄兴、陈其美亦应邀抵京。

8 月 25 日　中国同盟会联合统一共和党、国民公党、国民共进会、共和实进会 4 会党,在北京召开国民党成立大会。举孙中山为理事长,黄兴、宋教仁、王宠惠等为理事。孙中山在会上发表演说。会议发布《国民党政见宣言》确定以"保持政治统一"、"发展地方自治"、"实行种族同化"、"采用民生政策"、"维持国际和平"为政纲。

8 月 27 日　汤化龙、林长民等联合共和建设讨论会、共和统一党、共和俱进会、国民新政社等政团组成民主党,以"建设强固政府"为宗旨,拥梁启超为领袖。

9 月 9 日　袁世凯特授孙中山为全国铁路督办。

9 月 22 日　黄兴在北京铁道协会欢迎会上发表演说,主张实行孙中山的铁道政策,表示将"避政界而趋实业界"。

9 月 23 日　总理陆征祥解职。

9 月 25 日　袁世凯私自拟订并以孙中山、黄兴、袁世凯、黎元洪名义发表北京会谈的所谓"八大政纲",强调"立国取统一制度"、"收束武备"、"中央集权"。

　　△　袁世凯任命赵秉钧为国务总理。

　　△　武昌南湖马队暴动。湖北革命党人为反对袁、黎诱杀张振武、方维和大量裁汰新军,于是日暴动,围攻武昌城。号召"除暴安良",诛杀黎元洪。后因孤军奋战,旋失败。

　　9月28日　临时参议院议决以武昌首义日——10月10日为中华民国国庆日,又称"双十节"。

　　10月7日　陈焕章、沈曾植、梁鼎芬等在上海发起成立孔教会,以"昌明孔教,救济社会"为宗旨。次年2月,发刊《孔教会杂志》。

　　10月13日　孙中山电袁世凯,坚辞所授"大勋位"(袁曾于11日电告孙中山,授予大勋位),表示"文十余年来,持平民主义,不欲于社会上独占特别阶级,若滥膺勋位,殊与素心相违"。

　　10月14日　孙中山在上海设立中国铁路总公司。在此前后的三个月里,孙中山历访张家口、保定、太原、天津、山海关、济南、青岛、上海、江阴、南京、安庆、九江、南昌、芜湖、杭州等地,视察工厂、铁路,宣传铁路计划。

　　11月3日　沙俄与外蒙古当局订立《俄蒙协约》和《商务专条》。外蒙古完全为沙俄所控制。

　　11月7日　北京政府外务部就《俄蒙协约》向驻京俄使提出抗议,声明俄国与外蒙古所订任何条约,"中国政府概不承认"。

　　11月26日　袁世凯通令全国,凡倡言"二次革命"者,"即行按法严惩"。

　　11月28日　袁世凯任命黄兴为汉粤川铁路督办。黄到任两月,于次年1月29日辞职。

　　1913年(中华民国二年·癸丑)

　　1月17日　宋教仁为迎接国会竞选,宣传政见,扩张党势,离京南下,是日抵湖南。2月初至汉口,旋沿江东下,2月15日到达上海。沿途到处发表演说,批评时政,极力鼓吹政党内阁制。

　　1月19日　孙中山在上海国民党茶话会上宣传政党政治,强调"一国之政治必赖有政党,始有进步"。

　　2月4日　北京参众两院复选,国民党获392席,共和、统一、民主3党仅得

223 席。国民党取得占绝对多数的胜利。

2 月 11 日　孙中山自上海赴日本考察铁路及工商业,访问东京、长崎、大阪、横滨等 7 城市,积极争取日本各界对铁路事业的支持,并在东京、神户国民党欢迎会上,一再强调政党的重要作用,主张在中国实行"政党内阁制度"。

3 月 15 日　同盟会员罗福星在台湾苗栗召开抗日志士大会。发表《大革命宣言》,号召举行全省大起义,赶走日寇,收复台湾。

3 月 20 日　晚 10 时,宋教仁在上海车站被袁世凯所派特务刺杀。22 日晨,不治身亡。宋案爆发。

3 月 22 日　宋教仁临终前致电袁世凯,希望他"开诚心,布公道,竭力保障民权,俾国会得确定不拔之宪法"。

△　黄兴、陈其美联名致函上海公共租界总巡捕和闸北警察局,请悬赏一万元缉拿刺宋凶手。

△　孙中山自日本长崎致电国民党本部和上海交通部,要求认真查究宋案真相,"以谋昭雪"。次日,离长崎返国。

△　袁世凯得宋教仁死讯后,故作姿态,电饬程德全、应德闳"迅缉凶犯,穷究主名,务得确情,按法严办"。

△　康有为在上海创办《不忍》杂志,宣扬尊孔读经,鼓吹帝制复辟。恶毒攻击辛亥革命,哀叹"自共和以来,教化衰息,纪纲扫荡,道揆凌夷,法守臧斁,礼俗变易,盖自羲、轩、尧、舜、禹、汤、文、武、周、孔之道化,一旦而尽,人心风俗之害,五千年来未有斯极矣"。

3 月 23 日　上海英、法租界巡捕房捕获宋案同谋犯应夔丞(即应桂馨),次日又获正凶武士英(即吴福铭)。在应宅抄获罪犯与国务院合谋刺宋的往来密电多件,袁世凯答允"毁宋酬勋位"。宋案真相大白。

3 月 27 日　孙中山返抵上海。当日与黄兴、陈其美、戴季陶、居正、钮永建、柏文蔚等密商对策,主张"联日"、"速战",先发制人,武力讨袁。黄兴等以兵力有限为由,主张"稍缓用兵",先事"法律解决"。

3 月 30 日　北京国民党本部、日本横滨、神户两支部分别举行追悼宋教仁大会。随后,国民党东京、大阪支部和上海交通部亦隆重举行追悼大会,严厉谴责袁氏罪恶。

4 月 8 日　中华民国第一届正式国会在北京开幕,分设参众两院。临时参议院解散。

4月25日　苏督程德全、民政长应德闳公布宋案主要证据44件。全国舆论大哗。

4月26日　孙中山、黄兴为宋案事联名通电全国,请"严究主名,同伸公愤"。

△　袁氏政府未经国会同意,擅自与英、法、德、俄、日5国银行团签订2,500万英镑的"善后借款合同",以充战费,加紧备战。

△　黄兴通电严责政府借款辱国,反对善后大借款。

4月27日　孙中山反对善后大借款,主张兴师讨袁。并通告五国银行团,指出袁氏借款违法,中国人民决不承认。

△　黄兴就拟在上海组织特别法庭审理宋案事致电袁世凯,指责政府干扰。28日,袁复电辩护,并反诬黄兴等潜谋"二次革命"。

△　广东省议会发起组织"中华民国省议会联合会"并在天津召开成立大会,以"求真正共和,作国会后盾"为宗旨。次日通电反对善后大借款。随即在全国范围内掀起反对借款的大浪潮,各政治团体、各地群众相继成立全国公民反对借款联合大会(北京)、全国公民大会(上海)、拒债救亡会(广州)和各省公民大会、公民团等组织,群起集会,纷电指责政府暗杀元勋,擅借巨款。

△　孔社在北京成立,以徐世昌为名誉社长,徐祺为社长。以"阐扬孔学"、"通经致用"、"巩固国基"为宗旨。12月,发刊《孔社》杂志。

4月28日　湖北省议会电北京政府,反对善后大借款。接着,赣、浙、湘、粤、皖、奉、苏、吉、滇、陕、甘、桂、闽、豫、黔等省议会亦纷起通电,表示反对。

△　皖督柏文蔚通电指责袁氏政府擅自借款,蔑视议会,要求"立罢前议"。赣督李烈钧、粤督胡汉民等亦继起发表通电,反对大借款。

4月29日　黄兴正式组成特别法庭,令上海地方检察厅票传主犯赵秉钧到庭受审。30日,赵拒绝出庭。

5月1日　总理赵秉钧请免职。袁世凯起用陆军总长段祺瑞为代理国务总理,为发动内战确立"战时内阁"体制。

5月2日　美国政府率先承认袁记中华民国,支持地主买办阶级的反动统治。

5月3日　袁世凯借口革命党在沪运动"二次革命","潜谋内乱",通令全国"立予逮捕严究"。7日,再度通令"遇有借端煽惑之人,应即按照军法,尽法惩治"。

5月4日　黎元洪发表通电,就宋案和大借款事为袁氏辩护。声称宋案"纯属法律问题";如借款全案推翻,必"速亡国之召"。

5月5日　众议院开会,决定将借款咨文退回政府,以示否认。8日,参议院也作出类似的决议。

5月6日　袁世凯在总统府内秘密召开军事会议,部署北洋各军,准备对湘、赣、皖、苏用兵。

5月11日　袁世凯反诬黄兴为"血光党"负责人,图谋"炸毙要人"、"颠覆政府"。31日,北京地方检察厅移请上海会审公廨市理。6月11日,黄兴公开出庭对质。

5月13日　袁世凯唆使陕督张凤翙、直督冯国璋、豫督张镇芳、滇督唐继尧、桂督陆荣廷等14人联衔通电,诬指黄兴、李烈钧、胡汉民等以宋案和大借款案"牵诬政府","冀逞阴谋"。

5月21日　袁世凯发表"传语国民党人"的谈话,肆意攻击孙中山和黄兴,表示"不能听人捣乱",并以"举兵征伐"相威胁。

5月29日　梁启超、汤化龙联合统一、共和、民主3党正式合并为进步党,以"采取国家主义,建设强善政府"为宗旨,举黎元洪为理事长,梁启超、张謇、汤化龙等9人为理事。

5月30日　临时副总统兼湖北都督黎元洪联合直、奉、吉、黑、苏、浙、闽、鲁、豫、晋、陕、甘、川、桂、滇、黔等省都督、民政长和热河都统等23人,致电参众两院,竭力为大借款辩护。

6月9~30日　赣督李烈钧(9日)被袁世凯免职。接着粤督胡汉民(14日)、皖督柏文蔚(30日)亦相继被免职。

6月中、下旬　孙中山由沪赴澳门、香港,密谋讨袁,在澳门促陈炯明同意"四省独立,广东同时宣布"。

△　黄兴在沪、宁部署兵力,准备讨袁。同时宁调元、熊樾山回鄂组织机关,派谭人凤回湘运动军队。

6~9月　河南白朗起义军在"二次革命"形势鼓舞下,公开打出"政治革命"旗号,克唐河、围鲁山、占禹县、攻卢氏、下淅川。9月,外战鄂北,围随县,进占重镇枣阳。

7月8日　李烈钧奉孙中山命自上海潜抵九江,密谋举事。

7月12日　李烈钧在湖口宣布江西独立,成立江西讨袁军总司令部,通电讨袁。"二次革命"爆发。

7月15日　黄兴在南京组织讨袁军,挟苏督程德全宣布独立,自任江苏讨袁军总司令。随后,江苏各属之徐州、镇江、无锡、常州、苏州、松江、清江等地相继响应。

7月16日　黄兴、柏文蔚等在南京举行军事会议,举岑春煊为各省讨袁军大元帅,以节制各独立省份的讨袁军。

7月17日　安徽独立,柏文蔚被举为安徽讨袁军总司令。

7月18日　陈其美在上海宣布独立。吴淞炮台同时响应。

△　是日晚,陈炯明宣布广东独立,通电讨袁,自任广东讨袁军总司令。

7月19日　许崇智(第十四师师长)迫福建都督孙道仁宣布独立,以许崇智为福建讨袁军总司令,旋于8月9日宣布取消独立。

7月中旬　张謇、汪兆铭为解决宋案问题向袁世凯献策,坚主法律解决,对主犯赵秉钧免予追究,"将来罪名,至洪祖述而止"。同时提出国民党选袁世凯为正式大总统,袁则不撤换赣、皖、湘、粤四省国民党都督职的妥协方案。

7月20日　黄兴派夏焕三、阎润苍赴豫,联络白朗,期以"扫清中原,殄灭元凶",共同讨袁。夏、阎途经开封被捕,旋被杀害。

7月22日　孙中山在上海发表讨袁通电和宣言,号召国民亟起讨袁,"以武力济法律之穷"。

△　孙中山电袁世凯,敦劝辞职,表示若"必欲残民以逞,善言不入","必以前此反对君主专制之决心,反对公之一人,义无反顾"。

7月23日　袁世凯宣布讨伐令。同时下令撤销孙中山筹办全国铁路全权。

△　各地爱国华侨在北京《民主报》发表《讨袁宣言书》,历数袁氏祸国残民罪恶,表示将与全国人民一道,"同伸义愤,共殄元凶"。

7月25日　湘督谭延闿被迫宣布湖南独立。8月13日自行宣布取消。

△　湖口失陷,李烈钧败走南昌。

7月29日　黄兴因军事失利,离宁走沪。程德全宣布取消江苏独立。

7月31日　熊希龄任总理。

7～8月　湖北革命党人在武汉、岳口、皂市、仙桃镇、潜江、沙洋、京山、荆门、钟祥、保康、房县以及鄂西一带纷纷策动兵变、起事、暴动,宣告独立。

8月4日　熊克武在四川重庆宣布独立,川东各县相继响应。是日,革命党人张百祥于川西组织讨袁军,被举为全蜀革命军总司令。

△　袁军炮轰广东都督府,陈炯明、岑春煊潜往香港。广东取消独立。

8月8、11日　何海鸣在南京两度宣布独立,史称南京二次、三次独立,旋败。

8月18日　南昌失陷,江西讨袁军失败。

8月29日　芜湖陷落,安徽讨袁军失败。

8~9月　孙中山、黄兴、胡汉民、陈其美、李烈钧、柏文蔚等相率逃亡日本,继续进行斗争。

9月1日　张勋率辫子军攻陷南京,江苏讨袁军失败。

9月12日　熊克武放弃重庆。至此,在全国持续两月之久的"二次革命",终告失败。

主要参考书目

湖北省政协委员会编:《辛亥首义回忆录》1－4辑,湖北人民出版社1957至1958年出版。

全国政协文史委编:《辛亥革命回忆录》1－8集,中国文史资料出版社1982年出版。

中国近代史资料丛刊:《辛亥革命》1－6册,上海人民出版社1957年出版。

丘权政、杜春和选编:《辛亥革命史料选辑》上下册及续编,湖南人民出版社1981年出版。

辛亥首义同志会主编:《辛亥首义史迹》,1946年出版。

熊守晖编:《辛亥武昌首义史编》上下册,湖北文献社1971年出版。

贵州省社会科学院历史研究所编:《贵州辛亥革命资料选编》,贵州人民出版社1981年出版。

隗瀛涛、赵清主编:《四川辛亥革命史料》上下册,四川人民出版社1982年出版。

周勇:《辛亥革命重庆纪事》,重庆出版社1986年出版。

广东省政协文史委编:《孙中山与辛亥革命史料专辑》,广东人民出版社1981年出版。

魏长洪编著:《辛亥革命在新疆》,新疆人民出版1981年出版。

章开沅、林增平方编:《辛亥革命史》,人民出版社1981年出版。

福建省政协文史委编:《福建文史资料》,福建人民出版社1981年出版。

江苏省政协文史委编:《江苏文史资料选辑》,江苏人民出版社1982年出版。

广东省政协文史委编:《广东文史资料》,广东人民出版社1982年出版。

湖南省政协文史委编:《湖南文史资料选辑》,湖南人民出版社1982年出版。

河北省政协文史委编:《河北文史资料选辑》,河北人民出版社1982年出版。

陕西省政协文史委编:《陕西辛亥革命回忆录》,陕西人民出版社 1982 年出版。

江西、山西、云南、上海、浙江、广西、安徽、北京、山东、河南、甘肃、辽宁、吉林、黑龙江、内蒙古、宁夏、西藏等省市政协文史委所编辑的辛亥革命回忆录的文史资料专集等。